国家出版基金项目
NATIONAL PUBLICATION FOUNDATION

尚珩 程长进 关琪 著

明清以来蔚县庄堡寺庙调查与研究

第四册 调查编

上海古籍出版社

第四册目录

插 图 目 录

拓 片 目 录

第十三章　阳眷镇

第一节　概　述

　　阳眷镇地处蔚县西北部。东与白草村、南留庄相邻,南、西与山西省广灵县交界,北与阳原县接壤。面积 136.7 平方公里。1980 年前后全镇共 18 256 人。明代属山西广灵县,清代仍属广灵县,名为静乐乡,民国属广灵县五区。1951 年 4 月划入蔚县,为矿一区,1953 年置镇。如今全镇共 35 座村庄,其中行政村 25 座(阳眷镇区有东、南、西、北堡,分布在 4 个行政村),自然村 10 座(图 13.1)。

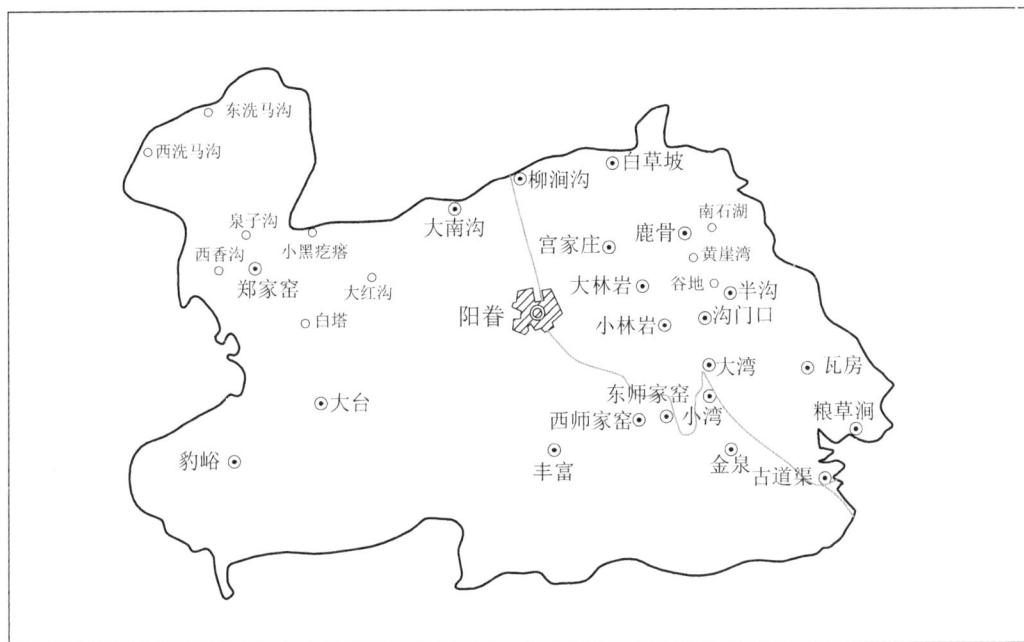

图 13.1　阳眷镇全图

全镇地形为丘陵,沟壑纵横,起伏不平。境内东部有金泉峪、西部有豹峪两条沙河。全镇地处海拔 1 100～1 500 米之间。经济以农业为主,兼工副业,有耕地 57 338 亩,占总面积的 29%。其中粮食作物 47 200 亩,占耕地面积的 82.3%;经济作物 3 440 亩,占耕地面积的 6%;饲料地面积 6 698 亩,占耕地面积的 11.7%。1948 年粮食总产 325 万斤,平均亩产 57 斤。1980 年粮食总产 664 万斤,平均亩产 140 斤。主要农作物有马铃薯、谷、莜麦。境内地下煤炭资源丰富。

阳眷镇在历史上属广灵县静乐乡管辖。现存古建筑丰富。历史上庄堡 10 座,现存 8 座;观音殿 9 座,现存 4 座;龙神庙 10 座,现存 5 座;关帝庙 6 座,现存 3 座;真武庙 5 座,无存;戏楼 13 座,现存 9 座;五道庙 12 座,现存 3 座;马神庙 7 座,现存 2 座;三教寺 1 座,无存;三官庙 1 座,现存 1 座;文昌殿 1 座,现存 1 座;阎王殿 1 座,无存;魁星阁 1 座,无存;玉皇庙 1 座,无存;河神庙 2 座,现存 1 座;三义庙 1 座,现存 1 座;药王庙 1 座,现存 1 座;财神庙 3 座,现存 2 座;罗汉庙 1 座,无存;福神庙 2 座,现存 2 座;佛殿 1 座,现存 1 座;窑神庙 2 座,现存 1 座;其他寺庙 10 座,现存 5 座。

第二节　阳眷镇中心区(阳眷村)

一、自然环境与人文历史

阳眷村位于蔚州古城西偏北 23.9 公里处,属丘陵区。村庄选址修建在高原山顶的小盆地中。东、南、北三面靠梁,西北临沟。地势东高西低。镇周围辟为耕地,为黏土质。东北侧开有煤矿。1980 年前后有 2 892 人,耕地 11 428 亩。曾为阳眷公社及阳眷东堡、西堡、南堡、北堡大队驻地。如今村庄规模大,居民较多,街道分布不规则,总体来看,由 2 条南北主街和 1 条东西主街组成。S243 省道和 224、225 乡道穿村而过(图 13.2)。

相传,明初建村。因村地势高,且向阳,村民视太阳落山为归宿,将村自褒为太阳家眷,故取村名阳眷。村名最早见于《(康熙)广灵县志》,作"羊圈村",《(乾隆)广灵县志》作"羊圈村"。

二、城堡与寺庙

阳眷村共有东、南、北、西 4 座城堡。据当地长者回忆,先修建有西堡,之后才有南、北堡,东堡已无遗迹。

图 13.2　阳眷镇中心区古建筑分布图

（一）南堡

1. 城堡

南堡位于村庄中部偏西，处于冲沟东侧边缘，西墙外不远处即冲沟，其余为平地。城堡规模较大，平面呈矩形，复原周长约 683 米，开南门，堡内平面布局为三十字主街结构（图 13.3）。

堡门为砖石拱券结构，保存较好，门楼高大雄伟，基础为条石砌筑，上面青砖起券（彩版 13-1、2）。外侧门券为三伏三券，上出一层伏檐，门券拱顶上方镶嵌有石质门匾，阴刻行书"阳眷村"，右侧前款为"大明嘉靖九年晋省大同府蔚州广灵县创建"，左侧落款为"大清道光六年山西大同府广灵县孟秋重修"。匾上出错缝牙子。内侧门券亦为三伏三券，门券拱顶上方镶嵌两枚门簪，现仅存痕迹，其上镶嵌有石质匾额，上书"宁静堡"。门顶为券顶，门为木板门，上槛尚存。门道自然石铺墁，保存较好，平整光滑。登城梯道位于门内东侧，砖砌台阶梯道。堡门顶部修建有门楼，楼内南北分别供奉财神、福神。

门外东侧门颊上建有 1 座碑龛，上置砖作仿木构砖雕，檐下设券形龛，龛内立有 1 通圆首石碑，碑首"万古流芳"，碑身为乾隆五十四年（1789）《陈满栋夫妇贞义碑》[1]。

---

〔1〕　刘祖福：《三晋石刻大全》，三晋出版社，2013 年，第 123 页。

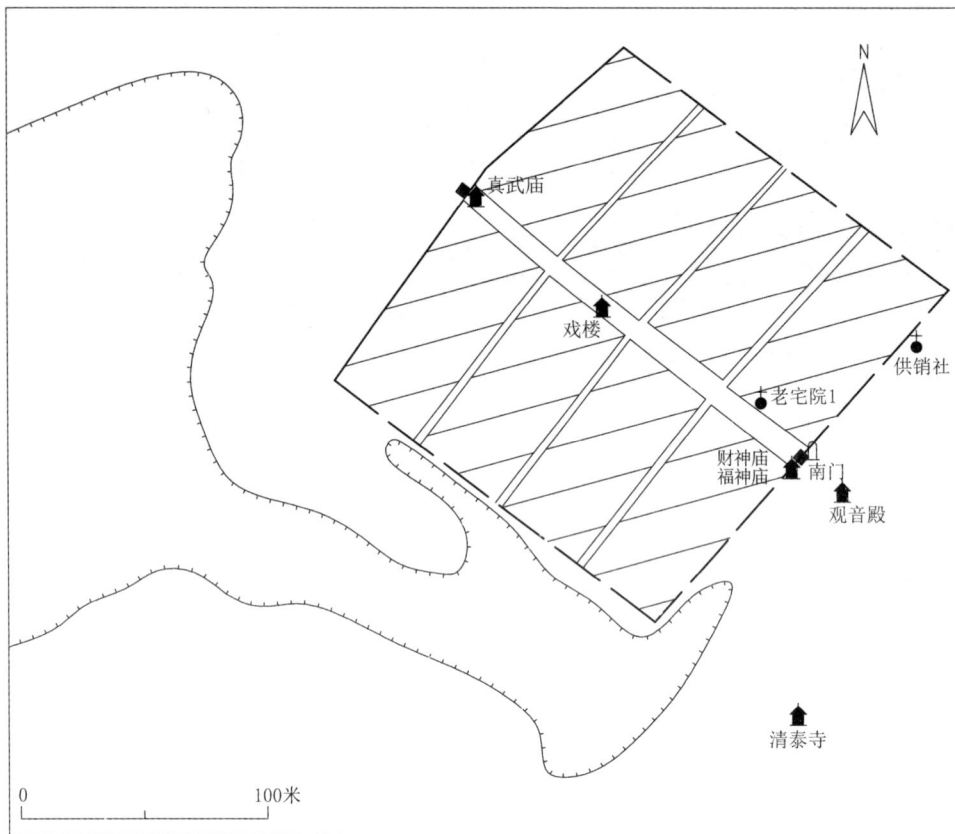

图 13.3　阳眷村南堡平面图

堡墙为黄土夯筑,破坏严重,目前仅存北墙。北墙长约 175 米,墙体低薄,高 3～4 米,北墙西段内侧为民宅,外侧为顺墙道路。北墙东段及东北角为民宅占据,仅存 1 米高的土垅状基础。

堡内民宅多翻修屋顶。老宅院 1 位于主街东侧,保存较好,宅门硬山顶,门前设有 5 层条石台阶,门楼墙脚石正面与侧面皆雕花饰,花间有喜鹊等装饰。主街中间有穿心戏楼。

2. 寺庙

据当地长者回忆,阳眷南堡曾修建有观音殿、财神庙/福神庙、清泰寺、戏楼、真武庙。

观音殿　位于堡南门外,正对南门,坐南面北,面阔三间,硬山顶,六架梁出前檐廊。殿内已改为磨坊。

财神庙/福神庙　位于堡南门顶部,单檐硬山顶,面阔单间,五架梁出前、后廊,挑檐木出挑较长。两侧戗檐砖雕精美,为"狮子祥云"。殿内砖铺地面,壁画、彩绘大部分无存,为白灰浆覆盖。楼内南北分别供奉财神、福神。

清泰寺　位于南堡西南角外,曾做过粮库,占地面积 1 620 平方米,整体坐北面南,院墙为红砖新砌,主要建筑为一进四合院布局,院内遗留有前殿、正殿、东、西配殿,四殿皆保存较好。寺内还存有数通残碑。据 1925 年《清泰寺捐资兴学记》碑载,清泰寺创建于光绪二十二年(1896)。

山门,山门依地形设在东南角,广亮门,原址有重建的新门楼。

前殿,即天王殿,坐北面南,面阔三间,硬山顶,进深六架梁出后廊,殿内新塑四大天王。

东配殿,即观音殿,坐东面西,面阔三间,硬山顶,进深六架梁。殿内新塑像。两侧壁画是于残画上重绘的,每壁内容可分为 3 层,下层为十八罗汉,上层为观音《观世音菩萨普门品》中的"救八难"题材,中层画面漫漶。

西配殿,即阎王殿,坐西面东,面阔三间,硬山顶,进深六架梁。两侧壁画重绘,内容为十殿阎王。

正殿,即大雄宝殿,新近修缮,坐北面南,面阔三间,硬山顶,进深六架梁出前檐廊,前廊西墙下设有面然大士龛。大殿内新塑塑像,正面为三世佛,两侧为十八罗汉,殿内两侧山墙内壁保存有清末民国时期的壁画,连环画式,题材源于《释迦如来应化录》,现存上部 2 排 10 列,此为在旧画的基础上重新上彩描绘。

东壁

船师悔责	仙人求□	转妙法轮	二高奉亲	四王献钵	林间晏座	龙宫入定	观菩提树	魔众拽饼	魔子忏悔
地神作证	魔军拒战	龙王赞叹	魔王惊梦	天人献草	天人献衣	禅堂沐浴	牧女献糜	六年苦行	调伏二仙

西壁

古王起塔	结集法藏	均分舍利	圣火自焚	凡火不然	佛从棺起	双林入灭	升天报母	佛献金刚	度须跋陀
文殊问疾	金鼓忏悔	楞伽说经	圆觉总持	饭王得病	佛还觐父	请佛入灭	□□□□	嘱分舍利	纯陀后供

正殿西侧为 1 排六间窑房,系僧人起居住所的禅房。西禅院内残存石碑数通,为 1925 年《清泰寺捐资助学记》[1]。现寺院已修葺一新,基本按照原样恢复,并有善人管理看护。

戏楼 位于阳眷南堡内南北中心大街北部,穿心式,保存较好,正对南门,坐北面南,砖石台明高 1.3 米,单檐卷棚顶,面阔三间,进深六架梁,前后台置通天柱。前檐柱 4 根,檐下置石鼓柱础。隔扇无存,仅存框架,壁画仅存东墙上的一部分,其余破坏严重。壁画为清末民国时期的作品,山尖壁画保存较好。戏楼中间开通道,宽 2 米,平时通车行人,遇有演出,通道上盖木板,台上文唱武打,台下行人仍可通行。戏台的西墙和后墙已修缮。后墙外有"1995.8.26 重修 每人 5 元"字样,即 1995 年村民集资修缮,后墙换为红砖砌筑。

---

〔1〕 刘国权:《佛寺与蔚州传统文化》,中国文史出版社,2006 年,第 166 页。

真武庙 位于南北主街尽头的北墙马面上,南面正对南门,庙前修有高耸壮观的条石台阶,直通北极宫,保存较好,但庙宇建筑破坏殆尽。马面顶部有《布施功德碑》断碑1通。

(二)西堡

西堡位于南堡西北方不远处。选址修建在1块独立的台地上,四面均临冲沟,位置险要。西堡规模较小,平面大致为矩形,周长残长176米,开南门,现为缺口,堡内已荒废,辟为耕地。堡墙低薄多坍塌,堡墙高0.5米,其中东墙无存,为平地,破坏严重。

(三)北堡

1. 城堡

北堡位于南堡北侧,城堡平面呈矩形,复原周长约502米,开南、东门,堡内平面布局为双十字主街结构(图13.4)。城堡破坏严重,南门无存。东墙仅存有南段部分墙体,复原长约125米,高4米。南墙无存,为民宅占据,墙体复原长度约129米。西墙长约122米,保存相对较好。北墙仅存西半段,东半段无存,为民宅占据,复原长约126米。堡内为大面积的民宅,部分翻修了屋顶。

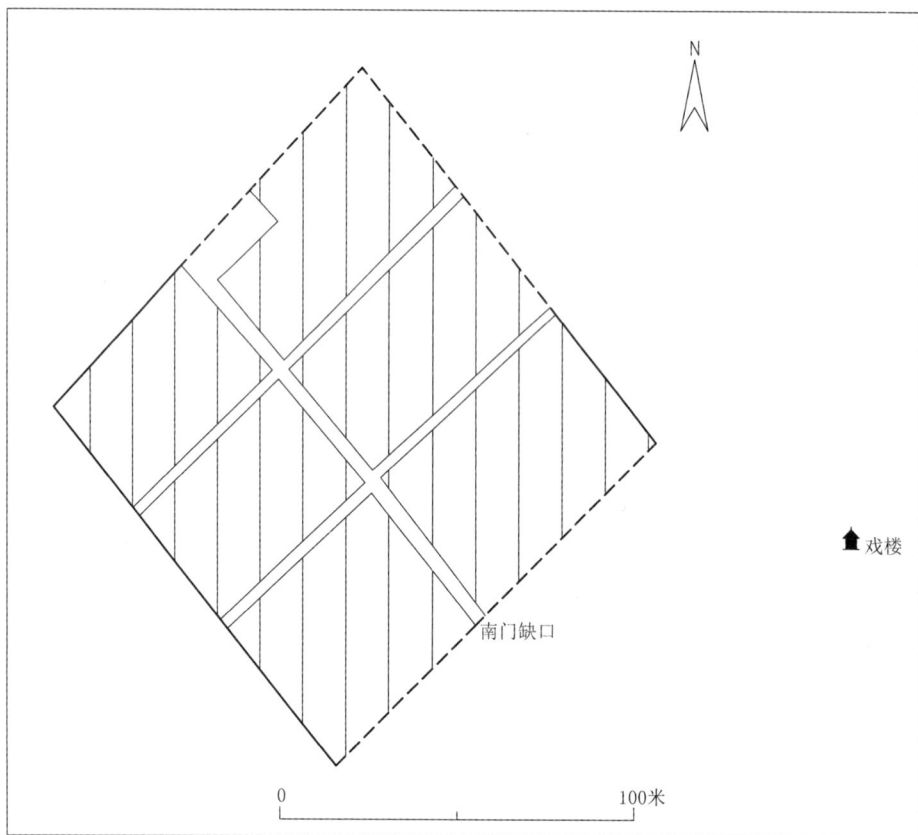

图13.4 阳眷村北堡平面图

2. 寺庙

戏楼 位于北堡东南角外南北主路边。戏楼坐南面北,砖石台明高 1.3 米,面阔三间,卷棚顶,进深六架梁,整体保存较好。前台挑檐木挑出极深,足有五分之四,因而前台视角宽阔。台内隔扇无存,墙壁已脱皮,壁画、题壁无存。

第三节 柳涧沟村

一、自然环境与人文历史

柳涧沟村位于阳眷镇北偏西 3.4 公里处,属丘陵区,北邻冲沟,地势东高西低,附近为黏土质,辟为耕地。1980 年前后有 671 人,耕地 2 391 亩,曾为柳涧沟大队驻地。如今,柳涧沟村分为新旧两部分。新村位于冲沟南侧坡上,规模较大,居民多。旧村在公路桥东侧,新村北侧的山沟之中,处于山谷北侧谷底边缘和山坡上,村落沿着山谷零星分布,规模小且分散,民宅多废弃坍塌。旧村东侧尚有一户居民居住。旧村南面有一条人工挖掘的狭长幽深的通道,当地人说是拉煤外运的通道。因村庄地处煤矿塌陷区,故废弃南迁至今址建新村。外迁至今已 30 多年。村民以张、李、赵、王姓为主,姓氏较杂。新村地无水,现水来自大南沟旧村。216 乡道从村北经过。

相传,清顺治年间建村。因此地沟涧内柳树很多,即取村名柳涧沟。

二、寺庙

村中原有五道庙、龙神庙、关帝庙、马神庙、窑神庙、戏楼(剧场)。

五道庙 位于村东坡上,已毁。

龙神庙、关帝庙、马神庙 村西为 1 座庙院,整体坐北面南,新建 1 座正殿和东、西耳房,南侧新建 1 座剧场。剧场留有"公元二〇〇四年八月永德建",由此,庙院与剧场可能均建于这个时间。

正殿坐北面南,面阔三间,硬山顶,五架梁,正殿内隔为三间,明间为龙神庙,东次间为关帝庙,西次间为马神庙,壁内壁画皆为新绘。

龙神庙,位于正殿明间,殿内壁画新绘。正壁绘三位主神,两位侍女、两位小鬼与两位判官。这三位主神,正中应是龙王,西侧为雨师,东侧黑脸持笏板的不知为何神。东壁绘《出宫行雨图》,西壁绘《雨毕回宫图》,除了正壁所绘之神外,这其中有雨公、电母、风婆、四目神、四值功曹、令旗官、虹童、青苗神等,还有拉水车的两位小鬼。此龙神庙所供之神与传统的蔚县境内龙神庙之神已有区别,不再是龙母、五龙王与雨师的七位主神。

关帝庙,位于正殿东次间,殿内壁画新绘。正壁绘《关帝坐堂议事图》,正中为关帝,两侧分列侍童、左丞相陆秀夫、右丞相张世杰、持刀周仓、持剑关平。两壁绘画各为 3 排 4 列,内容均选自《三国演义》中的故事。

东山墙

桃园结义	共揭黄榜	苏张献马	同战黄巾
鞭打督邮	酒温斩华雄	土山议事	三战吕布
□公赠美	曹公赠马	圣诛文丑	挂印封金

西山墙

圣斩卞喜	圣收周仓	圣斩韩福孟坦	曹公赠袍
圣诛蔡阳	夜读春秋	圣斩王植	圣诛孔秀
玉泉显圣	水淹七军	单刀赴会	义收关平

马神庙,位于正殿西次间,殿内壁画新绘。正壁正中绘《马神坐堂议事图》,马神三头六臂,正面右手向上持剑,左手握铜钟;其他四臂从肩部向上伸出,分别持有弓、箭、刀。两侧各绘 1 位道士与侍童;身后各有一位随从,东侧一位捧印,西侧一位手持符咒。东壁绘《马神策马出征图》,西壁绘《马神得胜凯旋图》。

窑神庙 位于西耳房,坐北面南,面阔单间,硬山顶,五架梁。殿内壁画新绘,正壁绘窑神,两侧各 1 位持榔头与铁锤的神,身后各 1 侍童。两壁画主体为山水画,画的下部绘有矿工,东壁为干干净净的矿工准备下井,西侧为满脸黑煤的矿工出井。蔚县窑神庙较少,这与此村即是煤矿有关,图中的人物也是典型的矿工,保佑矿工的平安。

戏楼(剧场) 位于正殿的对面,应是建于原戏楼的台明上,剧场的建筑样式是典型的 20 世纪 80 年代风格。剧场两侧有楹联,上联"任是装文扮武演谁像谁",下联"居然咏古唱今说啥有啥"。

第四节 鹿 骨 村

一、自然环境与人文历史

鹿骨村位于阳眷镇东北 4 公里处,属浅山区。村庄修建在山谷北坡上,依着山坡修

建,西靠沙河,东侧紧邻冲沟,地势东高西低,为黏土质,周围辟为耕地。1980 年前后有
1 071 人,耕地 2 213 亩,曾为鹿骨大队驻地。如今,216 乡道穿村而过,将村庄分为南北两
部分,南面为新村,北面地势较高为旧村(图 13.5)。

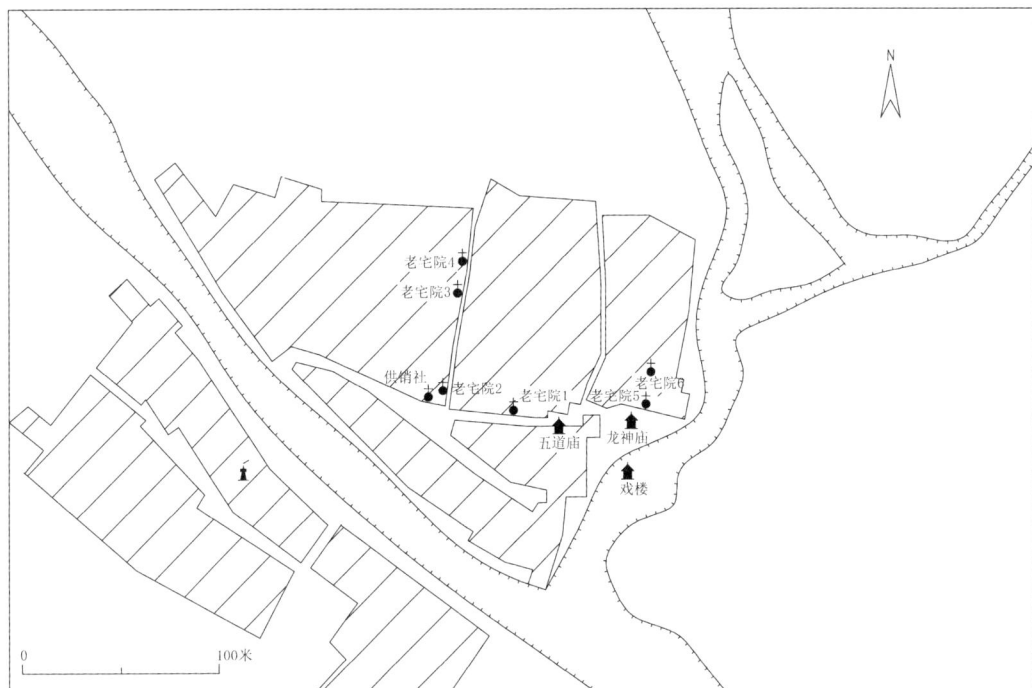

图 13.5　鹿骨村古建筑分布图

　　相传,元至元年间建村。居住在这里的居民圈堡时,挖出一架鹿骨,据此取村名为鹿
骨。村名最早见于《(康熙)广灵县志》,作"鹿骨村",《(乾隆)广灵县志》沿用。

二、庄

　　据当地长者回忆,旧时曾修建有城堡(推测是庄),开东、西门,现已无存。村中宽阔的
东西向主街为自然石铺成的路面,村中民宅多废弃、坍塌。主街路北有老宅门 1 和供销社
分店。主街西端为龙神庙。

　　供销社东侧有一条南北向的巷子,即供销社巷一排,巷内为自然石铺成的路面,巷内
顺坡而列有 3 户老宅院,每户皆建高大的门楼。门楼木雕雀替、石雕墙脚石、砖雕墀头、砖
雕影壁等都较为精致,多表现蝠倒(福到)、莲莲有鱼(年年有余)、喜鹊、凤凰、猴(侯)、鹿
(禄)等具有强烈吉庆官财等喻义的形象。老宅院 2(供销社巷一排 2 号院)保存较好,尚
存有木雕装饰。老宅院 3(5 号院),门前尚存有上马石,木雕雀替精美,为民国时期的建筑

和装饰,大门内有影壁,为四合院布局。

三、寺庙

龙神庙 位于村庄东南部,村内东西主街道东端台地之上。庙院坐北面南,自南层层而上,台阶直达南门。为了方便居民,在院西墙正对主街道上开设一道便门。龙神庙于2008年重修大殿、禅房、门楼、台阶、院墙等,并有道士看护。

正殿坐北面南,面阔三间,硬山顶,进深五架梁出前檐廊。殿内正中供奉五尊塑像,中间为龙母,两侧为四位龙王。两侧山墙绘有壁画,东侧为《出宫行雨图》,西侧为《雨毕回宫图》,但由于是重绘,表现手法上大有不同。

戏楼 位于龙神庙南侧坡下,坐落于高大的砖石台明上,东、西、南三面包条石,北面包砖,高1.5米,坐南面北,面阔三间,进深六架梁,卷棚顶(彩版13-3)。因建于坡上,高大的条石层层垒起,特别是台明南部,高约4米,条石近20层,蔚为壮观。戏楼近年曾失火,现仅存东、西山墙及南墙,南墙上开2个方形窗户。

第五节 半 沟 村

一、自然环境与人文历史

半沟村位于阳眷镇东偏北4.7公里处,属浅山区。处一小沟内,选址修建在山谷东侧的台地顶部,四面环山。村庄南面紧邻冲沟,北侧不远处也是一条冲沟,西侧为大面积的梯田,东侧为冲沟,地势北高南低,为黏土质。由于煤矿开采,地貌支离破碎。1980年前后有298人,耕地725亩,曾为半沟大队驻地。如今,村庄规模不大,全部为新村,分为南北两部分,中间有一片空地。空地南侧有龙神、药师庙。

相传,元初建村,因村址位于名"半沟"之沟边,故以沟取村名为半沟。

二、寺庙

寺庙位于村中空地南侧,寺庙基础较高,包砌条石,上面并列修建2座单间硬山顶殿宇,殿内堆放柴草,门窗无存,东面为龙神庙,西面为药王庙。

龙神庙、药师庙 龙神庙与药师庙相连,坐北面南,面阔单间,硬山顶,进深三架梁。殿内堆满杂草,墙壁曾被白灰浆粉刷过,如今白灰浆局部脱落,加上人工处理过,露出了原来的壁画,壁画为清末民国时期的作品,神像脸部大多被刮出,勉强可以辨认出几位神正壁中上部墙皮脱落,下部近半被杂草所遮,两侧山墙多有破损的墙面。

正壁绘有《龙母龙王坐堂议事图》,残存的西侧可见雨师与雨官的外廓,其他部分已难以辨认。

东壁绘有《出宫行雨图》,左下角有水晶宫,龙母立于水晶宫中,后面有持扇侍女。水晶宫前是虹童(较少见),前方为一龙王回首。画的中部可以看出其他龙王,右上角有雷公。

西壁绘有《雨毕回宫图》,右上角绘有水晶宫,宫上立有龙母。中部有其他龙王,左侧为电母风婆,中间还可见3位功曹。

药师庙与龙神庙相连,坐北面南,面阔单间,硬山顶,三架梁。殿内堆着杂草,与龙神庙相似,墙壁曾粉刷过,如今墙上也露出了壁画。壁画为清末民国时期的作品,从残画看,为连环画形式,具体内容未知。

第六节 小 林 岩 村

一、自然环境与人文历史

小林岩村位于阳眷镇东偏南3公里处,属浅山区。村庄选址修建在两条山谷交汇处的台地上,村庄的东、西两侧及南侧均为冲沟,地势北高南低,周围为黏土质,辟为梯田。1980年前后有211人,耕地751亩,曾为小林岩大队驻地。如今,村庄分为新、旧两部分,新村在东侧,山谷中路边,居民较多,房屋整齐划一。旧村在西面,山谷东侧山坡上,民宅分布散乱,多废弃、坍塌(图13.6)。

相传,明天启元年(1621)建村,因驻地老君庙内有一太清洞,洞前松柏成荫,岩石堆砌,借此取村名小林岩。村名最早见于《(乾隆)广灵县志》,作"小林岩"。

二、寺庙

据大林岩村75岁的茹姓老人回忆,旧村曾修建有三义庙(观音殿、二郎庙、三义庙)、老君洞、罗汉庙、戏楼。

三义庙(观音殿、二郎庙、三义庙) 又称老庙,位于村中北部,仅存正殿。正殿坐北面南,面阔三间,硬山顶,进深五架梁出前檐廊,前廊已用土坯封堵,门窗全部改造,前廊门窗上写有毛主席语录。正殿曾改作粮库使用。殿内分为三间,殿内墙壁上有20世纪七八十年代的报纸,各间山尖皆有绘画,保存较差,为清末民国时期的作品。其中有一组为"渔、

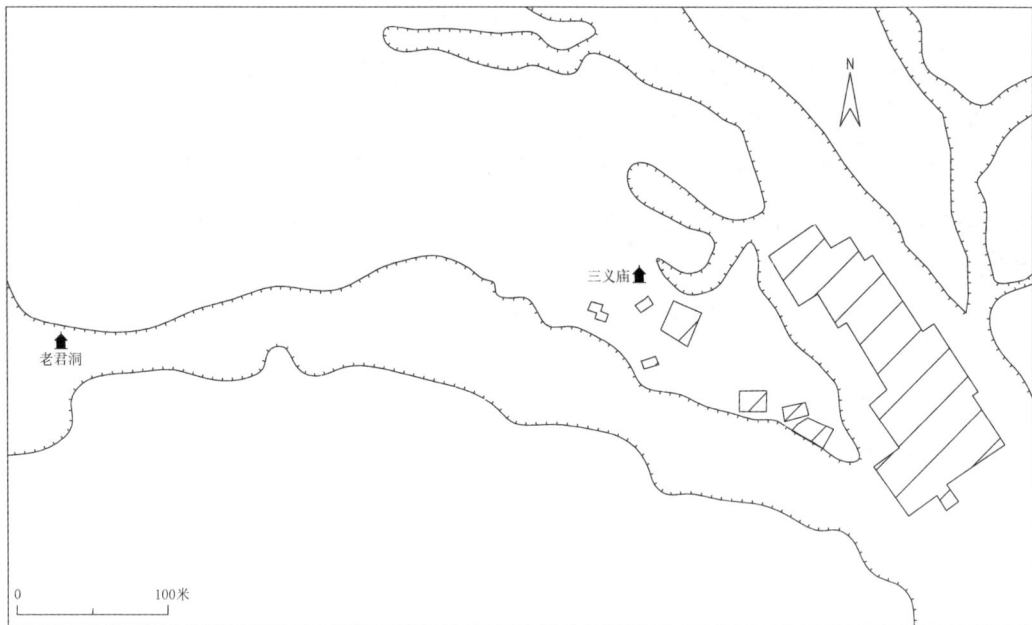

图 13.6　小林岩村古建筑分布图

樵、耕、读",其他为花草。由此推测应为 3 座庙,各供奉一神祇。殿中立有 1 通石碑,石碑前款从上至下依次为"观音殿""二郎祠",其下还有一个"三"字。据此碑文,此庙包含有观音殿(东次间)、二郎庙(西次间)与三义庙(明间)。

老君洞　位于村西山谷中,山谷三面崖壁陡峭高耸。老君洞为天然溶洞,清光绪年间此洞香火鼎盛,曾有广灵县令、灵丘县令、进士、举人和其他达官贵人来此地祭拜老子。正面石壁上刻有"活阳山"三字,洞内石壁上刻有乾隆年间张三丰弟子张力先的"太清洞"题字。西壁与北壁有洞窟,据说有老君洞、仙母洞、财神洞、冰月洞、神通宝洞等大小溶洞26 个,供奉多位神像,现存有财神洞、仙母洞与太清洞。洞外还曾有 3 座六角形的七级浮屠塔及石碑,20 世纪六七十年代拆毁,现只剩山谷东南侧立的 1 通石碑。

石碑,立于山谷的东南侧,因碑首二螭首相对,上方有一颗宝珠,当地人称为"二龙戏珠"碑。碑正面为"关帝庙观音殿二郎祠碑记",落款为"大清龙飞岁次己卯皋月下浣穀旦"(光绪五年),碑文中提到,洞外乾隆年间三义庙、二郎祠因年久失修在光绪五年(1879)移到此地并配有观音殿。碑阴为布施功德榜。

财神洞,位于洞底西壁半腰,建有台明与铁梯可供攀登。台明南侧底部建有 1 座小龛,龛顶上写有"土地财神",龛中供奉一尊小神像。登台阶而上,正壁崖壁上有一洞,洞门与檐顶皆为新建,上有"财神迎宾"题字,洞内新塑财神像一尊。

仙母洞,位于洞内北壁西侧,自财神洞有一道铁栈桥可以达洞,洞口新建上下两层楼阁。相传,乾隆年间天上有一位头戴紫色光环的白衣女子降落于此洞,人们开始上山朝拜,后用绳将人送入此洞,发现洞内大洞套着小洞,而且洞口酷似母体,人们才知道此洞住着贤母。

太清洞,位于洞内北壁正中,新修铁梯可达洞口,洞口新建大门,门上绘"阴阳"图案。

第七节　大　林　岩　村

一、自然环境与人文历史

大林岩村位于阳眷镇东偏北 2.8 公里处,属浅山区。处南北向山谷中,东西靠山。地势西高东低。为黏土质,周围辟为梯田。1980 年前后有 294 人,耕地 783 亩,曾为大林岩大队驻地。

相传,建村于明崇祯年间,因位于小林岩之上,故取名大林岩。村名最早见于《(乾隆)广灵县志》,作"大林岩"。

如今,村庄分为新旧两部分,北面山坡上为旧村,旧村东、西、南三面临沟,南面河沟内两侧为新村。旧村处于山坡上,顺山坡而建,村庄居民少,整个旧村仅剩 1 户居民,另还有放羊人居住,其他村民搬到下面的新村居住。村口有 1 座老宅院,院门为随墙门,硬山顶,砖作仿木构砖雕,檐下砖雕飞子、檩、枋、柁头与梁托等,中间梁托为倒挂的蝙蝠,两侧柁头内侧还分别有一只倒挂但头斜向的蝙蝠;门楼内有 1 座影壁,硬山顶,砖作仿木构砖雕,檐下砖雕飞子、檩、枋、柁头与梁托;二进院二道门面南,随墙门,院内正房面阔三间。院子已废弃。

新村东南山坡上建有寺庙,近几年全部拆毁。村民大部分外迁。现村里仅 40 余人居住,居民姓氏较杂,其祖上来自山西省和河北省,均属当地穷苦居民,因此地开辟有煤矿,可维持生计,故在此定居。

二、寺庙

据村中 75 岁的茹姓老人回忆,村西南坡底处有窑神庙,村西北坡底处有财神庙。旧村的坡下还有河神庙(西侧)与五道庙(东侧)。村中龙神庙正殿内分为三间,分别为龙神庙、马神庙、财神庙。明间为龙神庙,殿内供龙神泥像,正对戏楼;东次间为马神庙,殿内立有石碑;西次间为财神庙,殿内立有布施碑。上述庙宇在 20 世纪六七十年代时陆续拆除,至 20 多年前彻底拆除完成。

第八节 宫家庄村

一、自然环境与人文历史

宫家庄村位于阳眷镇东北 2.4 公里处，属浅山区，东西靠山，处南北向峪沟东西两侧，主要沿山谷东侧山坡分布，村庄狭长。周围为黏土质，辟为耕地。1980 年前后有 194 人，耕地 605 亩，曾为宫家庄大队驻地。如今，宫家庄村庄规模小，居民少，南部为新村，北面山谷深处为旧村。现村内常住居民仅 40 余人，大部分外出打工或者陪孩子外出读书。以前村内有学校，但后来废弃。村中居民姓氏以王、张、白姓为主，较杂。

相传，三百多年前，这里是金泉宫家的种地庄子，后宫家女儿嫁给鹿骨徐姓，以种地庄子为陪嫁，并取村名宫家庄。

二、寺庙

关帝庙 俗称大庙，位于村西北山梁上，"四清"时期拆毁。
五道庙 位于村庄西北路边，现已无存。

第九节 瓦房村

一、自然环境与人文历史

瓦房村位于阳眷镇驻地东偏南 6.6 公里处，属丘陵区。村东临沙河，西邻冲沟，北为老虎头煤矿，附近为黏土质，辟为耕地。1980 年前后有 820 人，耕地 2101 亩，曾为瓦房大队驻地。

如今，瓦房村分为旧、新两部分。旧村在西侧，新村在东侧。旧村位于地势较低的东侧涧沟边，沿着山谷两侧的台地分布，南北较长，因为采煤导致地陷，旧村已废弃。新村在山谷西侧台地顶部分布，总体来说，新村的海拔高于旧村。新村规模很大，居民很多，村庄西南角有新建的小学，但只有一、二年级，旧时曾设初中。如今村庄户口数有 900 人，常住有 600～700 人。村民以黄、韩姓为主（图 13.7）。

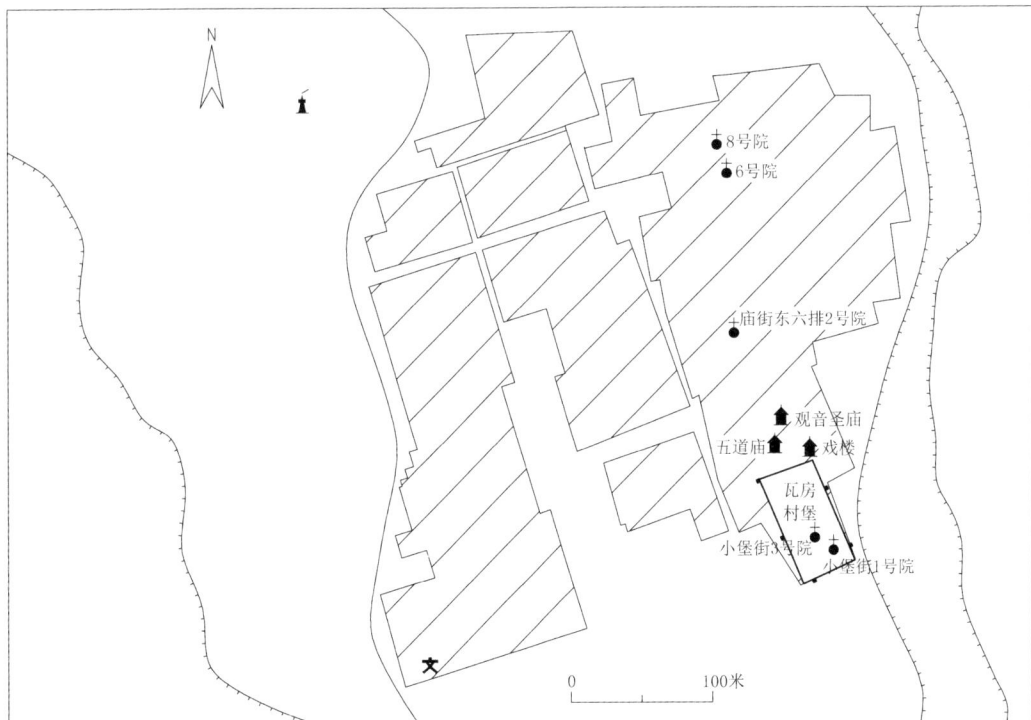

图 13.7　瓦房村古建筑分布图

相传,明万历年间这里曾有人以烧瓦为业,并盖有瓦房居住,建村后取村名为瓦房。村名最早见于《(康熙)广灵县志》,作"瓦房村",《(乾隆)广灵县志》作"瓦房村"。

二、城堡

(一) 城防设施

瓦房村堡,位于旧村南部,城堡平面呈矩形,复原周长约 262 米,开东门,偏北,东门内为一小片广场,为堡内的中心活动区。城堡规模小,保存差。与其定性为城堡,更像是大户居民修建的庄院。堡墙均为黄土夯筑,保存差,多倾斜、坍塌、消失。东墙选址在山谷边,墙体低厚,多坍塌,仅存基础。南墙仅存西南角附近墙体,高 5～6 米,墙体大部分坍塌,仅存基础,南墙外为荒地和废弃的大棚。西墙墙体高厚、连贯,高 6～7 米,墙体外为坍塌形成的积土,墙外为荒地和民宅,内侧为荒地和民宅。北墙大部分无存,仅存一小段,高 1.5 米。

东北角、东南角、西北角无存。西南角保存较好,高 6～7 米。

(二) 街巷与古宅院

堡内房屋布局较乱,居民仅剩 4 户,因为煤窑的废弃,村庄亦逐渐破败。堡内中心广场北侧 1 号院、3 号院、4 号院原为韩家大院。1 号院,门楼坐南面北,卷棚顶,进深二椽,木门扇尚存。3 号院位于 1 号院与 4 号院之间,门楼坐西面东,卷棚顶,进深二椽,两侧门柱柱础有石雕。3号院现为黄姓居民居住。

堡北墙外观音圣庙北侧还分布有一片住宅，以庙为中心，旧村分为南(城堡)、北两部分。

旧村北半部内街道较乱，没有明显的主街，一条南北街，两侧分布着老宅院，这片旧村已废弃，一片断壁残垣。旧村西部较高，地名为"庙街东七排"，此地有"北大院"(6号院)，当地人云原为黄家大院，院内正房与西厢房尚存，正房三间，硬山顶，东墙已塌，西厢房三间，卷棚顶。6号院北侧为北大院(8号院)，正房五间尚存。据当地长者回忆，旧村有韩家、宋家大院，据此推测8号院为宋家大院。此外，在观音圣庙的西北坡上尚存1座老宅院，为庙街东六排2号院，院东南角有1座老门楼，坐北面南，硬山顶，院内正房、厢房残存，尚有人居住。

当地长者传说在沟涧东侧坡顶上曾修建有1座高台，是为当年樊梨花的点将台。高台平面呈方形，高2～2.5米，夯层厚20厘米左右，台顶正中建1座水泥小台。高台废弃已久，顶部未见建筑遗迹。台南侧有一道斜坡，坡上可见残砖与残筒瓦，说明曾修建有建筑。

三、寺庙

观音圣庙　位于村堡北墙外侧，庙院整体坐北面南，山门设于院墙东南角。寺庙遗存旧构为戏楼、山门及关帝庙/观音殿。2008年，村民捐款修庙，陆续重建了院墙、山门、大雄宝殿、龙神庙、地藏殿、钟鼓亭。

山门，位于庙院东南角高大的台明上，现为旧构，门前设有台阶，随墙门，硬山顶，券形门洞，檐下砖雕飞子、檩、枋、柁头等仿木构。山门两侧新增楹联，上联为"心中甘露涓涓润"，下联为"口中醍醐滴滴凉"。旧时山门外曾立有石狮子，现已无存。山门内两侧新建有钟亭(东)与鼓亭(西)，内置钟与鼓。鼓楼边上立有二通石碑，西侧1块为《光绪壬午碑》；东侧1块为《重修戏楼碑记》，落款为"大清光绪十□"。山门内侧正对1座殿，面阔单间，前硬山接后卷棚，前硬山为关帝庙，后卷棚为观音殿。

关帝庙，坐北面南，面阔单间，前硬山部分，五架梁未出廊。殿外西檐下设有1座小龛，内供奉面然大士。前檐额枋彩绘和殿内壁画重施，塑像重塑，作者为郭元荣、郭治春。殿内两侧壁画为连环画式，2排4列，所绘内容与传统蔚县境内的关帝庙有所不同，直接采用《三国演义》的内容。东、西两壁外侧各绘1幅画，东侧为"被贬下世"，西侧为"荣登圣果"。

观音殿，坐南面北，面阔单间，后卷棚部分，进深四架梁。正壁正中塑观音像，塑像两侧正壁上各绘一莲花童子，但童子的形象与民间的年画相近，而不像是以往观音殿内的具有浓厚的宗教色彩。东壁主体部分绘一佛两菩萨，北侧边缘为树下参拜的9位罗汉；西部云雾山水间绘9位罗汉。据寺中僧侣介绍，作者为九华山的游仙，此堂壁画完全不是蔚县地区的风格，估计与画师从九华山来有关。

大雄宝殿，位于院内正北，新建大殿，坐北面南，面阔三间，硬山顶，进深五架梁。前廊西廊墙下设 1 座小龛，龛内供奉面然大士。殿内正面供奉三世佛，佛像皆为新塑。像后正壁绘有云雾。两侧山墙内壁新绘壁画，连环画式，作者为广灵县人，名叫小匡（音），内容为"释迦牟尼佛应化事迹"，从东壁的"受胎"到西壁的"涅槃"，每壁为 3 排 6 列，一共有 36 幅。正殿两侧设东、西耳房，西耳房为龙神庙，东耳房为僧房。

龙神庙，位于正殿西耳房，坐北面南，面阔单间，半坡顶，进深四架梁。殿内正面新塑龙母像，龙母身披红袍，面部慈祥可爱。龙母身后正壁绘一扇屏风，屏风前两侧各立一位侍女与雨官。东壁上部主体部分绘有 4 位神像，分别为南侧雨师与 3 位龙王；底部绘有缩小版的《出宫行雨图》，从南到北依次有雷公、电母、水车、风婆、四目神与虹童。西壁上部主体部分绘 3 位龙王，南侧是 1 株松树，1 位小鬼用铁链将龙束缚于松树上；底部绘有缩小版的《雨毕回宫图》，从北至南依次有：四目神、虹童、水车与电母、风婆、雷公。这是又一种布局的龙神庙壁画，作者也是广灵县人小匡（音）。此庙中本没有龙神庙，村中的龙神庙原建于村北坡地上，龙神庙对面还修建有 1 座戏楼。龙神庙早毁，地基上建起了民宅，所以重修时迁到了此庙中。

地藏殿，位于西配殿内，坐西面东，面阔三间，单坡顶，三架梁。殿内壁画新绘，绘有十殿阎君，正壁南、北次间与南、北壁绘十殿阎君。作者为广灵县人小匡（音）。

五道庙 位于观音圣庙山门外西侧，坐西面东，面阔单间，半坡顶，进深二椽。殿内壁画新绘（作者为蔚县的赵奎），为 20 世纪八九十年代的作品，但与蔚县风格迥异。正壁绘五道神骑虎下山，两侧各立一位神；北壁上绘波涛中的船与人物，南壁上绘山林间的人物与狼。

戏楼 位于山门对面，坐南面北，砖石台明高 1.2 米，面阔三间，卷棚顶，进深六架梁（彩版 13-4）。前檐柱四根，后金柱两根，柱下置鼓形柱础。两侧山墙挑檐木挑出较长，挑檐木下置擎檐柱。如今戏楼内木构已重新彩绘，修葺一新。台内东西墙壁上未施壁画，亦未设有隔扇，仅在南墙上有壁画。

未知庙 位于观音圣庙西侧台地上，现已全毁。

第十节 粮草涧村

一、自然环境与人文历史

粮草涧村位于阳眷镇东偏南 8.1 公里处，属丘陵区。处一山北坡湾地，东南临冲沟，沟中多煤矿，地势北高南低，周围为黏土质，辟为耕地。1980 年前后有 154 人，耕地491 亩，曾为粮草涧大队驻地。如今，粮草涧村为新、旧两部分，西为新村，东边冲沟边台地上为旧村，两者相距较远。旧村全部废弃，一片断壁残垣，村庄规模很小。新村规划整齐,居民较多,村口建有牌坊和影壁。影壁两侧为健身园的空地,西面为学校,东面为村委会,村民以刘姓为主。村中还有三四百人。

相传,唐朝年间,女将樊梨花曾在洞沟中存放粮草,建村后,即以此取村名为粮草洞。需要注意的是,当地这个传说与瓦房村民说东侧的高台是樊梨花的点将台不谋而合。有关樊梨花的传说,除了阳眷镇与南留庄交界处外,在陈家洼乡也有流传。村名最早见于《(康熙)广灵县志》,作"梁草洞",《(乾隆)广灵县志》沿用。

二、寺庙

村中仅存关帝庙。此外,在粮草洞村新村北面煤场附近山顶,距离新村约 1300 米,尚存 1 座夯土高台,体量大,台高 2～2.5 米,夯层厚 20 厘米左右,土台子为四周的制高点。从四周散落的砖瓦上看,其应该为清代的建筑遗址,推测为庙台。

关帝庙 位于旧村内东南,现为 1 座独立的庙院,院内长有一株松树,整体坐北面南。山门与正殿保存较好,殿内塑像在"文革"中破坏。关帝庙已由当地人主持修缮,院墙新建,殿内壁画新绘,塑像新制。

山门,位于南墙正中,随墙门,硬山顶,券形门洞。檐下砖雕飞子、椽子、檩、枋柁头、垂柱,还有梁托等仿木构。门拱上方镶嵌一砖匾,写有"忠义殿"。整个门楼刷成为灰色,匾为蓝底金字。

正殿,坐北面南,面阔单间,硬山顶,进深四架梁出前檐廊。西廊墙下立有 1 通光绪十三年(1887)《重修关帝庙碑记》,碑阴无字。石碑后面的廊墙下设有面然大士龛。殿内正面供台上,关帝塑像泥胎已成,尚未彩绘。殿内壁画已绘,正壁被幕布遮住,尚未开光。东、西两壁为连环画式壁画,各有 4 排 4 列,内容为《三国演义》中关羽的故事。

东山墙

桃园结义	苏张献马	揭榜文	大战黄巾军
斩程远志	酒温斩华雄	三英战吕布	圣斩车胄
土山议事	曹公献美	曹公献马	曹公献袍
圣诛文丑	力斩颜良	挂印封金	夜读春秋

西山墙

刮骨疗毒	斩夏侯淳	擒庞德	荆州为王
三请诸葛	华容道	单刀赴会	水淹七军
滑州斩秦琪	古城聚义	圣收关平	圣收周仓
东岭关斩孔秀	洛阳关斩韩福孟坦	汜水关斩卞喜	荥阳关斩王植

第十一节　大　湾　村

一、自然环境与人文历史

大湾村位于阳眷镇东偏南 4.1 公里处,属浅山区,居两峪交接处沙河东,S243"天走线"的北侧的山谷中两侧的台地上,地势东高西低,附近为黏土质,辟为梯田。216 乡道穿村而过。1980 年前后有 615 人,耕地 988 亩,曾为大湾大队驻地。民宅主要集中分布在山谷内东侧的台地上,西侧较少,村庄规模小,主要为煤矿企业。如今,村庄附近开有许多煤矿,处于煤矿塌陷区,民宅大部分废弃、倾斜、坍塌,居民较少。

相传,元中统年间建村于一大山湾处,故取村名大湾。《(康熙)广灵县志》中未记载该村,《(乾隆)广灵县志中》则记述新增"大西湾",此处的大西湾应为今日的大湾。

二、寺庙

戏楼　位于村庄西侧山谷坡地上,煤矿企业北侧的台上边缘,坐南面北,面阔三间,六架梁,基础毛石砌筑,砖砌墙体。戏楼顶已塌,后墙、两侧山墙尚存,残存的梁架垂在墙体之间。两侧山墙残存有壁画与题壁,壁画为花草为主,题壁中有一处为"咸丰贰年",还有一处为"三合班"。

关帝庙　位于戏楼对面,尚存殿宇基址,当地长者回忆此殿于"破四旧"时拆毁。

观音庙　"破四旧"时拆毁。

剧场　位于村的南部,"天走线"柏油路北侧,一家工厂的院中,近代建筑,已废弃。

第十二节　丰　富　村

一、自然环境与人文历史

丰富村位于阳眷镇南偏东 3.1 公里处,属丘陵区。处于高坨子山东脚,地势较平坦,村南临冲沟,附近为黏土质,辟为耕地。1980 年前后有 1 093 人,耕地 7 745 亩,曾为丰富村大队驻地。如今,村庄规模较大,一条东北—西南的街道横贯全村,村庄分为新、旧两部分,新村在西侧,旧村在东侧,新村规模大,居民多,村民姓氏以贾、王、段为主,姓氏较杂。

224 乡道穿村而过(图 13.8)。

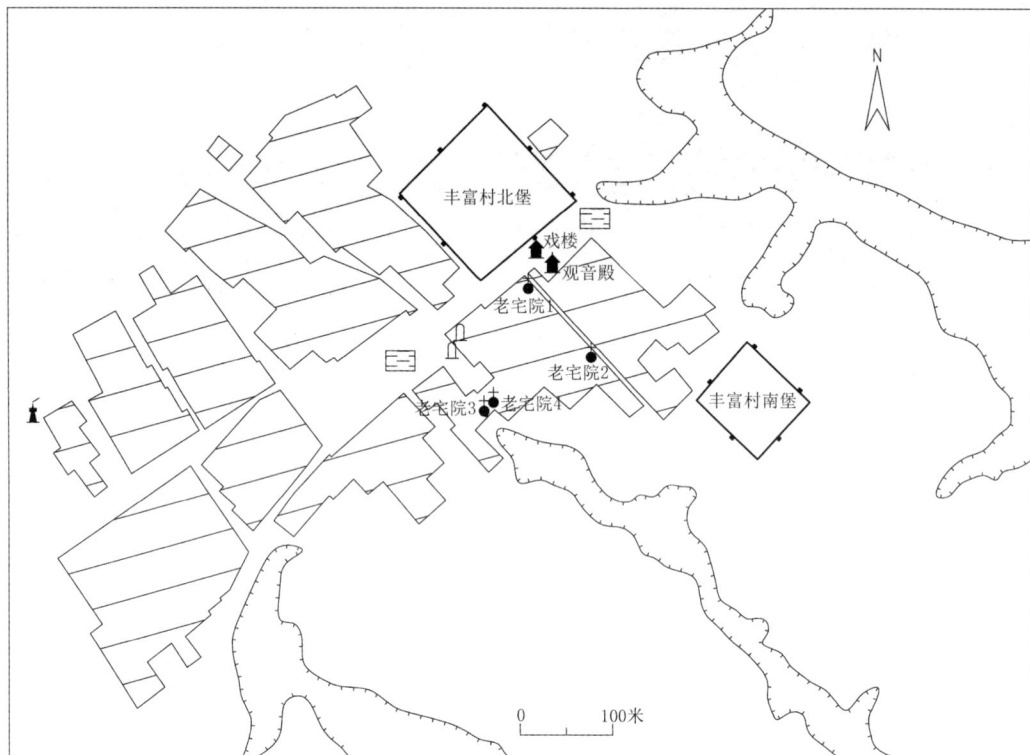

图 13.8　丰富村古建筑分布图

相传,三百年前,董、藩两家在这里种地居住。为图吉利,生活富足,故取村名丰富村。

二、庄堡与寺庙

丰富村旧村位于整条街的东侧,街北建有北堡,街南为南堡,主街与南堡之间还有一片庄子,称为南庄。据当地长者回忆,旧时先修建南堡,再建北堡,最后于两堡之间建南庄。

(一)丰富村北堡

1. 城堡

位于东部旧村北面,整个村庄的东北角,周围地势平坦。城堡平面呈矩形,周长约 528 米,整体偏 45°,西南角为最低点,东北角最高。堡内平面布局为十字街结构。

城堡开南门,堡门建筑无存,现为缺口,堡门和堡墙毁于解放前(当地 73 岁老人已记不清城堡的形制)(彩版 13-5)。南门外修建有戏楼,戏楼南为观音庙,已无存。堡内街道狭窄(图 13.9)。

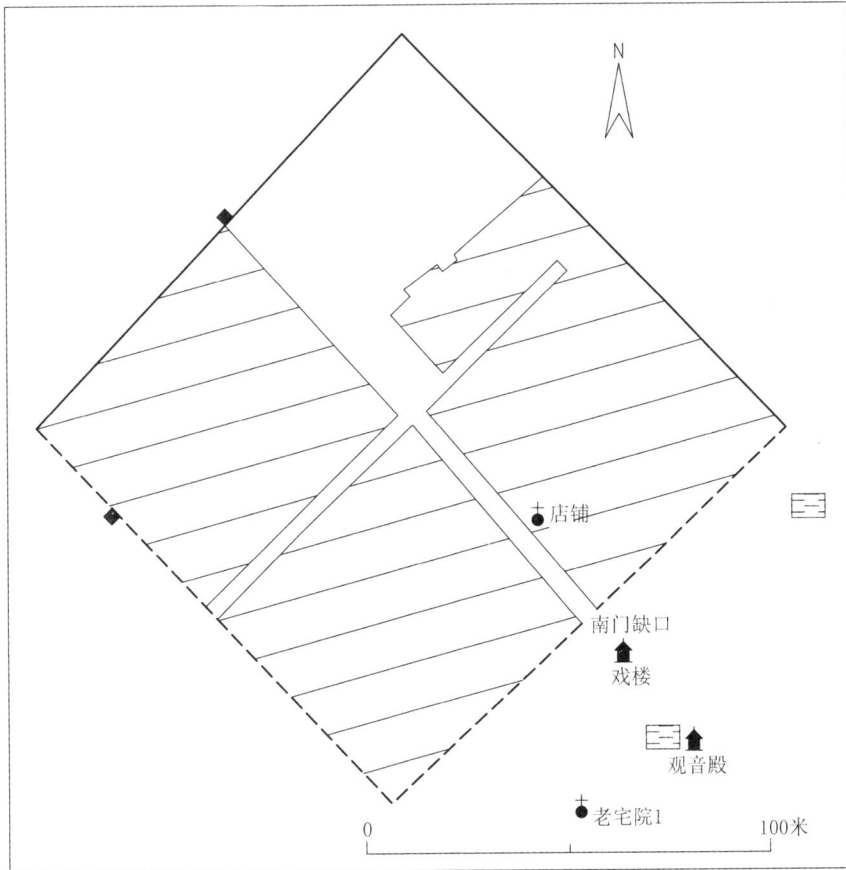

图 13.9　丰富村北堡平面图

堡墙均为黄土夯筑,保存较差。东墙长约 139 米,墙体连贯,墙高 1～3 米,墙外为顺城道路,内为民宅和荒地。南墙长约 137 米,墙体无存,现为废弃的土旧房屋占据。西墙长约 122 米,大部分墙体无存,现为房屋所占,西墙外为顺墙土路。西墙接近西北角处有 1 座马面,马面保存差,墙体多坍塌。北墙长约 130 米,西段墙体低薄,墙高 2～4 米,墙体连贯,墙外为耕地,内侧为房屋和荒地。北墙中部设马面,保存较好,方形,体量大,高 5～6 米,底宽 7～8 米,马面的北坡下有坍塌形成的积土。马面北立面尚存包石遗迹,保存较好。北墙东段墙体保存较差,现存为 1 米左右高的土垅。城堡四角均未保存,西北角现为 1 座新建的院子。

堡内为十字街布局,民宅有部分窑洞建筑,未见老宅院和新房。据当地老人回忆,北堡以前有 20 多户居民,现只剩 4 户。中心街东侧有 1 座旧时的店铺。

2. 寺庙

据当地长者回忆,城堡内外曾修有龙神庙、马神庙、观音殿、五道庙、阎王庙、真武庙、戏楼。上述庙宇除戏楼外均在1958年时便开始拆除,到"四清"时期拆完。

龙神庙、马神庙 位于城堡西南角外,现已无存。

观音殿 位于戏楼南侧,现已无存。

五道庙 位于戏楼东面水坑边,现已无存。

阎王庙 位于堡内主街西侧,现已无存。

真武庙 位于北墙马面上,现已无存。

戏楼 位于堡南门外侧,坐南面北,正对南门,戏楼位于高1.4米的石砌台明上,面阔三间,外卷棚内硬山顶,进深七架梁,前后分心置中柱,通体用三柱(彩版13-6)。戏楼为双面戏楼,南北台口建筑形式对称,布局严谨,前后各四根檐柱,柱下古镜柱础。南、北两面设有挑檐木挑出檐顶,蝉肚雀替,金、脊步均为一檩,檐步一檩三件。戏楼已被改造,正面被土石头砌成的墙封堵。戏台内壁未见彩绘、壁画与题壁。戏楼外两侧有数间废弃的房舍,应为戏房。戏楼前为广场,北为一条东西向主街道,东50米处有一水塘。四壁水泥包砌,坑内尚有积水。

(二)丰富村南堡

1. 城堡

南堡位于整个村庄的东南角。城堡周围地势平坦,平面呈矩形,周长约349米,整体偏45°,开北门。堡内平面布局为南北主街结构(图13.10)。

城堡北门位于北墙中部,砖石拱券结构,基础为条石,上面包砖起券(彩版13-7、8)。堡门外两侧门体包砖无存,仅存门券洞,内、外侧门券为三伏三券。门内侧保存较好,中间为砖券门洞,两侧门体包石。堡门内为宽阔的中心街。堡门顶部曾修建真武庙,20世纪六七十年代拆毁。

堡墙均为黄土夯筑,保存较差。东墙长约92米,墙体连贯、高厚,多有坍塌,墙高2～3米,墙体顶部及内侧修建房屋,墙外为顺城土路和荒地、耕地。南墙长约86米,现存为1～2米高的基础,南墙外为荒地,内侧为民宅。南墙中部墙内侧修建有观音庙,与北门相对。西墙长约90米,现存为1～2米高的基础,墙体上修建房屋,墙外为顺城土路。西北角附近西墙墙体保存较好,高3～4米,墙外为土路和耕地。北墙长约81米,保存一般,墙体高厚、连贯,墙高4～5米,顶宽2米,中部开门。西北、东北角仅为转角,未设角台。

堡内民宅有少数窑洞式建筑,新房较少,居民少,仅有六七户尚有人居住。堡内新辟有养殖场。南堡的西北侧(南庄西侧)有水井,是为西井。

2. 寺庙

据当地长者回忆,南堡内曾有几座庙宇,北门顶原有1座面南的真武庙,堡内南北街南端有1座倒座观音殿,庙宇建筑均于20世纪六七十年代拆毁。

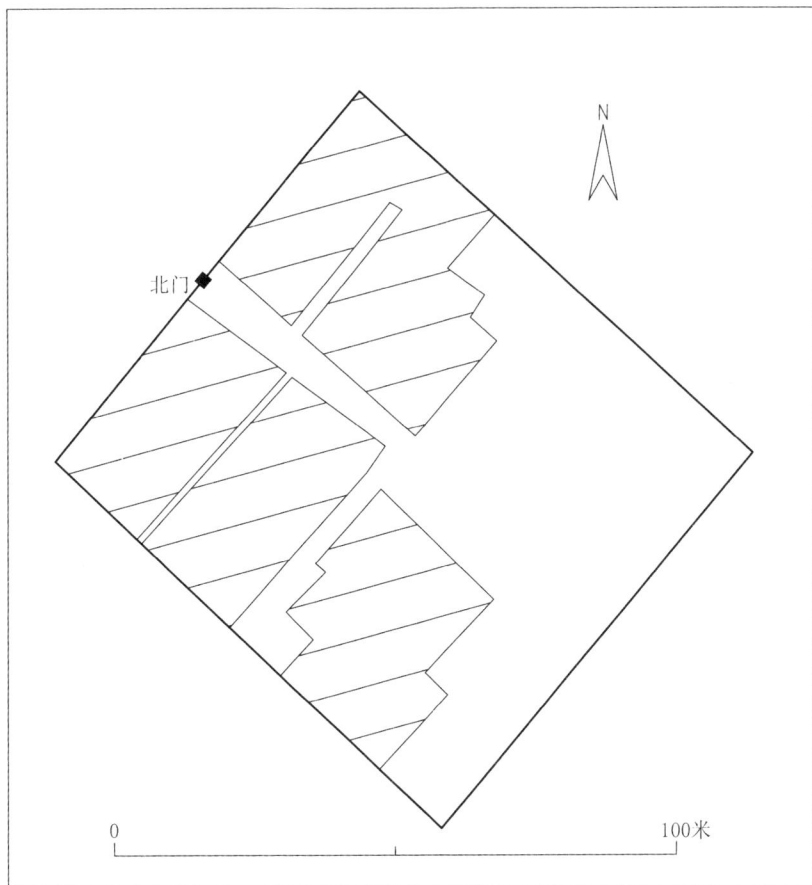

图 13.10　丰富村南堡平面图

（三）丰富村南庄

南庄位于北堡、南堡之间，由两条南北向主街组成。居民少，大部分外迁。现存房屋多废弃。

南庄东侧南北主街　两侧为连片的宅院，老宅院 1 位于街西侧，广亮门，硬山顶。老宅院 2 的门楼为券形门洞顶上砌门柱。

南庄西侧南北主街　尚有 2 座门楼残存。老宅院 3，坐西面东，保存较好，卷棚顶，广亮门，楼内北墙内侧设有门神龛，墙上还残有"毛主席语录"；老宅院 4，坐东面西，屋顶坍塌，门内侧南墙上也设有门神龛。

主街北侧为一片空阔地，辟有西井（东井已废弃）。西井为直井，井沿为石砌，被井绳磨出道道深槽，水井内井水清澈，仍在使用。井口边上有 1 通石碑，但已磨平。

南庄西北角，即整个丰富村的中心，辟有一水塘，水塘中尚有水，边上生长着高大的树木。水塘东侧的村宅门前有 2 通石碑。1 通为布施功德碑，上面刻有善人姓名与捐款额；

另 1 通为《玉皇阁碑记》,落款漫漶。

第十三节 郑家窑村

一、自然环境和人文历史

郑家窑村位于阳眷镇西偏北 6.1 公里处,属山区。村庄选址修建在山梁上,沿着山梁分布,南靠梁,西邻沟,东依坡。地势南高北低,周围大部分为黏土质,辟为耕地。1980 年前后有 1 727 人,耕地 3 062 亩,曾为郑家窑大队驻地。如今村庄南北狭长,东西窄,规模大,224 乡道从村中间穿过,作为村庄的主街。村内南部为新村,民宅房屋以新房为主,老宅院较少。村中尚有 600 余人居住,村民多为郑姓。村中修建有学校,属阳眷中心校管辖,2005 年 7 月校舍竣工。原是 1 座小学,如今村校合并,只保留一至三年级和一个学前班,一共有 50 名学生,2 位老师(图 13.11)。

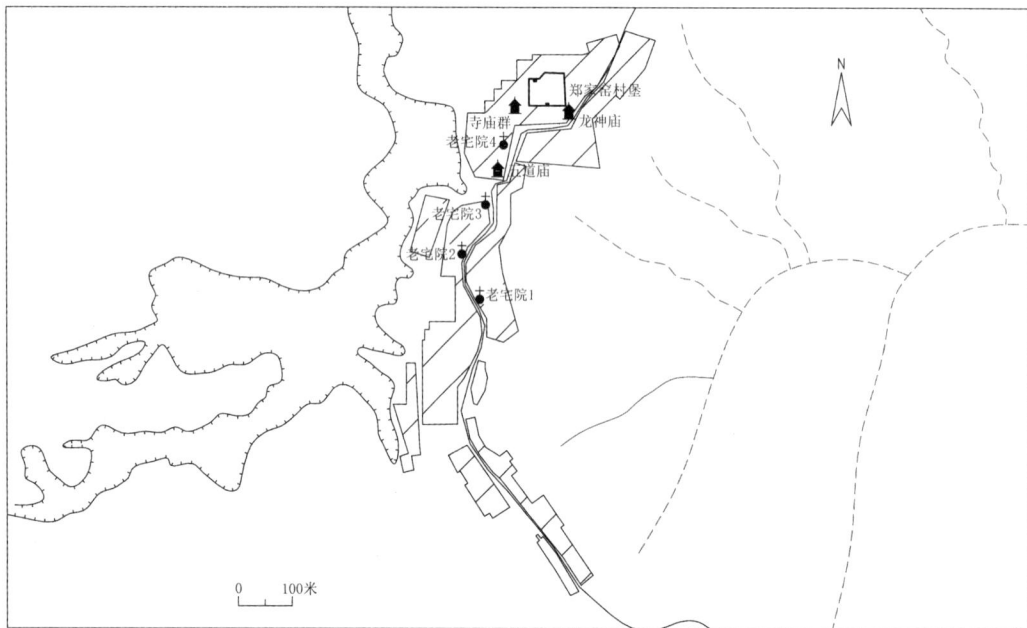

图 13.11　郑家窑村古建筑分布图

相传,辽应历年间,因郑姓曾在此地烧陶瓷,故取名郑家窑。郑家窑在清代时属广灵县静乐乡所辖。村名最早见于《(康熙)广灵县志》,作"郑家窑",《(乾隆)广灵县志》沿用。

二、城堡

（一）城防设施

郑家窑村堡,位于北部旧村中。城堡平面呈矩形,开南门,周长约 263 米,规模小。堡内平面布局为南北主街结构。

城堡南门堡门无存,现为缺口,南门外为古道,路基尚存。门内为南北中心街,中心街两侧为民宅,民宅多废弃,只有几户居民居住(图 13.12)。

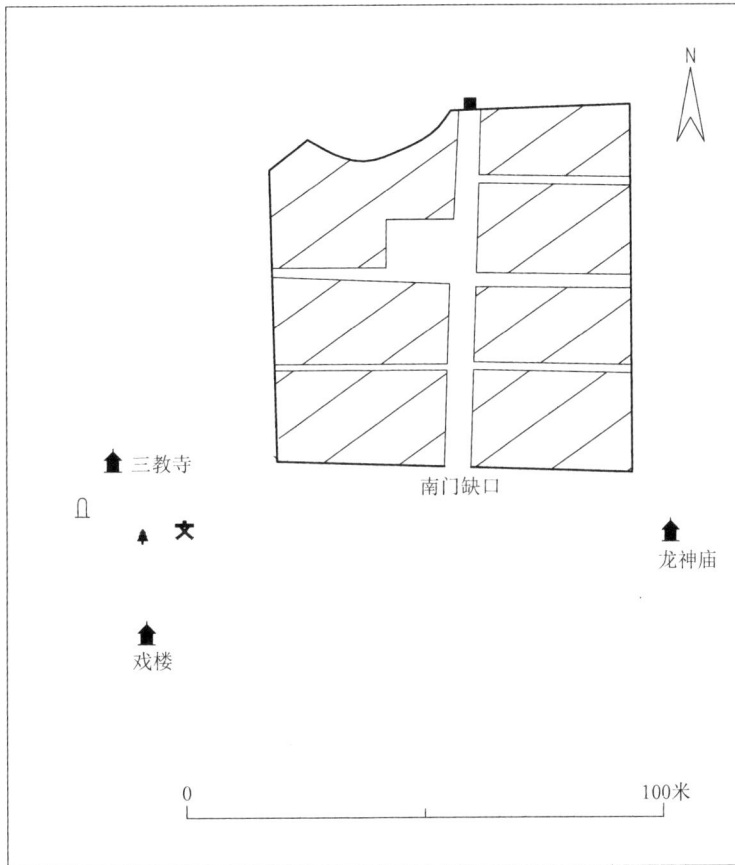

图 13.12　郑家窑村堡平面图

堡墙均为黄土夯筑,墙体低厚,大体连贯,保存较差。东墙长约 61 米,墙高 4～5 米,墙体内侧为民宅,外侧为荒地和民宅,东墙外分布有大片的民居。南墙长约 79 米,南墙东段保存较差,墙体高 2～3 米,墙体内为民宅,外为荒地;西段墙体保存较差,3～4 米高,墙外为倚墙修建的民宅。西墙长约 55 米,墙体破坏较为严重,高 3～4 米,墙体内外侧均为民宅。北墙长约 68 米,保存一般,墙体高 2～4 米,墙体外侧高,内侧低,墙体内侧为荒地。

墙体外侧为荒地和顺墙土路,土路边有几户居民。

东南角未设角台,墙体高3～4米。西南角未设角台,仅存转角,外侧为民宅。西南角外为戏楼。西北角仅为转角,未设角台。西北角外是荒地,北墙在西北角处突出小段墙体。东北角保存较好,未设角台,仅为转角,高5～6米。

(二)街巷与古宅院

旧堡南侧,半弧形的街道两侧,尚存4座老宅院。南侧老宅院1,有1座平顶式的宅门,柱角石尚存。门外路边遗留有1通同治七年(1868)《圣寺房地凭据碑序》石碑。村正中路西侧为老宅院2,门楼为广亮门,坐西面东,硬山顶,虽脊顶残破,但柱角石、上马石与柱础尚存;柱角石上雕几何图形,上马石上雕瑞兽,内侧门柱柱础为鼓形,同样饰有雕饰。稍北,老宅院3,门楼为广亮门,前檐枋下柱间替木木雕尚存,雕有花卉与兽。北侧的堡南墙下,老宅院4,为1座残院,院门楼已毁,影壁尚存,影壁嵌于倒座房的东墙上,硬山顶,上砌脊檐,下砌束腰台明。檐下砖雕飞子、椽子、挑檐檩、枉头、枋与垂柱等,影壁为方砖菱形铺设,正中饰"福"字,四角雕有四只蝙蝠,寓意"五福",院内尚存1座正房。

郑家窑村东南侧山坡上有多座窑址,保存较好者可见窑室皆为锥形封顶,窑室面积很大,火塘深近3米,窑壁上的烧结面较厚,窑汗明显。如今蔚县还流传着"郑家窑烧大缸,白河东烧砂陶",这是蔚县两个著名的窑场。郑家窑的烧窑早已废弃,里面堆杂物。只有村中处处可见的残缸罐垒起的墙体,还能让人们想起此处曾经烧窑的历史。此外,在郑家窑西南角的山沟里有地名为西沟,与郑家窑同属一村,当地俗称西沟。

三、寺庙

据村中78岁的长者回忆,村中曾修建有真武庙、关帝庙、三教寺、龙神庙、五道庙、观音殿、金船寺。庙宇建筑除尚存者外,皆拆毁于"四清"时期。

真武庙 2座,1座位于堡北墙马面上,1座位于堡外南侧庄中。现已无存。

关帝庙 位于堡外南侧庄中,现已无存。

三教寺 位于堡南门西侧南墙下,寺院整体坐北面南,院中长有一株80多岁树龄、高大的榆树,榆树下堆放有数个石构件。三教寺原为1座寺庙群,正殿为三教殿,对面为戏楼,东耳房为马神庙,西耳房为泰山庙,泰山庙西侧为玉皇阁。庙宇建筑多在1966年前后拆毁。如今,庙院已被改作学校,仅存玉皇阁与戏楼。戏楼西侧有1座门楼,随墙门,小卷棚,券形门洞。

正殿,位于北部台明上,为三教殿。正殿东耳殿为马神庙,西耳殿为泰山庙,正殿与东、西耳殿已毁,在原址建起一排教室。正殿现仅存有条石台阶和高大的台明。

玉皇阁,位于院内西北角高台上,高台前设23步砖砌踏步通向高3.5米的高台。台阶两侧为石券窑房,高台为全村的制高点。高台上玉皇阁建筑主体尚存,坐北面南,面阔三间,硬山顶,进深六架梁出前檐廊。殿内堆放杂物,墙壁已抹白灰浆,壁画尽毁,但梁架与檩上残存彩绘,色彩偏蓝,应是清末民国时期所绘。据当地长者回忆,殿内还曾立有泥像,现已无存。院内散落石碑1通,二龙戏珠碑首,碑文记有:"大清光绪十七年马王庙村座堡之庙中,其地空闲无人来往,将此庙沿作乞丐之室……"

泰山庙,位于正殿西耳房,庙宇建筑已无存,遗址上尚存3通石碑。石碑体量较大,字迹漫漶不清,仅有1块可释读,碑为光绪十七年(1891)《重修诸庙碑序》,石碑两边缘雕花草。光绪十七年亦为玉皇阁内壁画绘制的时间。

戏楼 位于学校南门边,正殿对面,戏台的南面为自然石铺成的路面。戏楼修建在高大的砖石台明上,台明铺石条,台明前高1.3米,后高2.5米,保存较好。外层的条石有十五六层。戏楼坐南面北,面阔三间,卷棚顶,进深六架梁,前檐柱四根,擎檐柱二根,柱下置鼓形柱础,前后台置通天柱。戏楼内壁抹过白灰浆,壁画已毁,山尖壁画依稀可见。前檐额枋尚存彩绘,戏楼后檐下饰砖雕枋与柁头,后墙上辟有两个圆形的窗户,中间设有1座小龛,龛内还有砖雕。今人在戏台正面向外用水泥预制板扩展修建了舞台,便于学校组织活动。戏台东面有石雕排水嘴。戏楼南面民宅门口尚存1通清嘉庆十年(1805)的残碑。

龙神庙 位于城堡南墙东段外侧,仅存1座正殿,面阔三间(坐二破三),硬山顶,门窗全部修缮一新,殿内墙壁涂刷白灰浆,改造为仓库,堆积柴草。

五道庙 位于村北部,水泥路拐弯处路边,仅剩基础石块,上面是新建的房屋。

观音殿 位于五道庙东北,两者相邻,亦为新建的民房。

金船寺 又称清源洞,位于郑家窑东南约4公里的黄崖山上,是明清蔚县西北一带的1座重要寺院,也是蔚县唯一的明教寺院。寺院坐落在风景秀丽的东西向峡谷两侧,山谷幽深狭窄,壁立千尺,底部巨石林立,溪水较大,清澈见底,1座拱形石桥横跨峡谷两岸,连接着南北两岸。山谷南面的山坡上长有白桦树。寺院延绵千余米,主要建筑分布于高低错落的峡谷两侧、台地及半崖上。旧时,金船寺分为东、西二寺,原有一片寺庙建筑群,可惜多数旧殿已于20世纪六七十年代拆毁。如今寺院由一名来自山西阳高县的僧侣主持,大部分工作日常由附近村庄里的村民义工负责。每年三月十七日在泰山庙有庙会,届时周围十里八乡的村民均到此集会。

西寺,以横跨在峡谷的通灵桥为中心,南北两岸皆建有庙院。桥北建筑依山而建,可分为上、中、下三层。下层建有三官庙,中层是一排石窟,从东至西依次为关帝庙、龙神庙、千佛殿、真武庙与老佛堂(又称大仙窟),窟上平台建有玉皇阁。桥关西南建有1座过殿,山脚下自东至西依次建有观音殿、天王殿、三世佛殿、泰山宫、南北配殿(供十殿阎君),再东还有1座火神庙。

东寺,位于峡谷北,距西寺约 300 米,建有 1 座五佛殿与正北峭壁上的清源洞,正东还有 1 座正佛寺,其间还建有 1 座灵骨塔(塔铭"嘉庆八年三月二十二日五时生,故去住持之宝塔,同治九年十二月十九日时终")。

这些旧建筑多已毁,仅存西寺的过殿遗址、中层的崖洞与东寺的五佛殿,而在其他遗址上新建了一批新的庙群,这些庙殿是否能与旧殿一一对应已难说清,此处主要记录遗存或新建的庙殿,并以现今寺中记载与乡民所说为依据。

西寺南岸,依次新建有泰山庙、韦驮殿与观音殿,桥头处有 1 座过殿遗址。

泰山庙,即圣母祠、泰山宫。位于沟西南岸,整个寺庙群的入口处,北侧正对山崖,为 1 座独立的庙院。山门已坍塌,仅存石基础,门前设石台阶。围墙用山石块垒砌而成,院内地面铺石板。庙殿台明遗存,台明前设石阶踏步。台明南侧是 1 座新建的庙殿,坐南面北,面阔三间,硬山顶,六架梁出前檐廊,梁架新绘彩绘。殿内新立塑像,正面是三尊奶奶像,两侧各有 4 尊像,前面两侧各有 2 尊持剑立像。前廊下两侧各立 2 通石碑,分别为:乾隆十二年(1747)《黄崖山清源洞重修诸仙圣母祠序》[1](东廊内),嘉庆十五年(1810)《清源洞李喜师坐逝碑》[2](东廊外),乾隆三十八年(1773)《万善同归碑》[3](西廊外),光绪八年(1882)《重修清源洞各庙碑记》[4](西廊内)。

过殿遗址,应是三世佛殿,也即原寺中的正殿,位于灵通桥头西南侧,四周残墙基尚存,但主体建筑已全毁。殿四周的墙体全部是用毛石修建,平面呈不规则形,殿内长满杂草和粗壮高大的树木。遗址内与周边一共立有 14 通石碑,其中遗址内有 8 通石碑,遗址外东角有 5 通石碑,稍远处还有 1 通石碑。

遗址内按照西南角—西北角—东北角—东南角的顺序,8 通石碑如下:

1 号碑:嘉庆二十二年(1817)布施功德碑;2 号碑:已断为三截,刊刻于"大清乾隆□年";3 号碑:碑阳为乾隆八年(1743)《重修金船寺碑记序》[5],碑阴落款为雍正十三年(1735),推测是 1 块重复使用的碑;4 号碑:刊刻于乾隆三十八年(1773),碑额题"因果不□",碑身字迹漫漶不清;5 号碑:刊刻于"中华民国岁乙卯",即 1915 年布施功德碑;6 号碑:刊刻于"中华民国五六年",即 1917、1918 年,布施功德碑;7 号碑:嘉庆二十二年(1817)《重修碑记》[6],保存较好;8 号碑:碑文漫漶。

遗址外东南角 6 通碑如下:

〔1〕 刘祖福:《三晋石刻大全》,三晋出版社,2013 年,第 89 页。
〔2〕 刘祖福:《三晋石刻大全》,三晋出版社,2013 年,第 158 页。
〔3〕 刘祖福:《三晋石刻大全》,三晋出版社,2013 年,第 112 页。
〔4〕 刘祖福:《三晋石刻大全》,三晋出版社,2013 年,第 244 页。
〔5〕 刘祖福:《三晋石刻大全》,三晋出版社,2013 年,第 85 页。
〔6〕 刘祖福:《三晋石刻大全》,三晋出版社,2013 年,第 167 页。

9 号碑:刊刻于"大清光绪三十三年",碑文漫漶;10 号碑:位于拐弯处,碑文漫漶;11 号碑:光绪十八年(1892)《重修清源洞各庙碑记》[1];12～14 号碑:布施功德碑。

韦驮殿,位于桥头正南侧,即天王殿旧址。新建殿宇,坐南面北,面阔单间,硬山顶,红砖垒砌两侧山墙,顶上后脊盖 1 块水泥板,前脊顶与前墙完全敞开。殿内空荡,仅在两侧山墙北端贴了一副楹联。

观音殿,位于桥头东南侧坡地上。观音殿为 1 座独立的院子,山门、院墙已经坍塌无存,仅存基础,山门外为石台阶,5 阶踏步。院内为石板铺就的地面。台明上新建正殿,坐南面北,面阔单间,硬山顶,进深五架梁出前檐廊,殿内新作塑像,梁架新施彩绘,正面有三尊塑像,两侧为十八罗汉。墙壁未施壁画。观音殿前檐下西侧立有 1 通布施功德碑,碑已断成二截,又粘合到一起。

东寺区域,仅存五佛殿。五佛殿,庙院保存完好,正体坐北面南,主体建筑尚存山门、正殿、东配殿、西配殿。

山门,坐北面南,硬山顶,坐落于高大的台阶之顶部,9 层踏步直达门前。院墙采用毛石垒砌。山门门框为条石砌筑,檐部为青砖砌筑,券形门洞,拱顶之上嵌有 1 块扇形石匾[2],匾中雕三个大字"蓬莱境",起款为"伍佛殿",落款为"同治伍年立"。匾额两侧各饰一根方形石雕门簪,门簪顶端雕瑞兽。门内侧拱顶,无匾额,但饰有 2 根门簪。顶部檐下,砖雕椽子、飞子、檩、枋、桅头等影作装饰,枋间分别饰有倒挂的蝙蝠与荷叶。山门内侧东墙上贴一张纸,上书"供奉门神户尉神位",其下方悬有一个小盒,供敬香之用。山门两侧门柱外侧分别嵌有 1 通石碑。东侧为乾隆十五年(1750)的修缮记事与功德碑[3];西侧为布施功德碑,无落款年号。东侧石碑下部还横卧 1 通布施功德碑,未见落款年号。

正殿,位于院内北侧,坐北面南,面阔五间,窑洞式建筑,由五孔窑洞组成,明间辟门,两侧各有两孔拱形窗。正殿主体窑洞券拱为条石砌筑,窗下槛墙采用青砖砌筑。殿内后墙窑洞五孔,各供奉一尊新塑佛像,代表着五佛,塑像为 20 世纪八九十年代的作品。两侧墙下各立一尊分别持刀、戟的武士像。正殿中间有一条走廊将五孔连接,殿内墙壁表面涂刷白灰浆,据说曾绘有明代十大明王主题的壁画。殿内前面的五孔内皆立有石碑,每孔 2～3 通不等,共 10 通碑,另有 2 块碑首。编号从东至西依次为 1～10 号碑。

1 号碑:布施功德碑,未见落款年号;2 号碑:半块残碑;3 号碑:布施功德碑,未见落款年号;4 号碑:光绪二年(1876)《重修五佛殿前后阁布施开列于后碑记》;5 号碑:光绪三十三年(1907)《重修五佛殿续碑记》;6 号碑:同治九年(1870),布施功德碑;7 号碑:碑阳为光绪三十

---

〔1〕 刘祖福:《三晋石刻大全》,三晋出版社,2013 年,第 260 页。

〔2〕 刘祖福:《三晋石刻大全》,三晋出版社,2013 年,第 214 页。

〔3〕 刘祖福:《三晋石刻大全》,三晋出版社,2013 年,第 93 页。

三年(1907)《重修五佛殿碑记》[1],碑阴为布施功德榜;8 号碑:半截残碑;9 号碑:"民国拾三四五年"《五佛殿重修碑序新盖韦驮接引殿贴金接引……》;10 号碑:同治十三年(1874)《创建五佛东岳西岳碑记》,方柱形状石碑,四面均刻字,其中正文占两面,功德榜占两面。

东配殿,面阔三间,明间为佛堂,两边为禅房。

西配殿,已荒废,殿内堆积有柴草,墙壁上贴有布施人名单。

西寺第二层平台位于半崖上,为清源洞的主庙区,处于绝壁下,殿宇基础除了用自然的基础外,还人为堆砌石块搭建出平台,远望可见高大宽厚的石块垒砌的基础,蔚为壮观。二层平台被一道券门分为东、西两部分。二层平台东部,新建 3 座建筑,最东侧的为僧房,中间台地上的为龙神庙,西侧的为千佛殿。二层平台西部残存有 5 窟崖洞,其中 3 窟分别供有神像或残存石碑等。这几窟崖洞是当年寺中僧人修行之地。二层平台东、西部间的券门为石砌,保存较好。

龙神庙,位于二层平台东部中间的台地上,位置较高,正殿坐北面南,面阔单间,新建建筑。

千佛殿,位于二层平台东部的西侧,坐北面南,面阔七间,背依崖壁的半坡歇山顶建筑,大殿主体结构完工,梁架彩画未绘。大殿前檐下西侧立有 1 通乾隆五十一年(1786)《盖闻补修养廉碑记》[2]石碑,字迹清晰,保存较好。

东侧崖洞,位于二层平台西部即佛殿的西侧,为在悬崖上修建的洞窟,洞窟前有走廊连接各个洞窟,即山崖上狭窄的栈道,栈道边上有毛石垒砌的护墙。第 1 座洞窟为真武庙,洞窟口有新建的殿宇,单间木构建筑。洞窟内正面供奉真武,真武塑像残毁,背后的屏风残存,两侧各 1 侍从残存,前方各 5 尊塑像已毁。如今在原真武塑像基础上塑新像,脚部还残存少许的原彩绘,为清末民国的作品。真武像的背屏仍是残损状况,彩绘仍存。两侧的各 1 尊侍从,东侧的保存较好,除头部重塑外,其他仍是旧像,西侧的下身仍是原样,彩绘残存,上身进行了补塑。前方的两侧各 5 尊像,泥胎已塑好,但还未彩绘。洞窟四壁有残存的壁画,为在石壁表面涂抹黄泥,上面再施彩绘,保存较差,多有脱落。

中间崖洞,位于二层平台西部,真武庙西侧的第一个洞窟,为僧房窟,洞窟内空间狭窄、幽深,约 7～8 米深,尽头炕边残存有 1 通乾隆十二年(1747)《清源洞光明如来塔记》[3]石碑。

西侧崖洞,位于二层平台西部,真武庙西侧的第二个洞窟,据看庙僧侣回忆旧时为老佛堂,现为生活居所。洞底残存一面悬塑,色彩鲜艳,应是清末民初的作品。山水构成的

〔1〕 刘祖福:《三晋石刻大全》,三晋出版社,2013 年,第 280 页。
〔2〕 刘祖福:《三晋石刻大全》,三晋出版社,2013 年,第 121 页。
〔3〕 刘祖福:《三晋石刻大全》,三晋出版社,2013 年,第 88 页。

悬塑间,正中顶部有 1 座两层殿。下层面阔三间,歇山顶,上层为面阔二间,歇山顶。洞内有 1 通 1929 年的布施功德碑。

栈道的最西端存有 5 座坍塌的修行洞窟,全部废弃。洞窟局部坍塌,里面堆放杂物。

二层平台之上为一道高大的石崖,石崖壁上还有洞窟与建筑遗迹,为上层建筑群。上层建筑群已完全毁塌,只留下了几个洞窟与 3 通石碑。在二层平台的东侧有一条石板道,可以直达沟顶,此路为郑家窑村民步行来到清源洞的一条进香山道。

山崖绝壁下面有 1 通半截石碑,刊刻于乾隆二年(1737)。

山崖下有一个双层洞窟,为三个洞窟互通,僧人回忆说旧时曾为修行洞窟,后来破坏废弃,洞窟的四壁还有壁画的痕迹,有的是草拌泥上施彩,有的是直接在石头表面上色。下层石窟内的乱石中躺有 1 通石碑[1],石碑保存完整,但字迹漫漶,落款可辨为"隆庆二年",起款有"大明国"三字。

洞窟西侧为 1 座废弃的殿房,现仅存四周山石垒砌的墙壁。东墙下立有 1 通石碑,下半截埋入土中,为乾隆四十年(1775)《答报功德主碑记》[2]。

殿房西侧山崖下立有 1 通石碑,碑阳为万历七年(1579)《广灵县凤凰山黑云洞奉建玉皇大帝游殿碑文记》[3],字迹清晰,保存较好。碑阴为布施功德榜。

殿房西侧不远处为该层建筑的尽头,尚存接引洞(引佛洞),洞窟内有一尊接引佛塑像,佛像前供奉有香火。洞窟南侧崖壁上有一个窗洞,站在洞前可以俯瞰整个寺区,南岸的峡谷上的拱形石桥、奶奶庙、韦驮殿与观音殿尽收眼底。

通灵桥,横跨峡谷两岸,保存较好,整体为条石砌筑的单拱桥,桥面已铺水泥,两侧栏杆无存,东侧拱顶上嵌有 1 块石匾[4],匾中刻"通灵桥"三字,起款为"大清乾隆拾叁年"。据记载,桥长 24 米,宽 3.45 米,高 5.75 米,矢高 4.3 米,跨度 4.5 米。这座连接南北两岸的石拱桥已有 200 多年的历史。石桥所在山谷底部多巨石和天然的石板河道。桥下至今有溪水流过。

第十四节 大 台 村

一、自然环境与人文历史

大台村,位于阳眷镇驻地西南 5.1 公里处,属浅山区。村东、南临沙河,沙河向西南可

---

[1] 刘祖福:《三晋石刻大全》,三晋出版社,2013 年,第 46 页。
[2] 刘祖福:《三晋石刻大全》,三晋出版社,2013 年,第 116 页。
[3] 刘祖福:《三晋石刻大全》,三晋出版社,2013 年,第 49 页。
[4] 刘祖福:《三晋石刻大全》,三晋出版社,2013 年,第 91 页。

达广灵县—斗泉村,西、北靠坡。地势西高东低,附近为黏土质,辟为耕地。1980年前后有485人,耕地2 641亩,曾为大台大队驻地(图13.13)。

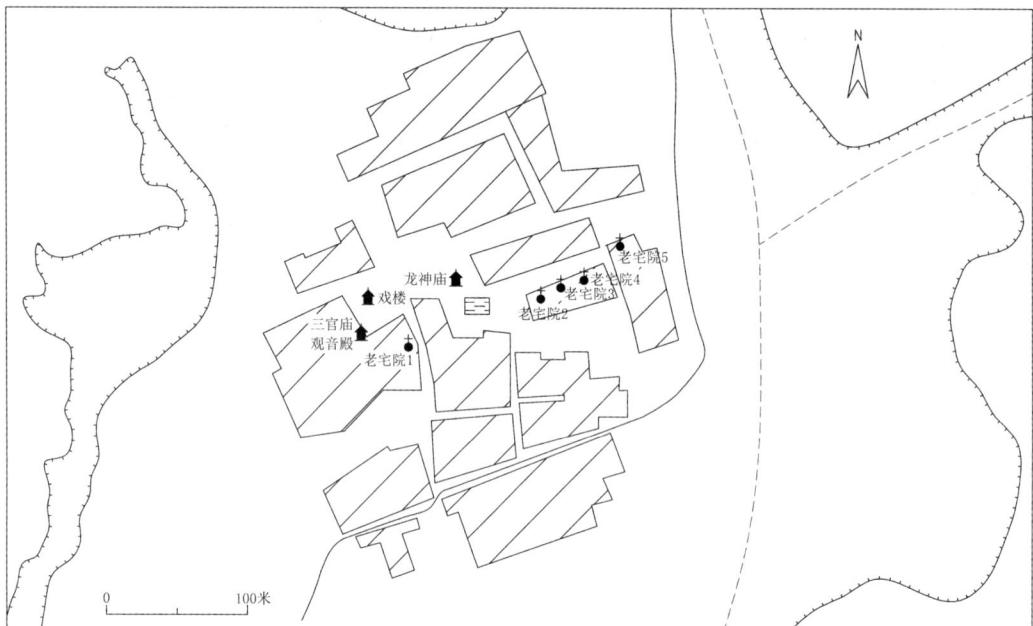

图13.13　大台村古建筑分布图

相传,300年前有一户居民居于此地圪垯上,因三面是沙河,有被水冲之险,即用石头垒起台状石坝,建村后便取村名垛台,后演变为大台。村名最早见于《(乾隆)广灵县志》,作"大台庄"。

如今,村庄分为新、旧两部分。北部为旧村,南部为新村。旧村主要分布在山坡上,已废弃,一片断壁残垣。台地南侧遗留有1座庙。台地东侧的平地上有一口古井,至今村民仍在井中取水。新村主要选址在山谷中路边(即225乡道),村民尚有100余人居住,以马、刘姓为主。本村的刘姓与豹峪的刘姓曾为一家人,豹峪的刘姓较早,当地人传说他们祖先来自山西大槐树。

二、寺庙

据当地长者回忆,村中曾修建有五道庙、马神庙、三官庙/观音殿、龙神庙、戏楼。

五道庙、马神庙　位于村中西北侧,现已无存。

三官庙/观音殿　位于旧村台地南端,山坡上,为本村制高点。庙以自然山体为基础,台明外立面包有块石,正殿面阔单间,硬山顶,进深五架梁,南侧为三官庙,北侧为观音殿。庙殿东墙外立有1通道光戊申年(道光二十八年,1848年)的《重修碑》,保存较好。三官庙内还有 1 块木匾,为 1995 年重修庙殿时捐款的功德榜。庙殿主体建筑仍为旧构,殿内壁画全部为重绘。

三官庙正殿前檐额枋尚残存有彩绘,门窗新近修缮。殿内壁画、塑像新近修缮。正壁绘"天、地、水"三官,皆坐于圆形椅子上;两侧山墙内壁各绘五尊神像,脚踩波浪。正壁的供台西侧供着一尊神像,身上披着一件红袍,上写有"大台村龙王红袍一身",如此看来,村中的龙神庙毁塌,村民们将龙神请到了三官庙中。

观音殿正殿前檐额枋尚存彩绘,殿内壁画新绘,正壁绘三尊菩萨,正中的观音菩萨怀抱一孩童;两侧山墙内壁绘"救八难"题材内容与十八罗汉。

龙神庙　位于村东侧的坡地上,与戏楼相对,坐东面西,面阔三间,大殿脊顶已塌毁,墙体亦坍塌。

戏楼　位于龙神庙对面的平地上,老井的东南侧,戏楼坐西面东,毛石基础,面阔三间,卷棚顶。戏楼顶已残塌,梁架倾斜。

第十五节　豹　峪　村

一、自然环境与人文历史

豹峪村位于阳眷镇西南 7.6 公里处,属浅山区。村庄选址在大涧沙河北坡上,村西亦临沙河,该沙河向西南可达广灵县一斗泉村。地势西高东低,附近为黏土质,辟为耕地。1980 年前后有 777 人,耕地 3 642 亩,曾为豹峪大队驻地。

相传,明末清初年间建村。因村旁三十里长峪中常有山豹出没,故取村名为豹峪。村名最早见于《(康熙)广灵县志》,作"暴峪村",《(乾隆)广灵县志》沿用。

二、街巷与古宅院

如今,旧村位于村庄的东部,村口有一条宽大的碎石路斜向进入旧村中。旧村平面布局为一条东西主街结构,村东头还有一条南北巷子,道两侧皆高大的毛石台明,台明上分布着一座座宅院。村民以赵、刘为主,现有约 300 余人居住。225 县道止于本村。

村口南北街　自南向北逐渐上升,街内西侧有 2 座老宅院。老宅院1,位于高大台阶上,广亮门,硬山顶,脊顶已残损;老宅院2,保存较好,广亮门,硬山顶,门内北侧墙上设有1 座小龛,龛内供奉门神,龛内贴着一张纸,写有"门神虎位",龛外两侧对联,"一三五七九，二四六八十"，横批"门神之位"。

村口东西主街 自东向西缓缓而升，北侧是高大的台明，台明上宅院多已改造，开设了几处小商店。老宅院 3 位于北侧，尚有 1 座门楼，广亮大门，硬山顶，门楼敞亮，当年应是商家进出车辆的大门，门楼内有 1 座影壁，单间硬山顶，脊顶下砖影作飞子、檩、枋、柁头、垂柱等，影壁正中曾抹过一层水泥，如今水泥左下角脱落，露出了底下菱形方砖。门内为一条巷子。

旧村的西侧村头有 1 座水塘，四壁毛石垒砌，塘中尚有积水，水塘的北侧坡地上便是一片新村（图 13.14）。

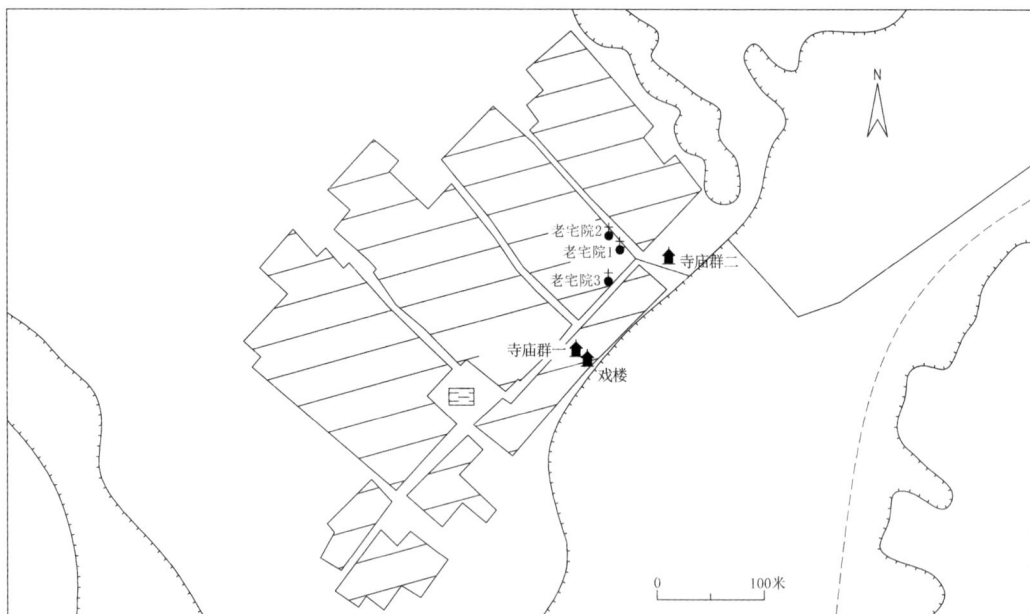

图 13.14　豹峪村古建筑分布图

三、寺庙

豹峪村有两处寺庙群，相对较集中。一处位于旧村主街正中南侧，分别有关帝庙、龙神庙、文昌殿、观音殿、魁星阁；另一处在旧村东端的北坡台地上，分别是五道庙、河神庙、马神庙、福神庙、观音殿与财神庙。从庙的种类考察，曾属山西广灵的豹峪村，与传统的蔚州境内的民间信仰已有区别。

龙神庙、关帝庙、文昌殿、魁星阁、观音殿，位于旧村主街正中南侧寺庙群，庙院中长有一株松树，现存 1 座正殿、东耳房与戏楼，正殿与戏楼被围于红砖墙的院内，东耳房位于殿东侧院外。正殿，坐北面南，面阔三间，硬山顶，进深五架梁出前檐廊。西廊墙下，设有

1座神龛,龛内供奉面然大士,但未塑神像。前檐额枋尚残存彩绘。正殿内隔为三间,分别供奉3位神祇。明间中殿为龙神庙,东次间为关帝庙,西次间为文昌殿。殿内明间与次间隔墙曾被拆毁,如今采用红砖重砌。

龙神庙 位于正殿的明间,殿内正面供台上供奉一尊新塑的小龙神像,蓝色的像身披着一件红袍。殿内东墙采用红砖重砌,正壁与西壁曾抹过白灰浆,白灰浆已被剥除露出了底下的绘画,从壁画的风格上看应该是清代中期的壁画,绘画受损严重,保存较差。

正面绘《龙母龙王坐堂议事图》,隐约之中还能看出绘有的七尊主神像,正中应是龙母,两侧是五位龙王与雨师,两侧下角各立一位雨官。

西壁所绘为《雨毕回宫图》,画底部为人间收获的场景。画的右侧为水晶宫,龙母与两位侍女立于水晶宫中,恭候行雨大军凯旋。水晶宫下站立着土地神与山神,山神持钢鞭。水晶宫上方是策马飞奔的传旨官,正忙于交奏折。回宫大军中,居前的是年值功曹,其后跟随各位龙王分布于上下。殿后龙王回首询问判官降雨几何,判官单腿而跪,双手高举雨簿。判官身后是负责记录雨量的雨官。回宫大军的上部,依次是时值功曹、风伯、风婆、钉耙神、虹童、青苗神、水车中的电母和风婆,雷公殿后。画的左侧是一株大树,一位小神正在束缚一条龙。

关帝庙 位于正殿的东次间,西壁采用红砖重砌,正壁、东壁曾抹过白灰浆,白灰浆被清理后露出底下的壁画,从画中色彩来看,应是清中期的风格。正壁画面已漫漶,可以看出底部所绘为波涛翻滚,上面左右各绘一条龙,中间空出的地方前面应是放关帝神像的位置。东壁为连环画式壁画,3排4列,每幅画皆有榜题。主题为《三国演义》中关羽的故事。

东山墙(北至南)(榜题,右侧)

侯成盗马	陶公祖徐州让印	□门关前斩吕布	□□□煮酒共论英雄
辕门射戟	玄德公北海解围	虎牢关三战吕布	酒未温时斩华雄
桃园□□	义士赠马	刘关张大破黄巾	安喜县鞭打督邮

文昌殿 位于正殿的西次间,殿内空无一物,壁画全毁。

戏楼 位于正殿对面,坐南面北,面阔三间,卷棚顶,五架梁,前檐柱四根。戏楼内壁遗存有题壁,东壁可见"嘉庆五年",西壁可见"嘉庆十三年"。

据当地长者回忆,戏楼东侧,庙院东南角修建有魁星阁,八角楼阁建筑,"四清"时期拆毁。

观音殿 位于正殿东墙外,紧贴着东墙,整体坐南面北。山门、院墙与正殿尚存。庙院只在东侧砌一堵墙,条石基础,青砖砌墙,院墙的北部坍塌严重,采用毛石垒砌。山门为随墙门,券形门洞,脊顶已塌毁。院内观音殿,坐南面北,面阔单间,硬山顶,进深三架梁。殿内正壁刷过白灰浆,壁画全毁,壁上挂一幅观音像,像前置供桌,桌上放供品等。东、西两壁残存有壁画,上部内容为各4幅观音"救八难"题材壁画,下面内容为各8尊罗汉。"救八难"虽画有题榜框,但未见题字。

从壁画的风格与色彩上来看,其应绘于清中期以前。

五道庙、河神庙、福神庙、观音殿、财神庙、马神庙,位于旧村东端北坡台地上的寺庙群,整体坐北面南,由前殿与主院两部分组成。前殿为五道庙、河神庙;主院内北侧正殿为福神庙、观音殿与财神庙,东配殿为马神庙。

前殿 位于主院南门外东侧,坐北面南,面阔二间,单坡顶,东侧为河神庙,西侧为五道庙,殿内隔墙曾被拆毁,现今重砌一堵隔墙。殿内曾抹过一层厚厚的泥浆,泥浆脱落处露出了壁画。

主院 坐落于高大的条石台明上,院墙与山门用红砖重新砌筑。院内正殿位于台明上,坐北面南,面阔三间,硬山顶,四架梁(后脊顶比一椽略长)出前檐廊,梁架上残存有彩绘,门窗为旧构。正殿内隔为三间,明间为观音殿,东次间为福神庙,西次间为财神庙。福神庙与财神庙两殿内壁画全毁,仅观音殿尚存壁画。殿前西廊下,设有1座小龛,供奉面然大士。

福神庙 位于正殿东次间,殿内没有壁画和彩绘,只有神位贴纸和新建的供台。

观音殿 位于豹峪东端北坡寺庙群内正殿的明间,四扇木门尚存,这四扇木门的风格,已不是蔚县小庙的做法,像是蔚县境内明时大寺的木门扇。殿内正壁壁画已毁,两侧山墙壁画残存。山墙壁画内容仍为"救八难"题材与十八罗汉。据看庙老人回忆,观音殿正壁画像破坏于1966年。山侧山墙"救八难"榜题受损严重,残存榜题尚可分辨。东壁第4幅为"或囚禁枷锁",第2幅为"或遇恶罗刹,毒龙诸鬼等,念彼观音力,时悉不敢害"。

财神庙 位于正殿西次间,殿内墙壁没有彩绘、壁画和塑像遗存,只有神位贴纸和供台。

马神庙 院内的东配殿,坐东面西,面阔单间,单坡顶,新建建筑。殿内只有神位贴纸,无壁画和塑像。

此外,豹峪村西北2里的山沟中东侧山坡上有一处称为"水洞沟"的地方。村中长者回忆,那里曾修建有关帝庙/观音殿,并立有石碑,如今,庙宇建筑无存,石碑尚存,村中老人曾见过碑文。据碑文记载,庙于明万历八年(1580)修建,清嘉庆七年(1802)重修。当地老人表示,水洞沟的历史早于清源洞。

第十六节　沟门口村

一、自然环境与人文历史

沟门口村位于阳眷镇东偏南 4 公里处,属浅山区。村庄选址修建在两条山谷的交汇处,村西部是一条南北向主山谷,216 乡道在谷中行进,向北通往鹿骨、白草坡村。村庄位于该山谷东侧的一级、二级台地上,一条小冲沟和主山谷交汇。村庄正处于交汇处,即沟门口。地势东高西低,为黏土质。1980 年前后有 602 人,耕地 969 亩,曾为沟门口大队驻地。如今,冲沟将村庄分为南、北两部分,村宅依地形而建,民宅以土旧房为主,由于地处煤矿塌陷区,民宅大部分废弃、坍塌,保存尚好者较少。居民外迁,现仅有三四人居住,以刘姓为主。

相传,元初建村于半沟门口,即取村名沟门口。

二、寺庙

五道庙　位于村南剧场南侧,倚墙新建。正殿,坐北面南,面阔单间,半坡顶,进深二椽,前槛墙上设面然大士龛。门窗仅存框架,殿宇为新建建筑,与剧场同期修建,无彩绘和壁画。

剧场　位于村南,近代建筑,处于 1 座大院内,剧场规模大,双层建筑,顶部坍塌,已废弃,院子作为狐狸养殖场使用。

第十七节　金泉村

一、自然环境与人文历史

金泉村位于阳眷镇东南 5.8 公里处,属丘陵区。选址修建于一条西北—东南走向的山谷中及东西两侧的台地上,西靠沙河,S243 省道即"天走线"公路从村中穿过,地势北高南低,附近为黏土质,辟为耕地。1980 年前后有 1 477 人,耕地 4 093 亩,曾为金泉大队驻地。

相传,明朝末年建村时,因村东山坡有黄水流下,遂取村名黄泉。村人嫌不吉利,有"命染黄泉"之讳,故借"金"含黄色之意,更名为金泉。该村在蔚县诸版方志中均失载。

如今,村庄规模大,分为三个独立的部分,平面呈品字形,主体位于北部,规模最大,民宅新旧房均有分布,以新房为主,居民多,现有约 800～1 000 人,外来人较多,以从涞源县方向过来为主,杂姓。村中有蔚县百安矿业分公司一矿。北部主体部分村庄为南北主街结构,主街中部路东为村委会,路西为学校。主街北尽头为 1 座 20 世纪七八十年代所建的近代剧场,已经重修,剧场东侧为粮库大院,粮库东侧,"天走线"西侧路边为老宅院 1。

二、寺庙

据当地长者回忆,村庄曾修建有多座庙宇。村北有龙神庙(北庙),对面为戏楼。龙神庙前有 24 步台阶,庙前有 5 人合抱的大柏树。庙内旧有石碑。村北还有五道庙(西)和马神庙(东),村南有南庙即观音殿,旧时有钟。寺庙全部拆毁于"破四旧"时期,用于修建剧场。

第十八节 东洗马沟村

一、自然环境与人文历史

《蔚县地名资料汇编》上未见记载。村庄位于一条东西向山沟中,北靠山,南临沟,位置偏远,尚未通电,村民数年前便已外迁,如今村内已无人居住。

二、寺庙

龙门寺 处于蔚县、阳原县的交界处,今属于蔚县,历史上属于阳原县(西宁县)。寺院地处东洗马沟村东北的一条东西向深约 300 米左右的洗马沟涧边北坡一块相对平坦的坡地上,整体坐北面南,四面环山,背倚巍峨陡峭如壁的天罡山鹫峰岭,面临沟涧,南对大山,东西两侧也是连绵起伏的山脉(彩版 13-9)。据寺院内经幢和石碑记载,寺院始建于金天会八年(1130),明清时期多次重修(彩版 13-10)。"四清"前后拆除。

现寺院周围用毛石垒砌层层台地,寺院由庙院和洞窟两部分组成,分为东、西两部分,东寺以天然大石窟为主。西寺现存 1 座三层黄土坛,后为甬路,寺内有渐次增高的三进院落。

西寺,庙院部分自南向北随着地势逐渐增高,由佛坛、甬道、山门、过殿、东西配殿、正殿等部分组成,主要建筑依次位于一条中轴线上。

佛坛,即黄教密宗的坛场。位于建筑群的最南部,系利用天然台地铲削而成,一共有三层,同心圆,每层的外立面用毛石垒砌,多已坍塌,顶部直径约 16 米,开北门,尚存过门石。

甬道,连接佛坛和山门前的空地,宽约 3 米,长约 20 米,外立面包砌毛石。

山门,位于庙院南侧,石砌庙台上,整体坐北面南,两侧台地外立面用毛石垒砌,高约 4 米,山门建筑无存,仅存高大的石砌台阶。台阶内凹于台地。山门后为 1 块平地。

过殿，位于山门北侧，高于山门，两侧连接院墙，过殿已经全部坍塌，仅存门道。殿内遗址上东西各有 1 通石碑。西侧为 1 通墓碑，正面刻有"诰封朝议大夫弟子井元成暨子奎垣均孙应台参枢辰斗星曾孙廉叩敬"，无年号。东侧的石碑尚立，为布施功德碑（拓 13.1）。双面字，露出地面长 111 厘米、宽 70 厘米、厚 18 厘米，碑文可见"光绪三年雕塑过殿施银……"字样，过殿南北侧地面上散落有石雕装饰构件和普通的石构件。

院墙，平面大致呈矩形，毛石垒砌，未用黏合剂。东、南、西、北面院墙采用毛石垒砌墙体，多已坍塌，高约 2～3 米。其中西墙外为一片空地，上面有 2 个圆坑，周围残砖遍地，推测为寺庙的灵骨塔、墓地。

东配殿，高于过殿，面阔三间，三孔窑洞式，每一孔窑洞分别为独立的寺庙。南一北依次为火神一文昌一未知。窑洞屋顶局部坍塌，正面门窗均无，殿内尚存清末民国时期的壁画。南次间为火神庙，表面涂刷白灰浆，神像面部多遭人为破坏，且正面壁画损毁严重。殿内有 2 通石碑。明间为文昌庙，正面壁画无存，墙下设有供台；两侧壁画绘制于西式楼阁，保存较好，较为少见。北次间壁画正面无存，下面的神台破坏严重，庙宇性质未知。

西配殿，高于过殿，面阔三间，三孔窑洞式，每一孔窑洞分别为独立的寺庙。南一北依次为龙神一药王一三官。窑洞屋顶局部坍塌，正面门窗均无，殿内尚存清末民国时期的壁画。南次间为龙神殿，这是蔚县遗留的唯一一堂窑洞式建筑的龙神殿，殿内壁画受损严重，正壁尚可辨认各神，两侧山墙壁画只有个别的神像可见。正壁绘《龙母龙王坐堂议事图》，中间为龙母，两侧分列五龙王与雨师，上部为各行雨之神。明间为药王殿，殿内尚存壁画，表面涂刷白灰浆，神像面部多遭人为破坏，且正面壁画损毁严重。殿内地面尚存碑座。北次间为三官庙，壁画损毁严重，殿内有石碑。殿前地面尚存 1 通残经幢，上面有"天会八年龙山助师建"等字样（拓 13.2、13.3、13.4、13.5）。

正殿，位于过殿北侧，高于东、西配殿。正殿面阔五间，进深两间，殿宇建筑坍塌，现为遗址，仅存后墙，为毛石垒砌，墙下设有供台。正殿遗址上尚存 2 通石碑。1 通为布施功德碑，已残缺。另 1 通石碑尚立，为同治十三年（1874）《本寺东寺新建正殿重修彩色各庙神像碑记》（拓 13.6），石碑厚 15.5 厘米、长 126 厘米、宽 59 厘米。正殿东西两侧各为三孔窑洞式耳房，均已坍塌。正殿北侧尚存一孔独立的石砌窑洞，性质未知。此外，正殿北侧的山坡上尚存 2～3 通残碑，其中可见《重修龙门寺新建水陆殿……》《新建水陆殿……》。附近还有许多辽金时期的沟纹砖。

碑亭，位于寺院东北角外，坐北面南，面阔单间，仅存三面毛石垒砌的围墙。墙下立有 10 通石碑，均半掩于地下。石碑 1，2 块组成，大部分埋于地下。石碑 2，曾多次利用，正面可见"道光二十八年二月""咸丰十年""重修天罡山龙门寺"等字样。石碑 3，碑阳为道光二十七年（1847）《重修龙门寺三佛殿碑记》，碑阴为布施功德榜。石碑 4，道光二十七年

拓 13.1 阳眷镇东洗马沟村龙门寺布施功德碑拓片(李春宇 拓)

拓 13.2　阳春镇东洗马沟村龙门寺经幢 1 拓片 (李春宇　拓)

拓 13.3　阳春镇东洗马沟村龙门寺经幢 2 拓片 (李春宇　拓)

拓 13.4　阳眷镇东洗马沟村龙门寺经幢 3 拓片 (李春宇　拓)

拓 13.5　阳眷镇东洗马沟村龙门寺经幢 4 拓片 (李春宇　拓)

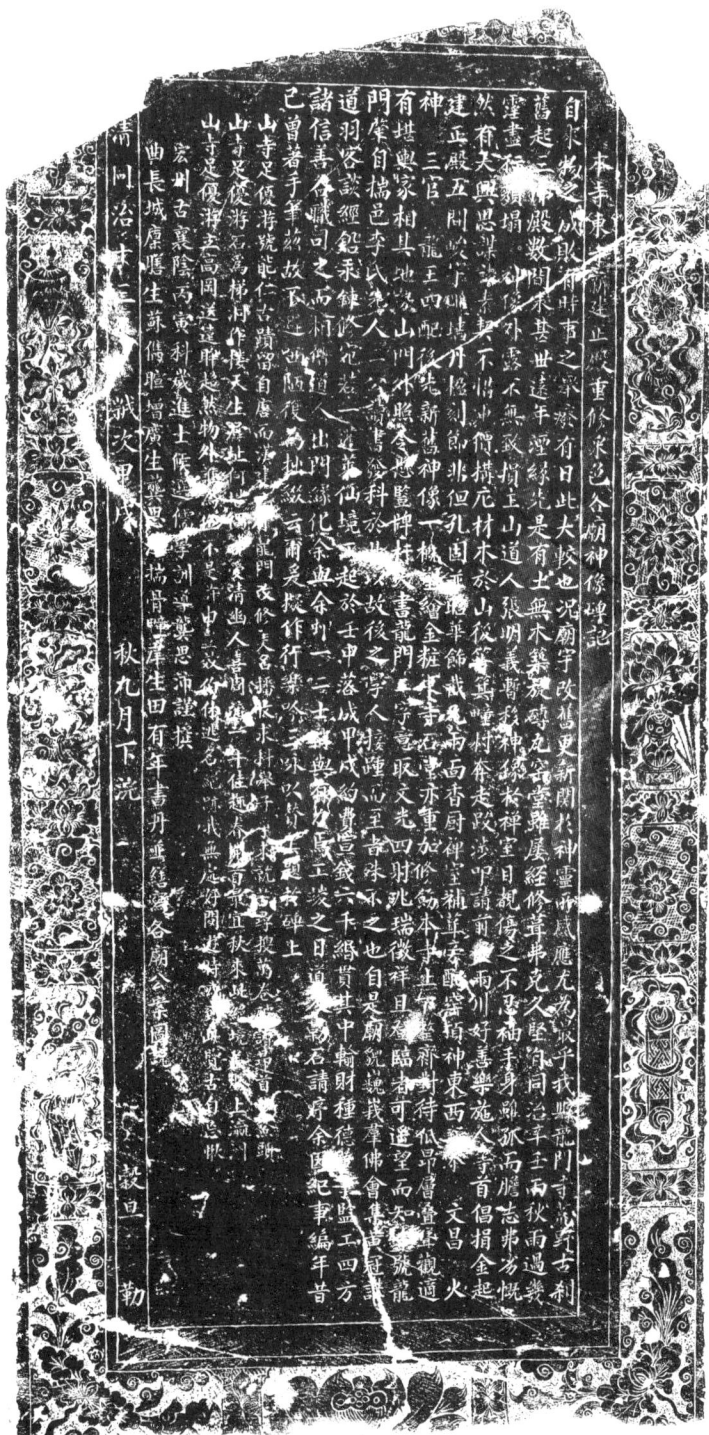

拓 13.6　阳眷镇东洗马沟村龙门寺同治十三年
《本寺东寺新建正殿重修彩色各庙神像碑记》拓片（李春宇　拓）

(1847)《重修天罡山龙门寺碑记》。石碑5,长方体形,较为特殊,四面均刻有布施人名。石碑6,长方体形,较为特殊,正面为嘉庆甲子年(嘉庆九年,1804年)梅月《重建龙门寺碑文》,其余三面为布施功德榜。石碑7,长方体形,较为特殊,四面均刻布施功德榜。石碑8,刊刻于"咸丰九年岁次乙未六月",记事碑。石碑9,布施功德榜。石碑10,嘉庆二十四年(1819)《建立龙门寺山林四至碑序》(拓13.7),石碑长108、宽65、厚11厘米。碑亭外地面尚存石雕经幢屋顶,歇山顶样式。保存较好。

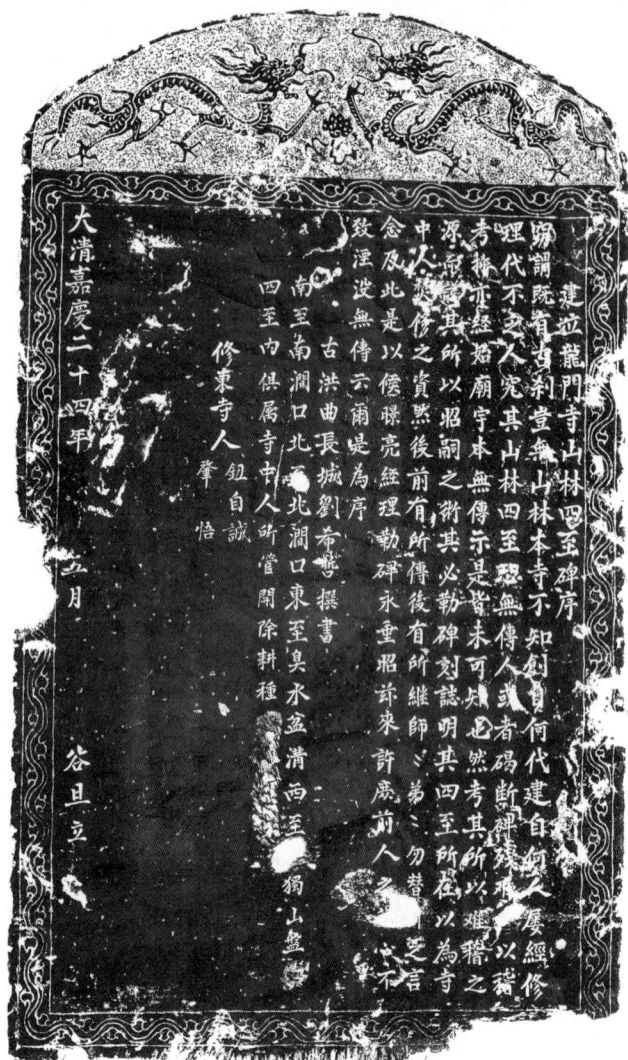

拓13.7　阳眷镇东洗马沟村龙门寺嘉庆二十四年
《建立龙门寺山林四至碑序》拓片(李春宇　拓)

天罡山洞窟，位于寺庙主体北侧的山崖底和半崖上。山崖底部有 2 个洞窟，山崖中上部有 3 个洞窟，其中西、中洞窟相连，中间的洞窟内残存有彩绘。东部的洞窟为过洞，可上天罡山顶部。

东寺，即洞窟，位于庙院的东北侧绝壁山崖下，天然洞穴，坐北面南，洞窟内建有窑洞式建筑。洞窟前面为一条小冲沟，冲沟内两壁毛石垒砌，其中东壁上有 1 座小窑洞。殿前两侧峭壁下亦建有窑洞式建筑，其中西侧有两孔独立的窑洞，东侧有一孔窑洞，均已废弃，沦为羊圈。

第十九节　西洗马沟村

《蔚县地名资料汇编》上未见记载。村庄位置偏远，尚未通电，村民数年前便已外迁，如今村内已无人居住。西洗马沟村曾有 1 座圣水寺，村民迁出后殿顶已塌，另外还有 1 座侍（音）女庙。寺庙已全部拆毁。

第二十节　其 他 村 庄

一、白草坡村

白草坡村位于阳眷镇东北偏北 3.6 公里处，属丘陵区，位于一条沙河河谷内，东西靠山，村中有南北向沙河。地势北高南低，周围为黏土质，辟为梯田。1980 年前后有 292人，耕地 1 010 亩，曾为白草坡大队驻地。

相传，明崇祯年间建村。因村边山坡上长有白草，故取村名白草坡。

如今，村庄分为南、中、北三部分，相对距离较远，南部村庄位于山谷西侧山坡上。中部村庄即村庄主体，位于山谷两侧的台地上，沿着山谷分布。北部村庄位于山谷东侧台地上。村庄规模小，民居分散，居民少。中部村庄北面的山谷中设有拦水坝。本村属煤矿兴村，未建寺庙，村民构成较杂，多为外来矿工，现有几十人居住。

此外，白草坡村附近还有一处叫黑牛湾的地名，位于山谷中公路的西侧台地上，村庄已无，现场为荒地，无房屋，蔚县地图上亦无此村名，此地亦为白草坡村的一部分，并非独立的村庄。

二、南石湖村

《蔚县地名资料汇编》上未见记载。村庄位于一山坡上，南临冲沟，村庄已无人居住，民宅为废墟。村庄附近为废弃的煤矿。

三、谷地村、黄崖湾村

《蔚县地名资料汇编》上未见记载。

如今，黄崖湾和谷地两村几乎连接在一起，村庄位于山谷东侧谷中及一级台地上，依山坡修建，村庄南北细长，中间有一条冲沟分隔，南为谷地，北为黄崖湾。村庄规模不大，居民较少。此地为煤矿塌陷区，无地下水，大部分居民已经外迁，耕地荒芜。当地没有古建筑。216乡道从村西经过。

四、古道渠村

古道渠村位于阳眷镇驻地东南7.2公里处，属丘陵区。西靠沙河，S243乡道穿村而过。地势东北高西南低，附近为黏土质，辟为耕地。1980年前后有243人，耕地852亩，曾为古道渠大队驻地。

相传，明朝初年建村于一渠状古道之旁，故取村名古道渠。村名最早见于《（康熙）广灵县志》，作"古道渠"，《（乾隆）广灵县志》沿用。

由于古道渠位于三岔路口，沟通蔚县、广灵与阳原，是南北通道上的重要村庄，所以古道渠旧村早已改造。如今，古道渠村以"天走线"公路为界分为东、西两部分，东侧的略小，西侧是村庄的主体，均为新村，村口建有1座大牌楼，民宅为整齐的红砖瓦房。村庄规模大，居民多，特别是年轻人较多。未见古建筑遗存。

五、小湾村

小湾村位于阳眷镇东南4.4公里处，属浅山区。东靠沙河，西靠坡，地势西高东低，附近为黏土质。1980年前后有209人，耕地393亩，曾为小湾大队驻地。如今，村庄分为旧、新两部分，西侧坡上为旧村，沟壑纵横，民宅多废弃（彩版13-11）。东侧坡下河谷内为新村，规模小，仅6排房屋。

相传，古时这里产小白碗，元初建村时即取村名小碗，后借"碗"字谐音，更名为小湾。村名最早见于《（乾隆）广灵县志》，作"小西湾"。

六、东师家窑村

《蔚县地名资料汇编》上未载。村名最早见于《（康熙）广灵县志》，作"师家窑"，《（乾隆）广灵县志》沿用。

如今,东师家窑村修建在山顶上,"天走线"西南,现为新村,南北主街结构,民宅全部是新建的房屋,村庄附近为梯田。旧村在新村西侧的山沟及山坡上,水泥路穿村而过,村庄已废弃,民宅在山谷及山坡上零散分布,一片断壁残垣的景象。此外,在山沟中有 1 座水塘,塘边长有一株大松树。

七、西师家窑村

《蔚县地名资料汇编》上未见记载。村名最早见于《(康熙)广灵县志》,作"师家窑",《(乾隆)广灵县志》沿用。

如今,西师家窑村位于山沟沟底及两侧的山坡上。村庄分布分散,耕地开辟于沟边山坡上。村民大部分外迁至南留庄或县城居住,现村庄里只有 20 余位 60 岁左右的老人居住。以郭姓为主。村庄中部曾有 1 座小学,现已废弃,南为大队部旧址,亦废弃。村民主要种植玉米、山药、谷、黍和莜麦,并放羊。

旧时村中曾修建有寺庙,为马神庙/五道庙和龙神庙,寺庙于 20 世纪六七十年代全部拆毁。

八、大南沟村

大南沟村位于阳眷镇西北偏北 3.2 公里处,属浅山区,旧村位于一条山谷内南北坡上,沿山谷分布,地势东高西低,附近为黏土质,辟为梯田。1980 年前后有 429 人,耕地2 290 亩,曾为大南沟大队驻地。

相传,清康熙年间建村,因村建在一条南北向的大沟里,故取村名大南沟。村名最早见于《(康熙)广灵县志》,作"大小南沟",《(乾隆)广灵县志》沿用。

如今,大南沟村分为新、旧两部分。旧村在新村北面的山沟之中。山沟可通大红沟、柳涧沟村。由于地势狭窄,不便建房,且雨季易有水患,大部分村民于 20 年前陆续搬迁至大沟南岸顶部的新村居住,相距约 780 米。且近年煤矿开采造成地面塌陷,五六年前当地统一要求迁出。目前旧村仅剩 2 个单身汉居住。旧村中民宅分散,沿着河谷分布,十分稀疏。有部分窑洞式建筑,房屋多废弃、坍塌,旧村南部尚存大队部建筑。新村位于旧村南面的山坡顶上。民宅新建,村庄为南北主街结构。新村现常住居民有 20 余人,年轻人多外出打工或去外陪读而搬迁。村民以赵、刘姓为主。村庄所在地煤矿资源丰富,但由于过量开采,地下结构遭受破坏,致使地下水消失。新村的饮用水来自旧村。

九、大红沟村

大红沟村位于阳眷镇驻地西偏北 3.7 公里处,属浅山区。处南北向沟内,选址在河道西侧山坡上，东、西靠山。地势东北高西南低，周围为黏土质，辟为梯田。1980 年前后有155 人，耕地 764 亩，曾为大红沟大队驻地。

相传，元初建村时，因村北有一黑色山头，故取村名大黑圪垯，1966 年更名为大红沟。

如今，民宅以平地起建的窑洞为主，大多数废弃、坍塌。村庄已彻底废弃，无人居住。从村庄所在山谷继续沿着山谷向东北方向行进可到大南沟村，此外，山谷继续向东北方向走有一岔沟，顺着这条沟可到东香沟。在大红沟南面有一个岔路可以到小黑圪塔村。

十、白塔村

《蔚县地名资料汇编》上未见记载。村名最早见于《（乾隆）广灵县志》，作"白塔村"。如今，村庄选址修建在山坡上，西邻沙河，村庄规模小，现已无人居住，目前只仅有 2 座房屋尚存，其余全部坍塌。

十一、小黑疙瘩村

《蔚县地名资料汇编》上未见记载。村名最早见于《（乾隆）广灵县志》，作"小黑圪塔"。

如今，村庄位于山梁上，周围为连绵起伏的丘陵地貌，村南、北两侧不远处均有一条较大的冲沟，村庄周围地势相对平坦，辟为梯田耕地。村北山坡上有废弃的煤矿。村庄规模较小，民宅依地形而建，分布散乱，没有明确的主街道，民宅以土石修建的房屋为主，大部分废弃、坍塌。村中居民少，旧时有 200 余人，闫姓为主，现在只有 4 户居民。

村中部偏东有老宅门 1，近代建筑，硬山顶，尚存梁托等部分木雕装饰。村内东北部有 2 座废弃的烧窑。据当地长者回忆，旧时村中有五道庙，现已无存。

十二、西香沟村

《蔚县地名资料汇编》上未见记载。村名最早见于《（乾隆）广灵县志》，作"香沟庄"。旧时与郑家窑村同属一个大队，本村为 13、14 队，如今村庄位于山谷东侧山坡上，规模小，仅 1 户居民。村附近有焦鱼洞。

十三、泉子沟村

《蔚县地名资料汇编》上未见记载。如今，泉子沟村位于郑家窑村西北的山沟中，村庄选址在三条山沟的交汇地带，民宅沿着三条山沟分布。村庄规模不大，民宅以土坯修建的房屋为主，还有少量的新建房屋，村中曾居住有百十人，几十户居民，村民以侯和邓姓为主，旧时与郑家窑村同属一个大队，本村为 10 队、11 队。

第十四章 白草村乡

第一节 概　述

白草村乡，位于蔚县西北部，东与涌泉庄乡相邻，南与南留庄镇接壤，西与阳眷镇交界，北与阳原县接界。面积 124 平方公里，1980 年前后有 8 320 人。如今全乡共 42 座村庄，其中行政村 21 座，自然村 21 座（图 14.1）。

全乡地处丘陵，境内沟壑纵横，水土流失严重，水源匮乏，土质贫瘠。经济以农业为主，兼工副业。1980 年前后有耕地 41 524 亩，占总面积的 22.3%。其中粮食作物34 000 亩，占耕地面积的 81.9%；经济作物 2 031 亩，占耕地面积的 4.9%；其他作物5 493 亩，占耕地面积的 13.2%。1948 年粮食总产 470 万斤，平均亩产 140 斤。1980 年粮食总产 650 万斤，平均亩产 191 斤。主要种植谷、玉米、马铃薯等。

白草村乡现存古建筑丰富。历史上庄堡共 12 座，现存 12 座；观音殿 16 座，现存 9座；龙神庙 30 座，现存 9 座；关帝庙 17 座，现存 8 座；真武庙 13 座，现存 9 座；戏楼 11 座，现存 6 座；五道庙 38 座，现存 7 座；泰山庙 4 座，现存 2 座；三官庙 3 座，现存 3 座；文昌殿1 座，现存 1 座；梓潼庙 2 座，现存 2 座；魁星阁 1 座，无存；玉皇庙 1 座，无存；三教寺 1 座，现存 1 座；三霄殿 1 座，现存 1 座；财神庙 2 座，现存 2 座；窑神庙 2 座，现存 1 座；山神庙1 座，现存 1 座；土地庙 1 座，现存 1 座；其他寺庙 6 座，现存 3 座。

第二节　白草村乡中心区(白草村)

一、自然环境与人文地理

白草村，位于蔚州古城西北 14.4 公里处，属丘陵区。村庄附近冲沟纵横，大概有 4 条

图 14.1　白草村乡全图

南北向冲沟,地势较平坦,为壤土质,周围辟为耕地。1980 年前后有 632 人,耕地 2 615 亩,曾为白草村公社、大队驻地。

如今,村庄面积大,居民多,白草村乡中心区有居民 3 000 余人,民宅以新建房屋为主,规划整齐,229 乡道穿新村中部,南北主街有 3 条,因当地煤矿多,故村庄较富裕。旧村堡位于村庄的北部,整体保存较好。白草村堡堡内曾有 500 余人居住,以武、杨、白、魏四大姓为主,20 世纪六七十年代堡内的村民开始外迁到堡外建村。如今仅剩 20 余人居住(图 14.2)。

图 14.2　白草村古建筑分布图

相传,建村于辽初,名小堡。明朝永乐年间杨姓迁来,借羊(杨)有百草才兴旺之意,更村名为百草村。后误传为白草村。村名最早见于《(崇祯)蔚州志》,作"白草村堡",《(顺治)云中郡志》《(顺治)蔚州志》沿用,《(乾隆)蔚州志补》作"白草村",《(光绪)蔚州志》《(民国)察哈尔省通志》沿用。

二、城堡

(一)城防设施

白草村堡,位于村庄北部旧村中。城堡东西临浅冲沟,平面呈矩形,周长约 652 米,开南门,堡内平面布局为南十字街、北丁字街结构,规模较大(图 14.3)。

城堡开南门,当地传说崇祯八年(1635)修建堡门楼,如今保存较好(彩版 14-1、2)。堡门为砖石拱券结构,基础为条石垒砌,上面青砖起券。外侧门券为五伏五券,券上出一层伏楣檐,门券拱顶上方原镶嵌有三枚门簪,现已无存,门簪上方镶嵌砖制阳文门匾,正题"白草村堡"。上部出一层错缝牙子。内侧门券三伏三券,一层伏楣檐,二层错缝牙子。门内东侧有登顶的 L 形台阶和门洞,门内顶部结构为券顶,门顶四周围新建护墙,中间为门楼(庙殿)。门道为自然石铺成的路面,木质门扇尚存,外包铁皮无存,门闩孔石为圆形,整体石块雕凿而成。门外侧正对堡门设有一字影壁 1 座,须弥座,面阔三间,硬山顶,影壁墙心采用菱形方砖砌面。影壁有砖作仿木构砖雕装饰,四根砖枋头下方有四根垂花柱,保存较好。南门外建有小学。

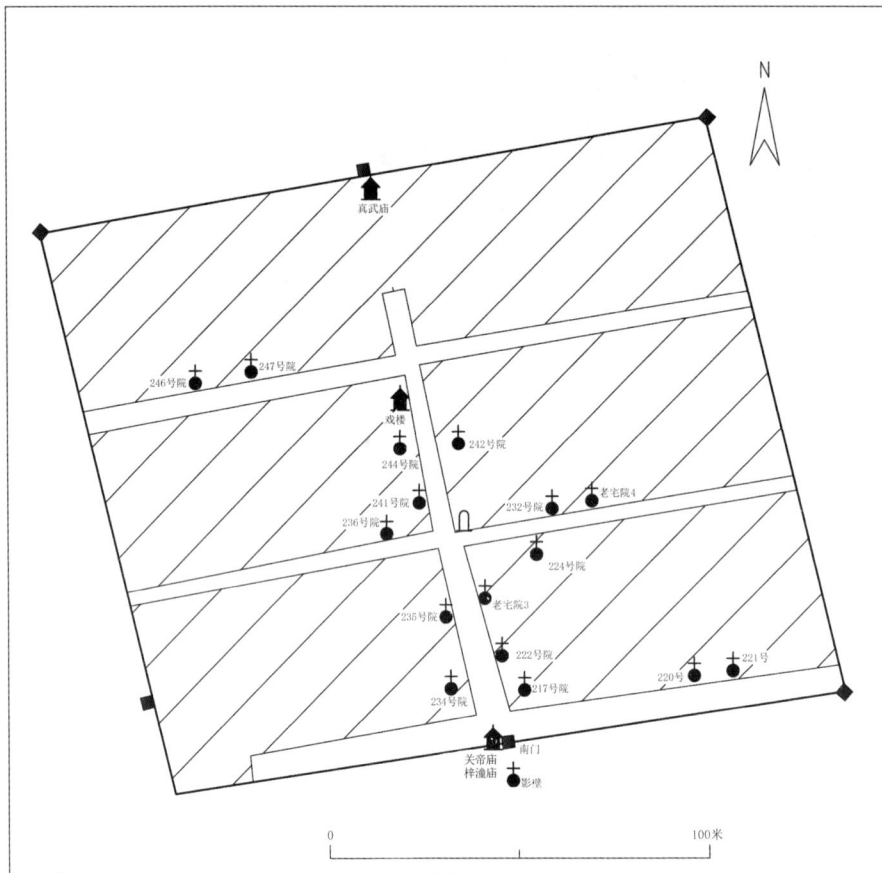

图 14.3　白草村堡平面图

　　堡墙均为黄土夯筑,保存较差。堡内地面高于堡外地面。东墙长约 149 米,选址修建在台地上,墙体外高内低,外面高 5～6 米,内高 3～4 米,墙外侧有庄墙围绕。墙外侧为荒地,不远处为宽而浅的冲沟;墙内侧为耕地。南墙长约 179 米,保存较差,现存多为基础,南墙东段墙体外高 4～5 米,墙外为道路,墙内侧高 1～3 米,墙内为顺城道路和民宅;南墙西段保存一般,墙体高 1～6 米,近西南角保存较好,其他墙体多坍塌成斜坡。南墙外有低矮的庄墙,西段内侧无老宅院,墙内为道路和民宅。西墙长约 147 米,保存一般,墙体高薄,多坍塌,高 1～6 米,墙体依台地而建,西墙外为荒地,内侧为民宅;西墙偏南的位置上设 1 座马面,高 7～8 米,高于墙体;西墙北段大部分墙体高 2 米,墙体低薄,且有连续性的坍塌。北墙长约 177 米,西段外高 2～4 米,内高 4～5 米,墙体高薄,多坍塌。外侧为台地和荒地,内侧为民宅,民宅以土旧房为主,多废弃坍塌成平地。北墙外有庄子围墙。

　　东南角设 135°斜出角台,体量高大,高 7～8 米,保存一般。西南角保存较好,高 6 米,未设角台。西北角设 135°斜出角台,保存一般,角台高 4～5 米。东北角设 135°斜出角台,高 4～5 米,保存较小。

（二）街巷与古宅院

堡内南部为十字街，北部为丁字街。中心街为土路，街面宽阔，两侧残存多座老宅院与门楼，形成优美的建筑天际线（彩版14-3）。

前街 即南墙内侧顺城街，东段内侧有2座老宅院。220号院（老宅院1），位于南墙东段内侧，广亮大门，硬山顶，门楼残损，东墙已塌。门内正对有1座影壁，硬山顶，面阔单间，影壁采用菱形方砖砌面。院内房屋已经废弃。221号院（老宅院2），位于南墙东段内侧，220号院东侧，广亮大门，门楼已向东大角度倾斜，院内全部废弃。西段无老宅院。

正街 即堡内南北主街，南段路东有3座老宅院，即217号院、222号院、老宅院3，随墙门。路西有2座老宅院，即234号院、235号院，均有气派的大门楼。北段有3座老宅院，即路东的241号院、242号院，路西的244号院及戏楼。

中街 即十字街东西街。东段有3座老宅院，224号在南侧，232号院、老宅院4在北侧。西段仅存1座，236号院，广亮大门，硬山顶，门前建有5阶石板踏步。西街的尽头和西墙内侧为大面积的空地，推测是以前的房屋都坍塌的缘故。

后街 即丁字街东西街，俗称庙西街。西段街内有老宅院遗存，即246号院、247号院，此外还有2座近代门楼。

三、寺庙

据当地长者回忆，白草村曾修建有龙神庙/观音殿、五道庙、戏楼、真武庙、关帝庙/梓潼庙。寺庙多于1966年前后拆毁。此外堡内十字街路口东北角修建有水井房，附近地面铺有4通石碑，石碑的表面多已磨光，其中1块可辨字迹的落款为"大清光绪叁拾贰年"。

龙神庙/观音殿、五道庙 位于堡外东南，现已无存。

戏楼 位于正街北段，坐南面北，与真武庙正对。砖石台明高1.2米，台明顶部四周铺石板。戏楼面阔三间，卷棚顶，进深六架梁。前檐柱4根，金柱2根，柱下石鼓柱础。挑檐木出挑较长，前檐额枋上还残存有清末民国时期的彩绘。两侧墀头残有砖雕，东侧雕有"刘海戏金蟾"图案（彩版14-4）。戏楼地面方砖铺墁。戏楼内明间原置隔扇并隔开前后台，现仅存框架，左、右设出将、入相两门。后台南墙开门。前台两侧山墙内壁原有壁画，表面涂刷白灰浆，破坏严重。后台内壁虽遗有大量的墨迹，但未见到完整的戏班题记，仅见有光绪年号的题记，保存较差，此外还有1967、1977年的刻划纪年。

真武庙 位于主街北端，为1座独立的庙院，依次建有山门、过殿与正殿（彩版14-5）。共计三层，逐层升高。山门位于庙院的东南角，随墙门，砖作仿木构砖雕，檐下残有砖雕。前院建有东、西配殿及南面倒座正房，东、西配殿皆为单坡顶，面阔三间，硬山顶，主体结构尚好，门窗仅存框架，殿已废弃。砖砌台阶位于中间。中院现为平台，原建有过殿，现已毁，堆积坍塌的砖瓦。后院位于北墙马面顶部，马面高5米，正中建有主殿，即北极宫，与南门楼上的关帝庙南北呼应对峙,两侧建有东、西配殿。北极宫坐北面南,面阔三间,硬山顶,进深五架梁。前廊西廊墙下设有面然大士龛。殿内壁曾抹白灰浆,正壁白灰浆脱落较多,壁画可见,仅存正面和西壁,东壁无存,壁画为清末民国时期的作品。西墙壁画6行7列。顶部脊檩无彩绘。

西配殿尚存,面阔三间,单坡顶,三架梁,门窗无存,殿内墙壁上有壁画和榜题。东配殿已毁。该庙在20世纪70年代曾改为学校。

现为蔚县重点文物保护单位。

关帝庙/梓潼庙 位于堡门顶部,即堡门楼,单檐硬山顶,面阔三间(坐二破三),进深五架梁,前后均出廊。殿内中间设隔墙,面南为关帝庙,面北为梓潼庙。

第三节 大酒务头村

一、自然环境与人文地理

大酒务头村,位于白草村乡东南2.5公里处,属丘陵区。地势北高南低,村四周均有大小不等的冲沟,为沙土质,周围辟为耕地。1980年前后有591人,耕地2944亩,曾为大酒务头大队驻地。如今,村庄分为南、北两部分,北面为旧村,南面为新村。旧村即城堡所在地。新村民宅为新建房屋,村庄规模大,居民较多,由一条东西主街和两条南北主街组成。东西主街南侧有为村委会、健身园和卫生室(图14.4)。

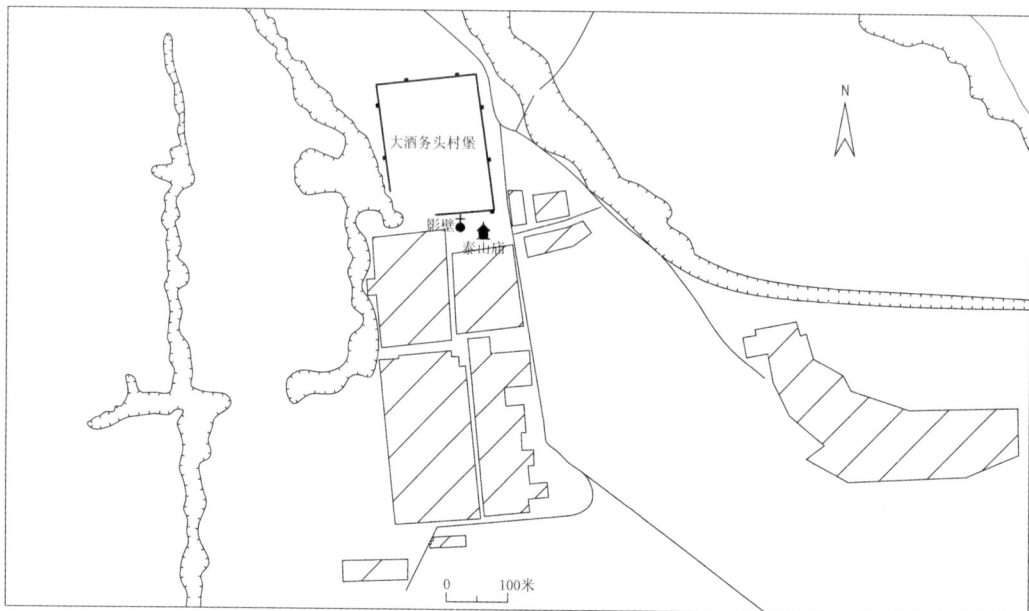

图14.4 大酒务头村古建筑分布图

相传,金代时有一酿酒大工在此地居住建庄,取名酒务头。后因洪水把村庄冲成两半,人多的这边就称大酒务头。村名最早见于《(崇祯)蔚州志》,作"酒务头二堡",《(顺治)云中郡志》作"酒务头东西二堡",《(顺治)蔚州志》作"酒务头堡",《(乾隆)蔚州志补》作"大酒务头",《(光绪)蔚州志》《(民国)察哈尔省通志》沿用。

二、城堡

(一)城防设施

大酒务头村堡,位于北部旧村中,城堡东西临浅冲沟,平面呈矩形,周长约773米,开南门,堡内平面布局为南北中心街主街结构,主街略有曲折,两侧为巷子。城堡规模较大。据当地长者回忆,此堡是由大堡、小堡组成的套堡,旧时为小堡,后人口数量增加,小堡无法容纳,故在此基础上展修为大堡(图14.5)。

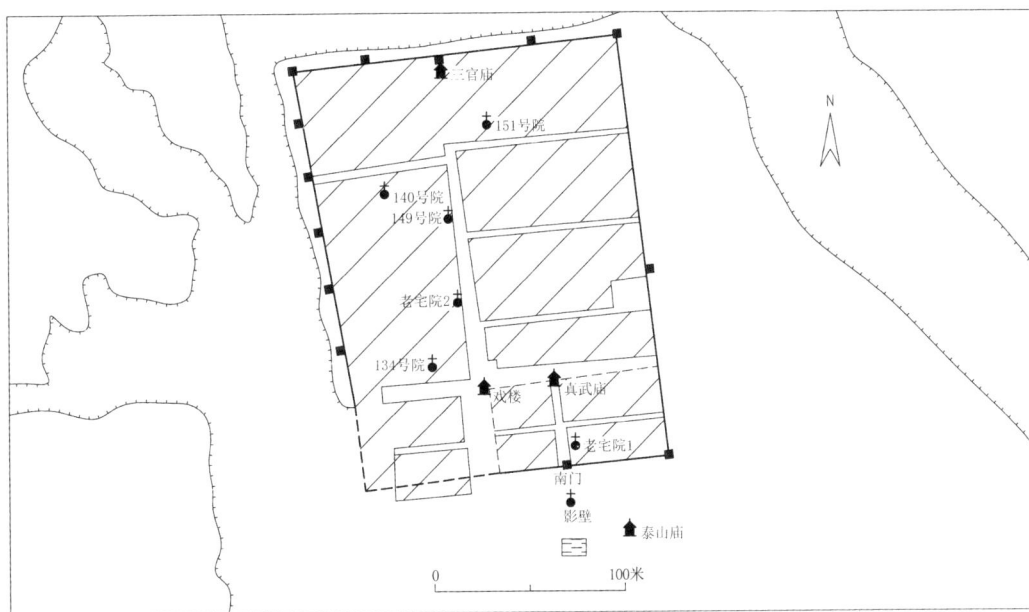

图 14.5　大酒务头村堡平面图

小堡位于大堡内东南侧,平面呈矩形,周长约278米,开南门,堡内平面布局为十字街结构,主街的北尽头为真武庙遗址。小堡西北角位于今戏楼处,北墙即是南北街拐弯处,北墙无存,现为道路。西墙仅存一小部分,中间为民宅院墙所破坏。小堡展修时,延长了东、南墙,展修时将小堡北、西墙拆除,原先小堡逐渐废弃,后人在堡内修建戏楼(原小堡西北角位置)。由于小堡已修建有真武庙,因此大堡子北墙上修建三官庙,南面正对戏楼。

大堡开设南门,南门保存较好,砖石拱券结构(彩版14-6、7)。外侧下半部为条石修建基础,石砌拱券门,一伏一券式,门券以上半部分为砖砌,应属两次修建。门券拱顶上方镶嵌有石质匾额(拓 14.1),保存较好,正题"蔚州大酒务头堡",右侧前款:"大明弘治十四年吉日创立",左侧落款为"隆庆三年闰六月重修"。石匾两侧镶嵌 2 块砖雕装饰。内侧门券为砖砌拱券,五伏五券式,顶部为木梁架平顶结构,保存较好,门顶部新修,原有堡门楼。木门扇尚存,表面还尚存有部分铁钉、铁皮。当地 66 岁赵姓长者回忆,木门原从阳眷瓦房村购买,铁皮在 1958 年大炼钢铁时拆掉。堡门外为自然石铺成的路面。南门外两侧有 1 座八字影壁。正对面的台明上也建有 1 座影壁,但此影壁从建筑用材来看,应为后期增建。影壁下的台明四方而宽阔,与影壁不相匹配。原为庙台,建有关帝庙/倒座观音殿,庙早年已毁,1977 年建大影壁 1 座。影壁的南面,有 1 座坑塘,保存较好。

拓 14.1 白草村乡大酒务头村堡南门门额拓片(蔚县博物馆 李新威 提供)

堡墙均为黄土夯筑,保存一般。东墙长约 222 米,保存较好,墙体高薄、连贯,内高 3～4 米,外高 2～7 米,外侧为积土斜坡、荒地和水泥道路,顶部有少量的坍塌形成的缺口,墙体有多次加厚"帮修"的痕迹。墙体中南部设 1 座马面,保存较好,高 7～8 米,体量大,突出于墙体,且和墙体间有一短墙相连。南墙长约 161 米。南墙东段保存较好,墙体高薄、连贯,墙体上有两处坍塌形成的较大的缺口,墙体外高 3～7 米,外下为房屋和荒地,内侧为民宅;南墙西段墙体内侧为民宅,外侧为荒地和民宅,外高 3～6 米;西南角附近的南墙无存,为民宅所侵占。西墙长约 220 米,墙体高厚宽大,壁面连贯斜直,几乎为原高,保存较好,墙体内侧为民宅,外侧为荒地,外高 8～10 米,内高 7～8 米,墙内侧为房屋,墙体上共设有 5 座马面,最高的马面高近 10 米,高于墙体,体量大。北墙长约 170 米,墙体高薄、连贯,高 5～7 米,北墙西段内侧较高、外侧较低,内高 6～7 米,北墙东段内高 3～4 米。北墙上共设有 2 座马面,东、西马面体量小,中间为向内突出的庙台。北墙墙体下有坍塌形成的积土,外有 10 余米宽的壕沟,壕沟的北面为平地和耕地。

东南角设 90°直出角台,保存较好,角台体量高大壮观,高 8～9 米。西南角未设有角台,仅为转角,高4～5米。西北角设90°直出角台,由于修建在台地上,外高8～10米,角台自身高3～4米。东北角设90°直出角台,保存一般,高6～7米,台外为运煤铁路,铁路的起点为开滦崔家寨矿。

（二）街巷与古宅院

小堡内为十字街主街结构,展修后的大堡为南北一字街结构。南北主街的东侧共有3条东西向的主街,西侧仅1条,道路均为土路。堡内民宅以土旧房为主,多废弃坍塌,形成荒地,保存较差,老宅院较少。堡内居民以魏、赵、武姓为主,现全村有600余人,但堡内居民仅有20余人,旧时堡内有500余人居住。

老宅院1　位于南门内东侧,保存较差,北侧墙体新坍塌,屋顶部分坍塌,大门摇摇欲坠。

134号院　位于戏楼西侧,南北主街西侧,两进院,保存较好。门前有抱鼓石,宅院全部废弃,后院东墙坍塌,院内长满杂草,正房已废弃,二道门也已倾斜。

140号院　位于主街西侧,前后院,二道门无存,正房面阔五间,全部废弃。

149号院　位于主街西侧,保存较差,大门已倾斜,尚存部分木雕装饰。

151号院　位于主街东侧的北横街内,保存较好,一进院为随墙门,门内设影壁和二道门,院内已废弃,长满杂草。

三、寺庙

据当地66岁的赵姓老人回忆,大酒务头村曾建有龙神庙、五道庙、观音龛、五道庙、三官庙、泰山庙、戏楼、真武庙。寺庙多于"四清"时期拆毁。

龙神庙　位于堡外西南,现已无存。

五道庙　位于三官庙下,现已无存。

观音龛　位于南门外影壁上,现已无存。

五道庙　位于堡外南侧,现已无存。

三官庙　位于堡北墙内侧及庙台上,高台外立面包砌砖石,与真武庙类似(彩版14-8)。庙院坐北面南,主要建筑分布在一条南北向中轴线上,庙院内共有三层殿,山门原为三檩金柱大门,单檐硬山顶,门前有八步砖砌台阶。如今山门及院墙无存,山门外有两株枯树。前殿,硬山顶,面阔三间,已坍塌,仅存东山墙和中间的隔墙,殿的后墙开有一门,为砖砌高台阶直通庙台顶部。中部有中殿,即过殿,仅存东墙,其余坍塌。台阶尽头即庙台顶部修建有二道门,随墙门,尚存砖雕装饰。

正殿,位于庙台顶部中央,坐北面南,面阔三间(坐二破三),硬山顶,进深六架梁出前檐廊,门窗无存。前檐额枋上残存有民国时期的彩绘,两侧山墙、墀头、戗檐砖雕保存较好,刻"天马行空""犀牛望月"。殿内正壁涂抹草拌泥并涂刷白灰浆,正壁墙皮已脱落,壁画已毁;东壁灰浆较厚,未露出壁画;西墙壁正中有一片黑板大小的墙皮已脱落,周边的白灰浆下壁画依稀可见。从残存的壁画来看,为《众神朝拜图》,残存 2 排,推测原有 3 排。山尖绘画尚存,花草人物线条清楚;脊檩上彩绘太极《八卦图》。壁画皆为民国时期的作品。

泰山庙　位于堡东南角外。20 世纪七八十年代曾改作村委会使用,并开西门。庙院为四合院布局,地面条砖正铺,坐北面南,由山门、东配殿、西配殿、东耳房、西耳房、正殿等组成。院内长有两株大榆树。山门,三檩广亮门楼,硬山顶,脊顶已焚毁坍塌,仅存两面墙体。东、西配殿均为单坡顶,土坯墙心,面阔三间,门窗尚存框架,殿内改造,墙壁涂刷白灰浆。正殿面阔三间,硬山顶,进深五架梁出前檐廊。前檐额枋表面刷红漆,殿内墙壁涂刷白灰浆,没有壁画和彩绘遗存。正殿东西各有一间耳房。院内尚有 1 通石碑,立于清乾隆年间,记载该庙始建于清乾隆十三年(1748)。碑文中提到有观音殿。

戏楼　位于三官庙对面,原小堡西北角上,坐南面北,砖石基础较高,高 1.3 米,外立面包砖,顶部四周铺条石。戏楼为单檐硬山顶,面阔三间,进深六架梁,前檐柱四根,柱下古镜柱础,东西两墀头下无挑檐木,两侧山墙与前台几乎平齐,中间有两根立柱挑起屋顶。屋檐部分坍塌,前檐额枋上没有彩绘,戏楼内梁架完整,梁架高 5.4 米,六架中柱分心式,大柁檐柱均使用旧料,无二架柁,方形角背,梁架表面未施彩绘,前后隔扇已毁,仅存框架。两侧的山墙内壁涂鸦严重,但字迹多已模糊,壁画无存。正脊明间卷草花脊。

真武庙　原位于城堡南门内南北主街北端拐弯处,即小堡北墙正中(彩版 14-9)。据当地 66 岁赵姓老人回忆,正殿内正壁绘真武大帝画像,两侧各立有 4 尊神像。

第四节　小酒务头村

一、自然环境与人文地理

小酒务头村位于白草村乡东偏南 2.9 公里处,属丘陵区。西临沙河,地势东高西低,为沙土质,周围辟为耕地。1980 年前后有 338 人,耕地 1 704 亩,曾为小酒务头大队驻地。如今,小酒务头村分为新、旧两部分。彼此互不相连,且距离较远,新村在柏油路边,规模不大,由 2 条南北主街和 1 条东西主街组成,村内民宅全部新建,居民很多。新村现有300 余人,以武姓为主。新村的南面即为姚庄村,两村几乎连接在一起。旧村位于新村西北方，旧、新村之间以土路相连，距离较远，土路边有一株大松树，为龙神庙旧址（图 14.6）。如今居民除居住在新村外，还有 10 多户居民居住在堡南墙和东墙外侧。

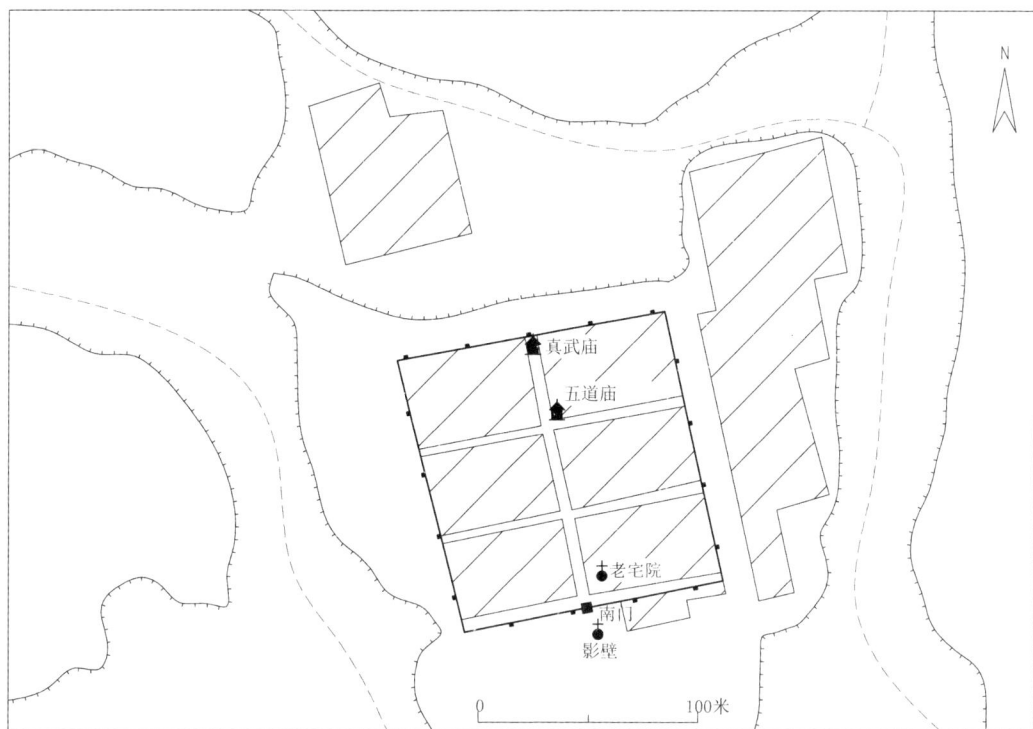

图 14.6　小酒务头村古建筑分布图

村名来历与大酒务头相似，因村小称小酒务头，《（乾隆）蔚州志补》作"小酒务头"，《（光绪）蔚州志》《（民国）察哈尔省通志》沿用。

二、城堡

小酒务头村堡，位于旧村内，城堡平面呈矩形，周长约 507 米，开南门，堡北高南低，堡内平面布局为南北双十字中心街结构。

城堡南门保存较好，砖石拱券结构，堡门主体为条石修建，石砌门券，一伏一券式。外券拱顶正面有石雕花卉装饰，拱顶上方镶嵌有石质门匾（拓 14.2），正题"咸周村里东酒务头"，右侧落款为"大明嘉靖肆拾年三月吉日券"（彩版 14-10、11）。内侧门券亦为石砌单拱结构，门券拱顶上方镶嵌有石质门匾（拓 14.3），起款为"大清乾隆四十五年重修三月吉日立"，中间有"经□人武世义""石匠张□□"字样。顶部为木梁架结构，门闩孔石为条石错缝而成。门外两侧修建有护门墩，平面呈矩形，通体包砖，高 4～5 米，几乎与门同高,保存较好,但与堡门结合欠佳,应为清乾隆年间重修时所加修。门外为自然石铺成的路面,堡南有一条通往大酒务头村的古道。南门外7米处正对一字影壁,影壁建于台地边缘,高4.5、宽6.5、厚1.1米,下为须弥座,上为砖仿木影作出檐,硬山顶。影壁北面采用砖作仿木构砖雕垂花柱隔为五间,枋、椽、梁头、斗、垫木、替木皆为砖雕影作,正中设有1座龛,龛中供奉观音。影壁面南四间饰成方形,四角饰花草,中间有一朵大砖雕已毁。南门内为南北中心街。

拓14.2 白草村乡小酒务头村堡南门外侧门额拓片(蔚县博物馆 李新威 提供)

拓14.3 白草村乡小酒务头村堡南门内侧门额拓片(蔚县博物馆 李新威 提供)

堡墙均为黄土夯筑,保存较差。东墙长约129米,选址修建在台地上,外高3～4米,墙体低薄、连贯,多有坍塌,内侧为民宅,外侧为荒地和顺城道路,东墙南半段修建在平地上,高0～5米,低薄、断续,保存较差,有坍塌形成的缺口,东墙外为旧村。南墙长约

126 米,东段墙体无存,现为民宅占据;西段仅存基础,墙体修建在台地上,外高 3～5 米。墙内侧为顺城道路和民宅,全部荒废。西墙长约 127 米,选址修建在台地上,墙外侧总高 7～8 米,墙自身高 3～5 米,因外侧有壕沟,故显得十分高大,墙外侧为荒地,内侧民宅和荒地,墙体保存较差,墙体高薄,断续起伏不定,中间有坍塌形成的缺口,缺口处可见墙基础厚约 2 米,分为内外两层修筑。西墙外不远处有废弃的窑址,呈圆形,深 3 米,直径 4～5 米,壁面均为烧结面,推测为砖瓦窑;墙外不远处为一条西北—东南走向的河道,河道的上游为韩家湾村。北墙长约 125 米,西段外高 4～5 米,内高 3～7 米,墙体高薄、连贯,保存一般,多有坍塌形成的缺口,保存较差,墙体内外均为荒地,墙外地势较低,为洼地,长有茂密的树林,遮天蔽日,由于地势较低,因此积水严重,北墙外不远处为废弃的矿场;北墙未设有马面,墙体中部内侧修建有砖砌的真武庙庙台;北墙东段内侧为房屋和荒地,外侧为树林,内高 3～7 米,墙体高薄,保存较好,几乎为原高。

东南角未设角台,仅为转角,高 4～5 米,保存较小,转角墙体多开裂形成缝隙,上面立有电线杆,外侧有太阳能路灯。西南角未设角台,仅为转角。西北角设 135°斜出角台,高 4～5 米,保存较好,但体量小。东北角未设角台,仅为转角,上面长有树木。

堡门内为南北主街。2008 年时堡内尚有 4 户居民居住,如今堡内居民已全部搬迁至新村,而彻底废弃。堡内民宅多坍塌、废弃,一片残垣断壁、杂草丛生的景象。堡内仅存老宅院 1 座,位于南北主街东侧,广亮大门,院内保存较好的 1 座砖雕垂花影壁。

三、寺庙

据当地长者回忆,村庄曾建有观音龛、龙神庙、五道庙、关帝庙/魁星楼、真武庙。

观音龛 位于南门外影壁上。

龙神庙 位于堡东南松树下,现已无存。

五道庙 位于堡内北十字街东北角,现已无存。

关帝庙/魁星楼 位于堡门楼,现已无存。

真武庙 位于北墙内侧高大的庙台上,曾为 1 座独立的庙院(彩版 14-12)。由山门、前殿、中殿与台上的北极宫组成,庙台建于北墙内侧,原通体包砖,推测为后期所补建。如今东立面包砖坍塌无存。庙院山门无存,前殿面阔单间,硬山顶,进深四架梁出前檐廊,顶部已坍塌,梁架门窗等木构散落于断壁之中。殿内已改造,没有彩绘和壁画残存。殿内东侧为过道走廊,可达中殿。中殿单坡顶,残塌较重,无壁画和彩绘残存。通往正殿的通道在中殿外东侧,到庙台下后为砖砌台阶。北极宫,位于庙台之上,硬山顶,面阔单间,进深四架梁出前檐廊。门窗无存,为土坯墙封堵,殿内曾改造为猪圈,壁画、彩绘全毁。

第五节 姚 庄 村

一、自然环境与人文地理

姚庄村在《蔚县地名资料汇编》和蔚县各版方志中均未见记载。从民宅门牌上看,村庄应属小酒务头村的一部分。

村庄位于 229 乡道的西侧,由新、旧两部分组成,新村在北部,旧村在南部。新村的面积大,南面邻村为东西向主路,村内有两条主路。旧村位于新村东南部。规模小,仅存有几座旧房。

二、城堡

姚庄村堡,位于旧村西侧。城堡开南门,堡门保存较好,砖砌拱券结构,基础为砖砌,砖砌门券,外侧门券为三伏三券,未镶嵌装饰和门匾,门顶部新修(彩版 14-13)。堡门顶为木梁架结构,现已坍塌。门外建有影壁,已坍塌四分之三。堡门内为南北中心街,街两侧仅存有数座老宅院。堡墙均为黄土夯筑,现堡墙无存,堡内平面结构、四至未知。

第六节 西 户 庄 村

一、自然环境与人文地理

西户庄村,位于白草村乡东南 2.9 公里处,属丘陵区,地势略北高南低。村庄选址修建在平地上,周围地势平坦,一马平川,村西、北(东)面有宽而浅的冲沟,开有煤矿,其余为大面积的耕地,为壤土质。1980 年前后有 252 人,耕地 1 413 亩,曾为西户庄大队驻地。如今,村庄分为新、旧两部分,南面为新村,与北面的旧村隔一条水泥路。新村为南北中心街布局,仅 6 排房屋,规模小。旧村在北侧,即城堡所在地。村内还有 250 人左右居住,以赵、李两姓较多。堡内还有 10 余人居住,均为老人(图 14.7)。

相传,元朝初年,蔚州城有一李姓居民在此置地建村。因位于蔚州城西北,又是李姓的小支派,即取村名小西户庄,后习惯称西户庄。村名最早见于《(顺治)蔚州志》,作"西户庄堡",《(乾隆)蔚州志补》作"西户庄",《(光绪)蔚州志》《(民国)察哈尔省通志》沿用。

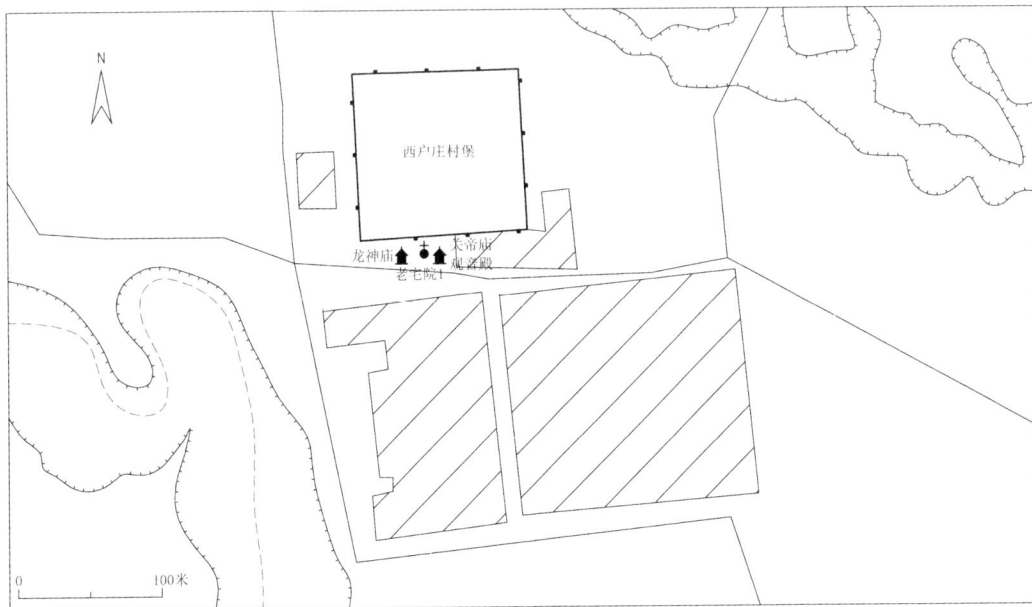

图 14.7　西户庄村古建筑分布图

二、城堡

（一）城防设施

据《（民国）察哈尔省通志》记载："小西户庄堡，在县城西北二十里，明万历五年四月土筑，高二丈三尺，底厚五尺，面积二十亩，有门一，现尚完整。"[1]西户庄村堡今位于旧村中，西、东北临浅冲沟。城堡平面呈矩形，周长约 458 米，开南门，堡内平面布局为十字街结构（图 14.8）。

城堡开设南门，保存较好，条石砌拱券结构（彩版 14-14、15）。内、外门券均为青石拱券，一伏一券式。外侧门券拱顶上方镶嵌有石质匾额（拓 14.4），字迹清晰，保存较好，正题"西庄户堡平安门"，右侧起款为"大明国"，左侧落款为"嘉靖贰拾陆年岁次丁未秋闰季上旬吉立"，在匾的下方有"堡长""总甲""小甲""石匠"等人名。堡门内侧未镶嵌门匾，内侧部分墙体砖包修葺。门外东西两侧原设包砖护门墩台，如今西侧者已坍塌，东侧护门墩台尚存，夯土台心外包砖结构，部分包砖新近坍塌，护门墩顶部立有电线杆。门闩孔为条石错缝而成。门道为自然石铺成的路面。堡门外为寺庙群，东侧建有村委会大院。堡门内为南北中心街，正对北墙上真武庙。

堡墙均为黄土夯筑，保存较差。东墙长约 109 米，保存一般，墙体高薄、连贯，顶部因

〔1〕 宋哲元：《（民国）察哈尔省通志》，国家图书馆藏 1935 年铅印本，第 12 页。

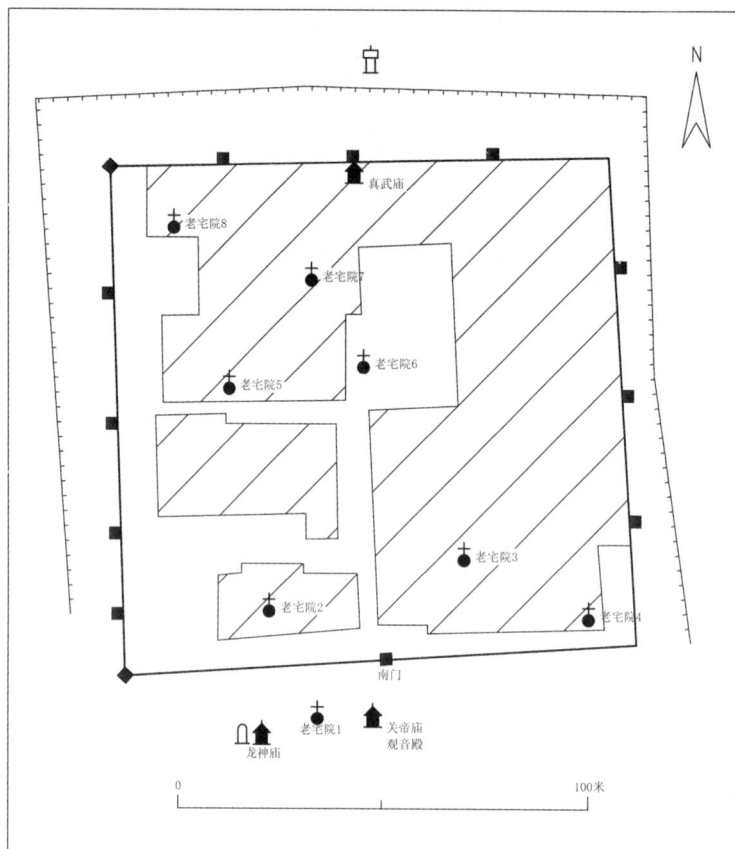

图 14.8　西户庄村堡平面图

拓 14.4　白草村乡西户庄村堡南门门额拓片（蔚县博物馆　李新威　提供）

坍塌而起伏不平,墙体外高3～4米,内侧为民宅,外侧为荒地和耕地,墙外有壕沟遗存。东墙上设有3座马面,高约4米,高于墙体,保存较好,体量较大。南墙长约121米,南墙东段仅存断断续续的几段墙体,墙体多坍塌,外侧为民宅,内侧为顺城道路和民宅,残存的墙体高0～3米;西段仅存一小段墙体,大部分墙体坍塌无存,为民宅所侵占,现存墙体低薄、断续,保存较差,墙体外高4～5米,墙体内侧为顺城道路和民宅。西墙长约114米,保存较差,墙体低薄、连贯,外高2～3米,墙体上共设4座马面,分布密集,马面高于墙体近2米,马面高4～5米,墙外为荒地,且有壕沟遗存。北墙长约114米,保存一般,墙体高薄、连贯,外高3～4米,墙体上设有3座马面,中间的马面为真武庙庙台,马面体量较大,高大雄伟,但墙体多开裂(彩版14-16～18)。东、西两侧的马面保存较差,体量较小,马面与墙体同高,马面外有圆形的水井房。北墙外侧也有壕沟遗存,沟外为荒地和耕地,沟中为荒地。

东南角未设角台,仅为转角,高约3米,外侧为民宅。西南角设135°斜出角台,高5～6米,保存一般。西北角台设135°斜出角台,高4米,角台部分新近坍塌。东北角设135°斜出角台,保存一般,高4～5米。

(二)街巷与古宅院

堡内辟有南北主街,堡内民宅多为土坯修建的房屋,老宅院多已改造为红砖砌筑,新房少,堡外周围为大面积的耕地、荒地。

老宅院1 位于南门外西侧关帝庙和龙神庙之间,宅院已废弃,开东门。

老宅院2 位于南墙西段墙体内侧,保存较好。院东南角辟广亮门,硬山顶,门内侧建有影壁。院西南角为了便于街巷转弯,以"转弯抹角"形式而建。

老宅院3、4 位于南墙东段内侧。老宅院3保存一般,随墙门,门内为荒地,推测曾为前后院。老宅院4位于城堡东南角内侧,保存较好,宅院在东南角建有广亮大门,进深三架梁,硬山顶。大门两侧墀头上饰有砖仿木装饰,其中雕有一只倒挂的蝙蝠;檐下木构间的梁托,雕成一只仰面躺在莲叶中的猴子,双手捧着一只寿桃,如此造型的梁托在蔚县较为少见,应是与门内影壁中的众多与祝寿有关的饰纹装饰有关(彩版14-19)。门内西侧建有门房,迎面建有1座影壁,硬山顶,檐下椽、枋、梁头等全部为砖作仿木构砖雕,枋间饰有连枝草、梅花、菊花等,中间上部是莲叶包鱼,下部是蝙蝠,保存较好。院子为前后院,砖铺地面,前院基本废弃,二门及正房全部无存,院规模较大。

老宅院5 位于主街西侧,门前为自然石路面,门上的木雕装饰无存,院墙的西南角为弧形转角,基础为条石,上面砌砖并做大染墙,门内有影壁,上有砖雕。

老宅院6 位于主街路东,宅门东侧为大面积的平地,无房屋。

老宅院7 位于主街路西,一进院,已经废弃。

老宅院8 位于西北角内,一进院,已经废弃。

三、寺庙

据当地长者回忆,村庄曾修建有五道庙、关帝庙/观音殿、龙神庙、真武庙。

五道庙　位于堡内,现已无存。

关帝庙/观音殿　庙院位于南门外正对,院墙无存,关帝庙山门无存,观音殿山门尚存(彩版14-20、21)。正殿面阔单间,硬山顶,进深七架梁出前檐廊,殿内采用隔墙隔为南北两殿,面南为关帝庙,面北为观音殿,各占三椽。前檐额枋上有残存的彩绘。殿内隔墙已拆毁,两殿连通。内壁曾涂抹白灰浆,白灰浆局部脱落露出底画,但画面保存较差。从残存的部分推测,壁画为清末民国时期的作品。

关帝庙壁画为3排4列的连环画形式,东山墙仅有5幅露出榜题,西山墙全被白灰浆覆盖。

东山墙

张文远义释□帝君	帝君移居许昌	(榜题模糊)	许昌□□□□□
(榜题毁)	(榜题毁)	(榜题毁)	昭烈帝徐州失散
(榜题毁)	(榜题毁)	立首功大破黄巾	安喜县□打督邮

观音殿山门尚存,随墙门,硬山顶,檐下饰砖雕斗拱,皆为一斗三升,共有七攒;两侧各饰有一根砖雕垂花柱。殿内壁曾涂抹白灰浆,白灰浆局部脱落露出底画,但画面保存较差,难以看清内容。观音殿壁画题材为"救八难"。西壁第4幅为"或因禁枷锁,手足被杻械,念彼观音力,释然得解脱"。观音殿山尖壁画保存相对较好,描述有武士角斗的内容。

龙神庙　位于南门外西侧,与关帝庙间隔老宅院1。龙神庙曾为1座庙院,台明较高,山门为随墙门,建于台明的南缘,距离地面约3米,门前台阶已毁,山门孤立于台明之上。正殿已整体垮塌,倒塌前面阔单间、硬山顶,殿内壁画尚存。如今仅存殿内供台尚可看出形制。正殿前立有1通石碑,为清顺治五年(1648)《初建碑记》,碑文落款为"给事中魏象枢撰"。

真武庙　位于堡北墙正中的庙台(马面)上,庙台(马面)向外突出,高6米,外立面通体包砖。真武庙庙院坐北面南,由墙下的前院与庙台上的后院组成,由南向北渐次增高。如今院墙和前院建筑已毁,仅存山门,后院二道门与正殿尚存。山门、二道门保存较好,皆为随墙门,内为平梁式,外为一伏一券式砖仿木垂花式,外檐七攒五踩砖雕斗拱。檐下砖雕与观音殿山门为同一风格,应是同一时期的建筑。前殿后为高耸的台阶,基础包砖,原为砖砌踏步,现仅存土斜坡。正殿坐北面南,面阔单间,硬山顶,进深六架梁出前檐廊。前檐额枋尚存彩绘。门窗无存。殿内供台损毁,殿内梁架尚存彩绘,但脊檩上未绘《八卦图》。正壁与两侧山墙墙壁尚存壁画,正壁未受雨水侵蚀保存较好;东山墙墙面中部被泥水侵蚀过,有两列被泥水严重覆盖,最底一排因磨损画面受损严重,部分已模糊;西山墙受侵蚀较轻,壁画基本完整。

正面绘有《真武大帝坐堂议事图》。正中为端坐的真武帝,右手持剑,脚踩龟蛇;分列左右分别为七星旗君(东侧)与剑童(西侧),外侧为周公(东)与桃花女(西);再外侧为护法四元帅与护法八天君分列三层而列;四元帅中,东侧中排为手执玉环的温元帅温琼与手持金枪的马天君马元帅;西侧中排为手持青龙偃月刀关元帅关圣帝君与手持铁鞭的赵元帅赵公明。

两侧山墙壁画为连环画式,5 排 8 列,每幅画皆有榜题,榜题明显可以看出是在旧题字的基础上再题字,个别题字与旧字交叉与重叠,造成释读困难。画面的排列顺序采用每列从上往下的竖排式,蔚县境内的真武庙仅此一例。

东山墙

梦吞日月	经书默含	□□□□(画毁半)	□□□□(画毁半)	天灵分形	洞天云盖	归天泽日	圣相先锋
□□□□	慕道循真	□□□□(画毁半)	□□□□(画毁半)	玉京演法	悟杆成真	分判人鬼	唐献宝像
玉宫降诞	辞亲慕道	□□□□(画毁半)	折梅寄榻	丹台受册	三天召□	五龙□圣	龟落玉宅
雾拥入宫	□□□□(画模糊)	□□□□(画毁半)	□□□□(画模糊)	□□□□(画模糊)	□□□□(画模糊)	□□□□(画模糊)	河魁擎鞘
□□□□(画模糊)	□□□□(画模糊)	二真显化(画模糊)	□□□□(画模糊)	□□□□(画毁)	□□□□(画毁)	□□□□(画毁)	□□□□(画毁)

西山墙

降伏青龙	柯城识奸	守椰怀虫	陆传招诬	玉□中计	荆王双美	火炼金经	华氏杀鱼
朱氏金砖	洞真认厌	当殿谅法	魅缠安仁	陈妻附鬼	七从借名	符使借兵	风霖邹迁
助国一统	瓢倾三万	天降青枣	鬼般退□	施经救灾	□□□□	天赐票□	玉京较功
降伏□□	风浪救危	□磨□□	□剑驱虎	□□□□	□□悟化	真法侵钱	藩镇通和
灵□济斋	相术指选	□箭破龟	聚厅禁妖	王氏舍利	良氏感详	仲和辞□	焦氏一嗣

西户庄真武庙壁画与蔚县其他真武庙壁画在内容上差异明显。从榜题可以看出,其受民间的影响较小,不像其他庙中有很多的太子与修行的情节。经与《玄天上帝启圣录》与《真武灵应图册》比对(如下表),这堂壁画与《玄天上帝启圣录》相似的场景较多,此粉本源于《玄天上帝启圣录》的可能性较大。

西户庄	所在位置	真武灵应图册	玄天上帝启圣录
经书默含	东：第1排第2列	经书默会	经书默会
天灵分形	东：第1排第5列		神灵分形
洞天云盖	东：第1排第6列	洞天云盖	洞天云盖
归天泽日	东：第1排第7列	归天降日	归天降日
圣相先锋	东：第1排第8列	圣像先锋	圣像先锋
□□□□	东：第2排第1列	净乐仙国金阙化身	金阙化身
玉京演法	东：第2排第5列	玉清演法	玉清演法
悟杆成真	东：第2排第6列	悟杵成针	悟杵成针
分判人鬼	东：第2排第7列		分判人鬼
唐献宝像	东：第2排第8列	唐□宝像	唐宪宝像
玉宫降诞	东：第3排第1列	王宫诞圣	王宫诞圣
辞亲慕道	东：第3排第2列		辞亲慕道
折梅寄榔	东：第3排第4列	折梅寄椰	折梅寄椰
丹台受册	东：第3排第5列	琼台受册	琼台受册
三天召□	东：第3排第6列	三天诏命	三天诏命
五龙□圣	东：第3排第7列		五龙捧圣
龟落玉宅	东：第3排第8列		玟落王宅
河魁擎鞘	东：第4排第8列		河魁擎鞘
二真显化	东：第5排第3列		二真显化
柯城识奸	西：第1排第2列	柯诚识奸	柯诚识奸
守榔怀虫	西：第1排第3列		守卿襀虫
陆传招诬	西：第1排第4列	陆传招诬	陆傅招诬
玉□中计	西：第1排第5列		王虎中计
荆王双美	西：第1排第6列		荆王双美
华氏杀鱼	西：第1排第8列	华氏杀鱼	华氏杀鱼
朱氏金砖	西：第2排第1列	朱氏金□	朱氏金砖
洞真认厌	西：第2排第2列		洞真认厌
当殿谅法	西：第2排第3列		当殿试法
魁缠安仁	西：第2排第4列	魁缠安仁	魁缠安仁
陈妻附鬼	西：第2排第5列	陈妻附魂	陈妻附魂
七从借名	西：第2排第6列		七从借名

西户庄	所在位置	真武灵应图册	玄天上帝启圣录
符使借兵	西:第2排第7列		符吏借兵
助国一统	西:第3排第1列		宋朝一统
瓢倾三万	西:第3排第2列	瓢倾三万	瓢倾三万
天降青枣	西:第3排第3列		天降粟麦
鬼般退□	西:第3排第4列		寇船退散
施经救灾	西:第3排第5列	施经救灾	施经救灾
天赐票□	西:第3排第7列	天锡青枣	天锡青枣
玉京较功	西:第3排第8列		玉京较功
风浪救危	西:第4排第2列	现海救危	现海救危
□剑驱虎	西:第4排第4列		裴剑驱虎
□□悟化	西:第4排第6列		元晏悟化
真法侵钱	西:第4排第7列		真法浸钱
藩镇通和	西:第4排第8列		藩镇通和
灵□济斋	西:第5排第1列	雪晴济路	雪晴济路
相术指选	西:第5排第2列	相术指迷	相术指迷
□箭破龟	西:第5排第3列	掷箭灭龟	郑箭灭龟
聚厅禁妖	西:第5排第4列	聚厅禁妖	聚听禁妖
王氏舍利	西:第5排第5列	朱氏舍利	朱氏舍利
良氏感详	西:第5排第6列	良嗣感祥	良嗣感祥
仲和辞□	西:第5排第7列	仲和□吏	仲和辞吏
焦氏一嗣	西:第5排第8列	焦氏一嗣	焦氏一嗣

第七节 钟 楼 村

一、自然环境与人文地理

钟楼村,位于白草村乡南偏西1.9公里处,属丘陵区,西临沙河,地势较平坦。为黏土质,周围辟为耕地。1980年前后有518人,耕地2532亩,曾为钟楼村大队驻地。如今,村庄分为新、旧两部分,旧村位于村庄的西北部。村庄规模大,现有700余人居住,村民以宋、马、聂姓为主,现马、聂姓已无传人。当地老人传说宋姓居民是从山西大槐树迁徙过来居住的。堡内十字路口的北侧曾有1座宋家家庙,已毁塌。此传说与东门匾上残存"马"姓,以及三官庙的1通《义学碑记》中记载的宋姓史实相近(图14.9)。

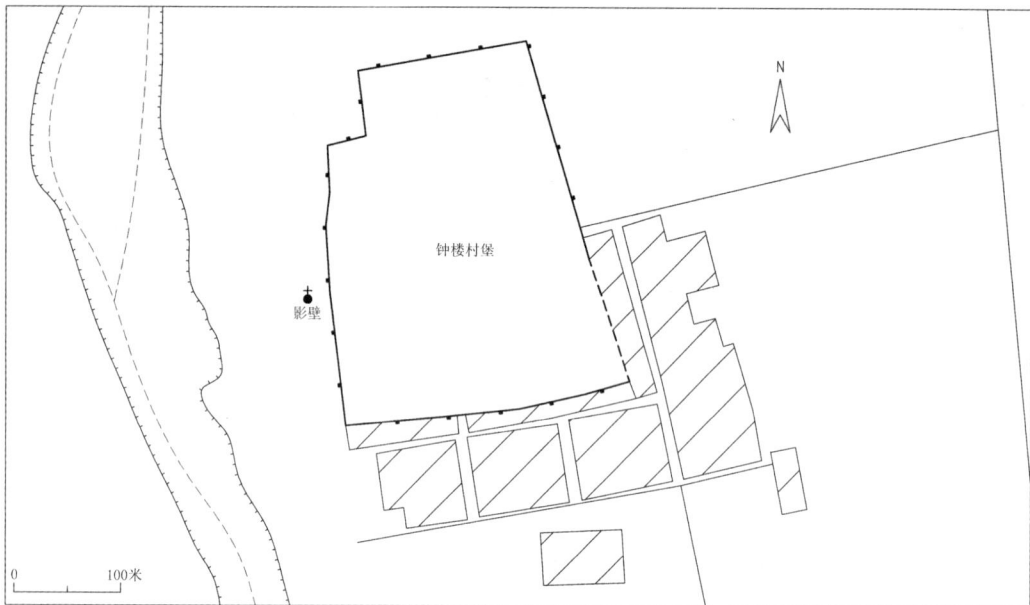

图 14.9　钟楼村古建筑分布图

相传,建村于后汉。因村中心有一钟楼,故得村名钟楼村。村名最早见于《(崇祯)蔚州志》,作"钟楼堡",《(顺治)云中郡志》作"钟楼村堡",《(顺治)蔚州志》沿用,《(乾隆)蔚州志补》作"钟楼村",《(光绪)蔚州志》《(民国)察哈尔省通志》沿用。

二、城堡

钟楼村堡,位于旧村中。城堡西临沙河,依斜坡地势而建,北、东高,西、南低。城堡平面大致呈矩形,周长约1093米,开东、西门,堡门并不在东、西墙的正中开设,而是稍微偏南。堡内平面布局为十字中心街结构(图14.10)。

城堡东门保存较好,石砌拱券结构,通体为条石垒砌(彩版14-22)。东门外侧一伏一券式,门券高大,门券拱顶上方有石质门匾(拓14.5),石匾正题"朝阳",右侧起款"钟楼村堡东门",左侧落款"嘉靖拾三年春季",下方是一排人名,有"堡长"马琰,"小甲"宋文□、宋文表,"石匠""霍志成、王彪、杜花、李王、王斌、王浩"等。从门匾可知,钟楼村堡至少在嘉靖十三年(1534)已修建。东门内侧墙体新近修缮。门内侧及顶部为平顶结构,新近修缮,铺设水泥预制板。门道为水泥路面,东门内为东西向中心街,街道为水泥路面,街道多有曲折。东门外有新修的影壁,两侧的堡墙为新建的砖墙。

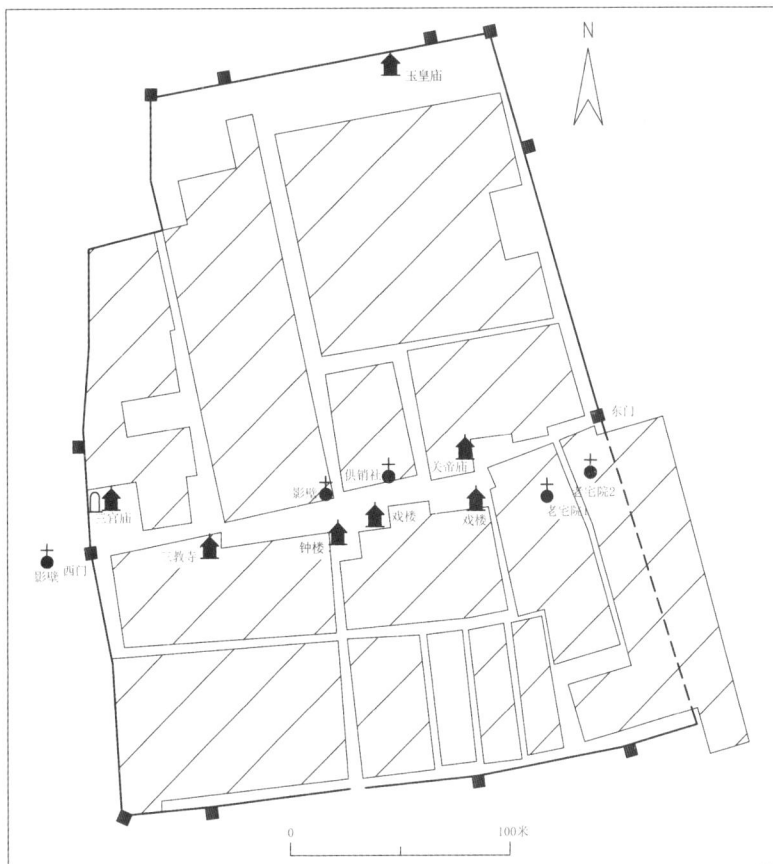

图 14.10 钟楼村堡平面图

拓 14.5 白草乡钟楼村堡东门门额拓片（蔚县博物馆 李新威 提供）

城堡西门保存较好,砖石拱券结构,条石垒砌基础较高(彩版14-23、24)。西门外侧为砖砌拱券结构,三伏三券,下券残缺,门券拱顶上方原镶嵌有两枚门簪,如今仅存遗迹,门簪上方镶嵌有砖制阳文门匾,正题"钟楼村"三个砖雕大字,匾右侧为"民国捌年立",左侧为"孟夏月重修",匾上方出二层错缝牙子。内侧门券为石砌拱券,一伏一券式,券上出二层伏楣檐,门券上原镶嵌有两枚门簪,现仅存痕迹,门券拱顶上方镶嵌砖制阳文门匾,上书"平安门"。西门顶部为木梁架平顶结构,顶部有近代修缮砖砌痕迹。西门门扇无存,门道为水泥地面。门外两侧有新修的八字墙影壁,门外西15米处有近年新建的1座影壁。

堡墙均为黄土夯筑,保存较差。东墙长约320米,墙体依地形而建,向南逐渐降低,墙体低薄,残高2~5米,墙下有坍塌的积土,墙体上面有许多坍塌的缺口或小段消失的地方,墙体内侧为顺城土路和民宅,外侧为荒地和耕地;东墙上设有1座马面,与西墙拐弯处正对,马面保存较差,呈方锥形;东墙南段保存差,在新村的民房包围中,墙高2米左右,墙体低薄。南墙长约269米,墙体高薄,基础厚2.5米左右,整体高5~6米,极个别地方坍塌较重;墙体内外侧均为民宅,外侧的民宅依墙而建,内侧墙下为顺城道路,路北为民宅。南墙整体保存高于东墙,墙体比较平整,坍塌形成的缺口不多;南墙东段设有1座马面,与北墙东侧的马面相对;南墙中部偏东设有1座马面,位于一户民宅的院内,马面呈方锥形,较高;墙西段设有1座马面,位于在一户居民院内,马面距离西南角很近,保存较差。西墙长约346米,保存较差,墙体低薄,高2~4米,墙体夯土内含石子较多,墙体因坍塌而高低起伏,墙体内侧为荒地,墙外有少量树木;西墙北段设有1座马面,马面呈方锥形,保存较差。西墙不直,在西北角附近向东拐,转角处未设有马面或角台,仅为一转角。北墙长约158米,保存较差,外高3~4米,墙体高薄,外侧为荒地,墙下有坍塌的积土;内侧墙体保存较为高大,高约7米,墙体高薄,上下部之间有明显的接缝,应为两次修建(增高)所致,墙内为大片的空地和荒地,只有几座民宅;北墙东段有玉皇庙庙台向内突出,庙台高大,殿宇建筑无存;北墙上设有2座马面,距离角台均较近,保存较差,多坍塌。

东南角无存,为新建的民宅占据,东南角外为村委会大院。西南角设135°斜出角台,角台呈方形,表面有流水侵蚀形成的三条冲沟,角台外现在为一处羊圈。西北角设90°直出角台,体量大,保存一般,外观近似圆形,表面有许多流水形成的凹槽。东北角设90°直出角台,保存较好,高6~7米,体量大。

城堡内为十字中心街结构,但街道宽窄不一,且多曲折。堡内民宅新房屋较多,老宅院较少。东门内南侧第一条南北向街道,街道口为石板路面,巷子里有2座老宅院保存较好。宅门上有木雕装饰等,两进院落。关帝庙戏台的西北侧中心街路边有供销社,现已废弃。

三、寺庙

据当地70岁的宋姓老人回忆,城堡内外曾修建有多座庙宇。现存的有关帝庙、戏楼

1、钟楼、三教寺、戏楼 2、三官庙；1965 年前后拆毁的有五道庙、龙神庙、玉皇庙。

五道庙 位于堡东门外，现已无存。

龙神庙 位于堡东门外，现已无存。

玉皇庙 位于堡北墙偏东墙内侧的庙台上，现已无存。

关帝庙 位于东门内中心街北侧（彩版 14-25）。关帝庙整体坐落在高 1 米的石条台明上，现存一进院落，庙院坐北面南，保存完整。院墙为条石基础，青砖砌墙，保存较好。山门位居高台之上，五檩悬山顶，采用六根立柱顶起檐顶，未砌墙体，檐顶博风采用木板。门檐下 3 块木板，写有"俱乐部"三字，推测曾改作村民的活动场所。门内东、西两侧设有钟、鼓二亭，四柱三檩悬山顶，保存较好，亭中已空无一物。正殿前立有 1 通石碑。正殿坐北面南，面阔三间，硬山顶，进深六架梁出前檐廊。保存较好，梁架用材粗壮宏大，为加工过的规矩方材。前檐额枋尚残存彩绘。殿内已改为磨坊，堆满杂物，墙上也落满尘埃。墙壁残存有壁画痕迹，但只有局部残画可见人物与马，其他已难以辨认。

戏楼 1 位于关帝庙对面，两者相隔东西中心街，石砌台明高 0.9 米，戏楼坐南面北，面阔三间，卷棚顶，进深六架梁。前檐柱 4 根，金柱 2 根，柱下石鼓柱础。戏楼挑檐木出挑较长，"一檩一替一垫板"均有木雕装饰，但前檐额枋无彩绘遗存，立柱顶端栌头下饰有木雕龙头，草龙雀替，东侧墀头残有"天马行空"题材砖雕。前台为土坯墙封堵，后台西墙开门。戏台内堆放秸秆，南墙内壁面坍塌。东、西墙壁上还有残存的壁画，后台墙壁画有题记，为"道光二十三年""光绪二十二年"，保存较差。

钟楼 位于堡内正中，南北中心街上，十字路口南侧，过街楼式建筑（彩版 14-26）。钟楼体量较大，楼台平面呈矩形，通高 9 米，东西 9.5 米，南北 8.5 米，墩台下 5 层条石基，上面通体包砖。台下设南北穿心拱券门，南北通行，面南三伏三券，券上出一层伏楣檐，门簪二枚，墩台上砌花栏墙。面北与面南相同。楼体东侧设有台阶可登顶。钟楼顶立有电线杆并建有庙殿，面阔单间，单檐硬山顶，进深六架梁，前后中墙分心鸳鸯式，坐北面南为真武殿，坐南面北为梓潼殿，庙内墙壁上有残存的壁画。殿宇顶部设有村委会广播喇叭。钟楼的西北侧为宋氏家庙遗址。

真武殿，殿内残存有壁画。正壁正中绘有一假隔扇，两侧为楹联，上联为"金阙化身□电□□□□□"，下联为"玉虚师相降魔伏道镇乾坤"，中间绘画漫漶。从正壁布局来看，殿内正中可能会塑有真武像。这样的布局在真武庙中并不多见。两侧山墙为连环画式壁画，但没有边框，以山水自然隔开，画上有榜题，如"插梅济柳""路遇八仙""□君授教""梦吞日光""九龙助水""五圣显像""玉清演法""分判人鬼""五龙捧圣"等。

梓潼殿，殿内亦残存有壁画。两侧各为戴官帽的文官，似为乌纱帽。正面绘画正中上方悬挂一帘，由于水渍侵蚀严重，画中内容不甚清晰。梓潼殿前檐下悬有一口铁钟。

三教寺 位于东西主街道西端路南,三教寺位于钟楼西北侧,坐西面东,戏楼位于钟楼东北侧,坐东面西。两者间距 80 米,遥相对峙。三教寺庙院坐落在高 1 米的条石台明上。庙院保存较为完整,院墙、山门尚存,院中有正殿及南北耳房、南北配殿。正殿为泰山庙,北配殿为地藏殿,南配殿为老君观/观音殿。

院墙即为民宅房屋的后墙,基础为条石砌筑,青砖砌墙。寺院西墙开设山门,随墙门,硬山顶,平顶门洞。门洞两侧墀头、馋檐砖雕尚存,脊顶残损。门前设台阶。山门内左右两侧原设有钟、鼓亭,但是仅存北侧建筑,南侧无存。庙院已废弃,院内长满杂草。

正殿,即泰山庙、圣母殿,俗称奶奶庙,位于院内西侧,坐西面东,面阔三间,单檐硬山顶,进深六架梁出前檐廊。正殿前土坯封砌,正殿中堆满杂草,殿内壁画尚存,为清中期作品,保存较好,色彩鲜艳,绘制精美,极具世俗风韵。正壁绘有 4 幅画,2 幅山水与人物相间,2 幅人物画各有 5 位忙碌的妇女在做家务,忙着准备各类食物,部分食物已装入盘中,好似准备上席。妇女做家务的场景,在蔚县其他娘娘庙壁画中出现在两侧山墙,而此处绘于正壁,令人感到十分费解,不知道殿中是否还曾有娘娘塑像。南、北墙两侧山墙壁画整体表现娘娘们出宫巡游/送子回宫的壮观场面。北壁为《出宫巡游图》,3 位娘娘坐在轿中,中间的轿子由巨鸟牵拉,前后 2 座轿子由巨兽牵拉,周围伴随轿夫、仪仗队、骑马随从等众多人物,场面宏大。南壁为《送子回宫图》,整体构图与北壁相同,但随行的位置有所变化。正殿南槛墙内嵌有 1 通石碑,为雍正二年(1724)《重修三教寺、观音殿、地藏殿碑记》。此碑有三个年代内容刻在一起,分别为雍正二年(1724)、乾隆三十一年(1766)与乾隆四十年(1775),其内容交错,已很难区分。正殿北耳房 1 间,南耳房 2 间。

南配殿,即老君观/观音殿,面阔单间,硬山顶,进深五架梁。殿内隔为两殿,面南者为老君观,进深二椽;面北者为观音殿,进深二椽。殿内中间隔墙已拆毁。观音殿内壁全毁。老君观内壁曾涂刷白灰浆,白灰浆脱落后露出壁画。壁画为清代中期作品。东、西两壁各绘有人物画像,错落列为 4 排,第 1 排 10 位,第 2 排 8 位,第 3 排 9 位,第 4 排 5 位,各有32 位,其中第 3 排前 5 位皆有榜题,从榜题可得知为玄元十子,即关严子、辛文子、庚桑子、南荣子、尹文子、士成子、崔瞿子、柏矩子、列子和庄子。

北配殿,即地藏殿,坐北面南,面阔三间,半坡顶,进深一椽。内壁曾涂刷白灰浆,白灰浆脱落后露出壁画。壁画为清代中期作品,正壁正中绘地藏菩萨,两侧各绘五位阎王,表现的是十殿阎王。东壁残有壁画,已漫漶;西壁已毁。

戏楼 2 位于钟楼东侧,与三教寺泰山庙遥相对峙。戏楼坐东面西,面阔三间,六檩卷棚顶,台明较低,高 1 米,四周均为石条台明。前后台柱下均为古镜柱础。戏楼地面前台明间条砖斜墁花心,其余为条砖正墁。挑檐木出挑较长,前檐出挑明显。前檐额枋尚存彩绘。馋檐砖雕"卧虎听松"。戏台内前后台隔扇尚存,隔扇正中上方悬有 1 块木匾,但匾中文字已无。两侧墙壁上残有壁画和题壁,有一处为"同治元年",另一处为"乾隆元年"。

后台题壁"嘉庆贰拾贰年"。

三官庙 位于西门内侧主街路北,坐北面南,与东门内关帝庙分列东、西(彩版 14-27)。三官庙地势较高,庙宇建于 1 座高 1.5 米的砖石台明上,基础外立面毛石包砌。三官庙原为 1 座庙院,如今山门与正殿尚存,院墙已毁塌。山门保存较好,广亮门,硬山顶,前檐额枋尚存彩绘,檐下柱间有木雕装饰,雕有两条对戏的草龙。门扇无存,上面镶嵌有三枚门簪。门前设有 4 级条石台阶。正门东侧还有 1 座小门。庙院内为砖铺地面,长满杂草。

正殿坐北面南,面阔三间,单檐硬山顶,进深五架梁出前檐廊。正殿前墙与窗已毁,采用枝条封堵,前檐额枋上残存有彩绘及木雕草龙雀替装饰。明间柱下石鼓柱础,次间柱下古镜柱础。殿内现在为羊圈。殿内东西墙壁上残存有壁画,壁画以红色和绿色为主,为清中期作品,保存一般,壁画表面曾涂刷白灰浆。东壁可以看到天官、地官与水官三位分别坐于车中,前有巨鸟拉车,前后簇拥众仙随从。北墙壁画保存较少,几乎无存,且明显不同于东、西墙,应该是清代晚期到民国时期的作品,墙壁表面多有脱落,露出里面的土坯墙心。殿内梁架以红色为主。顶部脊檩上有彩绘《八卦图》。

正殿东次间檐下,当地乡民用 1 通石碑作墙,石碑保存较好,为道光二十年(1840)《义学碑记》(拓 14.6),石碑总长 135 厘米,碑身长 125 厘米,宽 65 厘米,厚 22.5～24 厘米。碑文中记述了钟楼村宋氏的由来。碑文中写道:"吾宋姓自有明洪武开国□山西洪洞始迁于直隶宣化府蔚州西北乡钟楼村,居住传世十七,积年四百族大户,广代有文人,可谓华胄矣""宣化府学生员宋廷相撰文"。这句话也印证了乡民所说的宋氏自山西迁于此的传说。

第八节 西细庄村

一、然环境与人文地理

西细庄村位于白草村乡西南 2.7 公里处,属丘陵区。村庄东北、西南方均临冲沟,且村中有沙河将村庄隔为东庄与西庄,两庄皆未建堡墙。多为壤土质,周围辟为耕地或杏树林。1980 年前后有 636 人,耕地 2 390 亩,曾为西细庄大队驻地。

相传,明朝建文二年(1400)建村。因由原西庄与西唐庄两村合并而成,故取两村之首字得村名为西西庄,后演变为西细庄。村名最早见于《(崇祯)蔚州志》,作"西西庄堡",《(顺治)云中郡志》《(顺治)蔚州志》沿用,《(乾隆)蔚州志补》作"西细庄",《(光绪)蔚州志》《(民国)察哈尔省通志》沿用(图 14.11)。

如今村周围开辟有煤矿,致使村民人数已增至 900 余人,村庄由三条南北主街和一条东西主街组成,距离煤矿较近的区域,村庄建设较好。村西南角外有变电站。

拓 14.6　白草村乡钟楼村堡内三官庙道光十二年《义学碑记》拓片（李春宇　拓）

图 14.11　西细庄村古建筑分布图

二、城堡

据当地 70 岁的长者回忆,旧时东庄曾修有 1 座小城堡,当地称为"东庄刘家堡"。城堡位于今村庄北部,东北方紧邻一条冲沟,其余为平地。城堡平面呈矩形,周长 390 米,开南门,堡门建筑无存,现为缺口。堡墙均为黄土夯筑,墙体低矮,呈土垄状,破坏严重,北墙中部设 1 座马面,东北、西北角可见角台遗迹。堡内无建筑遗存,现为耕地和荒地,原先平面格局未知。

三、寺庙

据当地 74 岁的李万金(1963 年任村书记)回忆,东庄与西庄皆建有多座庙宇。庙宇多拆毁于 20 世纪六七十年代。

两庄中间的南北主街南端尽头路西侧,尚存有 2 通残碑,石碑原立于元朝殿前。1 通为道光二十年(1840)《重修圣母寺创玉皇阁十佛殿碑记》,1 通为记述玉皇庙有关内容的石碑,碑文已漫漶。

（一）东庄

东庄的寺庙主要集中在村中广场周围,庙宇有关帝庙/观音殿、五道庙（2 座）、窑神庙、戏楼、龙神庙。

关帝庙/观音殿　位于村委会东南方路边,现为 20 世纪 70 年代修建的村礼堂,庙宇建筑无存。如今在礼堂正中辟有一间观音堂,内供有观音。

五道庙　共2座，现已无存。

窑神庙　位于东庄东侧，现已无存。

戏楼　位于龙神庙对面，现村委会西南方的剧场所在地，原戏楼已无存。

龙神庙　位于村委会的西面路边台地上，庙院所在地势较高，坐北面南，庙前有两株大榆树。庙院内砖铺地面，部分地砖尚存，院内还存有碑座。目前庙院开东门，旧时开南门。正殿面阔单间，硬山顶，进深六架梁出前檐廊，前檐廊由挑檐木挑出。前檐额枋上还残存有清末民国时期的彩绘。门窗仅存框架，廊内还有碑座。殿内壁曾涂刷白灰浆，白灰浆脱落较多，壁画可见，但画面多开裂、隆起、脱落，已无法看清细节，从颜色上看应为清末民国初年的作品。两侧山尖绘画保存较好。

正壁绘《龙母龙王坐堂议事图》，正中为龙母，东侧有三位龙王，西侧有二位龙王与雨师，两侧下角各站立一位雨官；两侧中间的龙王皆向外侧观望。上部绘有辅助之神，东侧上部可见青苗神、旗官、四目神、雷公（猜测）与功曹；西侧只可见最外的时值功曹。

东壁左侧绘有水晶宫，龙母、云童与侍女立于宫内。水晶宫上方为云霄殿，这种题材其他处还未见过。能看到的画的右侧，从上至下有雷公、电母、时值和日值功曹，还有龙王、雨师。

西壁中部脱落一片墙皮，且内侧的一片墙皮隆起，已近脱落。右侧可见水晶宫，龙母与侍女立于宫内恭候行雨诸神回宫。左侧隐约可见判官与龙王回首，玉旨上"五龙问□□□"。

殿内尚存有供台。正殿两侧原设东、西耳房，目前仅存东耳房。

（二）西庄

今位于西庄的庙宇有关帝庙、庙院（元朝殿）、五道庙（3座）。

关帝庙　位于玉皇庙前，现已无存。

庙院（元朝殿）　位于西庄西侧，新建庙院，北邻东西主街。庙院坐北面南，开南门，门上悬挂有旧砖制的门匾，上书"元朝殿"。正殿坐北面南，面阔三间，硬山顶，出前檐廊。正殿明间为玉皇庙，东次间为佛殿，西次间为娘娘庙。殿内新塑塑像，内壁皆新绘有壁画，壁画为上宫村的郭姓画师于2013年冬在原画基础上描绘。前廊西墙下设有面然大士龛，此外地面尚有2通碑座。

玉皇庙，正壁绘有玉皇大帝，两侧各有一位侍女持扇，外侧各立一位持笏板的文官。两侧山墙各绘8名武将，手中分别持有刀、剑、枪等。

佛殿，从碑中得知此殿为十佛殿，殿内中间供大肚弥勒菩萨，两侧山墙壁画题材为密宗中的十大明王。其形象近似下宫村龙神庙"普南殿"中的神像，神像面目狰狞，手持刀叉，由此可知这2座殿内的壁画使用了同一粉本。

娘娘庙，正壁绘有3位娘娘与侍女、痘姐姐、搬哥哥、老奶奶等，其中痘姐姐左手端一碗豆，搬哥哥后背小孩，老奶奶怀抱小孩。两侧壁画，东壁绘《出宫送子图》，西壁绘《送子归回宫图》。

五道庙　共 3 座,1 座位于玉皇庙西侧,即元朝殿西南侧空地上,村北沟中的滩地上,新建庙殿,坐西面东,面阔单间,硬山顶。基础较高,前设 3 层台阶,殿内壁绘有壁画,正壁为五道神、山神与土地神,东壁为《出征图》,西壁为《凯旋图》。另外 2 座五道庙未知。

第九节　前　梁　村

一、自然环境与人文地理

前梁村在《蔚县地名资料汇编》中未见记载,村名最早见于《(民国)察哈尔省通志》,作"前刘家梁"。

如今,前梁村由新、旧两部分组成。旧村在新村西北方的山坡上,相距约 1 700 米,村庄南北临冲沟,已全部废弃,周围辟为梯田。村中原有 70 余人居住,以王姓居多。居民全部迁至新村。新村村庄规模较大,南北主街结构,新建房屋,主街尽头为村活动中心。

由于此村是白草乡西南角区域的 1 座核心村庄(村大队所在地),周围以前有前梁、后梁、王窑、韩家洼、郭窑 5 座村庄,旧时这 5 座村庄有 300 余人居住,郭窑占三分之一。目前除郭窑还有 2 人居住外,其余村庄的村民全部于 1984～1986 年搬迁到此地,组成 1 座杂姓村庄(当地百姓多去原先的旧村种地、祭祖)。村庄规模大,居民多,有 200 余人居住。五座村庄集中合并的主因是因为煤矿的开采导致缺水,但集中后新村仍无水(煤矿在新村下面 100 多米有开采面),只得到下面的钟楼村买水。

二、寺庙

据当地长者回忆,前梁村曾建有龙神庙、泰山庙、五道庙与关帝庙,共计 4 座庙宇。

第十节　后　梁　村

一、自然环境与人文地理

后梁村在《蔚县地名资料汇编》中未见记载,村名最早见于《(民国)察哈尔省通志》,作"后刘家梁"。村庄位于山坡之上,旧时村中有 50 余人居住,村民以魏姓居多。如今村庄已废弃,居民于 1984 年外迁至前梁新村居住。

二、寺庙

据当地长者回忆,后梁村曾建有龙神庙、五道庙,共计 2 座庙宇。

第十一节　韩家洼村

一、自然环境与人文地理

韩家洼村在《蔚县地名资料汇编》中未见记载,村名最早见于《(民国)察哈尔省通志》,作"韩家宸"。旧时村中原有 30 余人居住,村民以史姓居多。如今村庄已废弃,居民于 1984 年外迁至前梁新村居住。

二、寺庙

据当地长者回忆,韩家洼曾建有龙神庙、五道庙,共计 2 座庙宇。

第十二节　王　窑　村

一、自然环境与人文地理

王窑村在《蔚县地名资料汇编》中未见记载,村名最早见于《(民国)察哈尔省通志》,作"王家窑"。旧时村庄位于山坡之上,南、北、东三面临冲沟,村中原有八九十人居住,村民以王姓为主。如今村庄已废弃,居民于 1984 年外迁至前梁新村居住。

二、寺庙

据当地长者回忆,王窑村曾建有五道庙,仅 1 座庙宇。

第十三节　郭　窑　村

一、自然环境与人文地理

郭窑村位于白草村乡西偏南 3.4 公里处,属丘陵区。居一西北、东南走向的大沟两侧,为壤土质。1980 年前后有 97 人,耕地 429 亩,曾为前梁大队驻地。

相传,约四百前建村,郭姓曾在此地土窑居住,建村后故取村名郭窑。村名最早见于《(民国)察哈尔省通志》,作"郭家窑"。旧时村中原有百十人居住,村民以刘姓为主。如今村庄尚有 2 人居住,其余居民于 1984 年外迁至前梁新村居住。

二、寺庙

据当地长者回忆,郭窑村曾建有龙神庙、五道庙,共计 2 座庙宇。

第十四节　西小羊圈村

一、自然环境与人文地理

西小羊圈村位于白草村乡西 1.5 公里处,属丘陵区。村南临沙河,地势西北高,东南低。周围地势平坦开阔,为黏土质,周围辟为耕地。村北侧有煤矿。1980 年前后有246 人,耕地 1 517 亩,曾为西小羊圈大队驻地。如今,村庄规模较大,居民较多,有三百多人,村民以王、刘姓为主。村庄分为新、旧两部分,东为新村,以新房为主,新村为东西主街结构,两侧为巷子和民宅,东南角有废弃的小学;西为旧村,城堡所在地,目前堡内仅剩下一位 75 岁的郭姓五保户老人居住。229 乡道穿村而过(图 14.12)。

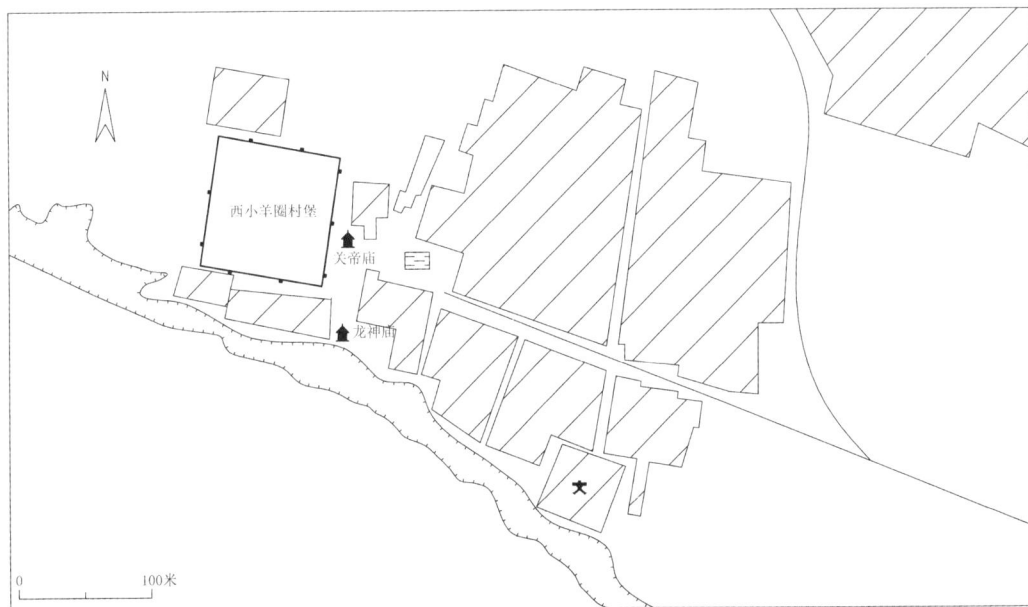

图 14.12　西小羊圈村古建筑分布图

相传,后汉时,此地曾有钟楼村马家的羊圈,后在附近建村,即取村名小羊圈。1982年5月,加方位字为西小羊圈。村名最早见于《(光绪)蔚州志》,作"西小羊圈",《(民国)察哈尔省通志》作"小羊圈"。

二、城堡

西小羊圈村堡,位于旧村中,城堡平面呈矩形,周长约374米,开设东门,堡内平面布局为东西主街结构,主街和东门未设在东墙正中,而稍偏南(图14.13)。

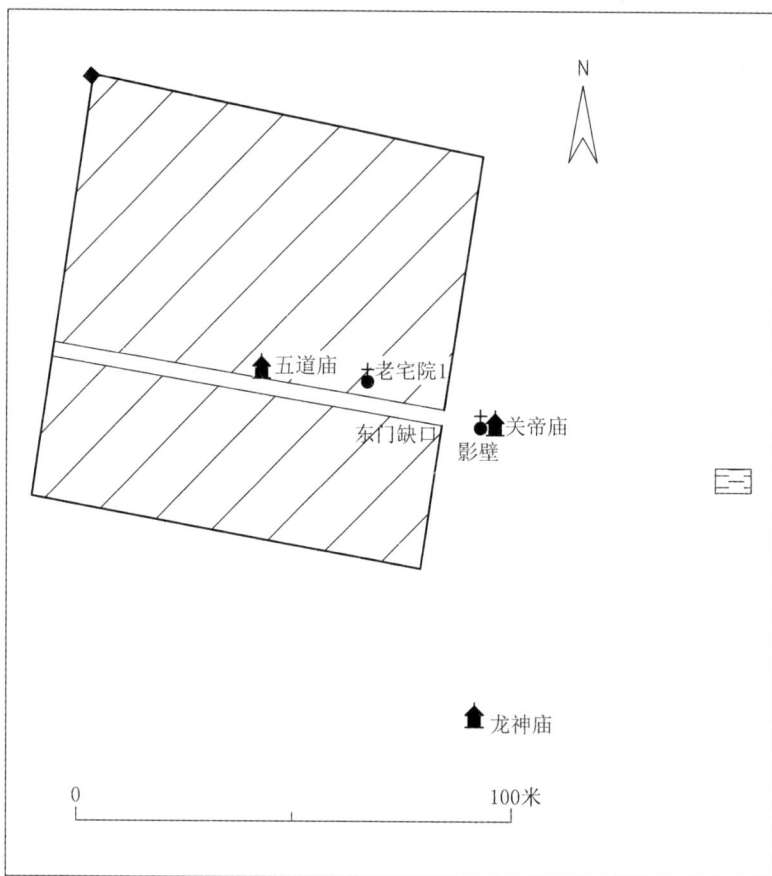

图 14.13　西小羊圈村堡平面图

城堡东门破坏严重,门体为石块垒砌,仅存缺口,门顶无存,门道为自然石铺成的路面。门外亦为自然石路面,保存较好。东门外有1座干涸的坑塘(麻黄坑),周围长有高大的杨、柳树。东门内为东西主街。

堡墙均为黄土夯筑,保存一般。东墙长约94米,保存较差,墙体外侧高3~5米,外为荒地和道路,内侧为民宅。东墙南段保存一般,墙体高薄,高4~5米,墙体多开裂、倾斜、坍塌,内侧为民宅,外侧为荒地。南墙长约92米,保存一般,墙体高薄,多坍塌,外高4～5米,墙体内高4～5米,中部坍塌严重,形成一处大缺口,墙体外侧为房屋,内侧为荒地和房屋。西墙长约95米,保存一般,墙体高薄、连贯,内高0～5米,墙外侧较低,因临台地修建,墙高2～3米,墙体外为荒地和耕地。北墙长约93米,保存较差,墙体连贯,高低起伏不平,外侧高1～2米,内侧高3～4米,墙体多坍塌形成的缺口,内外侧均有房屋。

东南角保存较好,为转角,高5～6米,近为原高。东南角外不远处的台地上以前修有龙神庙,现已无存,为新建的卷棚顶房屋。西南角为转角,未设有角台,高4～5米,角台外为一户居民。西北角设135°斜出角台,保存较小,高3～4米。东北角为修路所破坏,破坏约一半,角台未知,外高4～5米,夯层20厘米,外侧为荒地和道路。

堡内为东西主街,土路,堡内以土坯修建的房屋为主,无新房,房屋多废弃、坍塌形成荒地。东西主街北侧有1座老宅院1(53号院),民国时期建筑,广亮大门,卷棚顶,石板门道,门内两侧墙壁上尚存有"文革"时期的标语口号,门内有座简单的影壁,该院为五保户独居老人居住。此外,堡东门外北侧也有不少老宅院,为旧村所在地,民宅废弃无人居住。

三、寺庙

据当地75岁的郭姓老人回忆,西小羊圈村原建有关帝庙、五道庙、龙神庙。

关帝庙　位于堡东门外,庙院尚存,坐西面东(彩版14-28)。新建院墙,开东门,山门为随墙门,券形门洞,硬山顶,门外设有石台阶。院内长满杂草。正殿坐西面东,面阔单间,单坡顶,进深四架梁出前檐廊。屋檐坍塌,门窗仅存框架。前檐额枋上残存有民国时期彩绘。前廊南墙下设有面然大士龛。殿内为砖铺地面,供台尚存,保存较好。殿内壁曾涂抹白灰浆,虽损毁严重,但人物形象隐约可见,壁画为民国时期的作品。

正壁绘有《关帝坐堂议事图》,正中为头戴冠冕的关帝,手持玉圭;后侧分别为侍童,手持扇立于两侧;外侧分别为左丞相陆秀夫、右丞相张世杰;再外,西侧为持大刀的周仓,东侧为持剑的周平。

山墙内壁白灰浆较厚,故事画面难以释读。从露出的榜题分布考察,推测是3排2列的连环画式壁画。尚可辨认的榜题有:"挂印封金""力斩蔡阳""霸桥饯行""三战吕布""辕门射戟""破黄今""桃园结义"等《三国演义》中有关关羽的故事。

东山墙

□□□□	(榜题被覆盖)
辕门射戟	三战吕布
□□□□	(榜题被覆盖)

西山墙

	力斩蔡阳
□□□□	
封金挂印	霸桥饯行
（榜题模糊）	卞喜遭诛

殿后墙建有影壁,正对堡东门。影壁为硬山顶,结构简单,砖砌外框,内墙采用土坯砌筑。檐下砖作仿木构砖雕栌头与额枋等。

五道庙　位于堡内东西主街北侧,坐西面东,面阔单间,硬山顶,进深三架梁,前檐额枋上有残存的彩绘,门窗无存。殿内壁尚残存有清末民国时期的壁画,表面涂刷白灰浆,破坏严重。殿内新修有供台。庙西面有一口废弃的井房,为旧水井所在地。

龙神庙　位于堡东南角外的台地上,寺庙坐北面南。仅存西配殿,配殿面阔两间,硬山顶。正殿已拆毁。据当地长者回忆,龙神庙前原悬挂有一口 300 多斤的大铁钟,毁于"大炼钢铁"运动。

第十五节　五　岔　村

一、自然环境与人文地理

五岔村位于白草村乡西偏北 3.8 公里处,属丘陵区,地处五岔峪口。峪口在古代为通往阳原的交通要道。229 乡道穿村而过。五岔村是附近的核心村庄,北依山,有 2 条大冲沟,南临沙河,选址修建在山谷(沙河)北侧的坡地上。地势东北高西南低。为黏土质,周围辟为耕地。1980 年前后有 436 人,耕地 2 080 亩,曾为五岔大队驻地。如今,村庄规模大,居民多,村庄分为新、旧两部分。新村规模大,分布于路边,集中于公路北侧、距离公路较近处,南北主街结构,主街的南侧尽头为新建的影壁,民宅以新房为主。旧村在新村的西北和北部地势较高处,其中城堡即为旧村的一部分。据村里 81 岁的戴讲(曾任 20 年村会计,高小毕业)回忆,本村有 110 户,400 余人,以戴姓居民较多。戴姓祖先由南方而来,戴家兄弟四个,分别为戴万、戴共、戴井(只记得 3 兄弟的姓名),戴家分家后分别修建四座宅院,村西桥西南的老宅院 9 是戴井家。81 岁的戴讲是老三戴万的曾孙。戴氏族谱已于"文革"时期烧毁(图 14.14)。

相传,据碑文记载,明洪武五年(1372)建村,当时杂姓定居,建堡五座,各据一山岔,故取村名为五岔。村名最早见于《(正德)大同府志》,作"五岔寨",《(崇祯)蔚州志》作"五岔

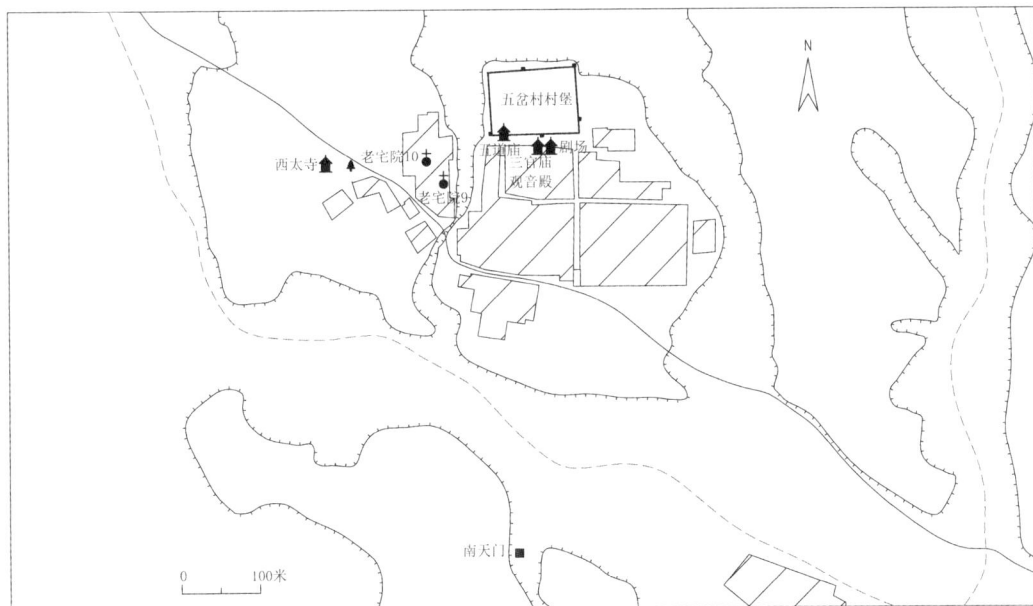

图 14.14　五岔村古建筑分布图

山寨",《(顺治)云中郡志》《(顺治)蔚州志》沿用,《(乾隆)蔚州志补》作"五岔村",《(光绪)蔚州志》《(民国)察哈尔省通志》沿用。

旧时,五岔为蔚县通往西宁县(阳原县)的重要枢纽。"五岔岭,城西北四十里,通西城并大同,近因盗贼充斥,添设把总"[1]。

二、城堡

(一) 城防设施

五岔村堡,位于旧村中,城堡东、西、北三面临冲沟,保存较好,平面呈矩形,周长411米,堡内平面布局为十字街结构(图14.15)。

城堡开设南门,石砌拱券结构,通体条石修建,拱券式门券,一伏一券式,门券拱顶上方镶嵌石质门匾,正题"伍岔村堡"(彩版14-29、30)。匾左侧一排竖字"蔚州咸周村里民住种平安大利",左侧落款为"嘉靖贰拾伍年戊戌月庚午日立大吉",匾下方是数排人名,堡长为"王景库",人名中还有几个王姓也是"景"字辈。门顶为木梁架结构,已彻底坍塌。门洞内墙壁已经倾斜,门闩孔呈方形,条石错缝而成,门道为自然石铺成的路面。南门外东侧护门墩尚存,但坍塌严重,仅存一面墙的厚度。南门外正对观音殿,门外东侧为戏楼,门外西侧为1座新建的影壁。门内南北主街为自然石铺成的路面,保存较好,路两侧尚存排水沟。

〔1〕 来临:《蔚州志》,《日本藏中国罕见地方志丛刊续编》,国家图书馆出版社,2003年,第339页。

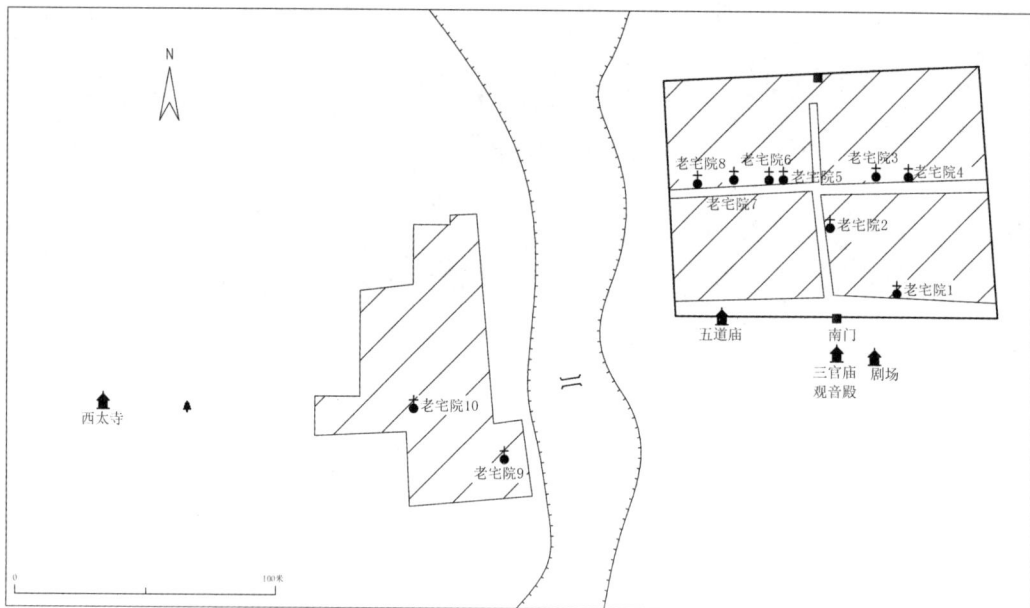

图 14.15 五岔村堡平面图

由于城堡选址修建在台地之上,因此从外侧观察,堡墙较高,但夯筑的墙体部分较低。堡墙均为黄土夯筑,保存较差。东墙长约 92 米,修建在平地之上,墙体高薄,高 3～5 米,墙体多有坍塌,以南部为重,墙体外侧为道路,内侧为民宅。南墙长约 116 米,破坏严重。南墙东段仅存基础,内平外高,外高 2～4 米,墙体内侧为道路和民宅,外侧为道路。南墙西段内侧已成平地,墙体内侧为道路和民宅,外侧为水泥路,墙体从外面看还有 3～4 米的高度。西墙长约 87 米,墙体高薄,总高 7～8 米,墙体自身高 3～4 米,墙外尚存有壕沟,宽约 2 米。北墙长约 116 米,西段墙体高薄,外高 3～5 米,墙体内侧为民宅,北墙东段墙体保存一般,墙体高薄,高 3～5 米,墙体中部设有 1 座马面(真武庙庙台),保存较差,马面中空,已坍塌三分之二,马面中空,推测与 20 世纪 60 年代的"深挖洞、广积粮"行动有关。北墙外为一处煤矿。

东南角、西南角、西北角、东北角未设有角台,仅为转角。

(二)街巷与古宅院

堡内民宅以土旧房、老宅院较多,新房少,居民少,仅几户居民居住,多为留守的老人。其余村民多搬迁到堡外居住。

前街 即南墙内侧顺城街,东段有 1 座近代风格的老宅院 1,保存较好。

正街 即十字街南北主街,南段路东有 1 座老宅院 2(9 号院),门前有石板跨过排水沟,门内为 1 座大院。

后街 即十字街东西主街。东段街面为自然石铺就的路面,街北侧有 2 座老宅院,皆为广亮大门。老宅院 3 宅门为卷棚顶,广亮门,前后两进院,门楼内墙壁上保存有壁画和标语、语录,门内建一影壁,保存较好,宅院已废弃,杂草丛生,前院东厢房倾斜,二道门保存较好,后院亦废弃。老宅院4为一进院,广亮门,硬山顶。西段为自然石铺就的路面,街北侧保存有4座老宅院,均为如意门、前后院格局。其中老宅院5、6前建有石台阶。

城堡西南角外不远处为一片旧村,旧村和城堡间有一条浅冲沟,冲沟上修建有单孔过水涵洞,即1座简易的桥梁,石板桥面,桥身南北侧面全部用块石包砌。旧村与城堡间以自然石铺就的道路相连。推测旧村是西庄一类的民居建筑群。房屋以土、旧房为主,大部分废弃、坍塌,少有人居住。尚存有2座老宅院。老宅院9(145号院),位于桥西南方,院主人名叫戴井,房屋是他曾祖修建。老宅院大门门扇的铁皮上錾有"亚细亚"几个字,含义未知。老宅院10,位于主街北侧的一巷内,随墙门。

三、寺庙

据当地81岁的戴讲回忆,村内修建有真武庙、龙神庙、西太寺、戏楼(2座)、三官庙/观音殿、五道庙、南天门。

真武庙　位于北墙上,现已无存。

龙神庙　位于村外西北,现已无存。

西太寺　位于堡外西侧,村西水泥路南侧路边,现为寺庙群,由山门、东配殿、西配殿与正殿组成。门前长有一株松树。据院内《重修关帝庙暨新建观音殿地藏寺山神庙龙王庙碑记》载,五岔村关帝庙始建于明嘉靖年间,2007年由当地煤窑窑主邢万库、邢万宝两兄弟发起募捐,重修关帝庙并彩绘了殿内壁画,同时新建观音殿、地藏寺、山神庙、龙神庙等,将庙院改名为西太寺。

山门,门前立有两只石狮子,山门即为天王殿,面阔三间,硬山顶,出前后廊,殿内供有弥勒/韦驮以及四大天王的塑像,塑像新塑。山门内两侧建有钟鼓亭,东为钟亭,西为鼓亭。

山门内院中建有东、西配殿,东配殿为关帝庙,西配殿为龙神庙,殿均为面阔单间,硬山顶建筑,前面均有卷棚抱厦连接在一起。

东配殿,即关帝庙,门匾额上书"伏魔宫",殿内墙壁新绘壁画。正壁绘有《关公读春秋图》,正中关公左手捧书,右手持长髯,目不转睛地看着《春秋》,两侧分别为关平与周仓。两侧山墙壁画为连环画形式。连环画内侧,北壁绘有"玉泉山显圣",南壁上部为"桃园三结义"。山尖壁画为旧画。

南山墙

（被遮挡）	鞭打督邮	许田射猎	斩颜良
大破黄巾	温酒斩华雄	屯土山约三事	诛文丑
	赚城斩车胄	侯城盗马	挂印封金

北山墙

卧牛山收周仓	沂水关斩卞喜	三顾茅庐	（被遮挡）
东岭关斩孔秀	黄河渡口斩秦琪	战长沙	玉泉山显圣
洛阳关斩韩福孟坦	古城池下斩蔡阳	单刀赴会	

推测这座殿宇是在原有基础上修缮而成。

西配殿，即龙神庙，门匾上书"水晶宫"，殿内有新塑的龙神塑像和壁画。

正殿，现为一排房屋，由3座殿连接在一起而成。从西向东依次为财神庙、窑神庙、地藏殿。财神庙面阔三间，硬山顶，出前檐廊，前廊西墙下有面然大士龛。殿内为全新的壁画和塑像。窑神庙，面阔单间，硬山顶，殿内有三尊塑像和全新的壁画。地藏殿面阔三间，硬山顶建筑，内有全新的塑像和壁画。

此外还新建有西跨院，为寺庙的生活区。

戏楼　现存2座，1座位于城堡南门外东侧坡下，解放后修建。戏楼坐西面东，卷棚顶。戏楼除山墙外，其他皆是在原梁架基础上新修。前檐额枋未施彩绘，只有一些简单的木雕装饰，戏楼内壁无壁画遗存。1座位于龙神庙对面，现自然坍塌。

三官庙/观音殿　位于南门外，正对南门。南为三官庙，北为观音殿。庙院已修缮，正殿面阔单间，硬山顶，殿内新塑塑像，新施彩绘、壁画。

五道庙　位于堡西南角外，殿宇新建，坐北面南，面阔单间，单坡顶，未设门窗，现为铁栅栏封堵。殿内壁贴纸画，纸画已开始脱落。

南天门　位于村庄南面沙河南岸的山坡上，为一条古道，向南可达西细庄、前梁等村，现在仍有一条宽阔的土路在山梁上盘旋，直接南下西细庄（彩版14-30）。南天门为过街楼式，砖石拱券结构，基础为石块修建，拱券门洞南侧为木梁架顶，北侧为券顶。门洞已掩埋一半。门洞上面新建庙宇，北侧为文昌阁，南侧为三霄娘娘。正殿面阔单间，硬山顶，南北各占二椽，殿内新绘壁画。

第十六节　泉子涧村

一、自然环境与人文历史

泉子涧村位于白草村乡西北3.2公里处，属丘陵区。居一山梁上，村北靠山，村西临沟，地势东北高西南低，为黏土质，辟为耕地。1980年前后有310人，耕地1282亩，为泉子涧大队驻地。如今村庄规模较大,居民现不足 200 人,姓氏较杂。

村庄由新、旧两部分组成。新村为南北主街结构,主街南侧的村口修有影壁,村口西侧建学校,主街西侧建有村委会大院,主街上有剧场,民宅全部为新房。旧村在新村西北角外,西、北侧紧邻冲沟,冲沟底部平缓宽阔,长有许多树木,村庄选址在冲沟边的台地上修建。旧村四周未建堡墙,由于周边有煤矿,造成村中饮水困难,20 多年前村民从沟下搬迁至坡上居住,旧村已废弃,住宅多坍塌(图 14.16)。

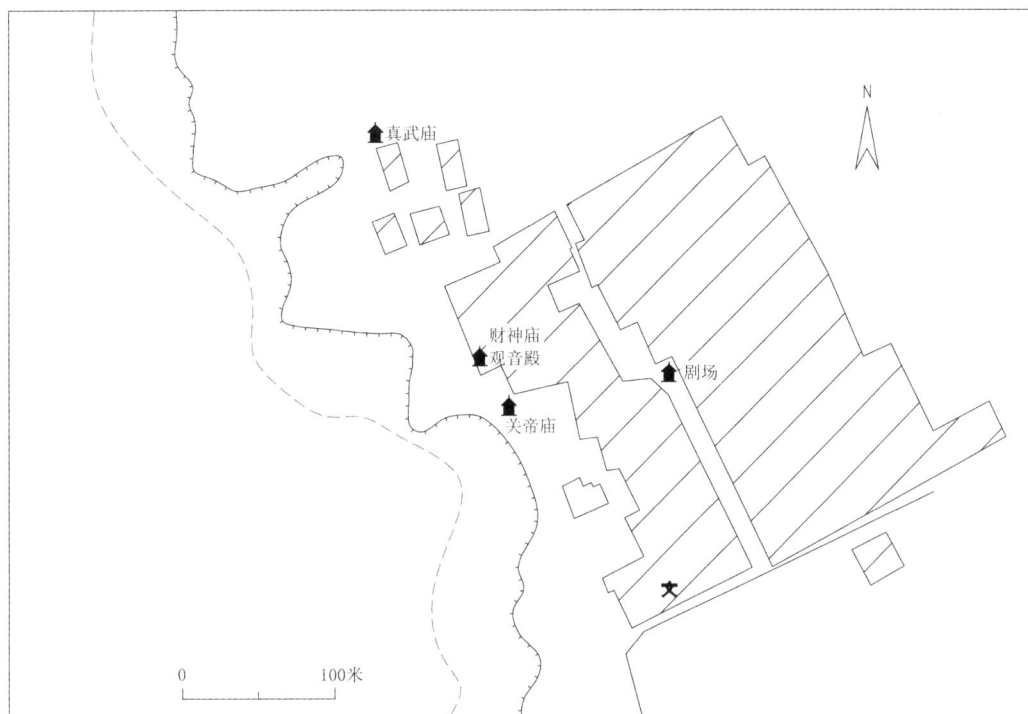

图 14.16　泉子涧村古建筑分布图

相传,明末清初建村时,据村西涧沟里一水泉子,取村名为泉子涧。村名最早见于《(乾隆)蔚州志补》,作"泉子涧",《(光绪)蔚州志》《(民国)察哈尔省通志》沿用。

二、寺庙

据当地长者回忆,泉子涧曾建有五道庙(2 座)、关帝庙、观音殿、财神庙、真武庙。

五道庙　共 2 座,1 座位于村西北,1 座位于财神庙边,均已无存。

关帝庙　位于旧村南侧村口路边,涧沟的东侧,仅存正殿。正殿坐北面南,面阔单间,硬山顶,进深五架梁出前檐廊。门窗无存,仅存框架。前檐额枋上还有残存的彩绘。殿内供台仅存基础。内壁墙上抹有白灰浆,白灰浆底隐约可见壁画,从画的色彩来看,应是清末民国时期的作品。正壁绘《关帝坐堂议事图》,正中为头戴冠冕的关帝,手持玉圭;后侧分别为侍童,手持扇立于两侧;外侧分别为左丞相陆秀夫、右丞相张世杰;再外,西侧为持大刀周仓,东侧为持剑周平。两侧山墙壁为连环画形式,各为4排4列。

观音殿 位于旧村内西北部,村内主街路东,坐南面北,面阔单间,单坡顶,进深三架梁。门窗无存。殿内壁尚可见残画,但多已被白灰浆所覆盖。从颜色上看,壁画应是清末民国时期的作品。

财神庙 位于观音殿旁,墙体、屋顶全部坍塌,仅存主体部分木构结构,梁架上彩绘无存。

真武庙 位于旧村北部的天然高台上,高台外侧原应包砌有石块,仅部分残存,南面中间应设有台阶登顶,现仅存斜坡(彩版14-32)。高台上正殿坐北面南,面阔单间,硬山顶,进深五架梁。殿后脊顶与后墙已塌,前檐下门窗仅存框架。殿内壁已抹白灰浆,白灰浆上又沾满泥浆,白灰浆脱落处局部壁画隐约可见,壁画保存较差,为民国时期的作品。正壁壁画已毁。两侧山墙壁画已看不出排列数量,榜题难以看清,东壁可见"童真内练",西壁可见"五圣□□"。两侧连环画北侧各有一幅人物像,也已难以分辨。

第十七节 白草庵村

一、自然环境与人文历史

白草庵村在蔚县《蔚县地名资料汇编》和诸版方志中均失载。如今村庄已和蔚西矿冶公司(国有企业)所属的煤矿融为一体,成为煤矿的一部分。一片片工房相连,大量的矿工居住在此。煤矿大楼所在地为旧村庄址,位于北部中央的高坡地上。如今的村庄位于矿区南部中间边缘,与老山寺遥遥相望,村庄选址修建在台地之上,周围地势较低,只有几间房屋。据78岁的邢姓老人回忆,旧时村庄有50余人居住,村民以董、王、邢姓较多。新村为10多年前迁于此处,但是原住户已很少,大部分居民在开矿后迁走,主要原因为开矿造成地下水消失,耕地肥力下降。新村居民以矿工为主。

二、寺庙

老山寺 位于白草庵村西北方山崖下,寺庙坐北面南,三面环山,北依四正山,东坡为东雷公寨山,西坡为西雷公寨山,正南有山坡为驮庙山。选址修建在山崖之上,与洞窟类似。寺始建年代不详。明成化年间重修,时称"宏门寺";隆庆年间由道家居住,更名为"玄真观";明末毁废。清乾隆年间,正通禅师任主持时,改观为弥陀古刹。清光绪年间,临济宗第十一代般若禅师改寺名为老山寺。庙宇分为山崖下的下院和山崖上的上院两部分,寺前修有陡峭的台阶,台阶之上为该寺下院。旧时寺中曾居住有七八名僧侣,20世纪六七十年代离开。据看守该寺的65岁董姓老人回忆,选址该寺时,寺庙三面环山,庙所在的北山是一条龙。面南山下,左右各有一条沟,分别为古城沟(东侧)与百岭沟(西侧),沟外东、西两侧山梁环抱,东面为青龙山,西面为黑虎山。因此寺庙选址的风水极佳。

2001年清理山洞时,在洞中发现13尊明代石造像[1],现陈列于蔚州博物馆。

据居住在西黄土梁村的原白草庵村的李姓村主任兼会计回忆,村中传说从山西五台山飞来一口钟,不久后来一名方丈在此修庙,老山寺为佛道合一的寺庙,两侧为两虎把门,其东侧还有印山,寺庙后为黑虎山,那口从山西飞来的大钟就在两山之间。

寺中旧建筑拆毁于"四清"时期,开矿时重建老山寺。新寺依石崖修建。下院在山崖下,地势较为平坦,院内有2座大殿,东侧为释迦牟尼殿,西侧为观音殿。殿宇均为在洞窟前加修的房屋,此外西门内还有守庙老人居住的禅房,释迦牟尼殿内为一洞窟,窟壁上还有壁画残留,洞窟内有新塑佛像。观音殿内则没有洞窟,而是在墙壁上挂画像。上院选址在峭壁上修建。为多层洞窟,外面加修房屋,一层为一个主窟两个小窟,小窟内均空,主窟内供三官像,此外主窟前面还有一小龛,西面也有一个小龛,内空,从西面可上二层,上去后为木地板,二层为一个主窟及西侧小窟,西侧的小窟为空,主窟内供玉皇像,全新。从二层有木梯子上三层,木地板,三层内供三清像,窟顶有部分坍塌。

下院的寺院东墙下立有6通残碑。从北至南为:1号碑,布施功德碑,字迹漫漶;2号碑已倾覆于地,断为两截;3号碑,布施功德碑,碑阴刻有"癸未榴月";4号碑为《重修老山寺碑记》[2],立于"壬午年荷月";5号碑上可见"大清同治岁次"等字样;6号碑压在5号碑下,内容未知。此外,西门外还躺有1通碑,碑面字体仍可辨认,但已连不成完整的段落。

3号碑背面的功德榜上留下了很多村名信息,摘录部分如下:鲁家疃、陈家涧、白草村、沟里头、黄音坡、东沟窑、前山湾、旺义窑、里草沟、里千草沟、外千草沟、仁合沟、水泉沟、土堂窑、白沙湾、沙沟窑、老龙湾、仓咀窑、殷家庄、大湾村、朝阳沟、鹿骨、沟门口。从这些村名可知,当年的老山寺在这一带影响很大,东到了东陈家涧,西到了鹿骨。

---

〔1〕 蔚县博物馆:《蔚州文物珍藏》,科学出版社,2013年,第212~224页。
〔2〕 刘国权:《佛寺与蔚州传统文化》,中国文史出版社,2006年,第151~152页。

第十八节 楼子湾村

一、自然环境与人文历史

楼子湾村位于白草村乡西北 9.1 公里处,属山区。村北靠山,地势北高南低,为黏土质。1980 年前后有 413 人,耕地 1 874 亩,曾为楼子湾大队驻地。如今,村庄分为东、西两庄,东庄选址在宽阔的山谷北面坡地上,依着地势而建,村庄虽为行政村,但较破败,新房少,居民少,仅有 20 余人居住,多为中老年人,以刘姓为主。村东山顶上建有望山火的瞭望楼,已废弃。西庄位于沟北侧的山坡上,村庄规模小,村西北山坡上有一株大松树,为龙神庙遗址。西庄还有 20 余人居住,以田姓为主,因村中无学校,村民多在 20 世纪 80 年代时陆续外迁,留守者多为中老年人。

旧时,东庄、西庄,以及周边的董家庄、岳家窑村均归属楼子湾大队管辖。这些村庄在 1976 年实现通电,但此时已开始陆续搬迁,以搬迁到阳原县城为主。

相传,元朝初年,建村于一山湾里,因遍地是芦子草,故取名芦子湾,后传为楼子湾。村名最早见于《(光绪)蔚州志》,作"楼子湾",《(民国)察哈尔省通志》沿用。

二、寺庙

据当地 73 岁的田姓长者回忆,东庄村西南有龙神庙,村东北有观音殿,村南有五道庙。西庄村北坡上有龙神庙,村西沟中有 1 座鸿门寺,庙皆毁于 1966 年。西庄龙神庙还剩一株松树,寺庙内旧有石碑,"文革"时期全部砸毁。

第十九节 水 峪 村

一、自然环境与人文历史

水峪村,位于白草村乡东北偏北 2 公里处,属丘陵区。地势东北高西南低,村东西不远处为冲沟,附近为黏土质,辟为耕地。1980 年前后有 287 人,以郑姓为主,耕地 1 740 亩,曾为水峪大队驻地。如今,村庄分为南、北两部分,南部为新村,北部为旧村。新村内为丁字街布局,主街已硬化为水泥路面,丁字街口东侧是废弃的村委会大院,村南口有

1座铁牌坊，因该地属煤矿塌陷区，民宅房屋多开裂，居民外迁。目前还有三四十人居住，以放羊、放牛为生（图14.17）。

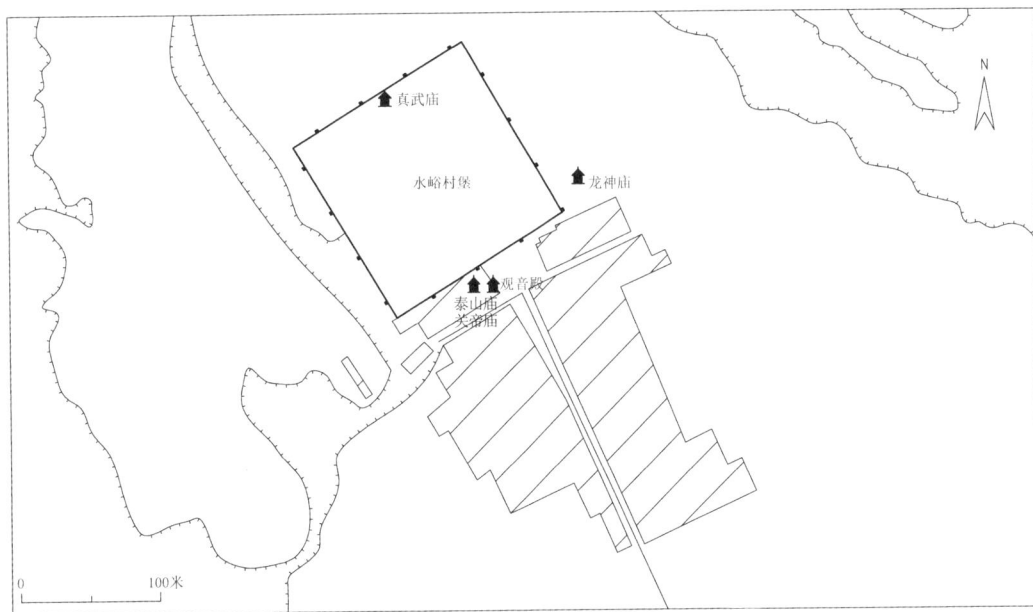

图14.17　水峪村古建筑分布图

相传，辽大康年间建村于峪口，因村中有一个旱海子，常年积水，故取名水峪。村名最早见于《（顺治）蔚州志》，作"水峪堡"，《（乾隆）蔚县志》作"水峪村"，《（乾隆）蔚州志补》作"水峪里"，《（光绪）蔚州志》《（民国）察哈尔省通志》作"水峪村"。

二、城堡

（一）城防设施

据《（民国）察哈尔省通志》记载："水峪村堡，在县城西北三十里，明万历四年三月土筑，高二丈，底厚五尺，面积十八亩，有门一，现尚完整。"[1]城堡选址修建在台地之上，地势高于南面的新村，为全村地势最高处，东、西不远处为冲沟，北面为平地。城堡平面呈矩形，周长约543米，开南门，堡内平面布局为南北双十字中心街结构（图14.18）。

城堡南门保存较差，砖石木梁架平顶结构，基础为条石砌筑，上部为青砖砌筑，门顶为木梁架结构，多有坍塌（彩版14-33）。门外及门道为自然石铺成的路面，门外设有护门墩，破坏严重，仅存部分墙体。南门外为寺庙群。据说旧时南门外有狮子庙，因庙前有两只石狮子，故名，目前仅存一个，位于路边，造型古朴，石狮子头部破坏严重。

---

[1]　宋哲元：《（民国）察哈尔省通志》，国家图书馆藏1935年铅印本，第12页。

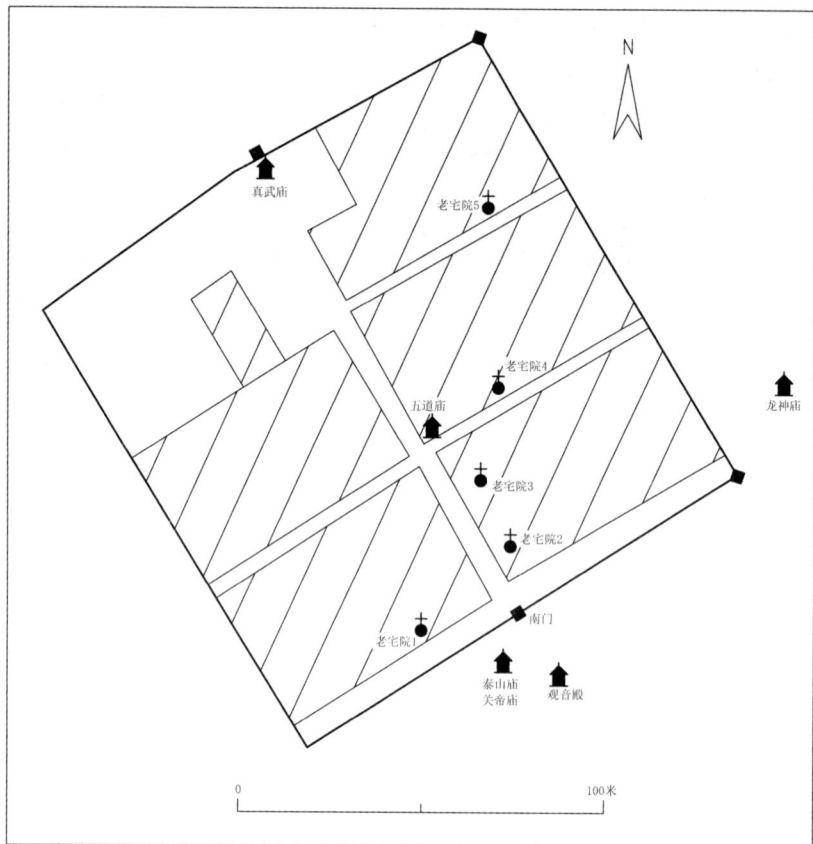

图 14.18　水峪村堡平面图

　　堡墙均为黄土夯筑,保存一般。东墙长约 134 米,选址修建在台地边缘,墙体高薄、连贯,外高 5~6 米,墙高 2~3 米,内侧较低,高 2~3 米,墙外为壕沟和台地,均为荒地。南墙长约 138 米,破坏严重,墙体仅存基础,高 3 米左右,内侧为顺城道路和民宅,外侧为民宅。西墙长约 132 米,保存较好,墙体高薄,外高 6~7 米,上面长有草木,墙外为荒地,内侧为民宅,西墙北部修建在台地上,外高 2~4 米,不如南段保存较好。北墙长约 139 米,保存一般,墙体内高外低。北墙西段内高 3~5 米,外侧比较低平,呈斜坡状,高 1~2 米,内侧为大面积的荒地。北墙东段内高 2~3 米,外高 1~2 米,墙外为台地荒地和耕地,内侧为民宅,北墙中间设有马面,呈矩形,保存较好。

　　东南角设 135°斜出角台,高 6~7 米,保存一般,内侧较低,高 3~4 米,角台东侧修建有龙神庙。西南角坍塌,现为缺口。西北角仅为转角,外高 3~4 米。东北角设 135°斜出角台,外高 5~6 米,保存较小。

　　(二) 街巷与古宅院

　　堡门内为南北双十字街布局结构,主街宽阔,两侧老宅院较多,但多废弃。堡内的民宅多废弃、坍塌,居民较少。目前仅有几户居民居住。

前街　即南墙内侧顺城街。西段尚存老宅院1,一进院,门楼已倾斜。

正街　即南北主街,南段路东尚存老宅院2、3,一进院,均已废弃,其中老宅院3的墙壁上尚存有毛主席语录。中段路东尚存1座近代风格的大门。

中街　即南十字街东西主街,东段尚存老宅院4,一进院,宅门已倾斜,宅院已废弃。

后街　即北十字街东西主街,东段尚存老宅院5,两进院,院内长有一株高大的榆树。

三、寺庙

据当地长者回忆,水峪村曾修建有五道庙、戏楼、观音殿、泰山庙/关帝庙、真武庙、龙神庙(彩版14-34)。此外,堡门顶修建有庙,但名称已记不清。

五道庙　位于堡内十字街东北角,现已无存。

戏楼　位于堡内,现已无存。

观音殿　位于南门外,正对南门,坐南面北,曾为1座庙院。基础高大,呈长方形,外高1~4米,包石,局部坍塌,顶部为砖铺地面。正殿面阔单间,硬山顶,五架梁出前檐廊。门窗无存,为土坯墙封堵,前檐额枋上有残存的彩绘。殿内壁已抹白灰浆,壁画已毁。

泰山庙/关帝庙　位于南门外西侧,庙殿面阔二间,中间隔墙隔为两殿。泰山庙(奶奶庙)位于南侧,坐西面东,面阔单间,硬山顶,进深四架梁出前檐廊,前檐额枋上残存有彩绘和木雕装饰,门窗无存,为土坯墙封堵。关帝庙位于北侧,坐西面东,面阔单间,硬山顶,进深四架梁,殿内墙壁表面涂刷白灰浆,白灰浆脱落露出残存的壁画,为清末民国时期所绘。

真武庙　位于北墙庙台之上,庙台利用了原先北墙马面,并向墙内侧扩建(彩版14-35)。庙台体量大,为两层台地,外立面包石,一条坡道通向台顶。坡道旧时为台阶,现为斜坡。坡道顶部修建有门楼,随墙门,硬山顶。正殿位于台顶,坐北面南,面阔三间(坐二破三式),硬山顶,五架梁出前檐廊。前檐额枋上有残存的彩绘,门窗无存,采用土坯墙封堵。正殿内堆放杂草,内壁已抹白灰浆,脱落的白灰浆下尚可见残存的壁画。壁画保存差,清末民国时期的作品。顶部脊檩上彩绘《八卦图》。殿两侧建有东、西耳房,保存较好。东耳房为单间,无门窗。西耳房保存较好,门窗尚存。

龙神庙　位于堡东南角外东侧的台地上,旧时为1座庙院,坐北面南,现仅存正殿。正殿面阔单间,硬山顶,进深五架梁出前檐廊。殿前台地顶部有砖铺地面。正殿门窗保存较好,殿门居中,两侧辟有直棂窗。前檐额枋上有残存的彩绘,殿内改造为库房,存放寿材。殿内墙壁上涂抹白灰浆,仅北面尚残存有壁画,为清末民国时期的作品。

第二十节 北辛庄村

一、自然环境与人文历史

北辛庄村位于白草村乡东北 2.9 公里处，属丘陵区。村庄选址修建在平地上，村东、西、北不远处均有冲沟，其中北、东面的冲沟中有煤矿。地势北高南低，周围平坦开阔，为黏土质，辟为耕地。1980 年前后有 364 人，耕地 1 984 亩，曾为北辛庄大队驻地。如今，村庄规模较大，民宅以新房为主，分为东、西两部分，即东、西庄，旧时东、西庄一共 320 户，分为 4 个生产队，之后改为 2 个。从房屋建筑上看，东庄偏小、旧，东庄居民以高姓为主，旧时有 150 人居住，目前仅有 20 余人居住，东庄内北侧的东西主街路北有 1 座老宅院 2，墙上有毛主席语录标语，村东南角有老宅院 1。西庄规模大、新，庄内为南北中心街结构，水泥硬化路面，北尽头为村委会，南侧村口建有影壁和健身园，居民以李姓为主。

相传，明永乐年间建村，名杏核塔。三百年前，因遭水灾，旧村冲毁，又在原址北建庄，取名北新庄，后演变为北辛庄。村名最早见于《（光绪）蔚州志》，作"北辛庄"，《（民国）察哈尔省通志》沿用。

二、寺庙

据当地 69 岁的杨姓长者回忆，东庄曾修建有龙神庙、五道庙。西庄曾建有观音殿、龙神庙、五道庙、戏楼。寺庙于"文革"中拆毁。

龙神庙 位于东庄，村庄东北部一户居民院中。寺庙前有一小片空地，现为荒地，仅存正殿及东耳房、西耳房。正殿坐北面南，面阔单间，硬山顶，进深六架梁出前檐廊，门窗无存，前檐额枋上尚存有部分彩绘。殿内墙壁已涂刷白灰浆，局部白灰浆脱落，壁画隐约可见，为清末民国时期的作品。后墙正壁被厚厚的白灰浆覆盖，已难以看出下层的壁画。东山墙与西山墙各有一片隐约露出的壁画。从露出的部分看，此堂壁画并未受损。

东壁绘有《出宫行雨图》，露出的两部分可以看到一位龙王、雨师、年值功曹、月值功曹，还有底部的民间人物形象。

西壁绘有《雨毕回宫图》，露出的两部分，一处可以看到三位龙王骑马回宫，一处为水晶宫，龙母与侍女在水晶宫中恭候，底部还有庆丰收与酬神的人物队伍。

五道庙 位于东庄内北侧的东西主街西口，即村庄的西北侧村口。正殿修建在台明上，台明四周及顶部包砌石块，坐西面东，面阔单间，单坡顶，进深两椽。门窗仅存框架，屋顶新修,殿内墙壁及内外梁架上没有彩绘和壁画遗存,殿内堆积大量柴草。西侧后墙建成影壁,成为东庄西入口的 1 座屏障。

第二十一节　咸　周　村

一、自然环境与人文历史

咸周村位于白草村乡东偏北 4.1 公里处,属丘陵区,村庄选址修建在两条冲沟间的台地上,村庄东、西侧不远处为宽且深的冲沟,南有沙河。地势北高南低。台地顶部地势平坦,为壤土质,辟为耕地。1980 年前后有 400 人,耕地 1 880 亩,曾为咸周大队驻地。如今,村庄分为新、旧两部分,旧村为城堡所在地,位于村庄的西北角,其余为新村。村庄规模不大,以新房为主,居民较少,村内为南北主街结构,水泥路面。其中南部是新村的主体部分,城堡东面和村中部也为新村(图 14.19)。

图 14.19　咸周村古建筑分布图

相传,约建村于唐朝贞元年间,原址在小酒务头村东北,后咸、周二姓迁此建村,故以姓氏取村名为咸周村。村名最早见于《(正德)大同府志》,作“咸州村堡”,《(乾隆)蔚州志补》作“咸州村”,《(光绪)蔚州志》沿用,《(民国)察哈尔省通志》作“咸周村”。

二、城堡

(一)城防设施

咸周村堡,位于旧村内,城堡西临沟涧,平面呈矩形,周长约478米,开南门,规模不大,堡内平面布局为南北主街结构(图14.20)。

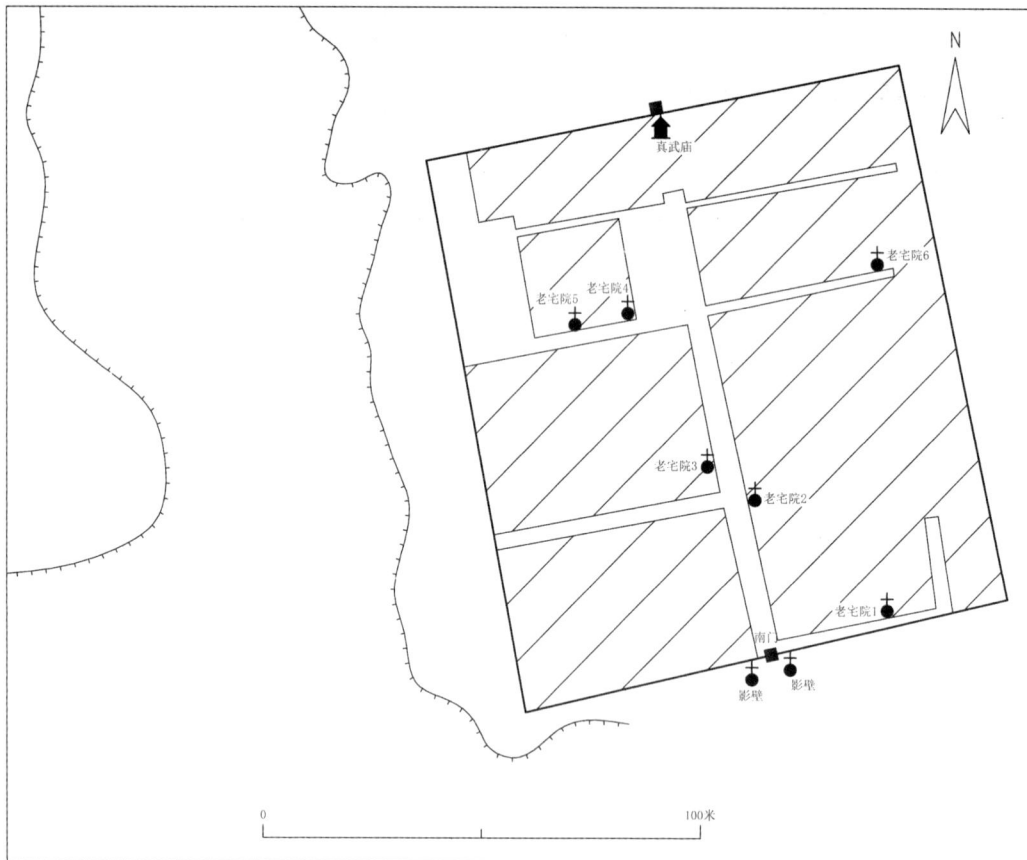

图 14.20 咸周村堡平面图

城堡南门已修缮,砖石拱券结构,基础为条石,全部包砌水泥,上面青砖起券(彩版14-36)。外侧门券五伏五券,门券拱顶上方镶嵌有石质匾额(拓14.7),正题"咸周村堡",左侧落款"万历十九年岁次庚子秋九月吉日",下部为人名,包括堡长、石匠、木匠。内侧门券三伏三券,顶部设有排水孔。门顶部已维修,立有电线杆。堡门门扇无存。南门内为南北主街。门外西侧有新修的影壁,东侧为旧影壁,须弥座式,面阔单间,硬山檐顶,影壁正中部辟有神龛。

堡墙均为黄土夯筑,保存较差。东墙长约123米,仅少部分残存。南墙长约116米,破坏严重,墙体仅存斜坡状基础,外侧为荒地,内侧为顺墙道路和民宅;南墙东段现存1米高的基础,呈斜坡状;南墙西段高2米,为斜坡。西墙长约129米,大部分残存,墙外紧邻

拓 14.7　白草村乡咸周村堡南门门额拓片（蔚县博物馆　李新威　提供）

冲沟。北墙长约 110 米,保存一般,墙体内侧高 2~4 米,几乎与民宅同高,内侧为民宅,外侧为斜坡荒地和耕地,墙体低薄,破坏严重。

东南角无存,现为民宅。西南角无存。西北、东北均设 135°斜出角台,保存一般,高 4~5 米。

（二）街巷与古宅院

堡内为南北主街结构,民宅多废弃、坍塌,居民少,仅几户居民居住。因此堡内形成大面积的耕地和荒地。堡内尚存数座老宅院。

前街　即南墙内侧顺城街,东段街北尚存老宅院 1,保存较好。

正街　即南北主街。老宅院 2,位于正街东侧,一进四合院布局,已废弃,保存尚好。老宅院 3,位于正街西侧,一进四合院布局,保存较好,院内为一大碾盘,东厢房背后沿正街修建告示廊。老宅院 4,位于正街西侧一条巷内,一进院,保存较好,大门内尚存有影壁。老宅院 5 位于老宅院 4 西侧,一进院。老宅院 6,位于正街东侧巷内,一进四合院布局,门内设有影壁,宅院内还有一位老人居住。

三、寺庙

真武庙　位于堡北墙上,庙台高 5 米,正对南门（彩版 14-37）。真武庙坐北面南,由北墙脚下的前殿、庙台上的二道门与北极宫组成。

前殿,硬山顶,面阔三间,单坡式,明间为过庭式,殿顶脊已残缺。前殿之北有砖砌台阶可登庙台。

二道门,位于台阶之顶、庙台边缘,随墙门,硬山顶,上有砖仿木砖雕装饰,门券上镶嵌有两枚门簪,砖雕菊花装饰。门簪上方嵌有砖制阳文扇形门匾,如同书卷打开一般,匾上砖雕"北极宫",右侧前款为"大清同治拾年立",左侧落款为"岁次仲夏月重修"(彩版14-38)。门内东西两侧原建有单檐四柱三架悬山顶的钟鼓亭,亭下围护花栏墙,两亭已坍塌。

正殿(北极宫),位于庙台正北,面阔单间,硬山顶,三架梁出前檐廊。屋脊、屋檐有部分坍塌,正脊全部坍塌,门窗无存。前廊西墙上设有龛,供奉面然大士。殿内为砖铺地面,墙壁残有清末民初时期的壁画,因表面刷有一层白灰浆,损毁严重。

正壁隐约可见《真武帝坐堂议事图》。正中为真武帝,右手持一把金色的宝剑;西侧可见剑童手中的剑鞘,由此可知剑童位于西侧,东侧虽不见七星旗君,但也能推测七星旗君执旗在东侧;剑童下方为桃花女,东侧可见周公的面部;再外侧,从残画的空间与隐约线条来看,应只有护法四元帅分列。

两侧壁画为连环画形式,3排6列,面面多被厚厚的白灰浆覆盖,只残有几处榜题可辨,其中一幅为"五龙汲水"较为清晰,表现的是太子出生后沐浴的场景。

东山墙

梦□月光	金阙化身	五龙汲水	□□□会	□□□□	辞家慕道
□□□□	□□□□	□□□□	(画被覆盖)	(画被覆盖)	(画被覆盖)
(画被覆盖)	(画被覆盖)	(画被覆盖)	(画被覆盖)	(画被覆盖)	(画被覆盖)

西山墙

□□□□	(画被覆盖)	(画毁)	七□借名 (画毁半)	王氏舍利	聚厅禁妖
(画被覆盖)	(画被覆盖)	(画毁)	火炼真金 (画毁半)	魅缠安仁	水淹铜镜
(画被覆盖)	(画被覆盖)	(画毁)	(画毁半)	(画被覆盖)	唐□□□

从以上残存的榜题所表现的内容考察,咸周村真武庙壁画与西户庄真武庙壁画相似较多,且错别字一致,推测来自同一个粉本。

第二十二节 韩家湾村

一、自然环境与人文历史

韩家湾村位于白草村乡北偏西2.3公里处,属丘陵区,坐落在平地之上,北靠山,西临沟,村西冲沟中有1座煤矿。地势东北高西南低,村庄周围为黏土质,辟为耕地。1980年前后有176人,耕地661亩。曾为韩家湾大队驻地。如今,村庄规模较大,民宅新房多,居民多,目前尚有50余人居住。村民以韩、王与李姓为主。村庄内有两条南北主街,村内几乎没有古建筑,民宅全部改造(图14.21)。

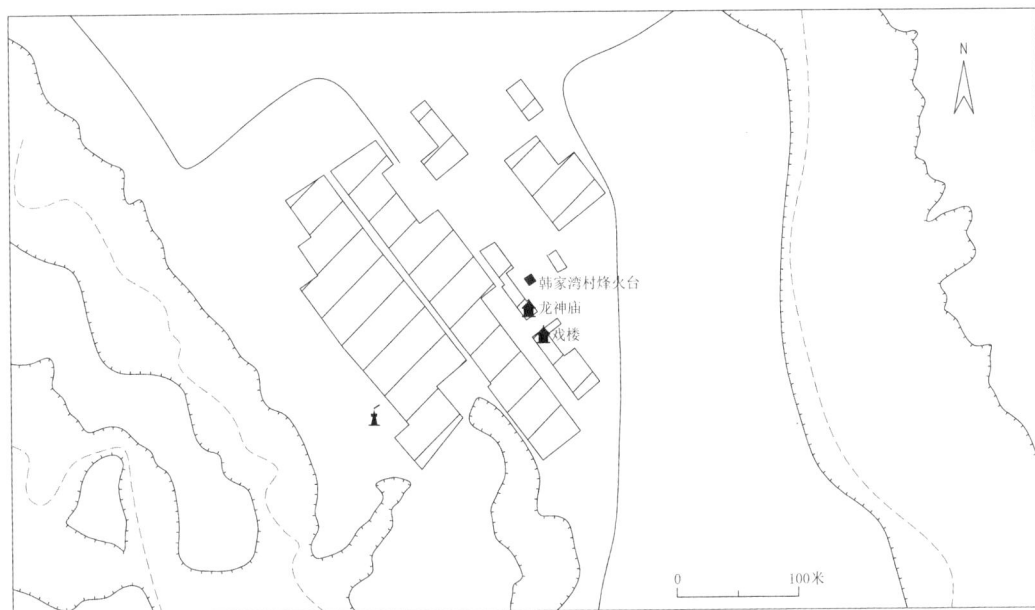

图14.21　韩家湾村古建筑分布图

相传,清顺治年间韩姓在此建村,因处于一个土梁湾里,故取村名韩家湾。村名最早见于《(光绪)蔚州志》,作"韩家湾",《(民国)察哈尔省通志》沿用。

二、烽火台

韩家湾村烽火台,位于龙神庙东北侧。烽火台东侧为河道。烽火台由台明、围墙、墩台三部分组成。围墙和台明呈方形,高5~6米,墙体高厚、连贯,壁面斜直,但墙内侧较低,高1~3米。南墙中部辟门,现门洞尚存。台明中央为方形墩台,高4~5米,多有坍塌。

三、寺庙

据当地长者回忆,韩家湾曾建有真武庙、观音殿、龙神庙、戏楼。"四清"时将寺庙拆除。

真武庙　位于村北,现已无存。

观音殿　位于村西南,现已无存。

龙神庙　位于村东中部,旧址改为村委会,仅存 1 座山门。山门为随墙门,已砌于村委会围墙内。龙神庙对面建有 1 座戏楼。

戏楼　位于村南北主街道中部东侧,龙神庙对面,坐南面北,面阔三间,卷棚顶,进深六架梁。砖石台明高 1 米。前檐柱 4 根,金柱 2 根,柱下古镜柱础,前檐额枋上有彩绘装饰。戏楼地面条砖铺墁,前台明间地铺青石板。戏楼两侧墀头饰有砖雕,一侧为一只狮子,另一侧似为"马上封猴"。戏台内墙壁刷涂水泥,壁画和题记无存。戏楼内隔扇尚存,其上的走马板残存有彩绘,但内容漫漶无法释读。

第二十三节　狼　窝　村

一、自然环境与人文历史

狼窝村,位于白草村乡北偏西 1.4 公里处,属丘陵区。地势北高南低,村东、西两侧各有一条西北—东南走向的冲沟,附近为黏土质,辟为耕地。1980 年前后有 153 人,耕地 1 068 亩,曾为狼窝大队驻地。

如今,村庄规模小,由新、旧两部分组成,南面为新村,西北面为旧村,村东北边上开有煤矿。村庄虽为自然村,但居民、新房较多。新村北村口路边有 2005 年新建的影壁。旧村位于整个村庄西北部的台地上,地势较高,其西侧为一条大冲沟。旧村规划整齐,布局为南北中心街结构,村南北狭长,东西窄,旧村已废弃。现存房屋少,多废弃、坍塌,无人居住,而原先的南北主街较长,故现存村宅分布只占有主街长度的三分之一,旧村南部与北部已成平地,仅中部有数间民宅,均已废弃。南村口处为倒座观音殿。据村中 65 岁的柴姓老人回忆,目前狼窝村只有 20 余人居住,村民以柴、董姓为主(图 14.22)。

相传,明朝万历十二年(1584)建村,名康家庄。因村后有猪家山,村人忌讳猪吃糠(康)不吉利,于二百年前将原庄向东南迁一公里,并更名为狼窝。村名最早见于《(乾隆)蔚县志》,作"狼窝村",《(光绪)蔚州志》《(民国)察哈尔省通志》沿用。

二、烽火台

狼窝村烽火台,位于村北侧。平面呈矩形,保存较好,残高 7～8 米。体量大,南侧辟门,门内有竖井可达台顶。顶部有补修的痕迹,夯层较薄。烽火台西侧为一条冲沟,当地称为狼窝沟,沟为西北～东南走向,西北方远处为炮岭村,推测烽火台便是守御这条冲沟的,但与周围的烽火台不连接。

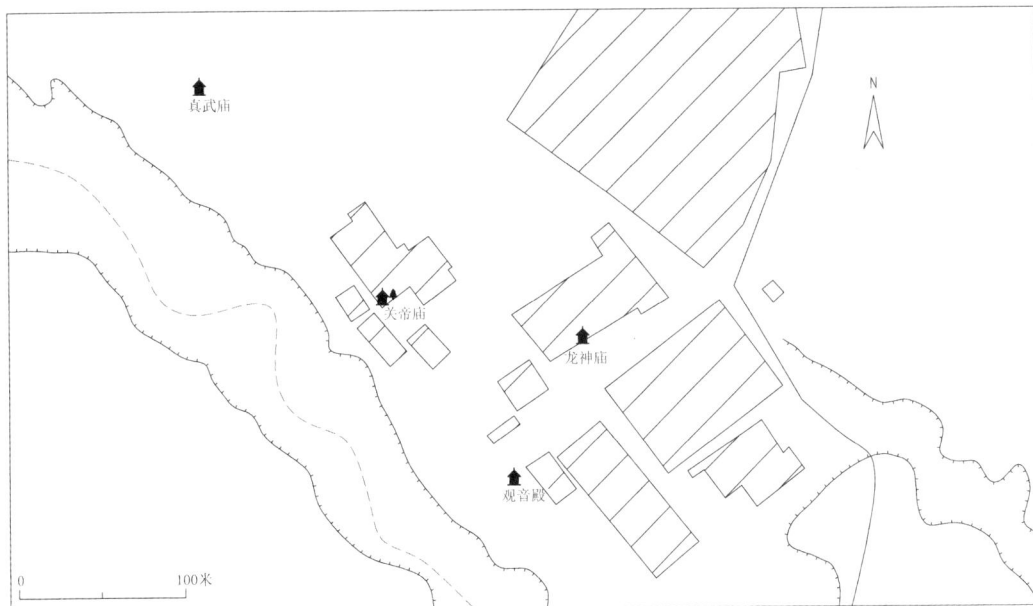

图 14.22 狼窝村古建筑分布图

三、寺庙

据村中 65 岁的柴姓老人回忆,狼窝村曾修建有五道庙、龙神庙、关帝庙、真武庙、观音殿。1966 年"四清"时开始拆除部分庙宇。

五道庙 位于旧村中,现已无存。

龙神庙 位于旧村东南路北侧,庙宇所在地势较高,高于周围新村的房屋,该庙曾为 1 座庙院,目前仅存正殿。正殿坐北面南,面阔单间,悬山顶,进深六架梁出前檐廊,山墙中置通天柱。前廊上设有三攒斗拱。前檐下两根檐柱柱头承额枋,额枋上承平板枋,枋上柱头置散斗承挑檐木,补间为一斗三升。前廊的东西墙壁多坍塌大半,西廊墙下设面然大士龛。正殿门窗改造,前檐额枋尚残存有彩绘。殿内壁抹白灰,壁画全毁。顶部脊檩上有彩绘的《八卦图》,但已漫漶。

关帝庙 位于旧村主街中部路东,为 1 座庙院,坐北面南,庙院的围墙坍塌一半,庙院的东南角外侧有一株槐树(彩版 14-39)。正殿面阔单间,硬山顶,进深三架梁,前檐额枋上有残存的彩绘。正殿内壁已抹白灰浆,白灰浆下隐约可见壁画线条。正壁绘有《关帝坐堂议事图》,正中为头戴冠冕的关帝,手持玉圭;后侧分别为侍童,手持扇立于两侧;外侧分别为左丞相陆秀夫,右丞相张世杰;再外,西侧为持大刀的周仓,东侧为持剑的周平。两侧山墙壁画被厚厚的白灰浆覆盖,无法区分排、列数,仅见少数榜题与人物的轮廓。从露出的几处画面色彩来看,壁画为清代中晚期作品。脊檩上有彩绘《八卦图》。该庙曾作为旧村的配电室,安装有许多电闸,如今用来堆放杂物。

真武庙　位于旧村北侧村外较远处的夯土台明上,现为1座新建的庙院。正殿坐北面南,面阔单间,硬山顶,进深三架梁。殿内壁新绘壁画。正壁绘真武大帝与周公、桃花女;两侧山墙壁画为连环画式,各3排4列,连环画的排列形式打破传统,没有沿承"之"形排列,采用每排皆从同一侧开始。从规模上看,台明面积大于庙院,推测重修时缩小了建筑规模。

东墙

白象来投胎	夜梦腾日月	降出玉真人	玉龙吐神水
皇帝来摸顶	太子入学堂	比武来辞行	东门遇僧人
西门遇死者	北门遇病人	南门遇老翁	樵夫来引路

西墙

威武气难侵	井满能自溢	周桃来归降	捧圣登天堂
色不近身体	鸟雏住玉顶	沐浴净身体	神龟献天书
太子遇猎人	天官赐神剑	猿猴指仙路	梅鹿献芝草

这堂壁画描述了太子出生与出家修行两段时期,仅最后两幅"周桃来归降"与"捧圣登天堂"才出现真武帝的形象。

观音殿　位于旧村南端村口,坐南面北,面阔单间,卷棚顶,进深四架梁,其中南侧为二椽,北侧为桃檐出一椽。门窗全无,前檐额枋上残存有清末民国时期的彩绘,殿内壁涂刷白灰浆,壁画全毁。

第二十四节　王家梁村

一、自然环境与人文历史

王家梁村位于白草村乡北偏西4.2公里处,属丘陵区,处抓髻山脚下。村东、西临沟,北靠坡。地势北高南低,为沙土质,辟为耕地。1980年前后有189人,耕地1 004亩,曾为王家梁大队驻地。如今,村庄规模不大,南部为新村,民宅多为新房,村南路东有一株油松,枝繁叶茂,树下有石刻,推测这里应是王家梁先人的墓地。王家梁旧村,位于新村西北坡地上,旧村未建堡墙,目前仅剩几户居民居住。整座村庄现只有140余人,以王、聂两姓为主。村民多搬至新村,旧村残存几座老宅院。

相传,约唐末年间王姓建村,取村名王家庄。明天顺五年(1461)村址迁于沙河东山梁上,故更名为王家梁。按照这个记载,我们推测小官村山梁上那座旧堡,可能是早期的王家庄。村名最早见于《(光绪)蔚州志》,作"王家梁",《(民国)察哈尔省通志》沿用。

二、民宅

当地未曾修建城堡。旧村中尚有老宅院残存。

老宅院 1 位于龙神庙西南侧平地上,门楼、正房与东厢房尚存。门楼为广亮门,硬山顶,门上悬挂匾额,上书"尊府幽居",现宅院已废弃,房屋多坍塌,大门倾斜,破败不堪。

老宅院 2 位于旧村内,二进院,保存较好,青砖砌筑的院墙与屋后墙围成院落,院东南角辟门(彩版 14-40)。门楼为广亮大门,硬山顶。墙壁上尚存毛主席语录。第一进院两侧厢房、倒座房尚存。门楼正对为二道门,随墙门,硬山顶,门楼两侧各建有 1 座影壁,采用方砖菱形砌壁面。后院仅存正房与东厢房。

老宅院 3 位于旧村南侧,一进院。门楼为广亮门,硬山顶。墀头戗檐饰有砖雕,梁托为"莲叶包鱼"。门前地面铺有石板路。院内仅存正房

三、寺庙

据当地 64 岁的王姓老人(曾在村委会工作)回忆,王家梁村曾修建有龙神庙/观音殿、五道庙、关帝庙(彩版 14-41)。20 世纪六七十年代拆毁部分寺庙。

龙神庙/观音殿 位于旧村西北坡地上,台明四周曾包砖,现在多剥落无存,旧时曾为 1 座庙院,修建有山门、钟鼓楼、东配殿、西配殿、正殿、东耳房、西耳房。据当地长者回忆,庙中曾悬有铁钟与磬,毁于"大炼钢铁"时期。现院子围墙多坍塌,尚存正殿与东、西耳殿,院内长有一株大松树,院内为砖铺地面。耳房皆面阔单间,单坡硬山顶建筑,门窗无存。东耳殿为五道庙。西耳殿为禅房,规模大于东耳房,现堆放柴草。

正殿,保存较好,坐北面南,面阔单间,硬山顶,进深五架梁。殿内采用隔墙隔为南北两殿,面南为龙神庙,占三椽,面北为观音殿,占一椽,两侧殿的隔墙已被拆,观音殿门窗已被红砖封堵。正殿内堆放柴草,殿内壁已毁,壁画已无存。

龙神庙北侧有 1 座废弃的磨坊,内有"光绪拾年梅月"的石碑,保存较好。碑文字迹清晰,大意是村民为争一株松树的所有权而立。

五道庙 即龙神庙的东耳房,坐北面南,半坡顶,进深二椽。殿内壁曾抹过白灰浆,有过火的痕迹,壁画为民国时期的作品,内容漫漶。正壁可以看出绘的是《五道神坐堂议事图》,正中为五道神,左侧为山神,右侧为土地神。其特别之处在于《众神坐堂议事图》中只

有五道神、山神与土地神，未见随从、判官、武将等人。

正壁《众神坐堂议事图》中只绘五道神、山神与土地神，在新绘的涌泉庄辛庄五道庙壁画也存在此类现象，后者也是半坡顶式小殿，或许这种小殿因为正壁的面积过小，只能采用此构图方式。而且从两侧山墙壁画来看，也是采用简单化的构图。

关帝庙　位于旧村的北面山坡上，庙宇建筑无存，现为遗址，周围长有 6 株大松树。

第二十五节　小　官　村

一、自然环境与人文历史

小官村在《蔚县地名资料汇编》中失载，推测小官村归王家梁大队管辖。如今，小官村选址修建在河道旁边的台地上，南、东临沙河。王家梁村则在河道东面的山梁台地上，山谷中多开发煤矿。小官村分为新（北）、旧（南）两部分，旧村即城堡所在地，原有 80～90 人居住，村民以王、董、张姓为主。开矿后，小官村遭拆毁（图 14.23）。

图 14.23　小官村古建筑分布图

村名最早见于《（正德）大同府志》，作"小关子村堡"，《（正德）宣府镇志》作"小关村砦"，《（崇祯）蔚州志》作"小关村堡二处"，《（顺治）云中郡志》作"小关村堡"，《（顺治）蔚州志》沿用，《（乾隆）蔚县志》作"小关村"，《（民国）察哈尔省通志》作"小关村"，但何时改称小官村尚未可知。

二、城堡与寺庙

小官村堡,位于两条山沟交汇处的山嘴山梁顶部。两侧山沟中辟有煤矿。堡为小官旧村的所在地。城堡向南可见韩家湾村烽火台,东可见王家梁村。城堡平面呈矩形,周长约362米,开南门,南门建筑无存,现存为缺口,堡内平面布局未知,堡内西高东低,现为大面积的荒地,并逐步种植树木进行绿化。

堡墙均为黄土夯筑,保存一般。东、西墙仅存斜坡状基础,内高1米,外侧为台地边缘。东墙长101米,外侧为台地,显得十分高,外高4~5米,内侧低平,仅存基础,高1米。南墙长约86米,保存较好,墙体高薄,外高5~6米,内高1~4米。西墙长约94米,外高3~4米,呈斜坡状。西墙中部有1座马面,坍塌严重。北墙长约81米,保存较好,墙体高薄、连贯,多开裂,北墙外高内低,高差明显,内高3~4米,外高5~6米;北墙中部设有1座马面,方形,保存较好,高5~6米。北墙外为台地,不远处为一条山谷,山谷内有矿,为小官新村,堡北正对山谷口。从地图上看,山谷内有宽阔的沙石路,通往其中的煤矿,顺着山谷东北行,便到刘家窑村,村庄规模很小,已经废弃。

四角除东北、西北角外,未设有角台,仅为转角。西北角设135°斜出角台,高4~5米,保存较小。东北角设为135°斜出角台,保存较差,高5~6米。

据王家梁村64岁的王姓老人(曾在村委会工作)回忆,当地传说小官村的城堡原名王家庄,传说为唐时樊梨花所建。因这里有妖怪,故修建城堡。但确切地说是明朝修建,因堡门上的门匾有记载(老人见过该匾额),到清朝时便搬走。小官原是一个关口,即哨卡,从小官出关向西可通炮岭、娘子城、蔡家峪,传说当年康熙帝微服私访北巡曾路过小官。此为小路,车辆无法通行,车辆须走五岔村。

村中原建有泰山庙、关帝庙、五道庙与龙神庙,均已拆毁。

第二十六节 他 会 村

一、自然环境与人文历史

他会村位于白草村乡北4.1公里处,属丘陵区,处在抓髻山脚下,与王家梁村隔一条冲沟,村附近为壤土质,周围丘陵起伏,沟谷密布,环境幽深,1980年前后有104人,耕地648亩。曾为他会大队驻地。由于附近开煤矿,破坏地面,地下水断绝,故居民陆续搬迁。

如今,村内只有 30 余人居住,村民以王、刘姓为主。老宅院尚存 2 座。

相传,明朝天顺年间建村。因位于山梁洼坑,故取村名塌会,后讹传为他会。村名最早见于《(乾隆)蔚州志补》,作"塌会里",《(光绪)蔚州志》《(民国)察哈尔省通志》均作"他会里"。

二、寺庙

龙神庙、财神庙、窑神庙、山神庙、五道庙、土地庙 为一组建筑群,位于村外西南方。现存门楼 2 座、正殿 1 座,财神庙、窑神庙为 1 座建筑,山神庙、土地庙为 1 座建筑,禅房 2 座,五道庙 1 座,钟鼓楼各 1 座。整个庙院坐落在高 4 米的夯土庙台上,庙台已重修,外立面包砖,庙开东门,由南北砖砌台阶上门楼前的方台,向西为 1 座砖式小门楼。庙院内正北为龙神庙,正殿面阔单间,硬山顶,东西侧耳房各二间。西配殿为民国时期建筑,内供山神、土地,南为砖式小门,两侧设单檐悬山钟鼓二楼,东南角新建有财神、窑神庙一间。院内地面条砖铺墁,甬路东有古柏一株。该庙于 2007 年 8 月,由暖泉梁成发起募资,周围源丰矿、兴达矿、南坡矿共筹资 20 余万元将庙内殿堂全部修葺。现有专人看护管理。

第二十七节　蒋家梁村

一、自然环境与人文历史

蒋家梁村位于白草村乡北偏东 4.2 公里处,处抓髻山脚下,属丘陵区。村庄选址坐落在两条冲沟之间的隔梁台地上,东、西两侧均为冲沟,沟中开辟有煤矿。地势北高南低。为黏土质,周围辟为梯田。1980 年前后有 156 人,耕地 835 亩,为蒋家梁大队驻地。如今,村庄规模小,居民少,民宅以土坯修建的房屋为主,屋顶已改造为红瓦房。目前村中只有 10 余户,20 余人居住,以李、岳、苏等杂姓为主。

相传,蒋家梁原为蔚州城蒋家的种地庄子。明末建庄于山梁上,故取名蒋家梁。村名最早见于《(民国)察哈尔省通志》,作"蒋家梁"。

二、寺庙

据村中长者回忆,村中原修建有龙神庙、真武庙、关帝庙/观音殿、五道庙,多拆毁于 20 世纪六七十年代。

龙神庙　位于村南信号塔下,龙神庙数年前因降雨而倒塌。

真武庙　位于村北土疙瘩,现已无存。

关帝庙/观音殿　乡民称为三义庙,位于村南口路西,2015 年新建庙院,正殿面阔单间,硬山顶,面南为关帝庙,面北为观音殿。殿内未施壁画和彩绘装饰,贴有绘画,喷绘而成。庙南面有坑塘和大树。

五道庙　位于关帝庙/观音殿的东山墙,是 1 座壁龛式的庙,坐西面东,墀头上分别写有"君"与"王"字。

第二十八节　杨寨子村

一、自然环境与人文历史

杨寨子村位于蒋家梁村东北方的山坡上,与蒋家梁隔一条冲沟。村庄选址修建在山坡上,北高南地,呈狭长形状,西侧紧邻冲沟边缘,村东为一条冲沟,冲沟内开辟有煤矿,即村庄选址修建在两条沟之间的隔梁上。村西、北面与蒋家梁村之间的山坡上有 1 座煤矿。杨寨子村在《蔚县地名资料汇编》中失载。村名最早见于《(民国)察哈尔省通志》,作"杨寨子"。

如今,村庄规模小,只有几户居民,村北部为旧村,现为大面积废弃的民宅,老宅院多坍塌,南部为新村。据村中 83 岁的老人回忆,旧时村里有 100 余人居住,村民以杨姓为主,近年因外出读书而陆续搬走。现在只剩下 4 户、10 余人。

二、寺庙

据当地 83 岁的老人回忆,杨寨子旧村南、西部曾建有龙神庙、五道庙、真武庙/观音殿。庙皆拆毁于"文革"期间。

龙神庙　位于村南,现已无存。

五道庙　位于村中,现已无存。

真武庙/观音殿　位于旧村西北坡顶上,2011 年在旧址上新建庙院。院内悬挂有 2011 年铸的铁钟。正殿面阔单间,硬山顶,出前檐廊。南侧为真武庙,北侧为观音殿。

第二十九节　烟墩坡村

一、自然环境与人文历史

烟墩坡村,位于白草村乡东北 5.4 公里处,属丘陵区。村庄选址修建在坡地上,北靠抓髻山,东、南临沟,地势北高南低,较平坦开阔,为壤土质,周围辟为梯田耕地。1980 年前后有 151 人,耕地 990 亩,曾为烟墩坡大队驻地。

如今,村庄规模小,民宅以土坯修建的房屋为主,无老宅院,新房少,屋顶普遍翻新。村庄居民少,显得十分荒凉。村中主要道路边新立有 6 盏太阳能路灯,村后便是一层更比一层高的群山。村内布局较混乱,没有明确的主街,而是散乱分布的民宅。据当地长者回忆,因村中无水、无学校,村民陆续外迁,如今只有留守的老人居住,仅 20 多户、60～70 人,村民以白姓为主。当地人以种地为生,兼放牧。村口路西有废弃的坑塘,几近淤平,村口有大队部旧址,已废弃。

相传,清顺治年间本县崔家寨白姓在有烽火台的山坡上建庄,故取名烟墩坡。村名最早见于《(民国)察哈尔省通志》,作"烟墩坡"。

二、烽火台

烟墩坡村烽火台,位于村北山坡上,烟墩坡村因烽火台而得名。烽火台选址修建在村北山坡顶,其东侧为一条南北向的大冲沟,推测烽火台应为守御这条冲沟而建,在这附近东西一线,保存有不少烽火台,狼窝村、韩家湾村均有分布。烽火台保存差,高不足 2 米,多坍塌成土堆,顶部立有测绘航标架。

三、寺庙

据当地长者回忆,烟墩坡曾建有多座庙宇,村南土疙瘩为龙神庙旧址,村东建有关帝庙,村口建有五道庙,庙宇均拆毁于"四清"时期。

第三十节　其　他　村　庄

一、河涧渠村

河涧渠村位于白草村乡西北 5.6 公里处,属丘陵区,东靠山,选址在山谷北侧的台地上,其西南山谷南侧有正在修建的黄土梁移民新村。村庄地势北高南低,为沙土质,村南沙河中尚有流水,水量大,水质好,上游即楼子湾一带,且河水从不干枯。1980 年前后有 73 人,耕地 266 亩,曾为河渠涧大队驻地。

相传,清雍正年间,桦树沟人迁此定居。因地处山沟河槽里,故取村名河渠涧。村名在诸版方志中均失载。

如今，河渠涧村规模小，居民少，村庄为东西主街布局，东面为旧时村口，现基本废弃，铁牌坊尚存，主街两侧多为民宅房屋，主街的西侧尽头为村委会大院，东西主街和村委会全部为新村。新村与老村相连，旧村在其北侧，更高的山坡台地上，已全部废弃，没有完整的房屋。目前村庄里只有村民10余人居住，村民以李姓为主。改革开放后陆续搬迁。河渠涧的村民种植玉米、谷、黍。

据村中长者回忆，村以前修有寺庙，庙宇于20世纪六七十年代拆毁。

二、小嘴村

小嘴村在《蔚县地名资料汇编》中失载。村名最早见于《（民国）察哈尔省通志》，作"小嘴村"。如今，村庄位于一山坡上，东西临冲沟，村庄规模小，已全部废弃，无人居住，旧时曾有村民50余人，以苗姓为主。改革开放后逐渐外迁。

据村中长者回忆，村内旧时修建有龙神庙、五道庙。

三、炮岭村

该村在《蔚县地名资料汇编》和蔚县诸版方志中均失载。村庄位于老山寺北面群山中，村庄附近冲沟纵横，村北靠坡，东、南为冲沟，周围辟为耕地，交通不便，村庄已全部废弃，一片断壁残垣的景象。据居住在西黄土梁村原白草庵村的李姓村主任兼会计回忆，炮岭村旧有120～130人，以赵姓为主。20世纪80年代初分地之后居民逐渐外迁。炮岭村旧时曾修有寺庙，名为"旧岭寺"，寺内立有石碑，附近还有一山洞，洞内有神像，但只有躯干、四肢部位，头部破坏无存。

四、娘子城村

娘子城村，位于白草村乡西北偏北10.2公里处，属山区。村选址在山谷西侧的坡地台地上，周围山上怪石嶙峋，地势西高东低，附近为沙土质，辟为梯田。1980年前后有村民90人，耕地528亩，曾为娘子城大队驻地。如今，村庄规模小，居民少，村口修有1座坑塘。村庄为南北中心街布局，主街的东侧有村委会和党支部大院，民宅房屋为在土坯房的基础上翻修屋顶，新建的红砖房也有分布，目前还有10余人居住。

娘子城村所在山谷继续向西北一路下行（10里山路）可以进入阳原县，出山谷便是香草沟村，一路北行可到开阳堡。村庄距离浮图讲乡30里。这与村民所云娘子城所处山谷为古代行车大路相吻合。

相传，战国时建村，传说有一国王路过，晚上宿于此村，找一女子伴驾，封为娘娘，遂得名娘子城。但该村在蔚县诸版方志中均失载。

据当地长者回忆。村庄旧时曾修建有五道庙(村西北)、观音殿(村西南)、关帝庙和龙神庙(村西南)。庙宇建筑于"四清"时期拆毁,且无遗址。

五、岳家窑村

岳家窑村在《蔚县地名资料汇编》和蔚县诸版方志中均失载。如今,村庄依坡地而建,南临沙河,北靠坡,民宅以土石修建的房屋为主,且有窑洞建筑,村庄全部废弃,只有1座完整的房屋。据楼子湾村的居民回忆,岳家窑村曾有村民100余人,以黄姓居多,如今已全部迁出。

岳家窑村中曾建有2座庙,推测为五道庙、龙神庙。

六、蔡家峪村

蔡家峪村位于白草村乡西北偏北10.3公里处,属山区。村西靠山,处一条峪中。地势西高东低,为沙土质。1980年前后有65人,耕地289亩,曾为蔡家峪大队驻地。如今村庄周围有煤矿。

相传,约五百年前,阳原县有一王家财主在此种地建庄,取名财家峪。后据"财"字谐音,改村名为蔡家峪。但该村在蔚县诸版方志中均失载。

七、西黄土梁村

西黄土梁村,在《蔚县地名资料汇编》中失载。村名最早见于《(民国)察哈尔省通志》,作"黄土梁"。

村庄选址在沙河南岸的台地上,周围为坡地和台地,村前有一条小冲沟,旧村庄位于南北两条冲沟之间的台地上,从村前的小冲沟中有土路到达桦树沟旧村。村庄规模小,居民少,村内还有五六十人居住,其余村民于"分地"前后陆续外迁。村民以杨、李姓为主,李姓多已迁出。如今民宅多已翻修屋顶,布局较乱,没有经过统一规划,亦无明显主街,总体来说分为南北两条街。老宅院仅1座,位于南侧主街北侧,硬山顶门楼,门内正对影壁,院内正房尚存,两侧厢房已毁。据居住在西黄土梁村的原白草庵村的李姓村主任兼会计回忆,以前炮岭、小嘴、白草庵、河涧渠、西黄土梁五座村庄同属一个大队,在册的村民有240人,常住人口有100余人。

西黄土梁村未曾修建寺庙。

八、桦树沟村

桦树沟村位于白草村乡西偏北6.1公里处,属丘陵区,坐落于沟中。地势西北高东南低,为壤土质。1980年前后有229人,耕地1 135亩,曾为桦树沟大队驻地。

相传,明隆庆年间建村于长有桦树之沟中,取村名桦树沟。村名最早见于《(民国)察哈尔省通志》,作"桦树沟"。

如今,村庄南面的山谷里开辟有煤矿。村庄分为新、旧两部分,新村位于山梁上,旧村在新村北的山谷内北侧台地上,中间以土路相连。旧村南、北面均为山沟,村庄修建在两条沟的交汇点即山嘴处的台地上,规模较大,房屋依着地形而建,整体布局凌乱,民宅多废弃。新村多旧房和翻新的房屋,村口水泥路西侧为村委会大院,内有废弃的剧场,保存较好。据当地64岁的李姓长者(曾任村会计)回忆,本村村民来自11个省,均为煤窑矿工,故姓氏较杂,目前大多已搬出,仅40余人居住。此外,河涧渠与西黄土梁村为从桦树沟迁出的村民所建。

桦树沟村曾修建有龙神庙、泰山庙、五道庙、关帝庙,均已拆毁。

九、董庄子村

董庄子村,位于楼子湾村南坡地上。该村在《蔚县地名资料汇编》中失载。村名最早见于《(民国)察哈尔省通志》,作"董家庄"。

如今,村庄已全部废弃,无人居住。旧时村中有居民100余人,以冯姓为主,后村民陆续搬迁。

据附近村庄的长者回忆,旧时董庄子修建有五道庙,现已坍塌。

十、胡家庄村

胡家庄村,位于蒋家梁村北,与蒋家梁隔一条冲沟。该村在《蔚县地名资料汇编》中失载。村名最早见于《(民国)察哈尔省通志》,作"胡家庄子"。

如今,村庄选址修建在冲沟间的台地隔梁上,东、西为冲沟,内开辟有煤矿。村庄已彻底废弃,时间大概是在分队前后(即1978、1979年前后),村民陆续搬离,废弃的主要原因是生活不便。现村为遗址,未见尚好的房屋,村民姓氏较杂。

旧时村内修建有龙神庙和五道庙。现已无存。

十一、周家窑村

周家窑村在《蔚县地名资料汇编》中失载,村名最早见于《(光绪)蔚州志》,作"周家窑子",《(民国)察哈尔省通志》作"周家窑"。

如今周家窑村选址修建在冲沟之间的隔梁台地上,东、西两侧均为冲沟,沟中为煤矿,村庄已完全废弃,民宅仅存遗址。旧时,村中有70多个人居住,以周姓为主。20多年前因当地无学校和煤矿造成地面塌陷问题,村民开始迁出。

周家窑村旧时仅修建有 1 座庙宇,推测为五道庙,如今庙已拆毁。

十二、高庄子村

高庄子村,位于白草村乡东北 4.5 公里处,属丘陵区。西靠沙河,东临沟,地势北高南低。周围为壤土质,辟为耕地。1980 年前后有 152 人,耕地 902 亩,曾为高庄子大队驻地。

相传,清康熙年间高姓人在此建村,取名高家庄。一百年前,改名高庄子。村名最早见于《(民国)察哈尔省通志》,作"高庄子"。

如今,村中南部是一排排的新村舍,北部是旧村遗址,仅存几座残破的窑洞,一片断壁残垣,一株松树立于田野之中。据当地长者回忆,高庄子村原无堡墙,松树下原有五道庙。

十三、堆金沟村

该村未见任何记载,如今亦称"对家沟"。村庄位于山谷之中,东临沙河,该沙河下游即为烟墩坡、麦子坡。村庄规模小,已废弃,无人居住。

十四、刘家窑村

该村在《蔚县地名资料汇编》中失载,村名最早见于《(民国)察哈尔省通志》,作"刘家窑"。如今位于小官村北的山谷中,村东临沙河,该沙河下游即为小官、韩家湾村一线。村庄规模小,出村仅一条土路,已废弃,无人居住。

第十五章　陈家洼乡

第一节　概　　述

　　陈家洼（宊）乡地处蔚县北部,东与黄梅乡隔壶流河相望,南与南岭庄乡相邻,西与阳原县交接,北与北水泉镇接壤。面积110平方公里。1980年前后有9 478人。如今全乡共24座村庄,其中行政村19座,自然村5座(图15.1)。

图 15.1　陈家洼乡全图

全乡西部为丘陵区,崎岖不平,东部河川区较平坦。经济以农业为主,兼牧、副业。1980年前后有耕地58 223亩,占总面积的39.6%。其中粮食作物52 379亩,占耕地面积的90%;经济作物5 844亩,占耕地面积的10%。1948年粮食总产350万斤,平均亩产65斤。粮食作物主要有谷、黍。1980年粮食总产量709万斤,平均亩产135斤。

陈家洼乡现存古建筑丰富。历史上庄堡20座,现存18座;观音殿2座,无存;龙神庙8座,现存5座;五道庙2座,无存;泰山庙5座,现存3座;关帝庙5座,现存2座;戏楼9座,现存7座;三官庙1座,无存,其他寺庙4座,现存3座。

第二节　陈家洼乡中心区(陈家洼村)

一、自然环境与人文历史

陈家洼村位于蔚州古城东北偏北25.8公里处,属丘陵区。村庄选址修建在平地之上,地势呈四周高中间低,村南、东不远处多为冲沟。整体相对地势平坦,壤土质,周围辟为耕地。1980年前后有497人,耕地2 863亩,曾为陈家洼公社、陈家洼大队驻地。如今,村庄由1条东西主街和6条南北主街组成,主街两侧为巷,规模大,居民较多,除本地人外,还有来自深山的移民新村。153、215乡道穿村而过。

相传,建村于辽代保宁年间因该村地处平台中心洼地,且陈氏立祖,故取村名陈家宨,后改宨为洼。村名最早见于《(乾隆)蔚县志》,此后《(光绪)蔚州志》《(民国)察哈尔省通志》均有记载,村名记述为"陈家宨"。

二、城堡与寺庙

据当地长者回忆,旧时村庄曾修有城堡,已拆毁,四至范围未知。

泰山庙　位于村中部,东西主街的中间位置路北侧。仅存正殿,坐北面南,硬山顶,面阔单间,进深六架梁出前檐廊。门窗无存,采用土坯墙封堵,作为库房,并在西墙上新辟一门。屋顶盖瓦有部分损坏。正殿内墙壁上残存有清末民国时期的壁画。正壁壁画已毁,两侧山墙壁画尚存。画中神像脸部较明亮,蓝色的外衣鲜亮,其余彩色多呈黑色,且有涂刷白灰浆的痕迹,斑驳不清。东壁绘有《娘娘送子出宫图》,三位娘娘乘轿、四值功曹、武将、随从等众神列队伴行。西壁绘《回宫图》,三位娘娘乘轿,众神周围簇拥。寺庙的南侧为近代所建陈家洼剧场。

龙神庙　位于村中部,东西主街的中间位置路北侧,泰山庙西北方(彩版15-1)。坐北面南,面阔三间,硬山顶,进深六架梁出前檐廊。西南角屋檐有倾斜,正面门窗无存,采用土坯墙封堵。殿内改造为仓库,堆满长椅、木棍等杂物。顶部正脊彩绘《八卦图》,正中供台保存较好。殿内内壁壁画表面虽为轻微的白灰浆覆盖,但壁画保存较好,为清代中后期的作品,以绿色为主色调。正面多为白灰浆和黄泥覆盖,大部分壁画已破坏,只剩下两侧下角;西壁壁画不完整,西山墙北侧有一根立柱,挡住了水晶宫,中间下部有一堵矮墙挡住局部画面。东壁绘《出宫行雨图》,西壁绘《雨毕回宫图》。画中龙母出离水晶宫,乘轿居中。此壁画保存较好,是蔚县龙母乘风辇随诸神同出监督行雨的典型粉本之一。

东壁《出宫行雨图》中,以龙轿为中心,龙母向外探头坐于轿内,前方有一位骑马持笏板文官引路,轿前与轿下方各有 3 位持杖随从,4 位功曹分列前后方。留守在水晶宫内的只有 1 位云神,左手举起在布云,彩云飘出,充满了整个画面。在行雨大军中,位居最前面的是辅助之神,从上至下依次为雷公(手持连环鼓)与钉耙、四目神、旗官与商羊、风伯与风婆、电母与雷公(手持鼓锤),其中一上一下出现了两位雷公,一持连环鼓,一持鼓槌。跟在其后的是行雨的主力,雨师在雷公之后,龙王 5、龙王 4 随在钉耙之后,龙王 2 和龙王 3 位于龙轿之下方。在轿的后方有虹童、商羊(持鸟笼)及持葫芦的神,其下方有 2 位青苗神。行雨大军殿后是龙王 1 回首与判官交流,旱魃双手捧杯,为龙王降雨提供水源,下方是 2 位雨官。在行雨图的底部是民间的行人,在急风暴雨下,行人匆匆赶向城中躲雨,后面有 3 位来不及回城,索性躲到山洞中躲雨。

西壁《雨毕回官图》中,还是以龙轿为中心,龙母向外探头坐于轿内,前方有一位骑凤右手持剑的童生引路,轿前与轿下方各有 3 位持杖随从,一道彩虹从轿后的虹童瓶中飞出,罩于轿顶。轿前方有 2 位青苗官,轿后方有 2 位雷公,雷公后有钉耙与持鸟笼的商羊,以及坐于水车中的电母与风婆。画的右侧是 1 座宫殿,殿台明上站立有土地神,脚下有 2 只天犬,由于立柱所挡,不知是否有山神。水晶宫上方是飞奔交差的传旨官。回宫队伍前是旗官,后面 4 位功曹列队一排,下排依次是风伯、雨师、龙王 2、龙王 3、四目神、旗官、商羊、持笼神。上方紧随在传旨官后的是龙王 4 与龙王 5。整个队伍最后仍是龙王 1 回首与判官问询,下方是 2 位雨官。画的左侧是一株大树,一条巨龙与旱魃被束缚于树上。画的底部是庆丰收的村民,列队前往宫殿酬神。

第三节　下　水　头　村

一、自然环境与人文历史

下水头村位于陈家洼乡西南偏南 0.8 公里处,属丘陵区,地势起伏不平。村庄选址修建在台地上,东、南、北三面均临宽大、幽深的冲沟,只有西面为平地。村南、北、西三面辟为耕地,东面也有少量耕地,但冲沟较多,村南耕地南侧为大面积的杏树林,为壤土质。1980年前后有139人,耕地1040亩,曾为下水头大队驻地。如今村民多搬迁至陈家洼村的移民新村居住(图15.2)。

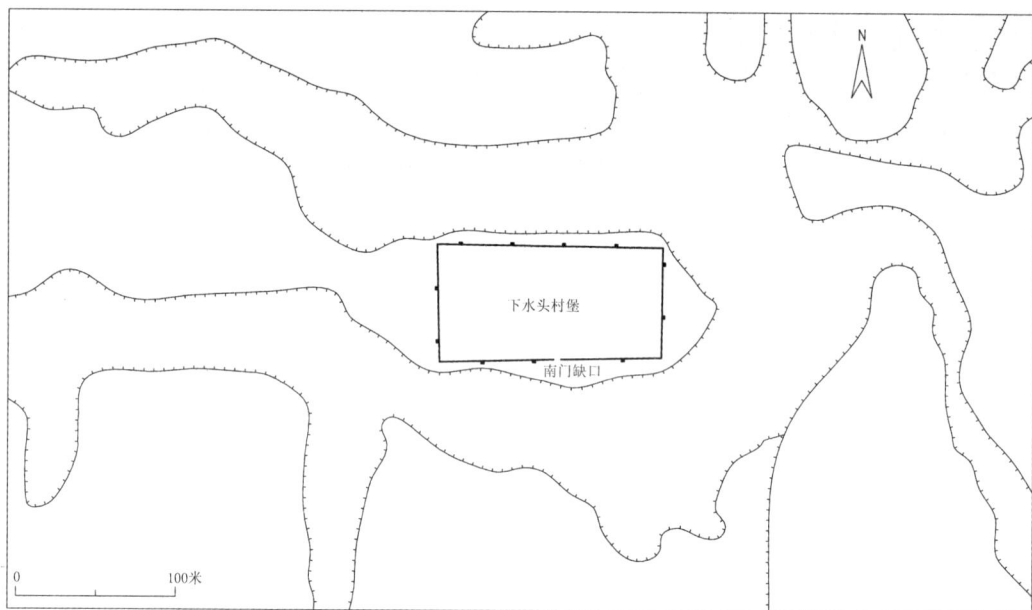

图 15.2 下水头村古建筑分布图

相传,明宣德年间建村于沙河的下游,故取村名下水头。村名最早见于《(乾隆)蔚县志》,此后《(乾隆)蔚州志补》《(民国)察哈尔省通志》均有记载,村名记述为"下水头"。

二、城堡

下水头村堡位于村中,东、南、北三面皆为冲沟环绕,仅西面相对平缓。城堡平面呈矩形,周长约441米,开南门,堡内平面布局为十字街结构。

城堡开南门,堡门建筑无存,现为缺口。

堡墙均为黄土夯筑,破坏严重。东墙长约75米,仅存1米高的基础。南墙长约144米,仅存0～2米高的基础。西墙长约78米,墙体低薄,高0～5米,墙体内外为废弃的民宅。北墙长约144米,墙体低薄,高1～4米,高低起伏,北墙内侧为倚墙修建的民宅,多坍塌为平地,此外还有窑洞建筑。

西南角设135°斜出角台,破坏严重。西北角设135°角台,体量细高,高6米,破坏严重。东北角设135°斜出角台,坍塌严重,高3～4米。

堡内为荒地,现存房屋基础较少。城堡已完全废弃。当地长者称,城堡主要毁于20世纪50年代的一场洪水。

第四节 下元皂村

一、自然环境与人文历史

下元皂村位于陈家洼乡东南 4 公里处,属丘陵区。村庄选址修建在壶流河谷地西侧,沿着河边台地修建,呈南北狭长形,地势略西高东低。西面紧邻河川台地,沟壑纵横,南、北、东三面为平地,辟为耕地,为黏土质,略呈盐碱性。1980 年前后有 1 424 人,耕地 5 643 亩。如今,本村为一交通路口,153、215 乡道穿村而过,北通营子堡,南达莲花池,西入陈家洼乡腹地,东跨壶流河与 109 国道相接。村庄分为新、旧两部分。旧村在新村西侧山坡台地上,全部废弃坍塌。新村狭长,民宅分布较乱,南北、东西主街结构,村庄规模较大,居民较多。抗日战争时期狼牙山五壮士之一的马宝玉出生于此地。村中部西侧的台地上修建有马宝玉纪念广场,广场中央立有石雕像(图 15.3)。

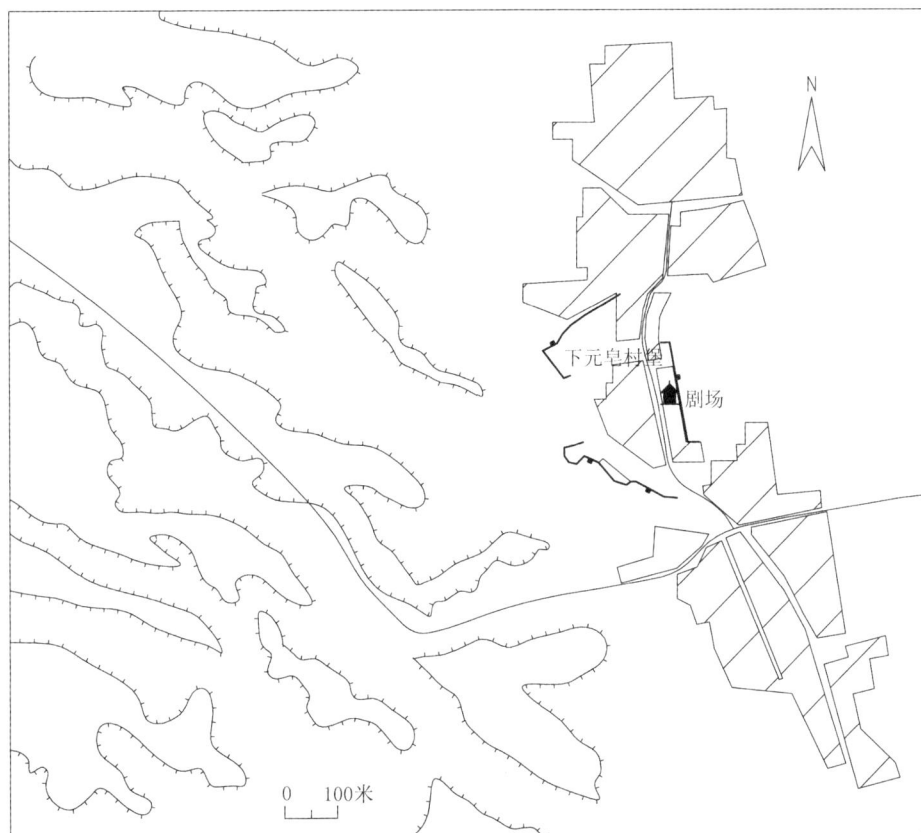

图 15.3　下元皂村古建筑分布图

相传，七百年前袁姓建村，因曾为屯兵之地，故称袁家皂。后为区别于相邻的上袁家皂，又称为下袁家皂，1955年更为下元皂。村名最早见于《(正德)宣府镇志》，作"原家皂砦"，《(嘉靖)宣府镇志》作"袁家"，《(崇祯)蔚州志》作"原家皂堡"，《(顺治)云中郡志》作"原家早堡"，《(顺治)蔚州志》作"袁家皂堡"，《(乾隆)蔚县志》作"下元家皂"，《(光绪)蔚州志》作"下袁家灶"，《(民国)察哈尔省通志》作"下袁皂"。

二、城堡

下元皂村堡选址修建在村西台地上，依地势依山坡而建。城堡规模大，绕山而建。所处地势险要，南、北、东三面均临冲沟，西侧也是狭长的冲沟间台地，城堡保存较差，平面呈不规则形。主堡内依附于堡墙建有2座小堡，这2座小堡成掎角之势，1座位于堡南坡顶，1座位于堡北坡顶，按防御要求而建，占据主堡附近制高点，眺望全堡。

城堡开设南门，堡门建筑无存，现为缺口。门内为南北主街结构(图15.4)。

图15.4　下元皂村堡平面图

堡墙均为黄土夯筑。西、南墙在台地上，东、北墙在河道内。东墙长约231米，墙体多有曲折，破坏严重，墙体低薄、断续，多坍塌，高0~3米，内侧为民宅，且建有剧场，保存较好，外侧为耕地。南墙长约315米，墙体顺山势而建，呈半弧形，保存较差，墙体低薄，多坍塌，高3~5米，南墙中部外有双重城墙。城墙低薄，多坍塌，高0~4米。北墙长约264米，破坏严重，墙体低薄，多坍塌，高1~3米。东南角设135°斜出角台，高6米，体量高大，但立面多坍塌。东北角无存。

小堡　位于旧村东北方,已废弃,城堡平面呈矩形,周长未知,开南门,现为缺口。堡墙黄土夯筑,仅存部分南、北墙及西墙全部,其中西墙长约 71 米,墙体高薄,高 3～6 米,其余为冲沟所破坏,堡内辟为耕地。

下元皂村烽火台　位于下元皂村北侧的坡顶,已坍塌。

第五节　上元皂村

一、自然环境与人文历史

上元皂村位于陈家洼乡东南偏南 2.5 公里处,属丘陵区。村庄选址修建在壶流河川西侧台地上,地势起伏不平。村庄东、西、南三面临沟,其中南面为较大的冲沟,北、东、西三面不远处亦为冲沟,冲沟的边缘为平地,多辟为耕地,为壤土质。1980 年前后有 355人,耕地 2 260 亩,曾为上元皂大队驻地。如今村庄规模较小,分为新、旧两部分,旧村位于西南部,为城堡所在地(图 15.5)。

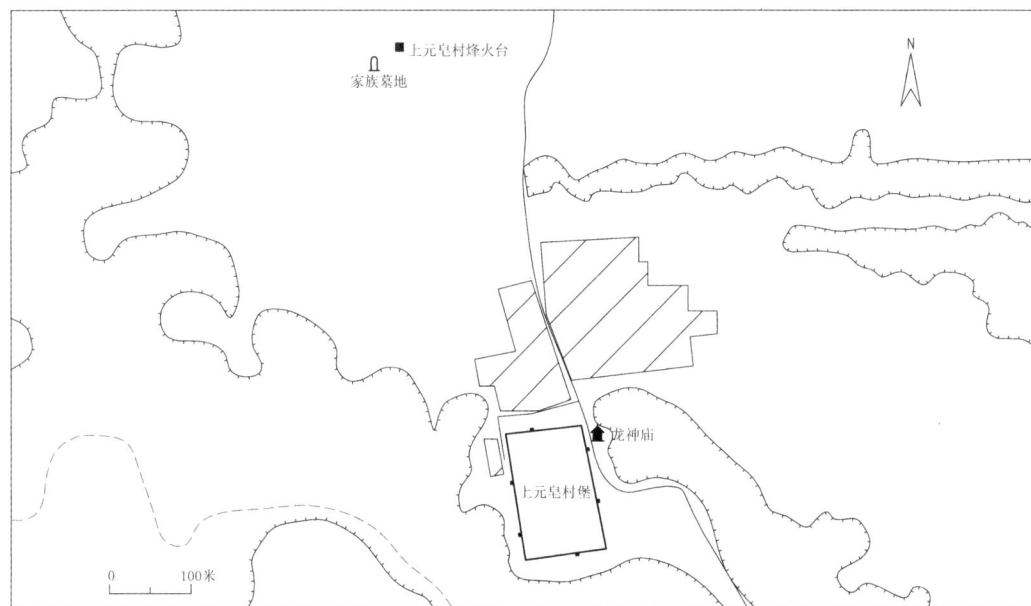

图 15.5　上元皂村古建筑分布图

相传,村名古称五亩台。辽代统和年间叫三家窑,因郑、郭、井三姓在沟崖挖窑居住而得名。后随相邻的下袁家皂改称为上袁家皂，1955 年改为上元皂。村名最早见于《(正德)宣府镇志》，作"原家皂砦"，《(嘉靖)宣府镇志》作"袁家"，《(崇祯)蔚州志》作"原家皂堡"，《(顺治)云中郡志》作"原家早堡"，《(顺治)蔚州志》作"袁家皂堡"，《(乾隆)蔚县志》作"上元家皂"，《(光绪)蔚州志》作"上袁家灶"，《(民国)察哈尔省通志》作"上袁皂"。

二、城堡

上元皂村堡修建在冲沟边缘的台地上，东、西、南三面紧邻冲沟，地势险要。城堡规模较小，平面呈矩形，周长约 512 米，堡内平面布局为十字街结构。

城堡开东门，现仅存缺口，门内为东西向主街，东门外为冲沟。

堡墙黄土夯筑。东墙仅存基础，长约 163 米，高 0～2 米，上面修建院墙，堡墙基础与院墙合为一体，东墙外为道路，内侧为民宅。南墙长约 99 米，墙体低薄，多坍塌，高 1～2 米，内侧及顶部为民宅，外侧为冲沟。西墙长约 160 米，墙体低薄，外侧高 1～4 米，内侧为民宅，外侧为荒地和道路，西墙南段多坍塌，仅存基础。北墙长约 90 米，东段保存一般，墙体高薄，高 4～5 米。北墙中部设有 1 座马面，体量大，保存较好，高 5～6 米，上面立有村委会广播喇叭。北墙西段和东段类似，墙体高薄，高 5～6 米，北墙外下为荒地和道路，内侧为民宅。

东南角设 135°斜出角台，高 4～5 米，保存一般。西南角无存。西北角设 135°斜出角台，高 5～6 米，保存一般。东北角设 135°斜出角台，高 4～5 米，保存一般。上面立有村委会广播喇叭。

堡内为旧村，居民少。在村北面水泥路西侧尚存家族墓地和 1 座烽火台。墓地四周尚存有石立柱界石，区域内分布着 10 多座墓葬，墓主人姓氏无从得知。墓区东北角立有 1 通石碑，碑上刻有"承天效法后土神位"。

上元皂村烽火台　烽火台位于村北高岗上，旧时呈矩形，如今仅存墩台，夯层明显，风化严重，墩体严重坍塌，露出了中间的夯土心。

三、寺庙

据当地长者回忆，本村曾经寺庙众多，多于 20 世纪 60～70 年代拆毁，现仅存龙神庙。

龙神庙　位于堡子东北角外侧，紧邻冲沟的边缘修建，现存正殿。正殿坐北面南，硬山顶面阔三间，进深六架梁出前檐廊。梁架结构为五架梁承三架梁，前檐柱与前金柱间施抱头梁。顶部正脊上有彩绘《八卦图》。大殿曾经改作为学校使用，墙壁上还有黑板。如今殿门窗无存，仅存框架，殿内墙壁上全部被报纸、草拌泥、白灰浆覆盖，表面所贴报纸多为抗美援朝时期的《察哈尔日报》，有"1951 年"的字样。如今白灰浆与报纸部分脱落露出底层绘画。壁画为清末民国时期作品。正壁露出较多。东山墙中间有1块黑板,只露出右上角部分,西壁墙皮脱落严重,绘画连同墙皮一起脱落,大部分壁画已毁。

正壁绘有《龙母龙王坐堂议事图》,正中绘有龙母,明间两侧分别为五位持笏板的龙王与右手托物(画面模糊已分不清何物)的雨师,东、西次间各有一位主神像与两位随从。东次间的主神着红袍,两侧各一位随从。西次间主神与东侧随从仍被覆盖,西侧随从着蓝袍,袍上绘八卦饰纹。这是蔚县另一处正壁绘有九位主神的龙神庙壁画。

东壁只有南侧上部分露出,可见四位功曹,打头阵的四眼神。西壁只有北侧上部一位功曹可见。

第六节　南 水 头 村

一、自然环境与人文历史

南水头村位于陈家洼乡西偏南2.9公里处,属丘陵区。村庄周围地貌比较复杂,村北、西面多为纵横交错的冲沟,东面不远处也是冲沟,只有南面相对平坦开阔,辟为大面积的耕地,为沙土质。1980年前后有450人,耕地2 650亩,曾为南水头大队驻地。如今,村庄规模较大,受地形影响,民宅分布较乱,人口较多,村中修建有健身园(图15.6)。

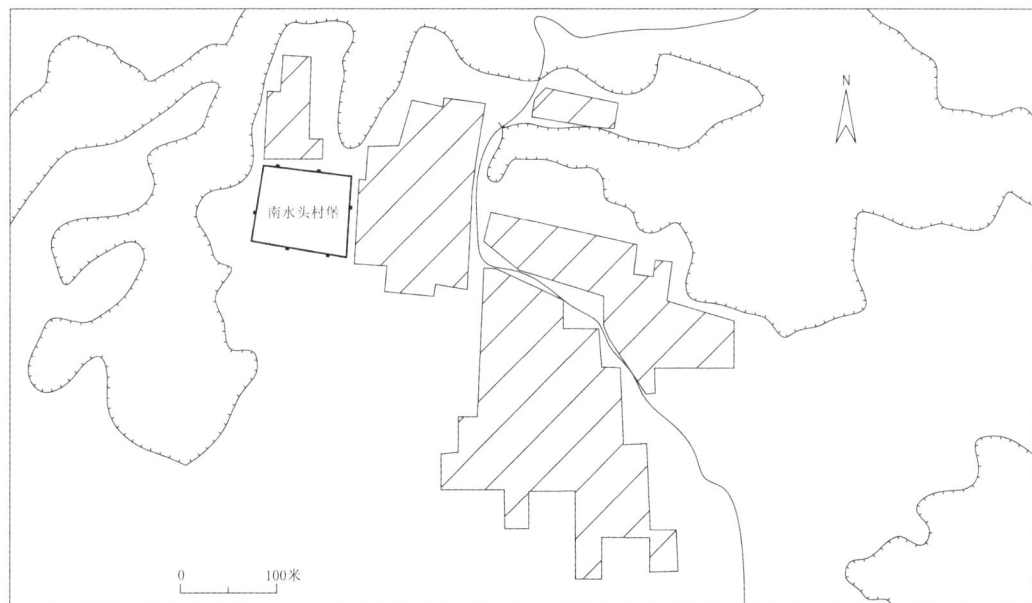

图15.6　南水头村古建筑分布图

相传，明初同建两村于沙河上游的南北两岸，位于南面的称南水头。村名最早见于《(乾隆)蔚州志补》，作"上水头"，《(光绪)蔚州志》作为"水头"，《(民国)察哈尔省通志》作"南上水头"。

二、城堡与寺庙

南水头村堡位于村西部。堡南、西、北面临冲沟，地势险要。城堡平面呈矩形，周长约343米，堡门朝向未知，堡内平面布局未知。

堡墙均为黄土夯筑，破坏严重。东墙长约74米，墙体破坏重，大部分墙体仅存不足1米高的基础，上面修建民宅的院墙，局部保存较高的墙体约有3米，墙体内侧为民宅，外侧为顺墙道路。南墙长约101米，现已无存，为平地和民宅。西墙长约76米，墙体低薄，高0～5米，多数无存，为民宅占据。西墙内侧为民宅，外侧为杏树林。北墙长约92米，墙体无存，为民宅占据。

东南角、西南角、西北角均为转角，高5～6米。东北角无存，为民宅占据。

石拱桥 又称寡妇桥，清代建筑。位于南水头村北，南北水头两村之间。石桥保存较好，结构稳定。石桥横跨东西沟壑之上，桥为单拱双石券式，分上下券，二券之设为减轻桥身自重及省工料。桥下沟谷两侧为红砂岩石，沟涧下有涓涓细流。20世纪60～70年代破坏了桥上的桥栏、望柱。据传该桥为南水头村一位寡妇出资所建，时至今日仍发挥着连接两村的作用。

据当地长者回忆，旧时村中修建有关帝庙、泰山庙及戏楼，已全部拆毁。

第七节　北　水　头　村

一、自然环境与人文历史

北水头村位于陈家洼西偏南2.5公里处，属丘陵区。地势西高东低。村庄选址位置相对平缓，除南侧紧邻冲沟外，其余均为平地，村东辟为耕地，村西为杏树林，村北为耕地和杏树林，为沙土质。1980年前后有638人，耕地4300亩，曾为北水头大队驻地。如今，村庄规模较大，北部为新村，村内由两条南北主街和一条东西主街组成，居民较多。南部为旧村，即城堡所在地(图15.7)。

相传，明初同建两村于沙河上游的南北两岸，位于北边的称北水头。村名最早见于《(乾隆)蔚州志补》，作"上水头"，《(光绪)蔚州志》作"水头"，《(民国)察哈尔省通志》作"北上水头"。

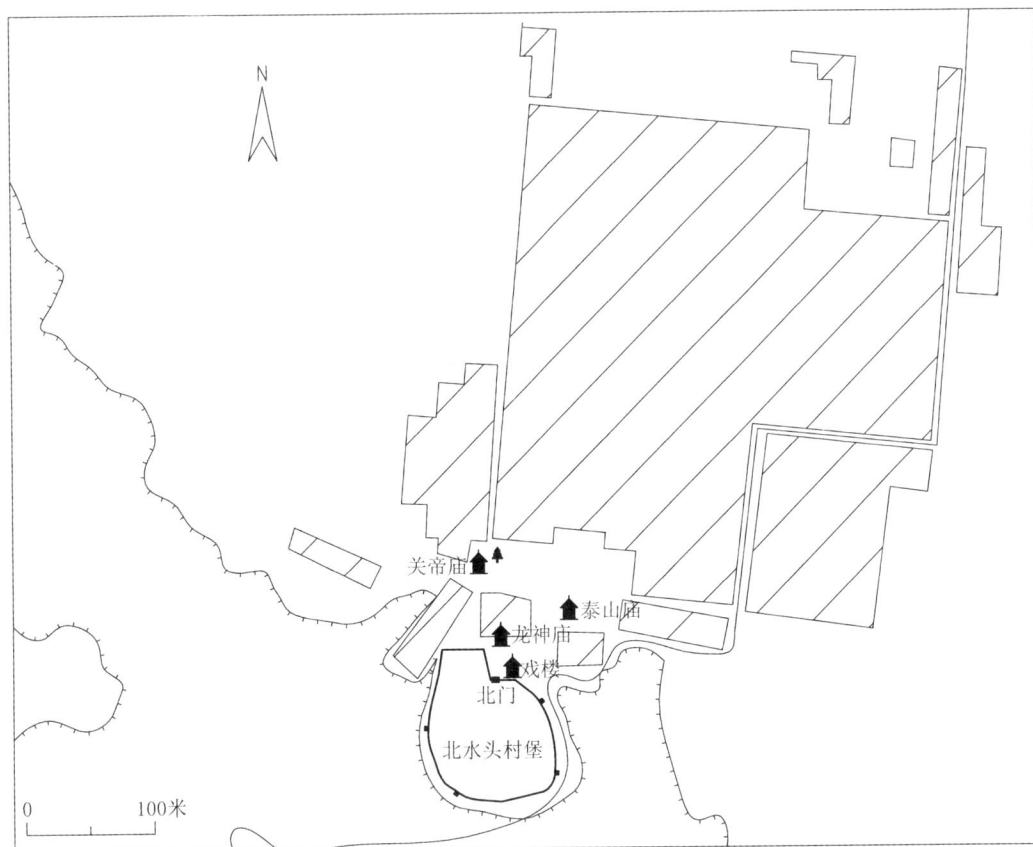

图 15.7　北水头村古建筑分布图

二、城堡

北水头村堡选址修建在村南山谷边缘台地上,东、西、南三面均临冲沟,北面相对平缓,受地形影响,城堡平面呈不规则形,周长约 377 米,开北门,门偏东。堡内平面布局为南北主街结构。虽然城堡开设北门在蔚县较为少见,但也反映了因地制宜、不拘规制的民堡文化。

堡门保存较好,条石基础,砖砌拱券结构,内外门券均为三伏三券,上出二层伏檐(彩版 15-2)。外侧门券上方有三枚门簪痕迹,门簪之上镶嵌有砖制门匾,正题"上水头"。门顶为券顶,有少许坍塌破坏,门闩孔为块石雕凿的圆形孔。堡门南北墙体均有不同程度的裂缝,顶部砌砖脱落,面南西墙坍塌。北门外设有瓮城,瓮城墙体坍塌殆尽,仅存西侧一段残墙。北门西靠民宅,东侧紧靠倒座戏楼 1 座,戏楼对面为龙神庙。与北门相对的南墙位置上,开有一小券门,出小券门为通往南水头之土路。券门为条石基础,砖砌墙体,并非后期掏挖而成,乃与北门同期砌筑。当地长者回忆,南门洞上原有关帝庙,现已无存。

城堡均为黄土夯筑,现存较低矮。墙体凭借天堑沟谷作为屏障。东墙破坏严重,墙体低薄,高0～4米,多为民宅院墙所利用。墙外下为冲沟。南墙破坏严重,几乎无存。西墙墙体破坏严重,多倾斜坍塌,外侧高4～5米,内侧高0～3米。

堡内尚残存有数座老宅院。

三、寺庙

城堡内外曾修建有三官庙、龙神庙、戏楼、泰山庙、关帝庙(2座)。庙宇建筑除尚存者外,其余全部拆毁(彩版15-3)。

三官庙 位于堡外西侧涧沟边,现已无存。

龙神庙 位于城堡北门外瓮城内偏东,仅存正殿,正殿修建在条石基础之上,坐北面南,面阔三间,硬山顶,进深六架梁出前檐廊。殿门窗已改造且封堵。由于曾改做过教室,两侧山墙抹成黑板,壁画全毁。殿内后墙墙壁也曾涂刷白灰浆,天长日久,加之雨水侵蚀,后墙白灰浆层部分脱落,露出了底下的壁画,但泥水又再次污染了画面,故后墙壁画整体轮廓尚在,但已漫漶不清。

正壁明间绘《龙母龙王坐堂议事图》,中间为龙母,东侧三位龙王,西侧二位龙王与雨师,共七位主神像,上部两侧各绘两位功曹;明间的东下角站立一位判官,西下角像是雨官。东次间中间有一位主神,主神两侧各陪一位随从,也即有三位神像;两侧下角,东下角为雨官,西下角为判官。西次间中间有一位主神,主神两侧各陪一位随从,随从手中持青苗;两侧下角,东下角为雨官,西下角未知。这是蔚县又一处正壁绘有九位主神的龙神庙壁画。

戏楼 清代建筑,位于龙神庙对面,紧邻城堡北门东侧,破坏墙体而建,东临沟涧,沟涧下有一条曲折道路通往南水头村。戏楼坐南面北,面阔三间,进深六架梁,卷棚顶,所用木材粗壮。砂石条砌筑的台明高1.2米,前檐柱4根,金柱2根,柱下古镜柱础。前檐额枋上的彩绘脱落殆尽,仅存有清式草龙雀替。戏楼内前台地面条砖铺墁,山墙残有清末民国时期的壁画,所绘内容为西式阁楼,但多已漫漶。山尖绘《古装鞍马人物图》。戏楼东山墙装饰山花砖雕,内容为"花开富贵"。戏楼整体保存较好,原始格局完好,整体向东倾斜,飞、椽、望板糟朽,屋顶部分坍塌,有漏雨现象。戗檐砖雕丢失,屋顶长满杂草。

泰山庙 位于堡北门外东北侧,为1座庙院,目前仅存正殿及东、西耳房。正殿坐北面南,面阔三间,硬山顶,出前檐廊,门窗改造并封堵。殿内墙壁画已毁。

关帝庙 2座。1座位于堡南门顶,现已无存。另1座位于龙神庙北侧不远处的麻黄坑边台地上,仅存正殿,殿前长有一株松树,正殿坐北面南,面阔三间,硬山顶,六架梁出前檐廊。正殿屋顶的瓦和覆土破坏严重,正脊无存,露出檩子,屋檐也有部分坍塌,门窗无存,前檐额枋上的彩绘脱落。殿内墙壁表面为黄泥覆盖,壁画情况未知。当地长者也有云此庙为观音殿者。

第八节　许家营村

一、自然环境与人文历史

许家营村位于陈家洼西偏北 2.2 公里处,属丘陵区,地势西高东低。村庄选址修建在平地之上,南面紧邻宽大的冲沟,东、西、北不远处均有小冲沟,整体来说地势较平坦,辟为耕地,为壤土质。1980 年前后有 298 人,耕地 2 020 亩,曾为许家营大队驻地。如今,村庄规模不大,分为新、旧两部分。旧村在整个村庄的西南部,为城堡所在地,其余为新村。新村由三条南北主街组成,民宅均为新建房屋,234 乡道穿村而过(图 15.8)。

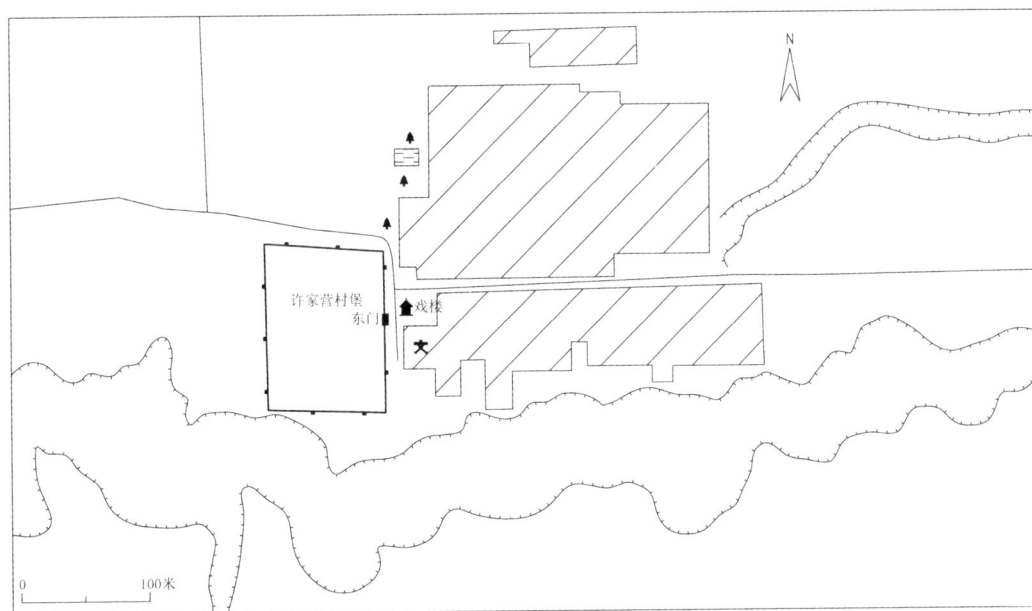

图 15.8　许家营村古建筑分布图

相传,元末由许姓居民在此建村。因战乱年间常屯兵,故取村名许家营。村名最早见于《(正德)宣府镇志》,作"许家营砦",《(崇祯)蔚州志》作"许家营堡",《(顺治)云中郡志》《(顺治)蔚州志》沿用,《(乾隆)蔚县志》作"许家营",《(光绪)蔚州志》《(民国)察哈尔省通志》沿用。

二、城堡

许家营村堡,位于旧村中。南面紧邻冲沟边缘修建,其余为平地。城堡平面呈矩形,开东门,周长约 446 米,规模较小。堡内平面局部为十字街和丁字街结构。

城堡东门现存为缺口,门道为自然石铺墁。东门外南侧有小学。

堡墙均为黄土夯筑。东墙长约 125 米,北段保存一般,墙体高 2～5 米,内侧为民宅,外侧为荒地和道路。东墙南段破坏严重,大部分墙体仅存 1 米高的基础,上面修建房屋。南墙墙体无存,为民宅占据,推测长约 98 米。西墙长约 127 米,破坏较重,墙体低薄,高 1～3 米,内侧为民宅,外侧为耕地。北墙长约 96 米,保存一般,墙体高 4～5 米。墙体内侧为民宅,外侧为坍塌形成的土坡和道路。

东北角因为修建水泥路而破坏一半,原设 90°直出角台。东北角外侧有一株干枯的大树,造型奇特。此外还有麻黄坑,坑内尚有积水,四周长有许多大树。西北角设 90°直出角台,体量大,高 5～6 米,几乎为原高,蔚为壮观。西南角、东南角无存。

堡内为民宅,居民稀少,房屋多废弃坍塌,形成荒地,十分荒凉,只有几户居民翻修了屋顶。

三、寺庙

据当地长者回忆,许家营曾修建有泰山庙/观音殿、龙神庙、五道庙、关帝庙、戏楼。如今这些庙宇均已坍塌,仅存戏楼。

泰山庙/观音殿 位于堡东门外,正对堡门,现已无存。

龙神庙 位于东门外北侧,正对戏楼,现已无存。

五道庙 位于东北角外的文冠果树下,现已无存。

关帝庙 位于堡西墙内侧,正对东门,现已无存。

戏楼 清代建筑,位于城堡东门外侧,对面为关帝庙,已毁。戏楼坐南面北,面阔三间,进深六架梁,卷棚顶,砖石包砌台明高 1.2 米。前檐柱 4 根,金柱 2 根,柱下石鼓柱础。挑檐木较长,用擎檐柱支撑。前檐额枋残存彩绘。前台被一道土墙封堵,改造为仓库。戏楼保存尚好,顶部长草,勾头滴水部分脱落,前土坯封砌,戏楼内隔扇保存完整。

戏楼北侧长有一株文冠果,俗称木瓜树。当地相传古树已有 1 600 多年历史,见证了陈家洼乡千年的历史变迁。陈家洼乡在历史上是兵家必争之地,经历了无数战争。据说唐朝巾帼英雄樊梨花,在投唐战斗中无意中栽上了这株木瓜树,婚配了如意郎君薛丁山。宋辽交战时,穆桂英用木瓜树杈为降龙木,大破萧天佐、萧天佑摆下的天门阵。"文革"之前,许多刚出生的孩子过百岁时,大人便在木瓜树下摆供桌,用五色线绾成一个"锁",给孩子带上。古树由于人为干预过度,根部糟朽,2008 年的一场飓风将树干刮断,现被切割分解后清运。

第九节 北山西岭村

一、自然环境与人文历史

北山西岭村位于陈家洼乡西偏北 8.8 公里处,属浅山区。地势西高东低。村庄选址修建在山坡上。村东侧南北向的冲沟向西北方可通阳原县的辛堡乡,进而到东城镇,为古代蔚县的一条重要通道。村南面临冲沟,冲沟的南面为城堡,北、西面不远处亦为冲沟,故北山西岭村四面均临冲沟,地势险要。村庄附近辟为梯田,为沙土质。1980 年前后有512 人,耕地 3 320 亩,曾为北山西岭大队驻地。如今,村庄规模较大,且有不少窑洞建筑。村民较少,房屋多废弃(图 15.9)。

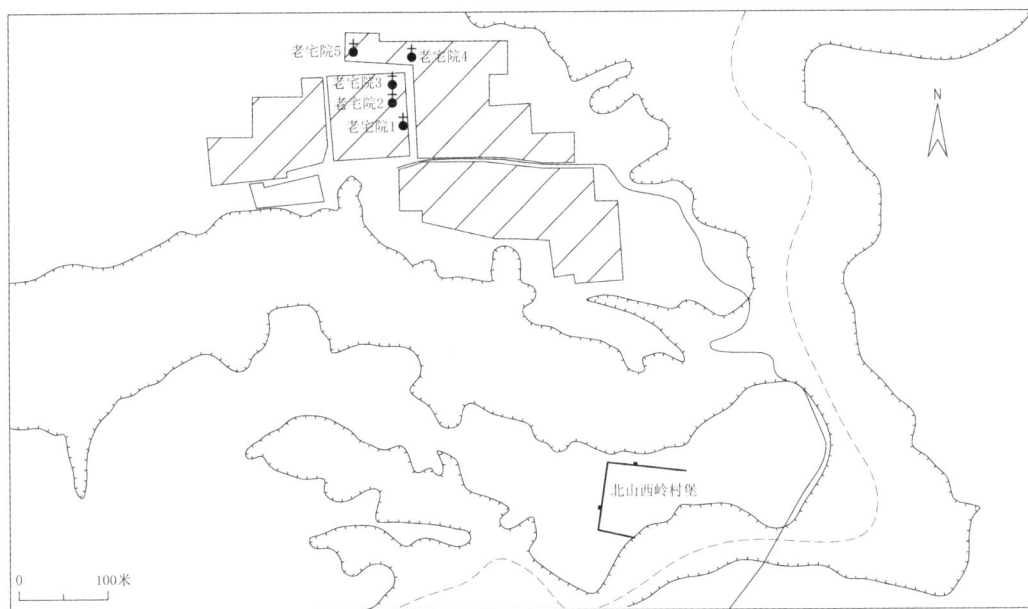

图 15.9 北山西岭村古建筑分布图

相传,元朝至元年间建村,当时属山西大同府治下之界岭,故名山西岭。山西岭古有五堡,几经沧桑,迄今有三堡已成废墟。遗留两堡,南北相对,独立成村,居北者即曰北山西岭。村名最早见于《(正德)宣府镇志》,作"山西岭砦",《(乾隆)蔚州志补》《(光绪)蔚州志》《(民国)察哈尔省通志》均作"山西岭"。

二、城堡

（一）城防设施

北山西岭村堡，位于南、北山西岭村之间，与村庄隔 1 条冲沟。城堡选址在 2 条冲沟中间的台地上，南北临冲沟。城堡平面呈矩形，周长残存 227 米，无法复原，推测开东、南门，现已无存。城堡已彻底废弃，堡内外均为荒地。

堡墙均为黄土夯筑。现东墙无存，为冲沟破坏。南墙仅存西半段，残长约 45 米，东半段为冲沟所破坏。西墙长约 83 米，西墙有 1 座马面。北墙长约 99 米。城堡四角未设有角台，仅为转角。城堡废弃较早，堡内布局未知。

（二）街巷与古宅院

村中部宽阔的南北主街两侧现存多座老宅院，老宅院 1(114 号)、老宅院 2、老宅院 3、老宅院 4(118 号)、老宅院 5(116 和 117 号)，均为广亮门楼，印证了这里曾是 1 座繁华富裕的村庄。深居大山中的北山西岭在明清时期应是通往阳原古道上的重镇，尤其是这些清末时期所建的座座宅院，说明村民早已离开了旧堡。如今，随着古道的废弃，山西岭也成为闭塞的山村，逐渐衰败，后期所建的房屋多为土坯房，或是窑洞式的土房。

第十节　南山西岭村

一、自然环境与人文历史

南山西岭村位于陈家洼乡西偏北 8.5 公里处，位置比较偏远，交通不便，属浅山区。地势西高东低。村庄选址在沙河西侧的山坡上，北面为两条沙河的交汇处，因此村北、东、西三面均临沙河，只有南面相对平缓。村庄周围为沙土质，辟为耕地。1980 年前后有186 人，耕地 1 290 亩，曾为南山西岭大队驻地(图 15.10)。

南山西岭村的村名来历与北山西岭村相似，居南者即曰南山西岭。村名最早见于《(正德)宣府镇志》，作"山西岭砦"，《(乾隆)蔚州志补》《(光绪)蔚州志》《(民国)察哈尔省通志》均作"山西岭"。

如今，村庄民宅以窑洞为主，多废弃、坍塌，居民少。

二、城堡

南山西岭村堡，位于村庄北部，城堡所在位置三面临沙河，地势险要。城堡平面呈矩

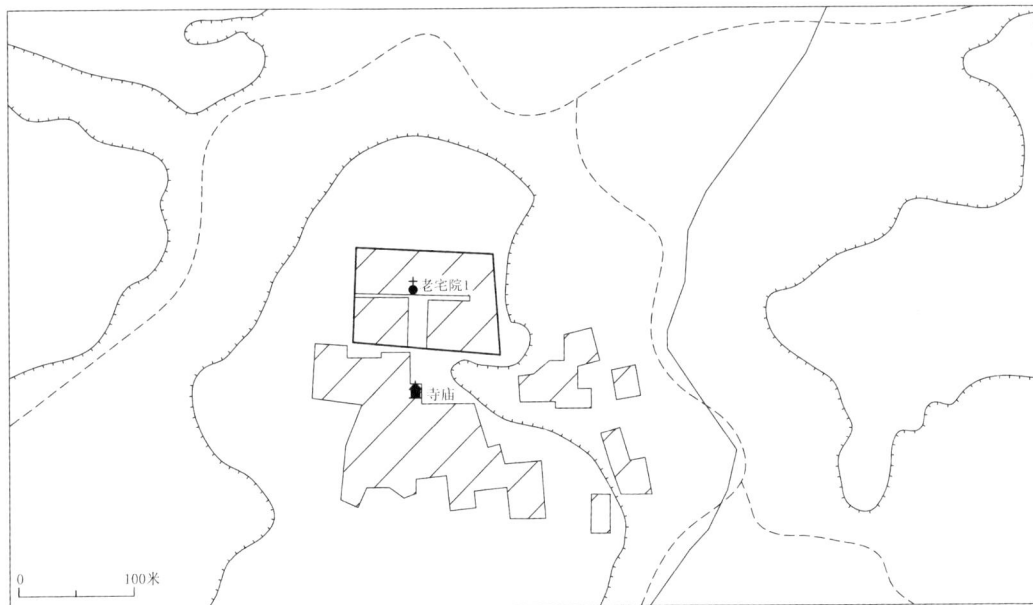

图 15.10　南山西岭村古建筑分布图

形,周长复原长约 391 米,开南门,堡内平面布局成丁字街结构。

城堡南门建筑无存,现为缺口。

堡墙均为黄土夯筑,坍塌严重,仅东、西、北三面存低矮的土垅状墙体。

堡内居民少,仅 10 余户村民,民宅大部分废弃、坍塌,形成荒地。仅存 1 座老宅院,即南山西岭 5 号院,位于丁字街西侧北侧,一进院,东南角辟门,院内尚存正房(五间)、南房、西厢房。

三、寺庙

村中仅存 1 座寺庙,位于村中部空地边,即堡南门外。庙宇保存差,仅存正殿,坐北面南,面阔单间,硬山顶,三架梁。殿西墙已完全倒塌,前檐下门窗皆毁,东墙坍塌一般。殿内墙壁上还有残存的壁画,表面为白灰浆覆盖,漫漶不清。

第十一节　营子堡村

一、自然环境与人文历史

营子堡村位于陈家洼乡东北 3.2 公里处,属丘陵区。村庄选址修建在壶流河河川内西侧,东临壶流河,现河水水量较大。村西面为壶流河河川西侧的一级和二级台地,沟壑纵横。村东、北、南面为壶流河谷地,地势平坦,一马平川,开辟为耕地,为黏土质,略呈盐碱性。1980 年前后有 694 人,耕地 2 400 亩,曾为营子堡大队驻地。如今,村庄规模较大,居民较多,村内为一条南北主街和两条东西横街结构,153 乡道自南而北穿过村庄(图 15.11)。

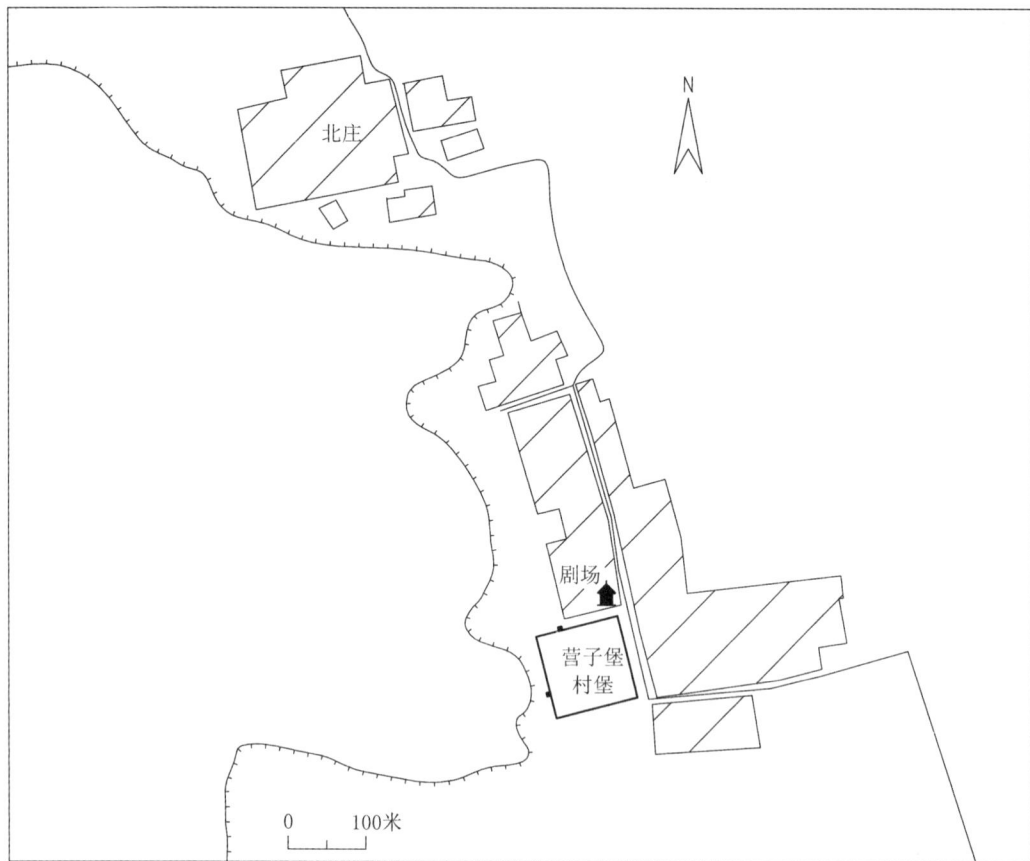

图 15.11 营子堡村古建筑分布图

传说,七百年前建村时名鞑子营,因金代时曾在此屯兵而得名。抗日战争时期,为消除民族隔阂,更名为营子堡。村名最早见于《(乾隆)蔚县志》作"营子堡",此后《(光绪)蔚州志》《(民国)察哈尔省通志》沿用。

二、城堡

营子堡村堡,位于村庄西南部。城堡选址修建在平地上,西面为河川台地,南面临冲沟,东、北面为平地,堡内地面高于堡外。城堡规模较小,周长复原约 431 米,平面呈矩形,堡内平面布局为东西主街结构,无老宅院。

城堡开设东门,堡门建筑无存,现为缺口。东门内为东西主街。

堡墙均为黄土夯筑。东墙位置为民宅占据,从外侧观察尚有 2~3 米高的基础,推测原长 103 米。南墙、西墙均无存,为民宅占据,整体地势相对较高。南墙推测长 112 米,西墙推测长 106 米。北墙长约 110 米,保存相对较好,墙体高大,外侧高 5~6 米,内侧为民宅,外侧为民宅或耕地。西南角未设有角台,仅为转角。东北角设 135°斜出角台,高 6~7 米,上面立有村委会广播喇叭。

北庄 位于营子堡北侧,属营子堡所辖。北庄选址修建在平地上,即壶流河谷地西侧,村西、南面为河边台地,北、东面为平川,辟为耕地。村庄规模小,居民少。

三、寺庙

戏楼 近代建筑,位于城堡东北角外村委会院中。戏楼坐南面北,卷棚顶。台明高 1.3 米,外立面包砌毛石,顶部四周铺石板,戏楼有维修的痕迹,屋檐有部分坍塌,戏台内已经废弃,无壁画和彩绘遗存。

第十二节 白 马 神 村

一、自然环境与人文历史

白马神村位于陈家洼北偏西 2.5 公里处,属丘陵区。村庄选址修建在平地之上,周围地势平坦,无冲沟。村西为杏树林,东为耕地,为壤土质。1980 年前后有 708 人,耕地 4 420 亩,曾为白马神大队驻地。如今村庄分为新、旧两部分,南面为新村,北面为旧村。215 乡道穿村而过。新村规模大,由三条南北主街和一条东西主街组成,居民多。旧村分为南堡、中堡与北堡三部分。南堡与中堡距离较近,南堡紧邻新村,北接中堡,北堡位于中堡北侧涧沟北岸(图 15.12)。

相传,八百年前建村。据传,本县莲花池村的海子里有一匹白马,经常在夜间跑到这里来践踏庄稼。人们无力对付,于是集资修建"白马神庙",供奉禳灾,故此得名白马神。村名最早见于《(顺治)蔚州志》,作"白马神堡",《(乾隆)蔚州志补》《(光绪)蔚州志》《(民国)察哈尔省通志》作"白马神"。

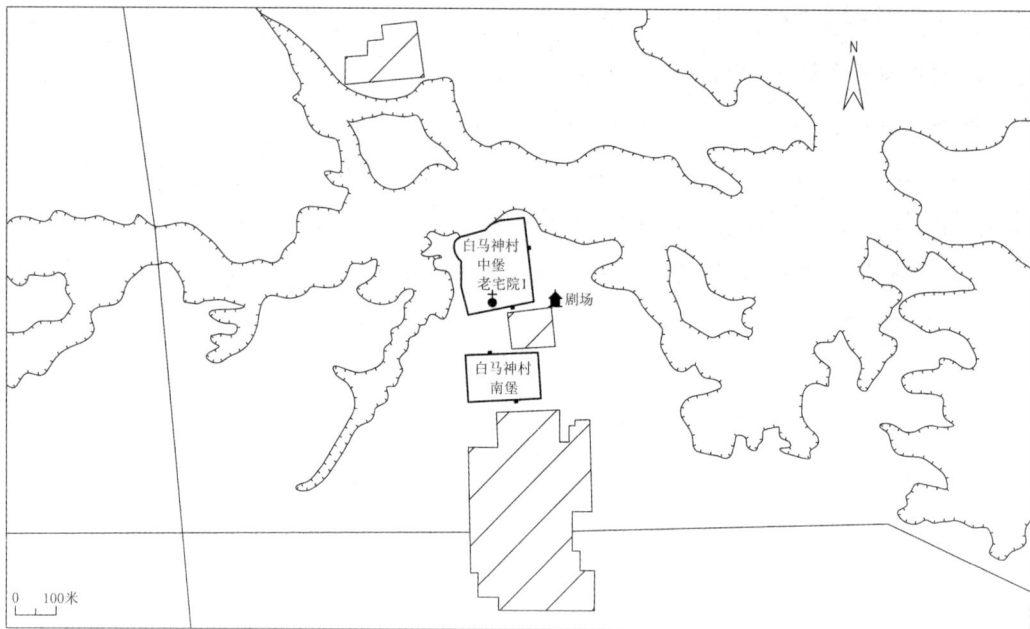

图 15.12 白马神村古建筑分布图

二、城堡与寺庙

（一）白马神南堡

白马神村南堡，位居新村北侧、白马神村委会的北侧。城堡平面呈矩形，周长约606 米。堡内平面布局未知。

城堡开设南门，堡门建筑无存。

堡墙均为黄土夯筑。东墙长约 115 米，墙体低薄，高 3～4 米，内侧为民宅，外侧为杏树林。南墙长约 183 米，破坏严重，墙体高 0～4 米，断断续续，东南角附近南墙无存，遗址上修建院墙。墙体内侧为民宅，外侧为顺墙道路。西墙长约 121 米，保存一般，墙体高薄，高 3～5 米，内侧为民宅，外侧为顺城道路和耕地。西墙中部偏南设有 1 座马面，高 5 米，保存较好。北墙长约 187 米，保存相对较好，墙体高大，因充分利用了台地修建，总高 4～5 米，墙体自身高 3 米左右，墙体内侧为民宅，外侧为顺城道路，北墙外大部分为耕地。

东北角设 90°直出角台，保存较好，高 6 米。东南角设 90°直出角台，保存较好，高6 米。体量大，几乎为原高。西南角设 135°斜出角台，高 6 米。西北角设 90°直出角台，保存较好，高 5 米，体量高大。

堡内居民较少，房屋多废弃坍塌，堡内布局不甚清晰，有五条南北向街道，但横街只有南墙内侧的一条。堡内无老宅院遗存。

（二）白马神中堡

1. 城堡

白马神村中堡,位于村庄北部,东、北、西三面均为宽大幽深的冲沟,地形复杂,地势险要。城堡平面呈矩形,周长825米,开南门,堡门建筑无存。堡内平面布局为双十字街结构。

堡墙均为黄土夯筑。东墙长约240米,整体保存一般,墙体外侧高约5米,壁面斜直,顶部较平,墙体中部为冲沟所破坏,且破坏了堡内部分区域,冲沟的南侧尚存有马面,保存较好,平面为矩形,壁面整齐,顶部宽平,高约5米,近为原始高度。东墙内侧为民宅,外侧为荒地。南墙长约188米,仅存西南角附近的墙体,大部分墙体无存,高0～4米,破坏严重。西墙长约211米,紧邻冲沟边缘修建,墙体低薄,高1～3米,破坏严重。外侧为冲沟,内侧为民宅废弃后的荒地,西墙内侧保存1座向内突出的马面,位于南十字街的西尽头,推测为庙台。北墙长186米,东段保存一般,高2～5米,局部有坍塌,内侧为民宅,外侧为耕地。北墙中部设有1座马面,向内突出,高5米,顶部宽平,外侧紧邻冲沟边缘,推测为庙台。

东南角设90°直出角台,保存较好,高5米,近乎原高。西南角未设角台,仅为转角,高4～5米。西北角未设角台,仅为转角,高1米,破坏严重。东北角未设角台,仅存转角,高5米,保存较好。

据当地长者回忆,中堡曾遭洪水冲毁,堡北部的宅院、堡墙皆为洪水所冲毁。堡北部所建的窑洞式房屋,四周薄薄的土墙,都是洪水之后在夷为平地的旧址上重建的。如今,城堡基本废弃。城堡内的中北部现在大部分为荒地,原先的民宅多废弃坍塌,现存民宅主要集中在堡内南部,即南十字街附近,且多废弃坍塌,居民较少,仅几户居民,仅保存有1座老宅院。

2. 寺庙

龙神庙　位于白马神中堡东墙外,庙院废弃,院墙已毁,尚存山门、东配殿、西配殿与正殿(彩版15-4)。山门为随墙门,硬山顶,平顶式门洞,上面有砖仿木构装饰,但顶部已破坏。在山门西侧有1座面南的单间房屋,北面与西厢房的南山墙接在一起。院内正殿,坐北面南,面阔三间,硬山顶,进深四架梁出前檐廊。梁架分心置中柱。明间檐柱下石鼓柱础前雕狮子头。殿门窗无存,为土坯墙封堵改造,屋檐破坏严重,梁架彩绘脱落,脊檩正中绘《八卦图》。殿内墙壁被泥浆涂抹,壁画被毁,只有脱落部分露出底下的壁画。东西配殿为三椽单坡式,前檐无飞。门窗无存,为土坯墙封堵改造。殿内墙壁上为白灰浆和黄泥,残存漫漶的壁画。

（三）白马神北堡

白马神村北堡位于中堡北侧冲沟的北岸。村庄规模小,南面为旧村,修建在台地上,周围四面均为冲沟,旧村已全部废弃,无人居住,房屋仅存基础。新村在冲沟北岸,周围地势平坦,只有南面临冲沟,东、北、西三面均为耕地,村东为大面积的杏树林。新村亦小,只有几户居民,民宅多废弃。

当地长者云,旧村已废弃30余年,村中无堡,但是叫此地名,故推测城堡应修建于南面旧村中,因损毁较早,当地居民未有见过者。村中寺庙20多年前全部拆毁,以前曾建有龙神庙。

第十三节 聂 家 洞 村

一、自然环境与人文历史

聂家洞村位于陈家洼乡北偏西5.6公里处,处于阳原县与蔚县的交界处,其西侧与北侧皆与阳原县交界,属丘陵区,地势较平坦。村庄选址修建在壶流河川西岸台地上,南、东紧邻冲沟,北、西面为宽阔的平地,为沙土质,辟为耕地。1980年前后有98人,耕地1 220亩,曾为聂家洞大队驻地。如今村庄规模小,仅十几户居民。民宅以窑洞为主,多废弃坍塌(图15.13)。

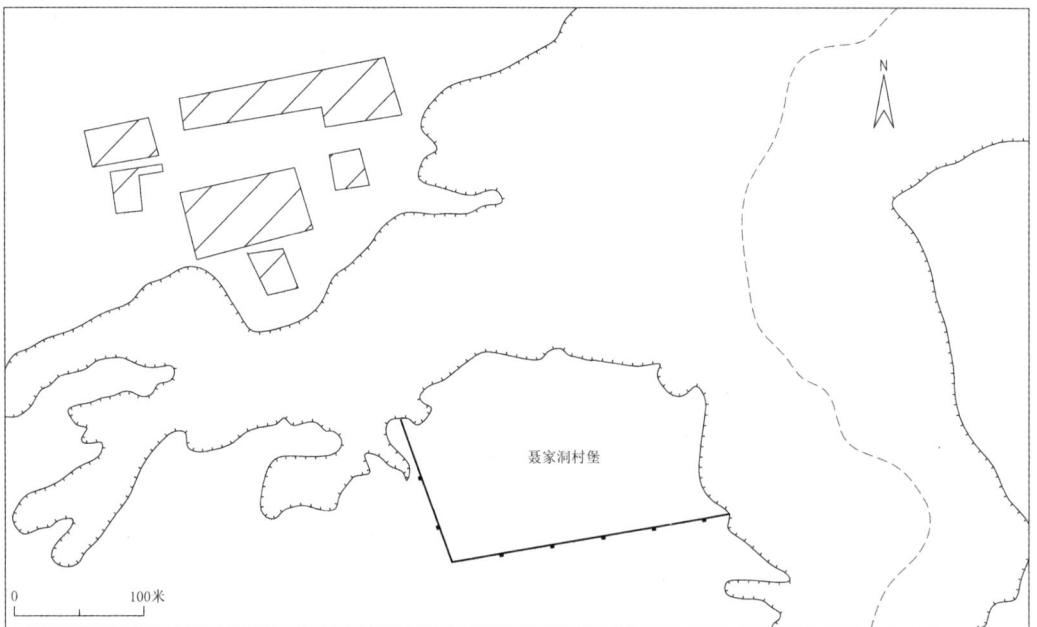

图 15.13 聂家洞村古建筑分布图

相传,金天会年间,聂姓居民曾在此地半崖上挖洞居住,建村后据此取村名聂家洞。村名最早见于《(乾隆)蔚县志》,作"聂家洞",《(光绪)蔚州志》《(民国)察哈尔省通志》沿用。

二、城堡

聂家洞村堡位于村南面冲沟对岸台地上。冲沟宽阔幽深,宽达百米以上,深度达50米以上,壁立千尺,陡峭异常。城堡破坏严重,形制、布局无从得知,内外均为耕地,无民宅建筑。城堡仅存部分,西墙长约117米,南墙长约212米,墙体低薄,高0~4米。东墙和北墙为冲沟所破坏,未见角台和马面遗存。

第十四节 东小关村

一、自然环境与人文历史

东小关村位于陈家洼乡北偏西4.6公里处,属丘陵区,地势较平坦。村庄选址修建在平地上,东、西、南三面较平坦,一马平川,其中东、西两面为耕地,南面为杏树林。为沙土质。北面的旧村北临冲沟,地势险要。1980年前后有305人,耕地3 434亩,曾为东小关大队驻地。如今,东小关村规模较大,分为新、旧两部分。旧村在中北部,为城堡所在地。新村在东南部,南北狭长(图15.14)。

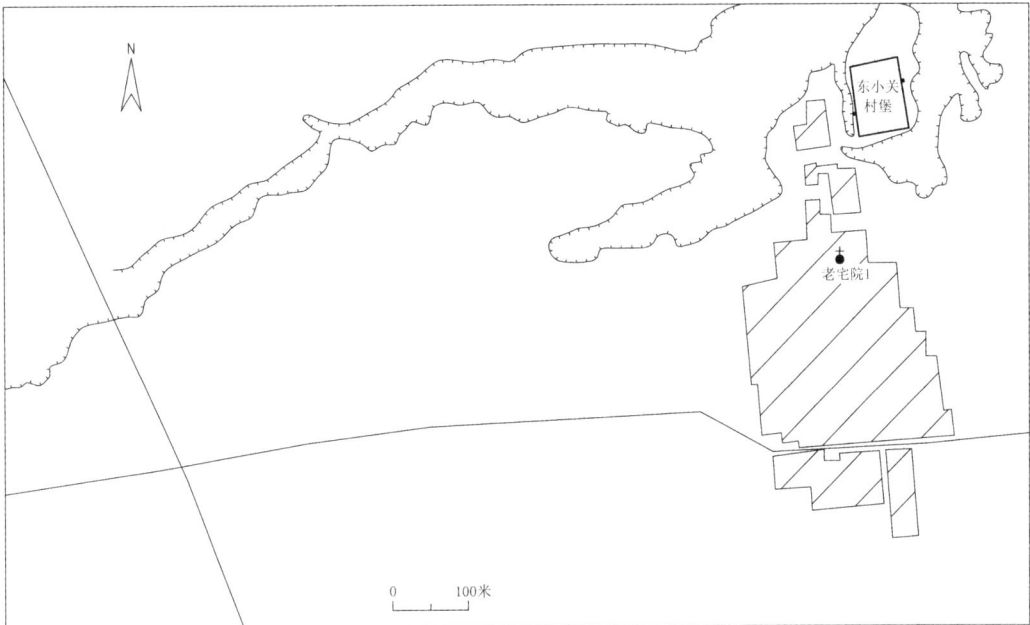

图15.14 东小关村古建筑分布图

相传,建村于五百年前,村东南有烽火台,曾为军事关口,古常做驻兵设防地,属阳原县后关所辖,故称前关。后两关分县隶属,村名亦随之更为东小关。村名最早见于《(乾隆)蔚州志补》,作"东小关",《(光绪)蔚州志》《(民国)察哈尔省通志》皆沿用。

二、城堡与寺庙

(一)城堡

东小关村堡位于村北部。城堡选址修建在台地上,四面临沟,仅西南角地势较平缓。城堡平面呈矩形,周长约 325 米,开南门。堡门建筑无存,仅存西侧门颊。

堡墙均为黄土夯筑。东墙长约 97 米,破坏较重,高 0~5 米,墙体断断续续,东墙正中有一条东西向的深沟。当地长者回忆,在 20 世纪 50 年代以前便已存在,为早期洪水冲刷形成。南墙长约 68 米,破坏较重,高 0~5 米,墙体低薄,断断续续。西墙、北墙各长 63、97 米,破坏严重,墙体低薄、坍塌,高 0~3 米。东南角未设角台,仅为转角,高 6~7 米。西南角和西北角无存,西北角被洪水冲毁,塌成深沟。

城堡的损坏与废弃与解放后的一场洪水有直接关系。当地长者回忆,堡墙 50 年前便因年久失修,逐渐坍塌。1956 年一场洪水冲毁了旧堡。堡中村民至改革开放后才因堡内居住不便迁至新村。故在旧堡北部,甚至北墙墩台上,都建有窑洞式建筑,推测是洪水后所建。如今堡内为大面积的荒地,全部废弃,仅有一户窑洞尚存,堡外西南有废弃的民宅遗址,为解放后从堡内迁出的村民所建。堡外南侧旧村中,尚存老宅院 1(东小关村 90 号),广亮门。据说此宅原作为天主教堂使用,之后又改造为学校。目前有少部分村民还信仰天主教。

(二)东小关村烽火台

烽火台共 2 座。1 座位于阳原县小关村。该村位于两县交界处,高速公路西侧。烽火台位于村西南部,现为小金堡巷 7 号院。烽火台由台明、围墙、墩台三部分组成,保存较好。围墙、台明平面呈矩形,高 4 米。围墙的东北角附近的东墙缺失,形成缺口,推测围墙开东门,围墙内中部为方形的墩台,高 9 米,体量大。围墙东北角内建有民宅,墩台东立面下有废弃的民宅,西侧有废弃的窑洞。

第 2 座烽火台位于村南高速路旁的耕地中。烽火台修建在平地上,北侧不远处为冲沟,东侧紧邻高速公路。烽火台仅存方形的墩台,四壁坍塌严重,仅南面保存较好,高 6 米,台体下多为坍塌形成的积土。

2 座烽火台相隔如此近,而且这一带地势平坦,无地形优势,说明古代这里曾是一处要塞。地名——小关,足以说明此地的重要性。

(三)寺庙

旧时,城堡南门外修有观音殿,现仅存基础。堡东侧还建 1 座万华寺,20 世纪 60~

70 年代拆毁。

第十五节 田家坡村

一、自然环境与人文历史

田家坡村位于陈家洼乡西北 4 公里处,属丘陵区。地势东高西低。村庄选址修建在平地之上,南面紧邻冲沟,其余为平地,村东为壤土质,村西为沙土质,辟为耕地或杏树林。1980 年前后有 442 人,耕地 3 650 亩,曾为田家坡大队驻地。如今,村庄规模较大,房屋规划较乱,东西主街在村中偏南,此外村中还有 4 条南北主街,居民较多。村庄分为新、旧两部分。新村在北部。旧村在南部,紧邻冲沟,包含北堡与小南堡两部分,两堡一沟之隔(图 15.15)。

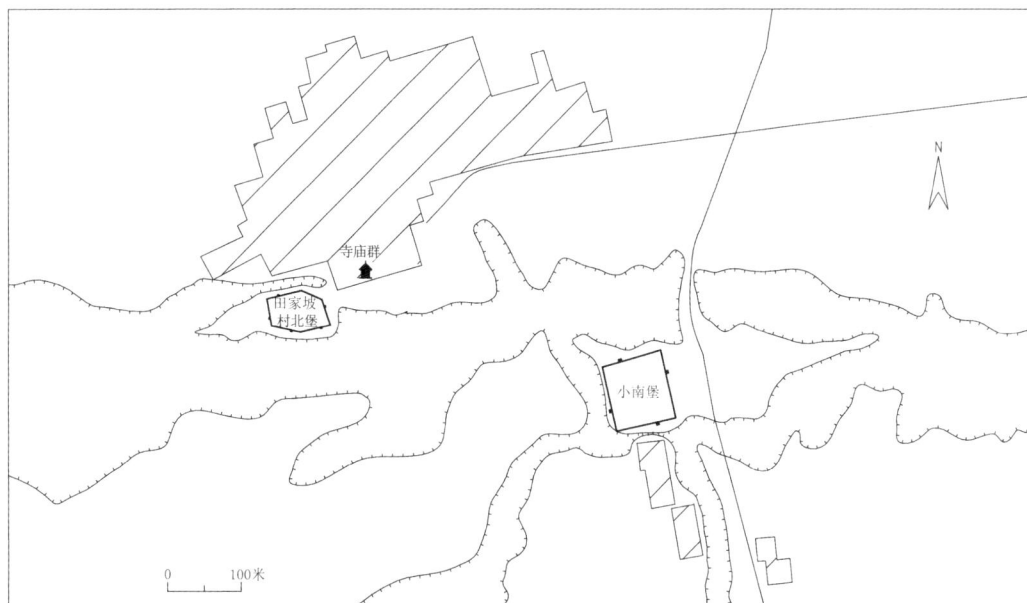

图 15.15 田家坡村古建筑分布图

相传,明朝末年韩姓建村于山坡,故称韩家坡。后田姓增多,村名遂更为田家坡。村名最早见于《(乾隆)蔚州志补》,作"田家坡",《(光绪)蔚州志》《(民国)察哈尔省通志》皆沿用。

二、城堡与寺庙

（一）田家坡村北堡

1. 城堡

田家坡村北堡位于村西南角，选址于台地之上，四面均为冲沟，只有东门外的一条小路进入堡内，地势险要。城堡平面呈不规则形，周长约 246 米，开东门，现为缺口。堡内平面布局为东西主街结构。

堡墙均为黄土夯筑。东墙长约 64 米，保存一般，墙体高薄，高 6～7 米，内侧为民宅，外侧为荒地和陡崖。南墙长约 87 米，破坏严重，内侧高 1～4 米。西墙长约 38 米，保存较好，墙体高 6 米。北墙长约 57 米，东段墙体有大面积的坍塌，内侧高 0～4 米，外侧在10 米以上，墙体外侧紧邻冲沟边缘。北墙中部有曲折，西段墙体保存相对较好，外侧紧邻冲沟边缘，墙体高 6 米，壁面斜直，保存较好。东北角坍塌。西北角未设角台，仅为转角。

城堡废弃久远，一片荒凉。当地一位 60 多岁的长者回忆，他儿时都未在堡内居住。堡内民宅多废弃、坍塌成平地。目前尚有一户居民居住。

2. 寺庙

泰山庙、龙神庙、关帝庙 位于北堡东墙外，院外东为空地，南为打谷场，西、北为民院。院内北侧建有一排七开间建筑，连接在一起，坐北面南，硬山顶，进深五架梁。七开间隔为 3 座殿，中间和西侧的 2 座面阔三间的大殿为泰山庙和龙神庙，东侧单间为关帝庙。

泰山庙，现已改造，堆有杂草。殿内五架梁上绘沥粉金龙，内壁曾刷白灰浆，白灰浆部分脱落露出壁画，从残存壁画可看出，为泰山圣母故事内容，绘画细腻传神，绘工精湛。

龙神庙，现已改造为猪圈。殿内壁残存有壁画。

关帝庙，坐北面南，面阔单间，硬山顶，进深五架梁。殿已改造，门窗无存，正面供台无存。东墙墙皮中部已脱落，北墙壁画大面积脱落，只有西墙保存完整。西墙表面刷白灰浆，白灰色浆局部脱露，露出底层的壁画。残存的壁画为连环画形式，虽漫漶不清，可辨识原为 4 排 6 列。壁画内容为《三国演义》题材。榜题部分残存，可辨认出"摆鼓圣君""古城聚义""刘先主襄阳赴会""荥阳□太守王植""圣君□庄收关□""洛阳□□福□坦""刘先主败走江陵""曹孟德□□华容"等。

戏楼 清代建筑，位于堡东门外坡道北侧，与泰山庙、龙神庙、关帝庙相对，戏楼处于 1 座大院内，戏楼东侧为该院正门，卷棚顶，广亮门，两侧有山花尚存。大门内墙壁上尚存毛笔题写的告示，时间为"宣统二年"，告示前有几个大字"蔚州正堂徐为"，文中还可见到"禁烟总局"等片语，核心内容已无法连贯释读，此外还有"光绪三年"的字样，但具体内容斑驳不清。

戏楼保存较好,坐南面北,卷棚顶,进深六架梁。砖石台明,高 1.4 米,台明正面包砖,侧面包条石,顶部四周铺石板。前檐柱 4 根,金柱 2 根,柱下石鼓柱础,前檐额枋彩绘斑驳不清。戏台内为土地,隔扇仅存框架,前台东西两侧墙壁上还残存有清末民国时期的屏风式壁画,保存较差,表面多刷白灰浆,漫漶不清。东西山墙山尖各绘三幅水墨人物画。后台正面绘一麒麟兽。后台尚存墨书题壁"西宁县大圪垯班名喜贵""光绪十三年""光绪八年""光绪二十三年"等字样。戏楼两侧山墙圆形山花残存,保存较好。戏楼已经废弃,飞、橡、望板糟朽,顶部长草,瓦件大部分脱落,有漏雨现象。戏楼内堆放谷物壳等杂物。

（二）田家坡村小南堡

小南堡位于北堡南墙外冲沟的东南侧。隶属于田家坡村,虽未独立建制,但形式上已独立成村。村庄选址修建在冲沟的边缘,分为新、旧两部分,新、旧村之间间隔一条浅冲沟。新村位于南部,规模小,东面紧邻冲沟,西、南面相对平坦,辟为耕地。旧村位于北部,即城堡所在地。村庄整体规模小,居民少。

小南堡,位于旧村中,选址修建在台地之上,四面环沟,地势险要。城堡平面呈矩形,周长约 363 米,开南门,堡内平面布局为丁字街结构。堡门建筑无存,现为缺口,南门内为南北主街。

堡墙均为黄土夯筑。东墙长约 97 米,仅存不足 1 米高的基础,破坏严重,现为院墙,东墙内侧为民宅,外侧为耕地。南墙长约 85 米,仅存不足 1 米高的基础,现为民宅占据。西墙长约 95 米,紧邻冲沟边缘修建,墙体低薄、断续,高 0～3 米,内侧为民宅和荒地,外侧为冲沟。由于墙体和冲沟边缘结合在一起,从外侧观察,墙体高约 6～7 米。北墙长约 86 米,破坏严重,墙体低薄,多坍塌,高 0～3 米,内侧为荒地,外侧为冲沟。

东南角设 90°直出角台,高 6 米,体量大,保存较好,为原始高度和壁面,顶部宽平,蔚为壮观。西南角未设角台,仅存转角,高 3 米。西北角无存。东北角无存,现为房屋。

第十六节 任家堡村

一、自然环境与人文历史

任家堡村位于陈家洼乡南偏西 1.7 公里处,属丘陵区。村庄选址修建在平地之上,村南紧邻冲沟,东面不远处亦为冲沟,西、北面为平地,整体地势较平坦,为壤土质,辟为耕地和杏树林。1980 年前后有 335 人,耕地 1 780 亩,曾为任家堡大队驻地。如今,村庄规模不大,民宅分布较乱。北部为新村,南部为旧村,居民较少。新、旧村之间为一条东西向主街,此外还有一条南北向主街贯穿新、旧村庄(图15.16)。

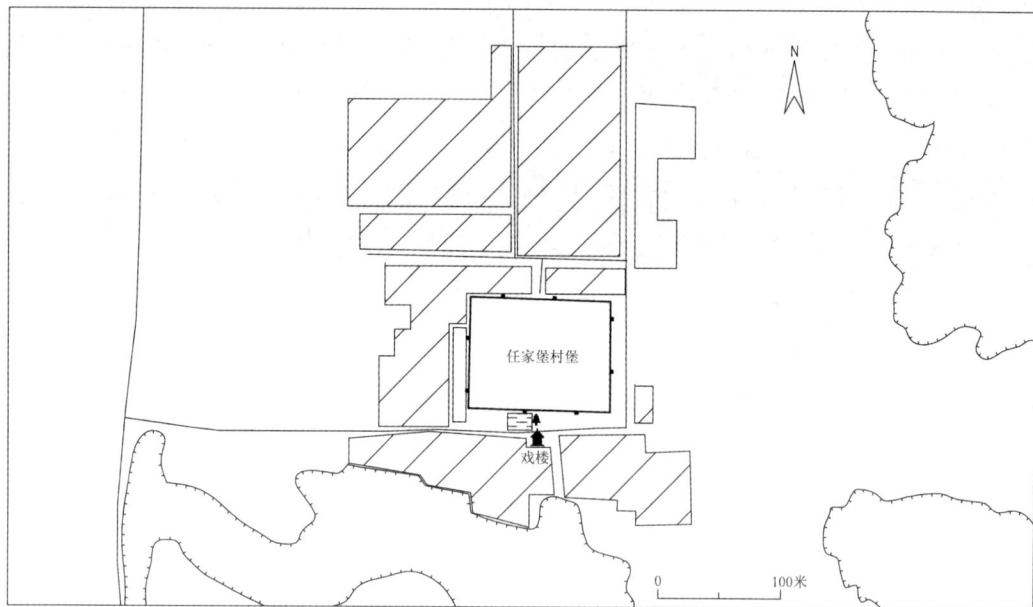

图15.16　任家堡村古建筑分布图

相传,八百年前任姓在此建堡居住,遂得名任家堡。村名最早见于《(光绪)蔚州志》,作"任家堡",《(民国)察哈尔省通志》沿用。

二、城堡

任家堡村堡,位于村庄南部旧村之中。城堡平面呈矩形,周长约408米,开南门,堡内平面布局为南北主街结构。南堡门无存,现为缺口,南门内为南北主街。

堡墙均为黄土夯筑。东墙长约88米,仅存东南角附近墙体,墙体低薄,高3～4米,内侧为民宅,外侧为荒地和树林,东墙北部墙体无存,为民宅占据。南墙长约117米,大部分墙体无存,现为平地,仅存东南角附近墙体,高3～4米,墙体低薄,南墙内侧为民宅。西墙长约88米,墙体低薄,保存较差,高3米。内、外侧均为民宅。北墙墙体无存,为民宅占据。推测原长约115米。

东南角设135°斜出角台,高4米。西南角设135°斜出角台,高5米,四周为民宅所包围。西北角设135°斜出角台,高4米。东北角无存,为民宅占据。

城堡废弃较早,破坏严重。堡内无老宅院遗存。

三、寺庙

戏楼　位于城堡南门外侧。坐南面北,面阔三间,进深六架梁,卷棚顶(彩版15-5)。

戏楼前台置木板封堵，木板上写有"老三篇"部分章节，东侧为"为人民服务"，中间为"纪念白求恩"。前檐柱 4 根，金柱 2 根，擎檐柱 2 根，柱下置石鼓柱础。柱础前雕狮子头，两侧开卯。挑檐木出挑很长，用擎檐柱支撑。砖石台明高约 1 米，台明石条包砌，戏楼内地面条砖铺墁。前檐额枋彩绘全部脱落。戏台内前台两侧山墙绘西式阁楼壁画，前后台以木质六抹方格隔扇相隔，隔扇尚存部分构件，走马板上绘戏剧人物画。后台有壁画多处。戏楼西山墙南部有部分坍塌，屋顶也有部分坍塌，椽头糟朽，勾头滴水部分脱落。前台木板封堵，为村委会库房占用，堆放杂物。戏台对面路北有新建的水池和大树。

第十七节　王家嘴村

一、自然环境与人文历史

王家嘴村位于陈家洼乡南偏东 3 公里处，属丘陵区。村庄选址修建在平地上，周围地势相对平坦，村北、东面临沟靠山崖，西、南面为大面积的平地，黏土质，辟为耕地，村西不远处为大片杏树林。1980 年前后有 386 人，耕地 3 180 亩。曾为王家嘴大队驻地。如今，村庄规模不大，北面为旧村，居民较少。南面为新村，村内为南北主街结构，硬化路面，居民较多。

相传，六百年前，王姓居民在此山嘴处建村，故取名王家嘴。村名最早见于《(乾隆)蔚县志》，作"王家嘴"，《(光绪)蔚州志》则作"王家咀"。

二、城堡

王家嘴村堡位于村西耕地中，堡内外全部开垦为耕地，堡南、北、西面不远处为杏树林。城堡平面呈矩形，周长约 622 米，开南门，堡门建筑无存，现为缺口。

堡墙均为黄土夯筑。东墙长约 152 米，整体向西北方倾斜。墙体低薄，高 2～4 米，墙体内外侧均为耕地，且东南角台北侧的东墙为水渠所破坏，形成一个缺口，东墙内侧墙体下方即为水渠，顺墙根修建。南墙长约 170 米，墙体低薄，高 3～5 米，外侧为行树，不远处为水泥路。西墙长约 154 米，保存较差，墙体低薄多坍塌，外侧高 3～5 米。北墙长约 146 米，保存一般，高 2～4 米。

东南角设 135°斜出角台，保存一般，高 4 米。西南角设 135°斜出角台，高 4 米。

堡内现为耕地，无民宅建筑，废弃时间长，无人知晓。

村北的旧村为民国时期修建。推测为旧堡废弃后所建。这一片宅院并未建堡墙保护,但所有宅院皆向内,形成围屋式庄子,中心形成一片开阔地,只在西侧留有入口,形成了相对封闭的空间。宅院房屋多为土坯修建,院门楼多为青砖所砌。民宅多废弃坍塌为荒地,村民较少。

三、寺庙

戏楼 清末民初建筑,位于旧村中,对面为旧大队部(彩版 15-6)。戏楼保存较好,坐南面北,面阔三间,硬山顶,台明高 0.5 米,外侧包砖多有脱落。戏楼已经废弃,前檐下用土坯墙封堵,改造为仓库。从建筑风格来看,戏楼应是民国时期修建的。

第十八节　李　家　楼　村

一、自然环境与人文历史

位于陈家洼乡东南偏南 4.1 公里处,位居陈家洼乡东南一隅,南为南岭庄乡甘庄子村,东为西合营镇莲花池村,处于三乡镇的交界处,属丘陵区。村庄修建在平地上,村南、东、北面不远处均为宽大幽深的冲沟,西面为平地,地势较平坦,村周围为壤土质,辟为耕地和杏树林。1980 年前后有 343 人,耕地 2 640 亩,曾为李家楼大队驻地。如今,李家楼村规模较小,平面呈东西主街结构,两侧为大小宽度不等的南北向巷子,村西部为新村,东北部为旧村。本村所在位置相对闭塞。北侧有土路去王家嘴村,南下也有一条土路通甘庄子村。

相传,明初时李姓居民在此建堡居住,于堡围高处筑设岗楼护村,故以此取村名李家楼。村名最早见于《(乾隆)蔚县志》,作"李家楼",《(光绪)蔚州志》《(民国)察哈尔省通志》沿用此名。

二、寺庙

李家楼村未曾修建有城堡。旧村东部现存三元庙、戏楼。

三元宫 位于旧村东侧,为 1 座独立的庙院。砖式小门楼 1 座,两扇门板上刻有"李家楼三元宫"字样。院子内为砖铺地面,设有甬道,十分气派。院内北侧为正殿,基础高 0.5 米,通体包砖,南面修有踏步。正殿坐北面南,面阔三间,硬山顶,进深五架梁出前檐廊。正殿原为 3 座庙,东殿为关帝庙,中殿为三官庙,西殿为龙神庙。现已改造,隔墙被拆,顶部修建有吊顶,曾改作教室使用,东山墙已改为黑板,西山墙壁画尚存。殿内壁被白灰浆覆盖,墙壁上的壁画漫漶,应是清末民国时期所作。

关帝庙,位于三元宫西殿,正壁绘有《关帝坐堂议事图》,关帝背后是两位侍童,两侧分别为左丞相陆秀夫、右丞相张世杰,其外侧还各有一位持书卷的文书。壁画的背景为五折屏风。关帝庙东墙已改为黑板,壁画全毁。

三官庙,正壁绘有《三官坐堂议事图》,正中西侧为水官,正中为天官,东侧为地官,水官、天官、地官皆戴冠冕,着官袍,官袍依次为红色、绿色与蓝色。天宫两侧各立一位侍从。三官外侧各立有一位持剑武将,武将上方各有两位端宝物的随从。

龙神庙,东墙已拆除,仅存后墙与西墙。正壁绘《龙母龙王坐堂议事图》,正中为龙母,龙母后侧为持扇随从,龙母东侧为两位龙王,西侧为龙王与雨师。画的上部,西侧依次有两位青苗神、钉耙神、电母、虹童、两位功曹,东侧依次为令旗官、风婆、风伯、雷公、四目神、两位功曹。西壁绘《雨毕回宫图》,但画面已模糊不清,可看清内侧为水晶宫,水晶宫顶上为飞奔而回的传旨宫,画上部还有四值功曹。

戏楼　清代建筑,位于三元宫庙院内正殿对面。戏楼保存较好,坐南面北,面阔三间,卷棚顶,进深六架梁。砖石台明高 1.5 米,台明外立面包砖,顶部四周压阑石为青砂石板,中部砖墁,保存较好。前檐柱 4 根,金柱 2 根,擎檐柱 2 根,柱下石鼓柱础。前檐额枋尚存彩绘,前檐下挑檐木挑出只有三分之一长度。山墙为土坯墙,外部贴砖,后墙为土坯墙。戏楼内尚存有木质隔扇和壁画。戏楼前檐下用木板封堵,改造为库房,内存杂物,整体保存较好,仅部分瓦件脱落。

第十九节　曲　家　庄　村

一、自然环境与人文历史

曲家庄村位于陈家洼乡西南偏南 3 公里处,属丘陵区,地势西高东低。村庄选址修建在平地上,北面紧邻冲沟,东、西、南面为平地,为壤土质,辟为耕地和杏树林,耕地少,杏树林多。1980 年前后有 217 人,耕地 1 920 亩,曾为曲家庄大队驻地。如今,村庄规模小,由 5 条南北主街组成,南部为新村,北部为旧村,居民较少。旧村内尚存 2 座砖砌门楼。

相传,明成化年间为曲姓富户的庄子,故取名曲家庄。村名最早见于《(乾隆)蔚县志》,作"曲家方庄",《(乾隆)蔚州志补》《(光绪)蔚州志》沿用,《(民国)察哈尔省通志》改作"曲家庄"。

二、寺庙

曲家庄旧村未曾修建城堡,旧村口东侧有二株松树,北侧有一株松树,松树边修建有寺庙,但已无人知晓。

小庙 位于村口,一条南北主街的西侧,庙仅存正殿,坐北面南,面阔单间,硬山顶,出前檐廊(彩版15-7)。门窗已经改造,殿内已改作为作坊使用,无壁画和彩绘遗存。

第二十节 其 他 村 庄

一、双井山村

双井山村位于陈家洼乡西偏北3.7公里处,属丘陵区。地势西高东低。村庄选址修建在平地上,南、北两侧不远处为宽大的冲沟,西侧靠山也有多条小冲沟,村中亦有冲沟,只有东面地势相对平坦,村庄附近为壤土质,辟为梯田耕地、果树林。1980年前后有298人,耕地2 290亩,曾为双井山大队驻地。如今村庄较小,东部为新村,中西部为旧村。旧村口尚存有1座麻黄坑,水坑周边群树环绕。居民较少,民宅以窑洞为主,多废弃、坍塌。234乡道穿村而过。村中无城堡和寺庙遗存。

相传,约一千年前建村于山湾处,因村后有两眼井,遂得村名双井山。村名最早见于《(嘉靖)宣府镇志》,作"双井",《(乾隆)蔚县志》作"双井山",《(光绪)蔚州志》《(民国)察哈尔省通志》沿用。

二、白庄子村

白庄子村位于陈家洼乡西偏北6.4公里处,属浅山区,地势南高北低。村庄选址修建在山坡上,东侧紧邻冲沟,北侧为山坡,西南侧不远处亦为冲沟,周围地势狭小,辟为梯田,为沙土质。1980年前后有262人,耕地1 430亩,曾为白庄子大队驻地。如今村庄规模小,民宅以窑洞为主,居民少,房屋大部分废弃坍塌,仅有几户居民,村庄基本废弃。153乡道穿村而过。白庄子村是山中的要道,往西北方向可去南、北山西岭,往西南方向可达大岳家山。

相传,500多年前此地是王姓富户王十万的庄子,故名王庄子。后白姓增多,王姓没落,更名为白庄子。村名最早见于《(民国)察哈尔省通志》,作"白庄子"。

三、吕庄子村

吕庄子村位于陈家洼乡西偏北7.5公里处,属浅山区,地势西高东低。村庄修建在山坡上,南、北、东面不远处均有冲沟,只有西面相对平缓,为山坡,村附近为沙土质,辟为梯田。1980 年前后有 123 人，耕地 790 亩，曾为吕庄子大队驻地。如今，村庄规模小，房屋多废弃坍塌，只有几户居民居住，村庄基本废弃。

相传，清康熙十一年（1672）该村曾是当地富户吕百万的庄子，故得名吕庄子。但是蔚县各版方志中失载。

四、坐坡村

坐坡村位于陈家洼乡西偏南 5.3 公里，属丘陵区。地势北高南低。村庄选址修建在大山深处的山坡之上，处山南坡，村东、西两侧均有冲沟，村南部沟壑纵横，为芦子涧水库的上游地区，向南流入芦子涧水库。村庄附近为沙土质，辟为梯田。1980 年前后有 278 人，耕地 1 170 亩，曾为坐坡大队驻地。

相传，原为本县芦子涧魏姓大户的庄子。明末建村于台子山南半坡上，故得村名坐坡。村名最早见于《（民国）察哈尔省通志》，作"坐坡村"。如今村庄规模小，民宅多为窑洞式，民宅多废弃坍塌，居民少。村内有一条南北主街，主街东侧尚存有 20 世纪六七十年代修建的剧场，剧场两侧尚存楹联"乐声中宣古颂今，迎来曙光春满园"。剧场原址是 1 座戏楼，拆毁后修建剧场。剧场前为空地，修建麻黄坑，水塘周边大树环绕。当地长者回忆，坐坡村曾建有龙神庙与五道庙，现已无存。村中尚存一户老宅院，保存较好，随墙门，正房面阔五间，应是村中最富有的大户居民所建。

五、邓家泉村

邓家泉村选址修建在山坡之上，附近多冲沟，规模小，村四周多辟为梯田。村庄只有 1 户居民居住。村西山沟中有大理石矿，只有开矿的矿工在此居住。该村在蔚县各版方志中失载。

六、大岳家山村

大岳家山村位于陈家洼乡西偏南 9.1 公里处，属浅山区。地势东低。村庄处神仙岭东北，选址修建在山顶平地上，村北、东、西均为冲沟，只有南面稍微平缓，村附近为沙土质，辟为梯田。1980 年前后有 388 人，耕地 2 290 亩，曾为大岳家山驻地。如今，村规模较大，民宅多废弃、坍塌，居民较少，多已迁出大山，只有个别的窑洞尚有村民留守。村南建有矿场。大岳家山位于陈家洼乡的最西端，向北沿一道山梁可达山西岭，向南可进入白草窑乡，虽现居深山之中，明清时期应是北上阳原的要道之一。

相传，约在 1 300 年前，曾有一岳姓居民傍山建村，遂取名岳家山。后为区别于小岳家山，而更名为大岳家山。村名最早见于《（民国）察哈尔省通志》，作"岳家山"。

第十六章 黄 梅 乡

第一节 概 述

　　黄梅乡地处蔚县东北部壶流河东岸,东与吉家庄镇为邻,西同陈家洼乡隔河相望,北与北水泉镇接壤,南与西合营镇交界,面积72.7平方公里。1980年前后有10 229人。如今全乡共17座村庄,其中行政村15座,自然村2座(图16.1)。

　　全乡地处丘陵,北靠赐儿山,定安河横贯南域。东北高,西南低,水土流失严重,水资源缺乏。经济以农业为主,兼有工副业。1980年前后有耕地45 346亩,占总面积的41.6％。其中粮食作物38 100亩,占耕地面积的84.1％;经济作物7 246亩,占耕地面积的15.9％。1948年粮食总产399万斤,平均亩产79斤。1980年粮食总产806万斤,平均亩产219斤。主要粮食作物有谷、玉米、黍。宣涞公路(宣化—涞源)纵贯乡境西部边缘。

　　黄梅乡现存古建筑丰富。历史上城堡19座,现存18座;观音殿11座,现存6座;关帝庙8座,现存4座;真武庙8座,现存1座;龙神庙11座,现存7座;戏楼13座,现存12座;泰山庙2座,现存2座;三官庙2座,现存1座;五道庙4座,无存;马神庙5座,现存4座;佛殿1座,现存1座;玉皇庙1座,现存1座;白娘娘庙1座,现存1座;阎王殿2座,现存2座;灯山楼1座,现存1座;地藏殿1座,无存;其他寺庙2座,现存1座。

第二节 黄梅乡中心区(黄梅村)

一、自然环境与人文历史

　　黄梅村位于蔚州古城东北偏北29.3公里处,南靠定安河,属河川区,北依定安河河川北侧台地,冲沟纵横,东、南、西三面较平坦,附近为黏土质,北、东为杏树林,南、西辟为耕

图 16.1　黄梅乡全图

地。G109 国道从村西经过,153 乡道穿村而过。1980 年前后有 1 507 人,耕地 4 900 亩,曾为黄梅公社、黄梅大队驻地。如今黄梅村规模大,居民较多(图 16.2)。

据《黄梅寺重修碑记》载,元代时黄梅村原为沈公村,黄梅寺原名羌元寺,因寺内每年农历四月两株黄梅花盛开,寺僧验公禅师视为祥兆,故上奏朝廷,将羌元寺改名为黄梅寺,

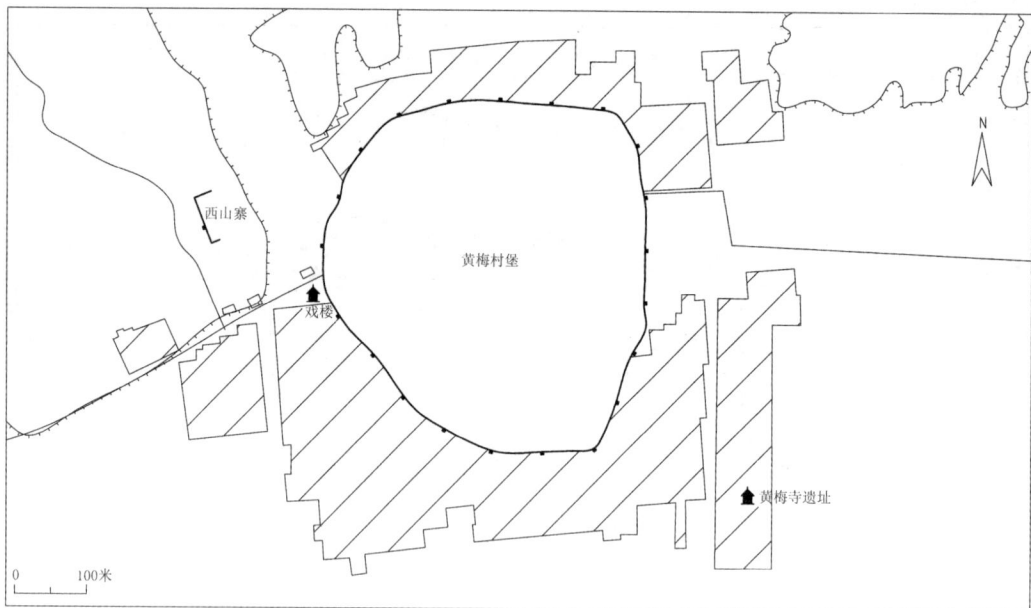

图 16.2　黄梅乡中心区古建筑分布图

村名也即随寺名而改。1966 年简称为黄梅。村名最早见于《(正德)宣府镇志》,作"黄梅寺堡",《(嘉靖)宣府镇志》作"黄梅",《(崇祯)蔚州志》《(顺治)云中郡志》《(顺治)蔚州志》均作"黄梅寺堡",《(乾隆)蔚县志》作"黄梅寺",《(光绪)蔚州志》《(民国)察哈尔省通志》沿用之。

二、城堡与寺庙

(一)西山寨

西山寨位于黄梅村西,柏油路北侧的山顶上,居高临下,与黄梅村堡互为犄角。寨东、南、西、北四个方向均为冲沟。寨规模较小,平面呈矩形,周长残长 97.7 米,寨门推测开南或东门。寨墙均为黄土夯筑,目前仅存南、北寨墙部分墙体。西墙全部墙体,长约 62 米。东墙为洪水所冲毁。现存寨墙墙体连贯,较低矮,高 2~3 米,保存较差,呈土垄状。寨内为荒地。

(二)黄梅村堡

1. 城堡

黄梅村堡位于黄梅村中部,范围包括现今村庄大部分区域。城堡北靠台地,南临定安河,平面近似圆形,较为少见,周长 1 480 米,开设东、西、南门,堡内平面布局为丁字街结构(图 16.3)。其中东西向主街也是现今从黄梅乡到吉家庄镇的主要公路,即 153 乡道所经之地。

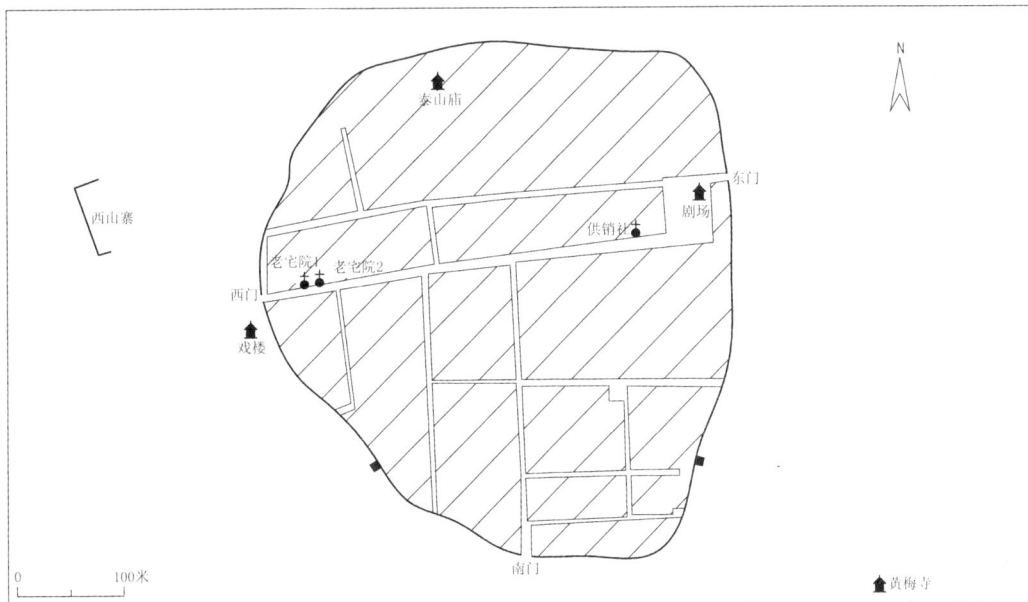

图 16.3　黄梅村堡平面图

　　城堡东门无存,现为较大的缺口,东门外侧建有卫生院,门内有 20 世纪六七十年代修建的剧场,即黄梅剧场,东门内侧主街北侧保存有供销社院。城堡西、南门建筑无存,现为较大的缺口。南门内为南北主街,门外为一株干枯的大树。

　　堡墙均为黄土夯筑。东墙北段保存一般,墙体高薄、连贯,高 3～10 米,内、外侧均为民宅。东墙南段保存较差,墙体低薄,有多处缺口,墙体高 0～4 米,墙体内侧为民宅,外侧为顺墙道路。近东南角的墙体上设有 1 座马面,体量小,高 4 米。南墙保存较差,墙体低薄、断续,墙体上有两次修建的痕迹,内侧为民宅,外侧为道路。西墙南段保存一般,墙体低薄、连贯,高 1～4 米,墙体高低起伏不平,内侧为民宅,外侧为顺墙道路,近西南角设有 1 座马面,高 5～6 米,高于墙体,保存较好。北段保存一般,墙体高薄、连贯,高 3～7 米,内侧为民宅,外侧为顺城墙道路、荒地和耕地。西墙上设 1 座马面,保存一般,与墙同高。北墙西段保存一般,高 2～5 米,墙体高薄,内侧为民宅,外侧为顺城道路和民宅,墙外民宅边遗留有石牌坊上的构件。北墙东段墙体坍塌较为严重,墙体低薄,高 0～3 米,部分区域形成缺口,墙体内侧为民宅,外侧为道路。

　　东南角台无存,为新建的房屋侵占。西南角未设角台,仅为转角,高 3 米左右。西北角未设角台,仅为转角。东北角呈圆弧状,未设角台,墙体高薄,高 5～6 米。

　　城堡内的老宅院主要集中在中心街北侧,目前仅存 2 座,即老宅院 1、2,为新中国成立前后修建。

2. 寺庙

黄梅堡曾修建有泰山庙、黄梅寺、剧场（戏楼）、戏楼、真武庙、关帝庙、龙神庙、三官庙、观音殿。除泰山庙外，上述寺庙皆毁于20世纪50年代末。

泰山庙　位于堡北墙内1座高台之上，历史上为1座庙院，曾经归大队管理使用，院内为砖铺地面，山门和院墙无存，高大的台阶直通台顶（彩版16-1）。泰山庙尚存前殿、正殿，分布在一条南北向中轴线上，两殿之间西有配殿1座，均已改造为民宅。

前殿，保存较好，基础较高，前后二层月台，将殿渐次抬高，前月台设八步砖砌台阶，后月台设五步砖式台阶。前过殿坐北面南，面阔三间，硬山顶，进深六架梁。殿内山尖绘画残存，绘有"耕、读、渔、樵"。门窗已经改造。

正殿主体结构保存较好，坐北面南，面阔三间，硬山顶，进深六架梁出前檐廊。用材硕壮规矩，五架梁承三架梁，梁架间施驼峰，驼峰为梯形，未作任何雕饰。用材脊步、檩、垫枋三件，金步二件。前檐下置三踩斗拱，外出一跳，柱头科四攒，平身科每间各二攒，斗拱蚂蚱头后为穿插枋与金枋连接，柱头抹斜面。勾头饰龙，滴水为凤，建筑等级颇高，明式作法。脊顶上有绿色琉璃瓦拼接的图案装饰，屋顶的瓦当和滴水为琉璃制，较为少见，可见此泰山庙规制较高。正殿前有水泥水池，正殿门窗无存，内堆放杂物，殿内墙壁上有清末民国时期的壁画，但是因表面涂刷白灰浆而漫漶不清。两侧山尖壁画尚存，绘有"耕、读、渔、樵"。殿内梁架上也有彩绘，但破坏严重。西配殿原为硬山顶建筑，面阔三间，南侧一间已被拆毁。

黄梅寺　位于黄梅村堡东门外，为十里八乡著名的佛寺，近代曾经作为黄梅小学使用。《(民国)察哈尔通志》记载："黄梅寺，在黄梅村，创建于元，明成化、嘉靖、天启中重修，面积二十亩，正殿、配殿共二十四间，尚完整。"寺庙内保存有明嘉靖十七年（1538）的《黄梅寺重修碑记》[1]，碑文记载了寺庙的历史与得名缘由。如今当地居民在黄梅寺旧址上新建1座佛堂，并计划募捐重建黄梅寺。

剧场（戏楼）　位于东门内侧，正对龙神庙，为在旧时戏楼旧址上修建。

戏楼　清代建筑，位于西门外侧柏油路南侧，北对关帝庙（彩版16-2）。戏楼坐南面北，面阔三间，进深六架梁，单檐卷棚顶，台明较低，台明顶部四周铺有石板，前台柱为墩接柱，鼓形柱础，厚实的长挑檐木挑出前檐。两山墙外镶圆形砖雕卷草山花图案。前檐额枋上还有民国时期的彩绘，斑驳不清。戏楼内堆放杂物。隔扇仅存框架。东侧立柱背面写有光绪二十年（1894）的墨书题字（彩版16-3）。顶部脊檩有彩绘《八卦图》。楼内壁画保存较好。前台东、西两壁绘西式楼阁，其中东壁绘一幅勾栏草台的戏剧演出场景，为研究戏剧演变提供了珍贵的实物资料（彩版24-13）。后台墙壁上保存多处清晚期的演出题壁，其

---

〔1〕　刘国权：《佛寺与蔚州传统文化》，中国文史出版社，2006年，第236页。

中纪年题壁以光绪时期为主,如"光绪二十八年""光绪三十一年"(彩版16-4、5)。正壁绘3位戏曲人物,即吕布王允"凤仪亭",题壁有"盖七省、一千红",其中盖七省曾入宫为慈禧唱过御戏。

真武庙　位于北墙上,旧时修建有庙台,已拆毁无存。

关帝庙　位于西门外,与戏楼相对,现已无存。

龙神庙　位于东门内,现已无存。对面曾建有戏楼,现为剧场。

三官庙、观音殿　位于堡内,现已无存。

第三节　常　胜　疃　村

一、自然环境与人文历史

常胜疃村位于黄梅乡东偏南1.8公里处,南临定安河,属河川区。村北侧为河岸丘陵,沟壑纵横,村东、西、南面地势平坦,一马平川,黏土质,开辟为耕地。1980年前后有723人,耕地3 199亩,曾为常胜疃大队驻地。如今,村庄规模较大,由一条东西向不规则的中心街(即153乡道)和两条南北向街巷组成,居民较多。居民以张、李姓为主(图16.4)。

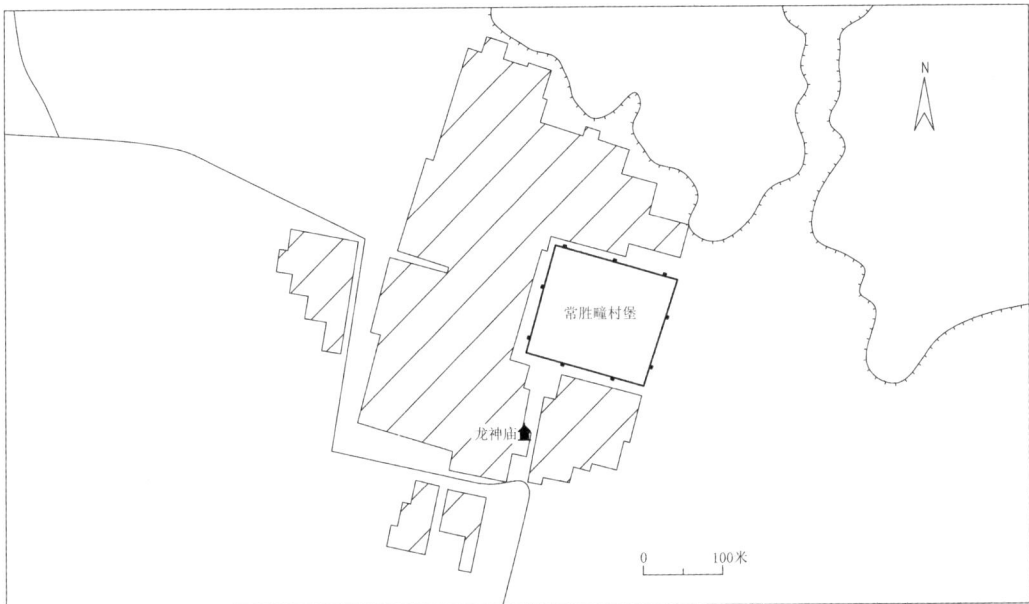

图 16.4　常胜疃村古建筑分布图

相传,明正德十二年(1517)建村,以本县大蔡庄李长胜曾在这里种地居住为据,而取村名长胜堡,后更名为常胜疃。其为明代所建立的蔚州九皂十八疃之一,属 1 座军事屯兵村庄。村名最早见于《(正德)宣府镇志》,作"长神町堡",《(嘉靖)宣府镇志》作"长神",《(崇祯)蔚州志》作"常胜疃堡",《(顺治)云中郡志》作"长胜疃堡",《(顺治)蔚州志》作"常胜疃堡",《(乾隆)蔚县志》《(光绪)蔚州志》《(民国)察哈尔省通志》作"常胜疃"。

二、城堡

常胜疃村堡位于村庄中东部。城堡规模较小,平面呈矩形,周长约 583 米,堡内平面布局为三条十字街结构(图 16.5)。

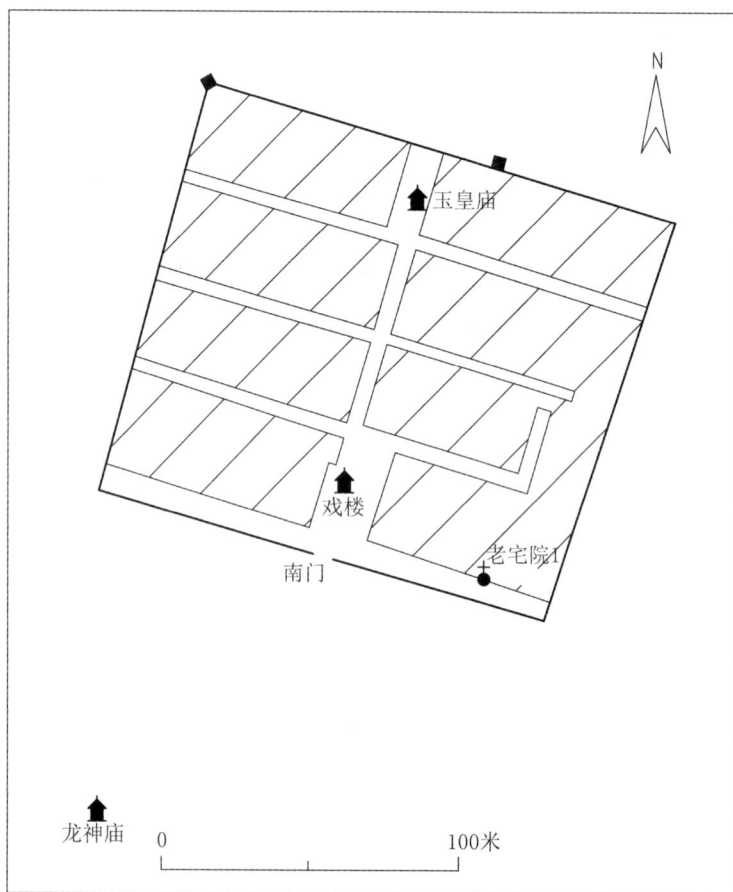

图 16.5　常胜疃村堡平面图

城堡开南门。南门保存差,仅存西侧墙体,其余墙体无存。堡门毁于 20 世纪 80 年代初期。据村中杨玉仰老人回忆,南门匾上的字为"常胜堡","正德二年建"。南门门道被新挖的排水沟所破坏，门内建有戏楼，正对堡门。南门内的南北主街也因此从戏楼的东侧绕行。

堡墙均为黄土夯筑。东墙长约 136 米，保存较差，墙体低薄、连贯，仅存 2 米高的基础，上面修建房屋，墙体外侧为耕地。南墙长约 152 米，现存为 2 米高的基础，保存差，外侧为顺城道路，内侧为顺城路和民宅。西墙长约 136 米，保存一般，墙体低薄，墙外总高 5～6 米，自身高 3～4 米，墙体内侧为民宅，外侧为顺城路和民宅。北墙长约 159 米，保存较差，墙体低薄，断断续续，仅存基础，上面修建房屋，墙体高 2～4 米，外侧为顺墙道路和民宅，内侧为民宅。北墙偏东设有 1 座马面，保存较差，高 3～4 米，北墙外为新村。

东南角仅存转角。西南角坍塌，高 3～4 米，保存较差，西南有一麻黄坑。西北角设 135°斜出角台，保存较差，体量小，高 4～5 米，外侧紧邻房屋。

堡内民宅中老宅院数量较少。老宅院 1，位于堡内东南角，前后两进院，保存一般。宅门保存较好，尚存木雕装饰。前院较新，院内开凿有水井。后院为旧构，砖铺地面。

三、寺庙

堡内曾修建有龙神庙、戏楼、玉皇庙、马神庙、真武庙、观音殿、五道庙（2 座）。

龙神庙　位于堡南门外南侧坡地上，仅存正殿，已废弃。正殿坐北面南，硬山顶，面阔三间，进深六架梁出前檐廊，未设挑檐木。殿东侧山墙外砖已脱落，两侧墀头、戗檐砖雕尽毁。屋檐有部分坍塌，门窗已改造，前檐额枋残存有民国时期的彩绘，殿内堆放杂物。墙壁表面涂刷白灰浆，壁画未知。

戏楼　清代建筑，位于城堡南门内偏东南方向。现为 1 座双面戏楼，南对堡门外倒座观音殿，北与北墙的真武庙、玉皇庙遥相呼应。砖石台明高 1.1 米，台明顶部铺砖，四周为压檐石。戏楼面阔三间，进深六架梁，单檐卷棚顶，山墙土坯垒砌，外部表砖，山花为圆形卷草。前后各四根檐柱，南、北两面八个石柱础浮雕图案精美。阑额、雀替彩绘，柱子、梁架、檩条、望板等均油饰。前后均置较长的挑檐木。戏楼内东、西山墙上部各有三幅山水画，下部各绘八扇屏风工笔画，为清末民国时期的作品，屏风上诗画合一，颇有意境。山水、花鸟、树木、楼阁、图案精美。其中一幅"孤舟蓑笠翁，独钓寒江雪"可辨。其他由于字迹潦草，加之损毁严重，难以一一辨识。

玉皇庙　位于北墙内侧，墙下仅存 1 座台明，台明上残大殿东墙，坐北面南，与南门内的戏楼相对。

马神庙　位于堡内东侧，现已无存。

真武庙　位于北墙马面上，现已无存。

观音殿　位于堡南门外，现已无存。

五道庙　2座,1座位于堡外东路口拐角处,1座在其南侧。均已无存。

第四节　定安县村

一、自然环境与人文历史

定安县村位于黄梅乡东南4.2公里处,属河川区。地理位置优越,背山面水,地势平坦。村庄选址修建在河川内。村北临沟坡,为层层的台地,南为广袤的定安河水系,村庄周围为黏土质,辟为耕地。1980年前后有660人,耕地2 957亩,曾为定安县大队驻地。如今村庄规模大,有200多户,600多人,以赵姓为主。村庄布局以旧村堡为中心,四面修建新村,新村主要分布在城堡的东、西两侧,153乡道从堡南门外经过,东、西连接吉家庄和黄梅(图16.6)。

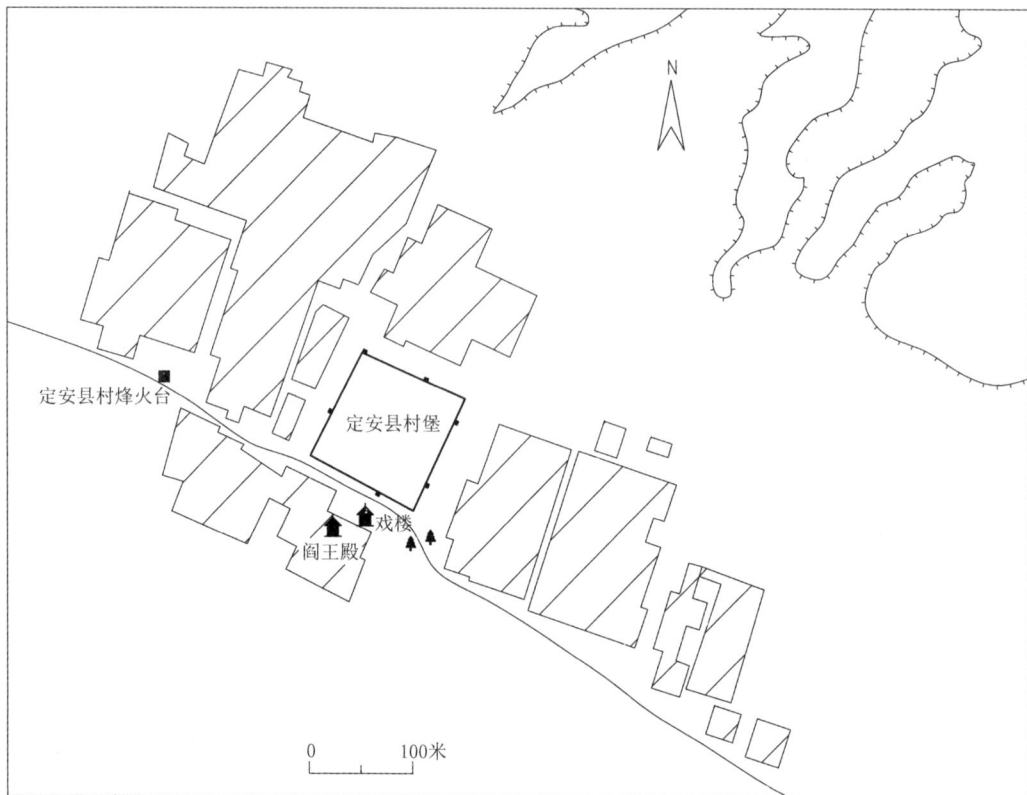

图16.6　定安县村古建筑分布图

相传,辽、金、元时为定安县,定安州治。明洪武年间县、州废后,村名仍用定安县。金代皇统进士、太原府尹牛德昌生于此村。村内古迹颇多,文脉相承。汉代当城即在村东南古城周围。西为辽、金、元时期的县城故址。村名最早见于《(嘉靖)宣府镇志》,作"定安",《(乾隆)蔚县志》作"定安县",《(光绪)蔚州志》《(民国)察哈尔省通志》沿用。

二、城堡

定安县村堡位于村中。城堡平面呈矩形,周长约 444 米,开南门。

堡门建筑无存,仅存东侧门体,高约 8 米。当地长者回忆,旧时南门为砖券门,上面镶嵌匾额,正题"定安县",今匾已无存(彩版 16-6)。堡内为南北主街结构,但布局破坏严重(图 16.7)。

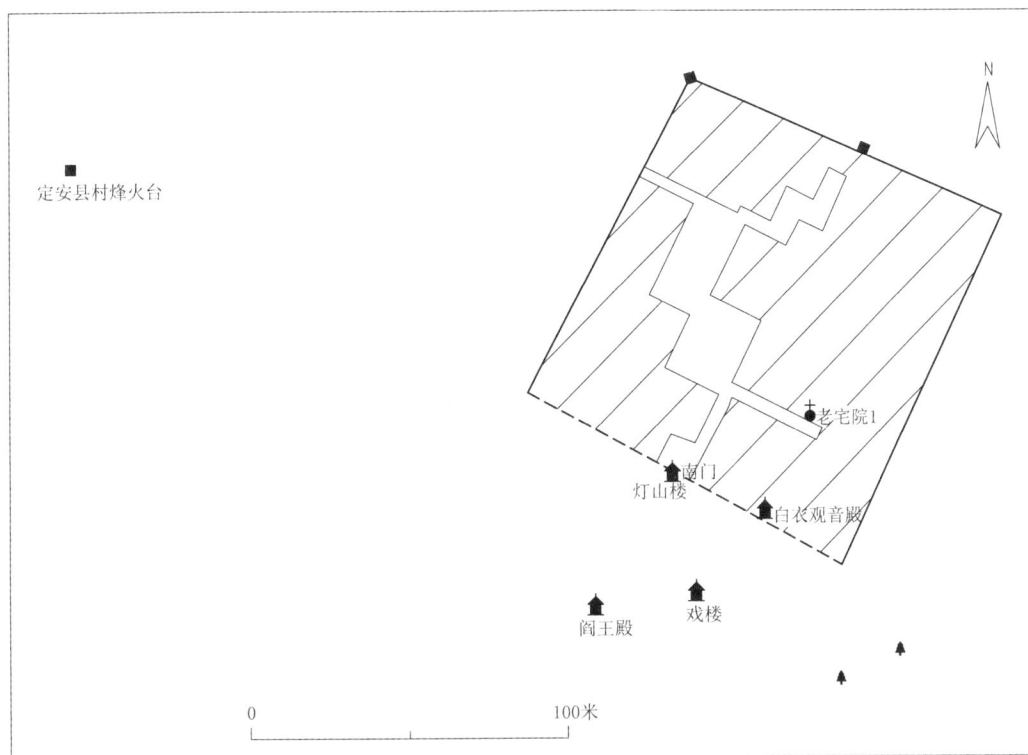

图 16.7　定安县村堡平面图

堡墙均为黄土夯筑。东墙长约 116 米,现存为高 1～2 米左右的基础,墙体破坏严重,上面修建房屋,墙外为荒地、小路,不远处为新村。南墙墙体无存,推测原长 112 米。西墙长 107 米,保存一般,墙体北半部高 2～4 米,内侧为民宅,外侧为顺城道路和耕地,南半部墙体无存,现为民宅占据。北墙长约 109 米,保存较好,墙体高薄、连贯,高 5～7 米,外侧为顺城道路和荒地,内侧为民宅。北墙中部设有 1 座马面,方形,高 7～8 米,高于墙体,保存较好。

东南角无存,角外路边长有两株大树。西北角设135°斜出角台,高3～4米,坍塌严重。东北角仅存转角,未设角台,高4～5米。

堡内民宅中老宅院较少。老宅院1,位于主街东侧一条巷内,宅门为单檐硬山顶,广亮门,保存较好,木雕装饰尚存,门内紧邻垂花门,附近开凿有水井,二道院正房与厢房保存尚好。此外,堡内还有1座老宅院2,随墙门,保存较好。

定安县村烽火台　位于城堡西侧。原建有围墙,现已坍塌,仅存台体。烽火台高5～6米,原为方形,现坍塌一半,顶部尚存有瓦片,推测顶部曾修建有庙宇。

三、寺庙

寺庙主要分布在南门外周边,旧时曾修建有龙神庙、南海大寺、白衣观音殿、阎王殿、灯山楼、戏楼。

龙神庙　位于南门外东侧,紧邻城墙,庙宇于2008年坍塌,龙神庙对面为戏楼。

南海大寺　位于阎王殿南侧,现已无存。

白衣观音殿　位于堡南墙东段内侧,南临153乡道(彩版16-7)。如今仅存正殿。正殿坐北面南,面阔三间(座二破三式),硬山顶,进深六架梁出前檐廊,前台明压檐石铺石条。后墙坍塌,东墙外包砖塌毁,前檐墙亦毁。正面门窗无存,用土坯砌墙封堵,并开有一门。仅存的西墙,山墙上嵌菱形砖雕山花。屋顶正脊和瓦破坏较重,梁架上的彩绘全部脱落,殿内堆放杂物。殿东有数人合围的古柳二株。

阎王殿　清代建筑,位于堡南门外南侧偏西,戏楼西南侧,现存正殿1座。其曾改作为学校使用,殿内墙壁上尚有黑板。正殿坐北面南,面阔三间,单檐硬山顶,进深五架梁,置人字插手。五架梁上绘二金龙、牡丹,脊檩彩绘《八卦图》。正殿西山墙塌毁,门窗无存,仅存框架,前檐额枋上残存有清末民国时期的彩绘,彩绘多已脱落,殿内梁架表面大部分涂为红色,墙均为土坯垒砌。墙壁表面涂刷白灰浆,东墙脱落的墙皮上尚残存有壁画,山尖水墨画尚存。

灯山楼　位于定安县村堡南门外西侧,紧邻南墙,原为清代建筑,如今在原有的基础上翻修(彩版16-8)。整体坐北面南,结构做法较简单。为三檩二架椽屋,单坡顶,面阔一间,进深一间,土坯山墙,台明四周所铺自然石部分脱落。台明长3.8米,宽2.8米,场地面积10.64平方米,历史上每年正月十五前后三天摆灯盏360盏灯,闰月年摆390盏,祈求风调雨顺、五谷丰登、天下太平。

戏楼　位于城堡南门外侧,保存较好,坐南面北,对面原有龙神庙,现已倒塌。现戏楼前台口木板封口。台明由青砖和石条砌成,外侧包砖,顶部四周条石铺砌,高1.3米。戏楼单檐卷棚顶,面阔三间,进深六架梁,前后台置通天柱。山墙圆形山花保存较好,戗檐的砖雕装饰尚存。东山墙表面尚存红油漆写的"毛主席万岁"几个大字。挑檐木伸出较多,并有擎檐柱支撑。前檐额枋上残存有清末民国时期的彩绘。前台两侧墙壁绘六扇屏风壁画,为清末民国时期的作品,屏风上半部绘人物故事,下半部绘各类不同的花草(彩版24-14、15)。山尖绘画清晰完整,人物形象惟妙惟肖。隔扇仅存框架,走马板共有七幅彩绘,中间三幅,两侧通道各两幅,走马板上绘戏剧人物故事(彩版24-16、17)。后台正中墙上绘一麒麟,回首望月,身下为八宝,麒麟背上的题壁有"盖七省、一千红在此一乐,洪宪元年六月","光绪二十二年""文蔚班""宣统三年六月"等字样(彩版16-9、10)。

第五节　西　洼　村

一、自然环境与人文历史

西洼(宎)村位于黄梅东偏南4.6公里处,属丘陵区,村庄选址修建在定安河川北岸台地边缘。村东南、南侧有冲沟,东、西北侧不远处为宽大的冲沟。周围地势整体平坦、开阔,为壤土质,辟为耕地和杏树林。1980年前后有271人,耕地1 537亩,曾为西洼大队驻地。如今村庄规模较小,分新、旧两部分,新村在西部,旧村在东部(图16.8)。

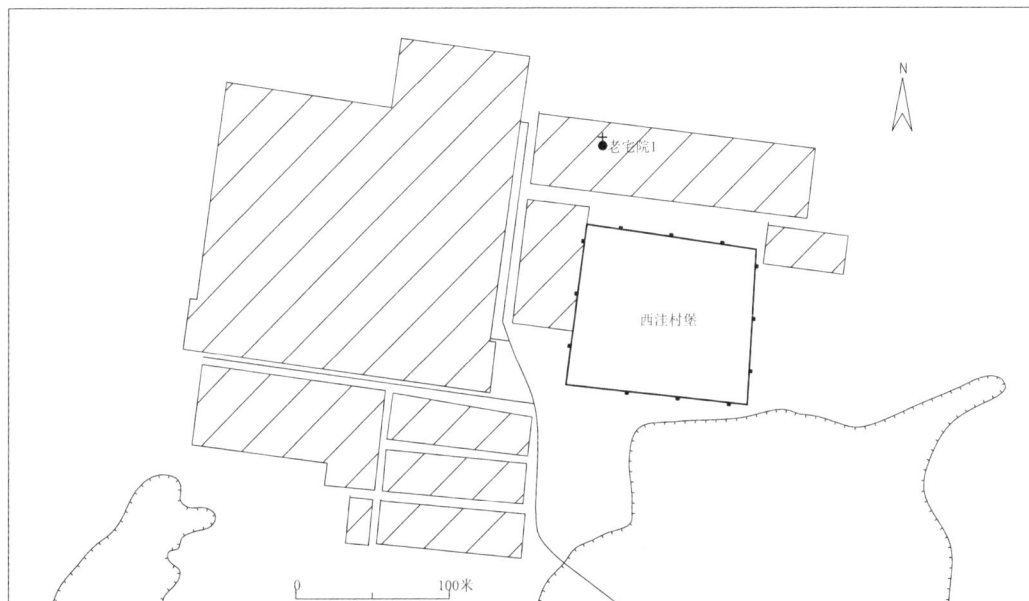

图16.8　西洼村古建筑分布图

相传,本村原为本县大蔡庄之种地庄子。明嘉靖年间建村,因位于大蔡庄西,且地势低洼,故取村名西洼(宓)。村名最早见于《(乾隆)蔚县志》,作"西宓里",《(光绪)蔚州志》作"西洼里",《(民国)察哈尔省通志》作"西宓里"。

二、城堡

西洼村堡位于旧村内,堡东南临冲沟。城堡平面呈矩形,周长约 434 米,规模小,堡内平面布局为南北中心街结构(图 16.9)。

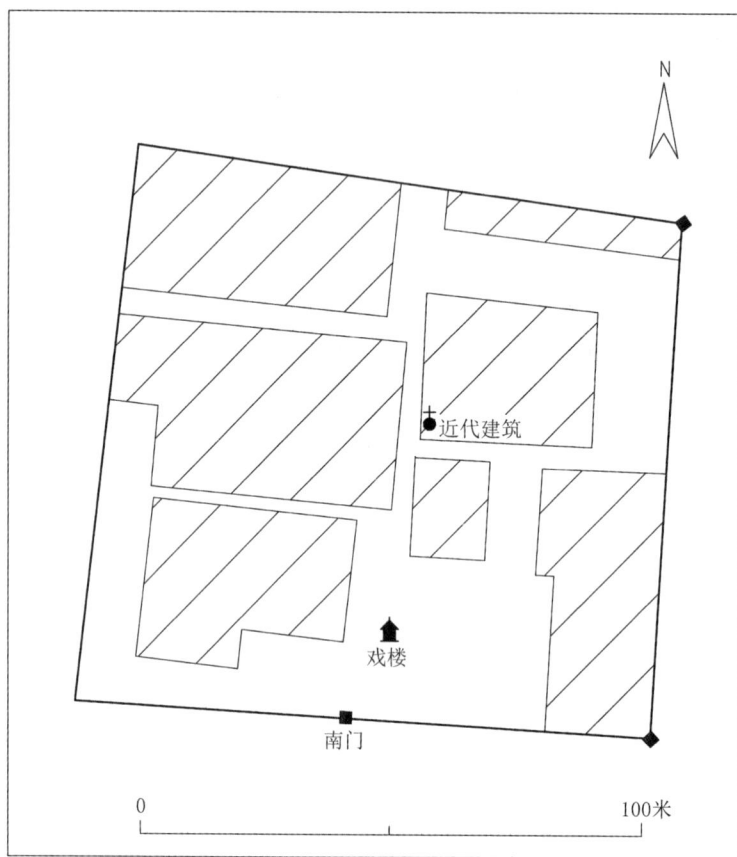

图 16.9　西洼村堡平面图

城堡开南门,堡门现仅存西侧门体建筑,高 5~6 米,体量较大。

堡墙均为黄土夯筑,保存较差。东墙长约 100 米,墙体仅存 1 米高的基础,上面修建院墙,内侧为民宅,外侧为顺墙土路和杏树林。南墙长约 118 米,墙体仅存 1 米高的基础。西墙长约 101 米,墙体仅存 1~2 米高的基础,上面修建房屋,西墙外为村委会大院。北墙长约 115 米,墙体仅存高 1 米的基础,上面修建房屋,墙体外侧为沿墙种植的树木,墙外为荒地和道路以及民宅。北墙中部所设马面无存,现为一处缺口。

东南角设135°斜出角台,高4米,角台保存体量较小,仅存一半。西南角无存。西北角无存,为村委会所占据。东北角设135°斜出角台,高4～5米,体量较小。

堡内居民少,多搬迁到堡外居住,老宅院较少。老宅院1,民国时期建筑,位于北墙外侧,仅存正房,东厢房无存,西厢房改建,目前院内尚居住王姓兄弟二人。据他们回忆,宅院是他们的祖父所建。

三、寺庙

西洼村原修建有观音殿、真武庙、五道庙、龙神庙、地藏殿、关帝庙、戏楼。上述庙宇皆拆毁于20世纪六七十年代。

观音殿 位于堡南门对面,台明尚可分辨。

真武庙 位于北墙上,现已无存。

五道庙 位于堡内东侧,现已无存。

龙神庙、地藏殿、关帝庙 位于堡外。其中地藏殿在南门外,龙神庙和关帝庙在村外较远的地方,现已无存。

戏楼 位于堡南门内侧,主街中央,正对南门。戏楼坐南面北,对面真武庙已毁。砖石台明高1.4米。单檐硬山顶,面阔三间,进深五架梁,挑檐木出檐较短。前檐柱4根,后金柱2根,柱下古镜柱础。前檐额枋尚存彩绘、木雕卷草雀替,顶部脊檩上彩绘《八卦图》。戏楼地面条砖铺墁,山墙及后墙为土坯垒砌。戏楼保存较好,整体向东倾斜,勾头、滴水部分脱落。南墙上设置有村务公开栏。

第六节 东吕家庄村

一、自然环境与人文历史

位于黄梅乡东偏北4.2公里处,属丘陵区。村庄选址修建在平地上,周围地势平坦开阔,西临水库,西、北侧不远处为一条南北向冲沟,南部不远处有纵横交错的几条冲沟,东面为平地,为壤土质,辟为耕地、杏树林。1980年前后有738人,耕地3 347亩,曾为东吕家庄大队驻地。如今,村庄规模一般,分为新、旧两部分。旧村即为城堡所在地,位于村庄的东北部,新村分布在西北部。居民不多(图16.10)。

相传,明洪武元年(1368)建村于蔚州城东,据吕姓多而取村名东吕家庄。村名最早见

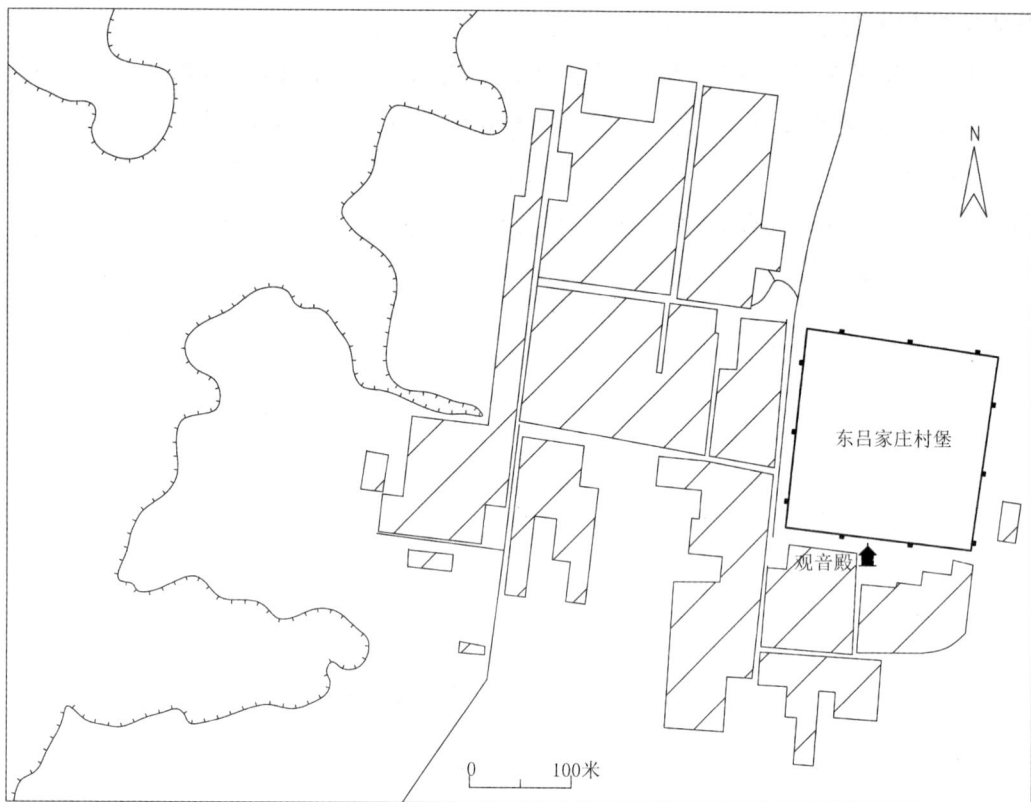

图 16.10　东吕家庄村古建筑分布图

于《(光绪)蔚州志》,作"东吕家庄",《(民国)察哈尔省通志》称"吕家庄"。

二、城堡

据《(民国)察哈尔省通志》记载:"东吕家庄正堡,在县城东北七十里,明洪武元年四月土筑,高一丈六尺,底厚四尺,面积十八亩,有门一,现尚完整。"[1]东吕家庄村堡今位于村中。城堡平面呈矩形,周长约 723 米。堡内平面布局为双十字街结构(图16.11)。城堡街巷格局呈"蝎子"状,北部真武庙为头,大庄子为尾,一街六巷为躯干及腿,小巷为拐腿。

城堡开南门,门外前西侧为入堡坡道(彩版 16-11)。南门为红砂石条砌筑的单拱券结构,保存较好,墙体收分明显,石拱券内、外均为一伏一券式。外侧门券拱顶上镶嵌三枚石质门簪,门簪之上嵌有石质门匾(拓 16.1)。门匾表面风化脱落,正题为上下两行字:"吕家堡□□门",门道为自然石铺成的路面,门扇无存。门外两侧各设 1 座黄土夯筑的矩形护门墩

---

〔1〕　宋哲元:《(民国)察哈尔省通志》,国家图书馆藏 1935 年铅印本,第 8、9 页。

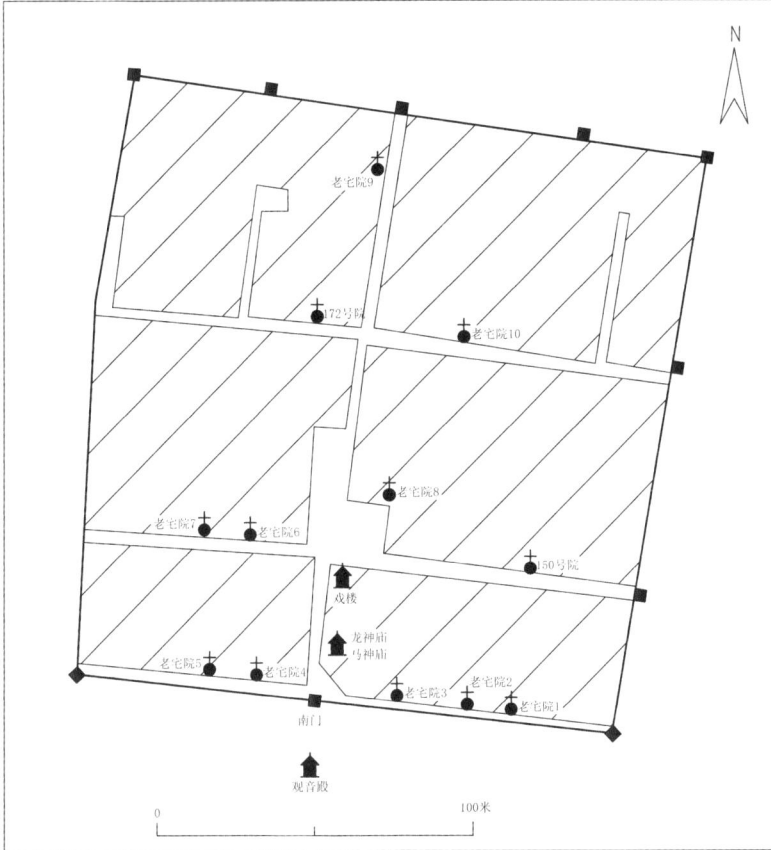

图 16.11　东吕家庄村堡平面图

拓 16.1　东吕家庄村堡南门门额拓片(蔚县博物馆　李新威　提供)

台。门内为南北主街,南门内西侧为登顶的石砌梯道。

堡墙均为黄土夯筑,保存一般。东墙长约 182 米,墙体大体连贯,墙体高薄,高 2～5 米,墙体设 2 座马面。墙体内侧为民宅,外侧为顺墙土路。南墙长约 174 米,东段墙体多坍塌,仅存 1～2 米高的基础,内侧为顺城道路;西段破坏较为严重,仅存斜坡状基础,高 1～2 米,内外侧均为道路。西墙长约 185 米,选址修建在台地之上,墙体高薄,高低起伏不平,总高 7～8 米,墙体高 3～4 米。外侧为顺城道路,内侧为房屋。北墙长约 182 米,墙体高薄、连贯,高 5～6 米,外侧下方有坍塌形成的土坡。北墙内侧为民宅,外侧为耕地、果园。北墙共设 3 座马面,其中中部马面最为高大、宽厚,高 6～7 米,体量大,顶部原先建有寺庙,现已坍塌,仅存部分砖瓦。堡门、戏楼均正对北墙中部马面。东、西 2 座马面体量均较小,保存一般。

东南角设 135°斜出角台,保存较好,高 5～6 米,高于墙体。西南角设 135°斜出角台,高 6～7 米。西北角设 90°直出角台,体量大,外侧总高 8～9 米,角台自身高 4～5 米,由于外侧紧邻台地边缘,因此较高。东北角设 90°直出角台,高于墙体,保存较好,高 6～8 米,体量大,上面长有树木。

堡内居民少,民宅多废弃、坍塌。老宅院数量较多,几乎每一条街巷都保存有老宅院,高大的门楼。

南顺城街　位于南墙内侧。东段尚存有 3 座老宅院,即老宅院 1、2、3,均保存较好,其中老宅院 3 尚存有木雕雀替,正脊上有砖雕装饰,门内建有影壁,正房内独居一位老人,韩姓,宅院为其祖传的老宅子。正房门窗上尚存有木雕装饰。正房门顶上放置 1 块砖,上面画着一位长胡须的老者,下面有一排字"立门关老爷"。西段内侧有 2 座老宅院,及老宅院 4、5,保存较好。

前街　位于堡内中南部,东西向街道。东段尚存 2 座老宅院,即 149 和 150 号院。149 号院,广亮门,硬山顶,门内正对影壁,影壁上镶嵌四个砖雕字"燕归贯春"。150 号院,位于南十字街东街北侧,保存较好。西段尚存 2 座老宅院,即老宅院 6、老宅院 7。

正街　即堡内南北主街,尚存 2 座老宅院。老宅院 8,位于南北十字街口间路东一巷内,保存较好,随墙门,院内仅存正房、西厢房,东厢房坍塌,辟为菜地,院内开凿有水井。老宅院 9,位于北墙马面西侧的北墙下,石雕墙角石、抱鼓石,墙角石为石雕花草,西侧抱鼓石是一位官员骑着怪兽,东侧抱鼓是一位孩童骑着怪兽,人物形象生动。

后街　位于堡内中北部,东西向街道。东段仅存 1 座老宅院 10。西段存 1 座老宅院,即 172 号院,清末民国时期的建筑,保存较好,广亮门,宅门所用木料粗大,楣板尚存民国时期的彩绘。

三、寺庙

观音殿 位于堡南门外对面,坐南面北,与堡门隔街相对。现存为一进院落,坐落在高 1.8 米的石砌庙台上,院北开山门,为新修建的随墙门,砖式小门楼,以前的基础尚存。现存观音殿在 2005 年 3 月重新揭顶大修,新砌院墙,油饰彩绘、壁画、更换门窗等。仅西山墙为旧物,其余全部为新建。

正殿坐南面北,面阔单间,硬山顶,进深四架梁出前檐。东有耳房一间。殿内为全新的壁画和塑像,壁画内容并不是常见的《观世音菩萨普门品》,而是蔚县观音殿中不多见的《三公主妙善修行记》,连环画形式。东、西壁画对等,上部 2 排各为 6 列,中间 2 排各为 5 列,底部偏南侧各有 3 幅,每壁各有 25 幅。内容为描述三公主妙善出家修行的故事。

东壁

佛祖西方土	庄王帅众拜佛祖	引出险路	辞父远离	白云中见父王	道长拜庄王
二臣离朝阁	复命回朝	怒制庄王	病中忆女	二臣拜道长	庄王悟道长
二臣问路寻主	二臣拜见公主	山夫拜公主	二臣领命出朝	庄王下旨	
辞别二臣	引公山上行	三公主求见佛祖	敬见佛祖	同往极乐	
与虎同修	深山苦修	愿同修善提			

西壁

国母招见二臣	公主见国母	公主叩庄王	□□□	为公主说法	庄王招见二臣
二臣奏庄王	公主辞母远行	庄王招公入宫	为公□路	精卫见庄王	三公主见父王
二臣复命回朝	二臣奏知庄王	金星为公主指路	金星引公出朝	公主研□尊父命	
二臣领命出朝	洞中修行	怒制公主出家	金星救公主出朝	公主白塔寺修心	
		火中救人	无		□□□□修

据传说,妙善为南北朝时期邢台朝平(今邢台南和县)人,妙庄王的第三女,世人尊称为"三皇姑",出家白雀庵,修炼成为千手观音,是观世音菩萨中国化和女性化的原型。自妙善后,源自古印度佛经的观音菩萨被彻底中国化,且演变成女性观音,引发了国人千年来的观音崇拜。此故事后被元朝大书法家赵孟頫的妻子管道升写入《观世音菩萨传略》。

龙神庙、马神庙 于南门内主街东侧,现为一座独立的庙院,庙已废弃,院墙顶部多有坍塌(彩版 16-12)。山门与一般民宅大门类似,广亮大门,三檩中柱硬山顶,梁架上的彩绘涂抹有白灰浆,多有脱落,保存较差;木板门二扇,清式雀替和梁托的装饰尚存。正殿前的西侧院墙上还开有一小门,但已封堵,大门亦封堵,院内一片荒芜,堆满秸秆。据当地人回忆,龙神庙曾改作为地毯厂。庙院原由钟楼、鼓楼、东配殿、西配殿与正殿组成,现存东、西配殿与正殿。正殿,坐北面南,面阔三间,硬山顶,进深五架梁出前檐廊。正殿门窗已经改造,门框上有地毯厂车间墨书题记。殿内壁仅山尖壁画尚存。东配殿、西配殿残存,各为面阔三间,单坡顶。

戏楼 清代建筑,位于龙神庙北侧,与正殿背靠背。对面真武庙已毁。戏楼前有1块天然巨石,为镇物,至今无人动其位置。戏楼保存较好,坐南面北,面阔三间,进深五架梁,卷棚顶。砖石台明高1.4米,台明包砌青砖或鹅卵石,顶部四周铺石板。前檐柱4根,无金柱,柱下古镜柱础。山墙土坯垒砌,外部表砖,用材较差,后墙土坯。挑檐木为双层,较少见,推测是后期维修时所加。戏楼内为土地面,梁架上柁峰体量大,饰有图案,柁峰顶垂直向施异形拱承脊檩。戏楼内墙壁尚存壁画,破坏严重,斑驳不清。后台墙壁上尚存有墨书题壁。戏楼内隔扇上原悬挂1块木匾,刻"万古长春","文革"时期遭毁坏。戏楼对面原建有大南庙,20世纪30年代被日伪军拆毁。

真武庙 位于北墙顶部,与堡内的戏楼正对。庙宇建筑已毁,仅存1座高大的墩台。

第七节 木 井 村

一、自然环境与人文历史

位于黄梅乡东偏北5.4公里处,属丘陵区。村庄地处帽山北坡,选址修建在平地之上,西、北面均有沟壑,东、南面地势相对平坦开阔,为壤土质,辟为耕地和树林。1980年前后有830人,耕地4 200亩,曾为木井大队驻地。如今,村庄规模较大,居民较多,新村位于东部,旧村处在西部(图16.12)。

相传,明洪武元年(1368)建堡,因村西南三官庙前有用楸木做成的一眼水井,故借此取村名木井。村名最早见于《(嘉靖)宣府镇志》,作"木井",《(顺治)蔚州志》《(乾隆)蔚县志》均作"木井堡",《(乾隆)蔚州志补》作"木井村",《(光绪)蔚州志》《(民国)察哈尔省通志》均作"木井堡"。

二、城堡与寺庙

(一)木井村堡

1. 城堡

据《(民国)察哈尔省通志》记载:"木井堡正堡,在县城东北七十里,明洪武元年四月土

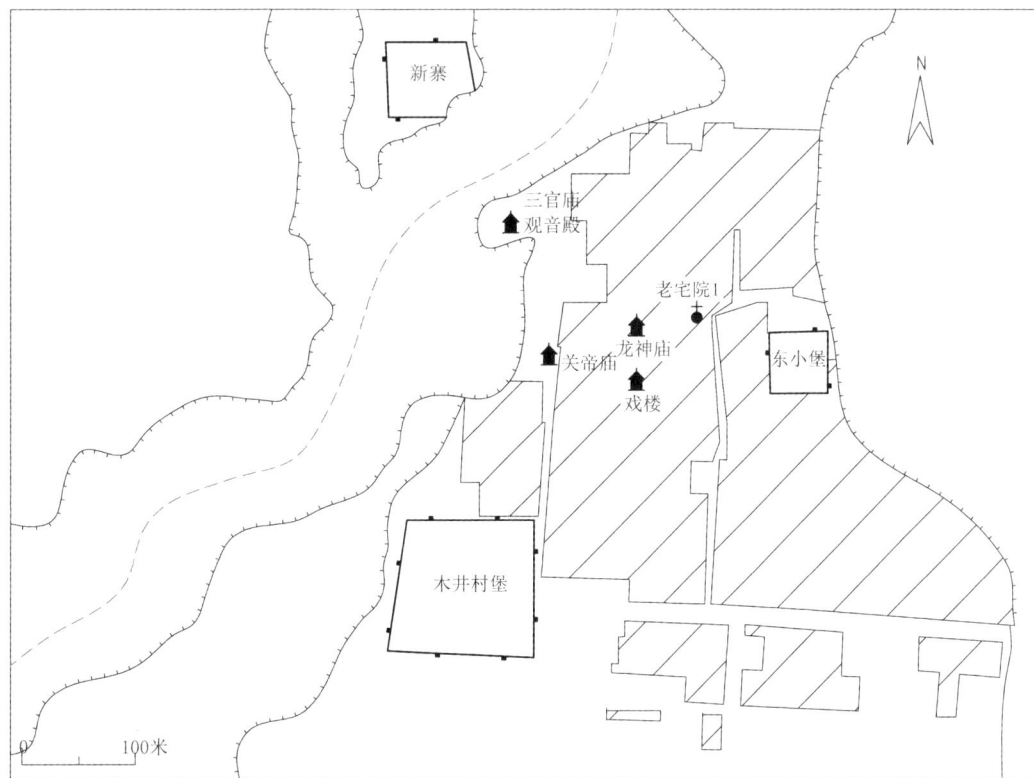

图 16.12　木井村古建筑分布图

筑,高二丈五尺,底厚七尺,面积一百二十亩,有门三,现尚完整。"[1]木井村堡今位于村西南角,西侧紧邻冲沟。城堡平面呈矩形,周长约 460 米。城堡废弃较早,从平面布局上看,推测开东门,堡内结构已破坏,无明显主街。

东门损毁无存,门外有一片水塘(图 16.13)。

堡墙均为黄土夯筑,保存一般。东墙长约 117 米,破坏严重,仅存东南角附近的三分之一墙体,墙体高薄,高 4～5 米,北段和中段墙体无存,为民宅侵占,墙体内侧为民宅,外侧为顺城道路。南墙长约 124 米,墙体高薄、连贯,高 4～6 米,内侧为顺城道路和民宅,外侧为荒地和顺城路,南墙外有水塘,周围长有树木。西墙长约 109 米,墙体低薄,高 2～5 米,墙体有两次修筑的痕迹。西墙外侧为耕地,紧邻冲沟边缘,内侧为民宅。北墙长约 110 米。墙体低薄,破坏严重,高 0～2 米,内侧为民宅,外侧为民宅和耕地,北墙外为新村。

东南角仅为转角,高 4 米,保存较差,角台外侧有水塘遗迹,已干涸淤平,周围长有树木。

---

[1]　宋哲元:《(民国)察哈尔省通志》,国家图书馆藏 1935 年铅印本,第 9 页。

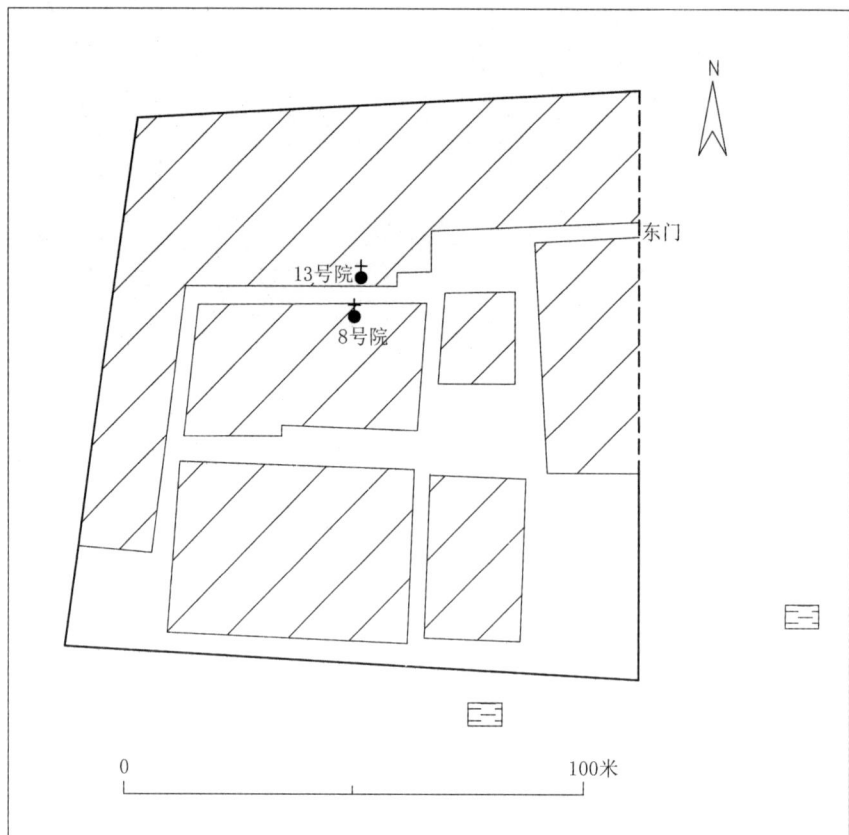

图 16.13 木井村堡平面图

西南角仅为转角,高5～6米。西北角仅为转角,高4～5米,坍塌严重。东北角无存,为民宅侵占。

堡内保存有3座老宅院,院内正房全部翻修,宅门为旧构。老宅院1(13号院),位于主路北侧。对面路南为8号院,近代建筑,保存较好。龙神庙东侧有老宅院1,保存较好。

2. 寺庙

关帝庙 位于木井村堡北侧冲沟边上,现存一进院落,坐北面南,山门为五檩中柱硬山顶,广亮门(彩版16-13)。正殿坐落在高1.2米的石砌台明上,面阔三间,硬山顶,进深五架梁。殿曾经修缮与改造,在前檐加搭出一椽深,并已改作他用。两侧山墙山花已毁,戗檐砖雕"松鹤延年",博风头砖雕草龙,山墙、后墙均为砖砌。关帝庙曾被村委会占用,正殿门窗已改,内部格局已改变。

龙神庙 位于木井村中北部,关帝庙东北侧。这里现为一片广场,北侧为龙神庙,南侧为戏楼。龙神庙为1座庙院,坐北面南,院内长有一株大树,院墙与山门完整。山门前设有条石台阶,山门为广亮门,硬山顶,前檐额枋上有残存的彩绘,为民国时期的作品。院内现存 1 座正殿,位于砖砌台明之上。正殿面阔五间,硬山顶,进深五架梁,前檐后接一步廊,现前廊用土坯封砌,东山墙为砖砌,砖雕菱形山花,西山墙为土坯垒砌。门窗已经改造,东侧有两间耳房,殿内为村大队存放杂物的库房,殿内梁架无彩绘,墙壁为白灰浆覆盖,壁画已全毁。庙院东墙下有 1 通清道光年间的石碑。

当地长者云,龙神庙建于康熙年间,当时是为镇压一口水井,木井之名便是源于这口水井。

戏楼 位于木井村中心主街道东侧。戏楼坐南面北,坐落在高 1.3 米的砖石台明上,面宽三间,单檐卷棚顶,进深六架梁,前檐额枋上残存有彩绘,多脱落,漫漶不清。前檐柱 4 根,后金柱 2 根,柱下古镜柱础,戏楼内为砖铺地面。额枋清式草龙雀替,外出悬檩二件,金、脊步均为一檩二件,驼峰雕荷花,戏楼用材规矩粗壮。戏楼内曾改作教室,墙壁为白灰浆覆盖并设有黑板,壁画已毁。戏楼两侧各有一间戏房,为单坡顶。

三官庙/观音殿 位于关帝庙北侧大沟正中的 1 座天然台地之上,紧邻冲沟,土台壁面稍加修整。此庙为在原有遗址上重建,地面尚存有柱础痕迹。正殿面阔三间,硬山顶,面南为三官庙,面北为倒座观音殿。

(二) 木井东小堡

位于木井村东北部。城堡规模较小,平面呈矩形,周长约 215 米。堡内平面布局大致为丁字街结构。

城堡开西门,堡门为砖石拱券结构(彩版 16-14)。基础为条石砌筑,上面青砖起券,内外门券均为五伏五券。外侧门券拱顶上方镶嵌有三枚门簪的痕迹,其上镶嵌砖制门匾,上书"礼义门",无落款。内侧门券拱顶上方亦镶嵌有砖制门匾,上书"元亨利贞",门洞低矮,不足一人高。门南侧墙体上长有高大的树木,破坏墙体。

堡墙均为黄土夯筑,保存差。东墙长约 53 米,保存相对较好,墙体低薄,高 2~4 米,内侧为民宅,外侧为顺墙土路和耕地。南、西墙无存,为民宅和道路,南墙推测原长 57 米,西墙推测原长 50 米。北墙长约 55 米,修建在台地上,墙体残长 50 余米,墙体高薄,外侧高 5~6 米,墙高 4~5 米,内侧为民宅,外侧为道路和荒地。

堡四角设有角台。东南角设 135°斜出角台,高于墙体 1 米。西南角设 135°斜出角台,破坏严重。东北角设 135°斜出角台,保存一般,高于墙体,高 4~5 米。角台外有废弃的水塘,周围长满树木。

当地传说,清康熙皇帝哥哥的女儿曾在东小堡居住。如今城堡内只有几户居民居住。

(三) 新、旧寨

木井堡周边共有 2 座小寨,均为当地人躲避匪患而修建的寨子。分别位于冲沟的西南、北侧,西南侧者当地称为旧寨、老寨,为最古老的寨子。寨墙坍塌严重,仅存几堵残墙,近似平地;北侧者则称为新寨,保存较好。寨的出现说明这一带曾经很富有,但匪患不断,所以建坚固小寨以避之。原先新寨中有房屋,后拆毁,如今寨子内为果园,无人居住。

新寨位于木井村西北方的丘陵台地上,选址修建在冲沟西北岸,与村隔沙河相对,地势险要,东、西、南三面均为冲沟,沟壑深30余米,宽30余米,只有北面地势平坦(彩版16-15～17)。寨子平面呈矩形,周长尚存213米,南墙偏东开南门。寨门条石砌筑基础,共五层,中间有二道腰穿,砖砌券门,内外五伏五券,内券高3.4米。为了与墙体齐高,券门顶部又加筑土墙。券门拱顶上方嵌有竹节边框砖匾,正题刻楷书"永安门"。上出一层错缝牙子,门外有进堡道路。堡门砖规格较大,为32×15×8厘米。

寨墙均为黄土夯筑,保存较好。墙体高薄、连贯,内外侧同高,壁面斜直,东西宽60米,南北长50米,寨墙基础厚5米,顶部厚2米,墙体有收分,总高7米,夯土层厚0.12米。东南角及附近的东、南墙为冲沟所破坏,形成大缺口,东北角、西北角各设90°的直出角台,体量高大,与墙体同高。寨内的上城坡道在东南角内,已损坏。寨内为杏树林,无人居住。

第八节　榆　涧　村

一、自然环境与人文历史

榆涧村位于黄梅乡北偏东5.2公里处,属丘陵区。村庄处帽山南坡,呈西高东低、北高南低的台阶形,选址修建在山坡上。村东面不远处为沙河,上游即柳家泉村,村西侧紧邻冲沟边缘,此外村内中东部还有一条很浅的冲沟。村周围为沙土质,种植杏树,耕地较少。220乡道穿村而过。1980年前后有568人,耕地3 200亩,曾为榆涧大队驻地。如今村庄规模较大,十字街结构布局,北面为旧村,南面为新村,居民较多(图16.14)。

相传,明末建村于长有榆树之深涧,故取名榆涧。村名最早见于《(正德)宣府镇志》,作"榆涧砦",《(嘉靖)宣府镇志》作"榆涧",《(崇祯)蔚州志》作"榆涧寨堡",《(顺治)云中郡志》《(顺治)蔚州志》《(乾隆)蔚县志》《(光绪)蔚州志》《(民国)察哈尔省通志》均作"榆涧堡"。

二、城堡

榆涧村堡位于村西北部。城堡选址修建在坡地上,周围为村庄和树林。城堡平面呈矩形,周长约549米。堡内平面布局为双十字街结构(图16.15)。

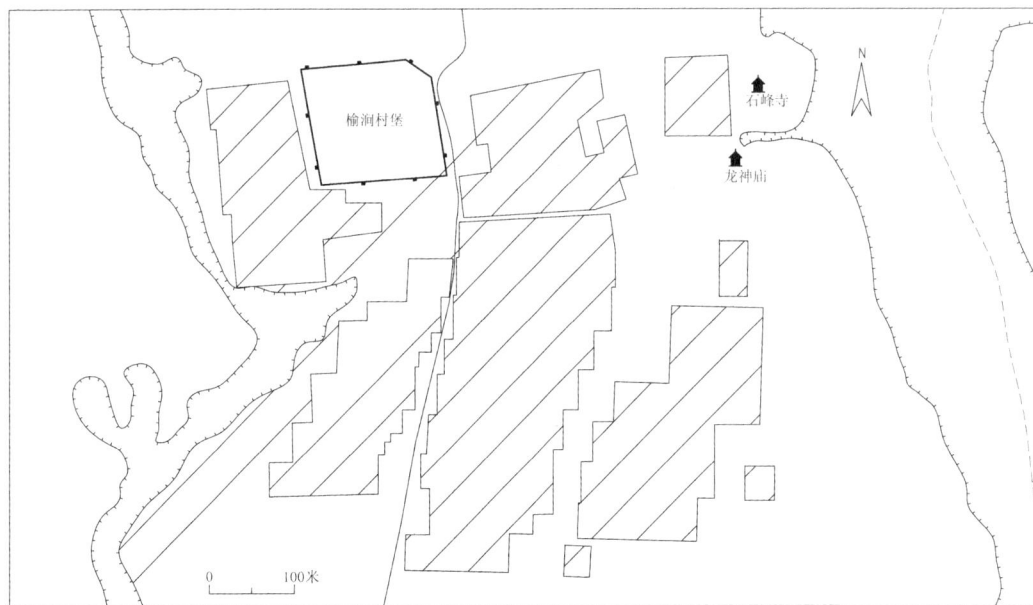

图 16.14 榆涧村古建筑分布图

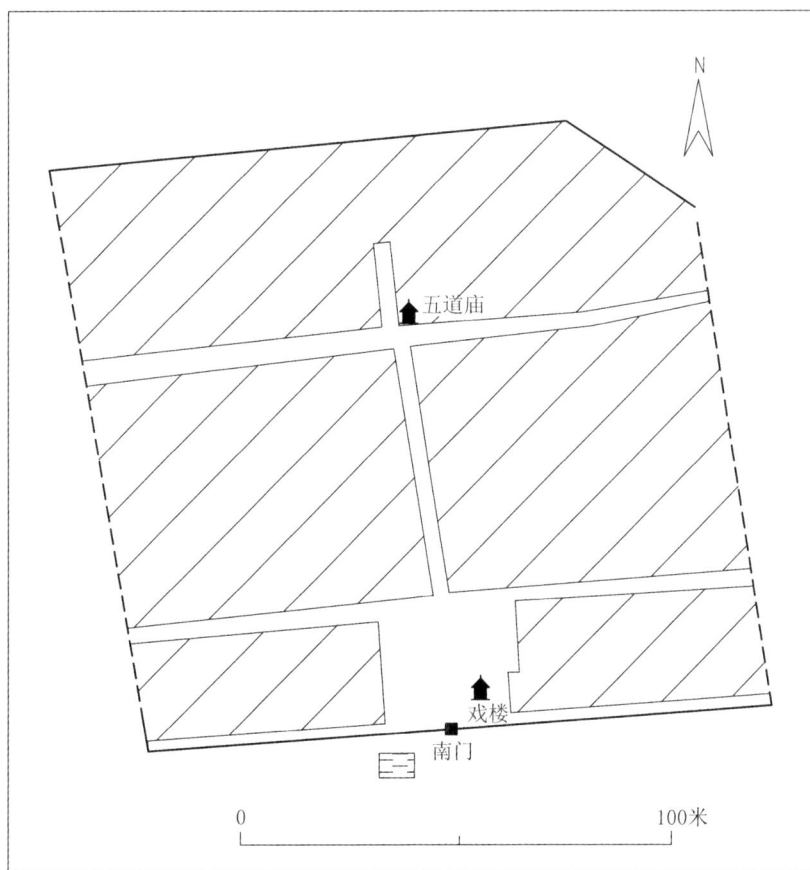

图 16.15 榆涧村堡平面图

城堡开南门,堡门为砖石结构拱券门,保存较差,基础为3层条石,上面为砖砌内外券顶,木梁架结构(彩版15-18)。外侧门券拱顶上方镶嵌有砖制阳文门匾,正题"榆涧堡",落款一列风化严重,无法释读。门内券坍塌,门顶部坍塌,门扇无存,门道为自然石铺成的路面,北高南低。门外西侧有水塘,周围长有高大的柳树。南门外正对有一口水井,至今尚在使用。

堡墙均为黄土夯筑,整体保存较差。东墙长约116米,墙体无存,为民宅的院墙,墙体内侧为民宅,外侧为道路。南墙长约148米,仅存2米高的基础,南墙外侧为荒地,内侧为顺城道路和民宅。西墙无存,推测原长132米。北墙长约153米,墙体外侧高0~3米,内侧高5~6米。外侧为荒地,内侧为民宅。四角无存。

堡内居民较少,民宅多废弃、坍塌,部分翻修屋顶,无老宅院遗存。

三、寺庙

五道庙 位于堡内南北主街北十字路口东北角,现为废弃的磨坊。

龙神庙 清代建筑,位于榆涧村堡东墙外,村东头台地上,四周较低,东邻农田,西、北邻进村大道,东北与东大寺隔一条道路。现存一进院落,坐北面南,寺庙于近年修缮,新砌院墙、门楼,仅正殿为旧构。正殿补配瓦件,油饰彩绘壁画,重新塑像。正殿坐北面南,面阔单间,硬山顶,进深五架梁出前檐廊,前檐柱下置石鼓柱础。西廊墙下设面然大士龛,前檐下悬匾,上书"龙神庙"三字。殿内地面条砖铺墁。殿内供台上新塑五尊塑像,从形象来看,应是五位龙王。殿内壁画新绘,正面绘有龙母、五龙王与雨师,东壁绘《出宫行雨图》,西壁绘《雨毕回宫图》,其画风为现代风格。前檐下两侧廊墙上分别绘青苗神。

石峰寺 明末清初建筑,位于村庄外东侧台地上,龙神庙北侧,寺院西侧为居民区,东、南、北临沟崖,沟内有水库(彩版15-19)。当地百姓俗称其为"东大寺"。现存门楼1座,正殿1座,东西配殿各1座(三间),耳房1座(三间)。

寺院坐北面南,现为一进院,过殿已毁。四周建筑较高,形成天井式格局。院内地面未铺砖,而是开辟为耕地。因东南临沟谷,大门位于西南角上,土坯砌筑,应为近代建筑。原有石狮已遗失。四周土院墙坍塌。

东配殿、西配殿,各面阔三间,硬山顶,进深四架梁,建筑台明、台阶、墀头均使用石材。

正殿,坐北面南,殿基础高1米,台明外侧包砌青砖,顶部四周铺条石,前面设条石台阶。面阔三间,单檐硬山顶,进深六架梁出前檐廊,四架梁承三架梁,置人字叉手,脊檩彩绘《八卦图》,梁架用材粗壮,殿内为砖铺地面。因曾改作学校,门窗全部改造,梁架上刷蓝色油漆,殿内墙壁皆抹白灰,仅黑板处未涂刷。黑板摘下后露出壁画,两侧各残存4幅整画与4幅半画,题材源于《释迦如来应化录》,清末民初时期作品。西耳房三间,四檩三挂。

东壁

（榜题被遮挡）	仙人占相	大赦修福	姨母养育
（榜题被遮挡）	上托兜率	布□□□	买花供佛

西壁

车匿辞还	落发贸衣	夜半逾城	（榜题被遮挡）
五欲娱乐	空声警策	饭王获梦	（榜题被遮挡）

1982年9月，当地文物工作者在寺内发现一尊北魏太平真君五年朱业微石造像[1]。造像高60.5厘米，灰褐色砂岩雕刻而成。为一佛结跏趺坐于长方形佛座之上，两侧各有一胁侍菩萨，后面有圆形顶光和拱形背光。背光呈圆拱状，最外一周为忍冬纹，中间两周雕小坐佛，最内为火焰纹。背屏后面，居中雕塔，在塔的两侧浮雕两株高大茂盛的菩提树，佛座正面和两侧面雕有十一身供养人。[2] 现藏于蔚州博物馆，定为一级文物。

戏楼　位于城堡南门内东侧，骑墙而建，由此可知其修建时间晚于城堡。戏楼坐南面北，正对真武庙（已毁，现存土台）。戏楼坐落在高1.1米的砖石台明上，台明外侧包砌青砖，顶部铺砖，四周铺条石。面阔三间，卷棚顶，进深六架梁，梁架上置人字叉手。前檐柱4根，后金柱4根，柱下古镜柱础。额枋残存彩绘，戏楼内木质隔扇仅存框架，东西墙壁上残存有清末民国时期的壁画，壁画破坏严重，表面刷涂白灰浆，线条漫漶，山尖处绘《人物鞍马图》。后台南墙上的题壁有"光绪廿九年九月文蔚班""光绪廿年""光绪十八年九月蔚州小枣堡""中华民国四年九月"等字样，此外还有"文革"时期的题壁，最晚的纪年为"一九九二年正月十二日"。戏楼保存较好，屋顶瓦件及前檐勾头、滴水大部分脱落，后墙残破，前台明残缺。

第九节　黑　坞　村

一、自然环境与人文历史

位于黄梅乡东北3公里处，属丘陵区。村庄选址修建在两条冲沟之间的台地上，东、西、南三面临沟，仅北面相对平缓，为壤土质，辟为耕地，村东、南面多种植杏树。1980年前后有493人，耕地2 202亩，曾为黑坞大队驻地。如今村庄规模较大，受地形制约，村庄

〔1〕　刘建华：《河北蔚县北魏太平真君五年朱业微石造像》，《考古》，1989年第9期。
〔2〕　蔚县博物馆：《蔚州文物珍藏》，科学出版社，2013年，第204页。

分为3部分,居民较多(图16.16)。

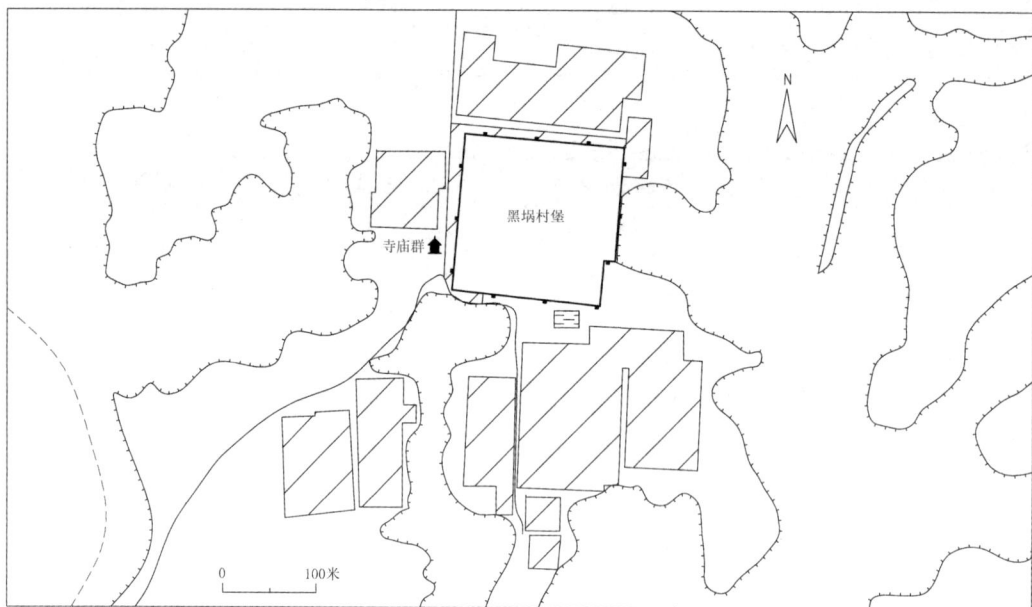

图 16.16　黑圪村古建筑分布图

相传,明末清初建村,名为黄羊堡。后因附近有一地名叫狼窝嘴,村人认为不吉利,故改村名黑圪,取坚硬之意。村名可考的历史最早见于《(嘉靖)宣府镇志》,作"黑圪",《(乾隆)蔚县志》作"黑圪里",《(光绪)蔚州志》《(民国)察哈尔省通志》沿用之。

二、城堡

黑圪村堡位于村中北部,堡东、南、西临冲沟,仅北面相对平缓,辟为耕地。城堡平面呈矩形,周长推测约630米。堡内平面布局为井字形格局(图16.17)。

城堡开西门,东对堡内戏楼,西邻堡外泰山庙(彩版16-20)。堡门为砖石拱券门,基础为条石,上部青砖起券。外侧三伏三券,门券拱顶上方镶嵌砖制阳文门匾,上书"永安门"。门顶、内侧为木梁架结构,局部坍塌。门内为东西向主街。

堡墙均为黄土夯筑,20世纪60年代拆除大部分墙体。如今东、南、西墙无存,为平地和民宅。南墙内戏楼南侧为村委会大院。北墙长约156米,墙体低薄、连贯,多坍塌为斜坡状,墙体高4~5米,内侧为民宅,外侧为道路。

东南角、西南角、东北角无存,为民宅占据。东南角外存有水塘。西北角设135°斜出角台,高5米,破坏严重。

堡内为旧村。主街北侧有1座老宅院,保存较好。

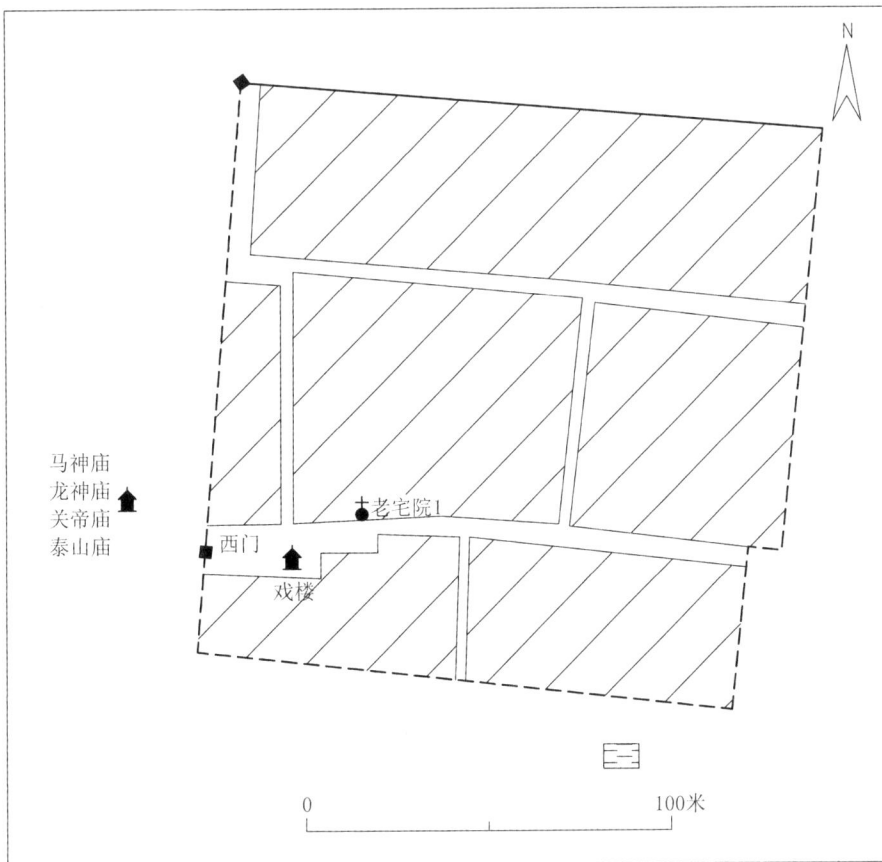

图 16.17 黑垱村堡平面图

三、寺庙

据当地长者回忆,旧时城堡内外曾修建有马神庙、龙神庙、关帝庙、泰山庙、观音殿、戏楼。

马神庙、龙神庙、关帝庙、泰山庙 清代建筑,位于城堡西门外正对。整座庙院坐北面南,现存一进院落,坐落在高1米的庙台之上。院正南为五檩硬山顶广亮式山门,前檐额枋上残存有清末民国时期的彩绘,表面涂刷白灰浆。戗檐砖雕分别为"福""禄"。门扇上有墨书匾额,上书"小学校"。大门前置六步石台阶,大门前3.5米处新建1座一字影壁。庙院内为砖铺地面,但已荒废,种植有杏树,修建水泥花坛,院中正北有2座大殿,东西并列,西殿相对高大、宽阔,东殿稍低矮。

西殿为单檐硬山顶,面阔三间,五架梁,出前檐廊,前廊西墙下设有面然大士龛。殿内隔为三间殿,即三神共处一堂,西次间为马神庙,明间为龙神庙,东次间为关帝庙。由于改做教室,各殿间的隔墙已拆毁。山墙为土坯垒砌,墙壁表面刷涂白灰浆、草拌泥,并设黑板,其下尚存有清末民国时期的壁画,正壁每一间根据所供神祇不同,壁画主题也不同。明间龙神庙正壁画面较为清晰,东、西次间正壁画面漫漶。顶部曾做吊顶,现多脱落,仅存骨架。

龙神庙,位于西殿的明间,两侧隔墙已被拆除,正壁曾抹有白灰浆,后又在墙皮上砸出密集的麻坑,底部严重受损,白灰浆部分脱落露出底下的绘画,但画面模糊不清。正壁绘有《龙母龙王坐堂议事图》,背靠屏风,屏风前正中为龙母,两侧各立一位持扇侍女;东为三位龙王,西为两位龙王与雨师。两侧下角各立有一位雨官,怀中抱有雨簿。上部绘有辅助之神,东依次为两位功曹、两位商羊、风伯、雷公、四目神、虹童,西依次为两位功曹、青苗神、旗官、电母、风婆、钉耙神。

关帝庙,位于西殿的东次间,正壁画面模糊,破坏严重。

马神庙,位于西殿的西次间。马神庙西山墙已覆盖厚厚的白灰浆,中间涂有1块黑板。与明间的相隔的东隔墙已拆除。殿内壁只有正壁白灰浆脱落,露出底下的绘画,但画面模糊,破坏严重。正壁绘《马神坐堂议事图》,正中为马神,两侧分列道士与随从。

东殿为泰山庙正殿,面阔三间,硬山顶,进深五架梁出前檐廊,保存较好,东山墙山花尚存。殿内壁表面涂刷的白灰浆脱落较少,壁画漫漶。从东壁残存壁画考察,其内容为连环画式,写有榜题,其中东壁第1排可见数幅榜题,第1列为"□□投胎",第3列为"□□庆喜",第5列为"文武送□"。

观音殿　位于堡门外,现已无存。

戏楼　位于西门内主街南侧,坐东面西,对面15米为西堡门。戏楼保存较好,砖石台明高1.4米,外立面包砖,顶部四周铺条石。戏楼面阔三间,进深六架梁,卷棚顶。前檐柱4根,后金柱2根,柱下石鼓柱础两侧开卯。戗檐砖雕"福"、"禄"。前檐额枋残存清末民国时期的彩绘,表面涂刷白灰浆,撑拱已毁。戏楼内为砖铺地面,东、西墙壁上有清末民国时期的壁画,表面涂刷白灰浆,画面漫漶,山尖壁画保存较好,展现出完整的故事。前后台隔扇走马板上绘戏剧人物彩绘,表面亦涂刷白灰浆,前脊檩绘《八卦图》。山墙为土坯垒砌,外部包砖,后墙为土坯修建。

第十节　柏木瓜村

一、自然环境与人文历史

柏木瓜村位于黄梅乡东偏北2.7公里处,属丘陵区,村庄选址修建在山坡之上,东靠水库,东、西、南三面不远处为冲沟,地势北高南低,仅北面相对平缓,为壤土质,辟为耕地,西、南面则以种植杏树为主。1980 年前后有 388 人,耕地 1 796 亩,曾为柏木瓜大队驻地。如今村庄规模不大,由一条东西主街和两条南北主街组成。受地形限制,村庄南北细长,居民较少(图 16.18)。

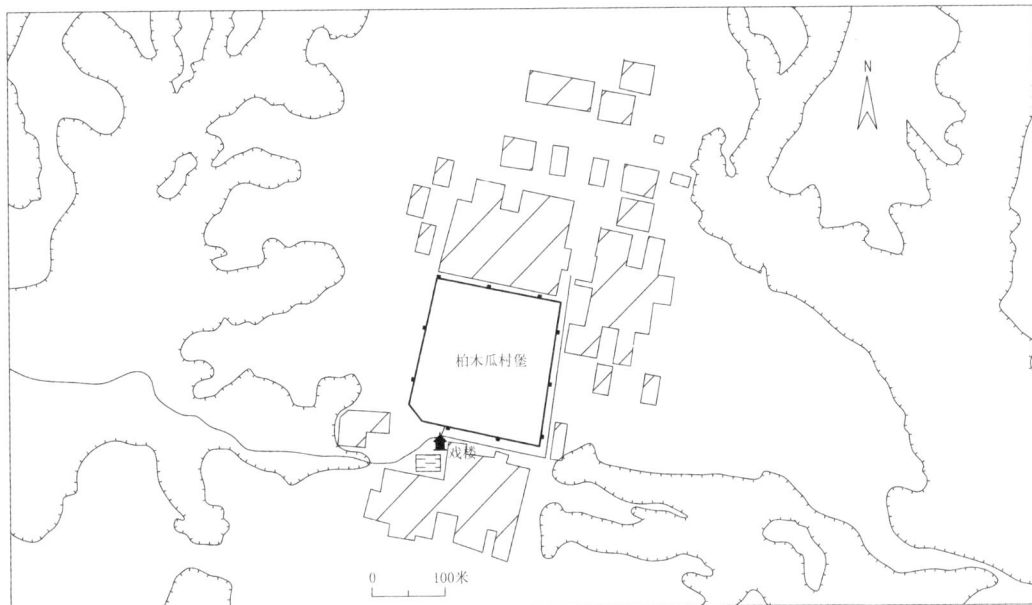

图 16.18　柏木瓜村古建筑分布图

相传,明朝初期建村。因地势低洼,又长有柏树,村名取为柏木宷。后人去掉"穴"头,即成柏木瓜。村名最早见于《(顺治)蔚州志》,作"柏木瓜堡",《(乾隆)蔚县志》作"柏木宷",《(光绪)蔚州志》《(民国)察哈尔省通志》均作"柏木瓜"。

二、城堡

柏木瓜村堡,位于村中部。城堡平面呈矩形,周长复原长约 720 米。堡内平面布局为南北主街结构(图 16.19)。

城堡开南门,南门偏西,现已无存。南门内为南北主街,即现在的西侧南北主街,南门外修建有戏楼和龙神庙。

堡墙均为黄土夯筑,如今堡墙拆毁殆尽。据当地长者回忆,拆毁于"四清"期间。现为民宅占据。只残存了一段北墙,长 170 米。北墙中部设 1 座马面(真武庙台),高 4～5 米。堡内居民较少。

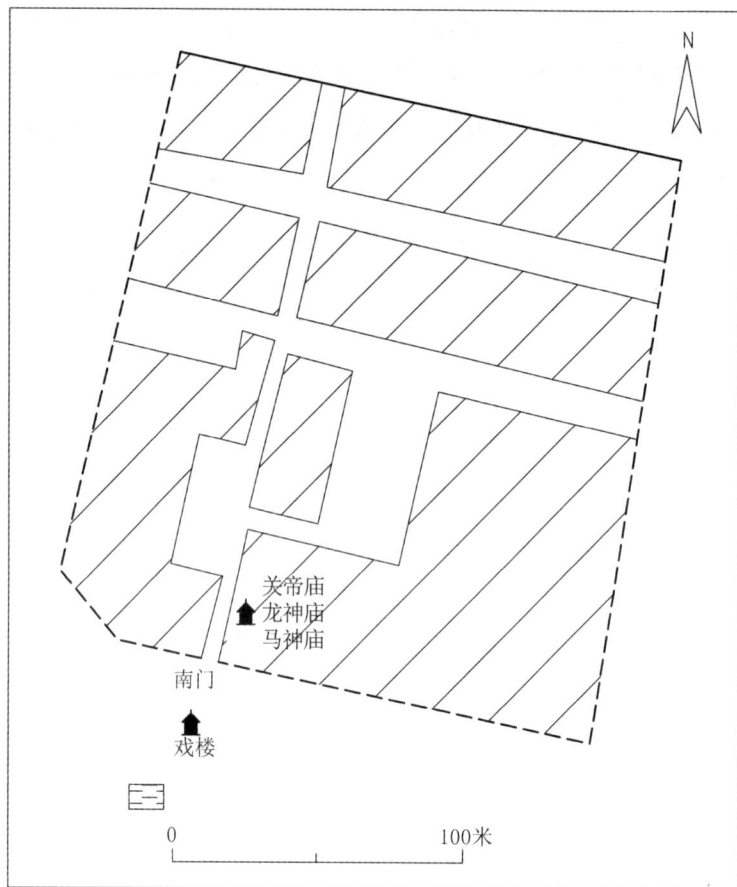

图 16.19　柏木瓜村堡平面图

三、寺庙

旧时城堡内外修建有关帝庙、龙神庙、马神庙、戏楼、观音殿、真武庙。庙宇建筑除尚存者外,其余于 20 世纪 60～70 年代拆毁。

关帝庙、龙神庙、马神庙　位于南门内东侧戏楼对面,现存 1 座坐北面南的庙院,尚存大门楼 1 座,正殿 1 座,东耳房 1 座。庙院院墙为土坯垒砌,南部开一砖式小门。正殿坐北面南,面阔五间,单檐硬山顶,进深六架梁。中间三间为关帝庙,东梢间为马神庙,西梢间为龙神庙。正殿东有一间耳房,卷棚顶。正殿保存较好,吻兽、脊饰残缺。现为村委会办公室,门窗已改,内部格局遭到一定程度的破坏,增设了吊顶,内壁刷白灰浆。

戏楼　位于堡外,西侧为南北主街口,戏楼后为干涸的水塘,周边绿树环绕。戏楼坐南面北,对面 30 米处为龙神庙、关帝庙、马神庙庙院。戏楼基础高 1.5 米,前台明包砌砖石,外侧包砌青砖,顶部四周铺石板。戏楼面阔三间,卷棚顶,进深六架梁,用材较差,檐柱

4 根,后金柱 2 根,柱下石鼓柱础。戗檐砖雕分别为"福""禄"。山墙土坯垒砌,外部包砖。后墙为土坯墙,开一小门。正面已经用土坯墙封堵,改造为仓库,前檐额枋上无彩绘遗存,戏楼内无壁画和隔扇残存。

第十一节 赵 家 寨 村

一、自然环境与人文历史

赵家寨村位于黄梅乡北偏西 1.6 公里处,属丘陵区,地势东高西低,呈台阶形。村庄选址修建在山坡上,东临深沟,沟下原有水井,沟东岸有赵家缸房财主的花园。村中部有一条冲沟,将村分为东、西两部分,两部分规模相当,为壤土质。西部村庄西、南面为杏树林,北面为杏树林和耕地。东部村庄北面为耕地,南面为杏树林和耕地,东面为冲沟。整体来说,村西面为杏树林,东、南面为冲沟,少有树林和耕地,北面为耕地。1980 年前后有630 人,耕地 3 550 亩,曾为赵家寨大队驻地。如今村庄规模较大,居民较多(图 16.20)。

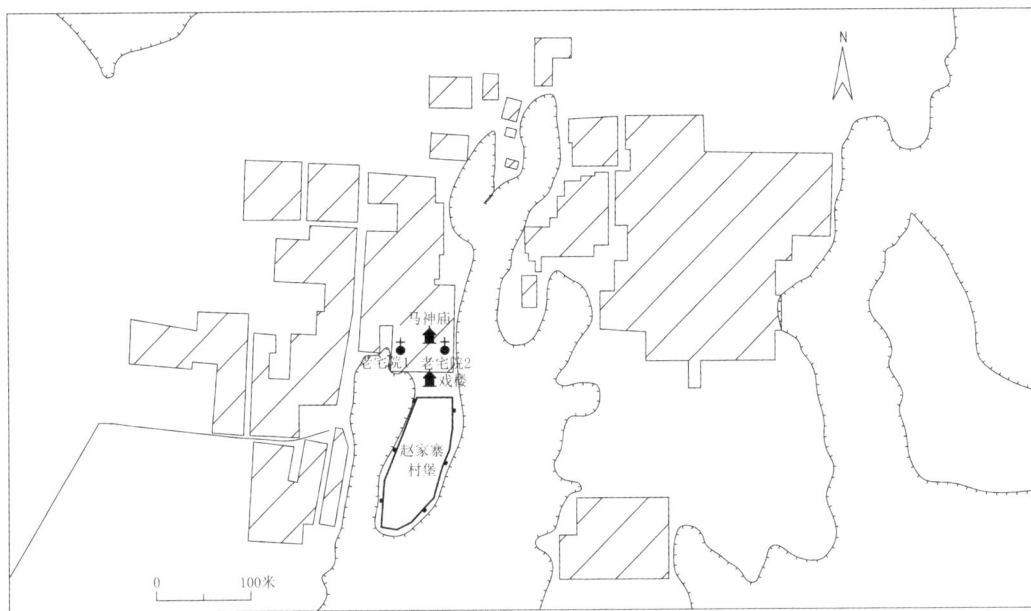

图 16.20　赵家寨村古建筑分布图

相传,明末建寨时赵姓人居多,故取村名赵家寨。清末,曾有赵姓居民开设缸房酿酒,曾红极一时,富甲一方,为穷乡僻壤中罕见的富裕村寨,民国时衰败,仅一寡妇支承庞大的家业。村名最早见于《(顺治)蔚州志》，作"赵家寨堡"，《(乾隆)蔚县志》作"赵家寨"，《(光绪)蔚州志》《(民国)察哈尔省通志》均沿用。

二、城堡

(一) 城防设施

赵家寨村堡，位于村中，城堡选址修建在台地之上，东、西、南三面临冲沟，只有北面与周围台地相接，地势险要。城堡平面形如一艘大船，船首面南，狭长的船形堡在蔚县境内较为少见。周长约345米。堡内布局为丁字街结构(图16.21)。

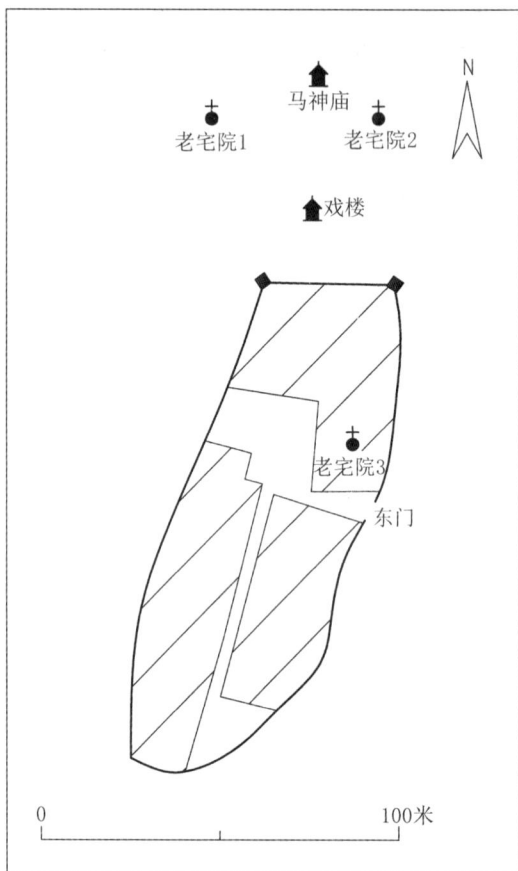

图 16.21　赵家寨村堡平面图

城堡开东门，堡门建筑无存，现为缺口，南侧条石基础尚存。东门外有一条通往堡内的通道，东门内为东西主街。

堡墙均为黄土夯筑，保存一般。东墙北段低薄，高5~6米，外侧为顺城道路，内侧为民宅。东墙南段墙体和冲沟边缘浑然一体，墙体低薄，高1~3米，破坏严重。南墙修建在台地上,墙低薄、坍塌,墙体高 0~3 米,破坏严重。西墙外侧紧邻冲沟边缘,和冲沟的边缘浑然一体,故墙体显得较为高大,实际上内侧仅 3~4 米高。北墙高近 10 米,但墙体较短。

东南角、西南角仅为转角,未设角台。西北角设 135°角台,保存较好。东北角设 135°斜出角台,高 10 米,保存较好,顶部宽平,壁面斜直,为原始体量,顶部立有村委会广播喇叭。

（二）街巷与古宅院

由于城堡选址地势险要,交通不便,村民多已搬迁,堡已趋废弃,人口稀少,如今堡内仅几户居民居住。民宅多废弃坍塌,少部分翻修屋顶,但堡内仍保存了成片的老宅院。除赵家宅院外,北墙外戏楼的北面东西两侧各有 1 座老宅院保存较好。

赵家宅院（老宅院 3）,清代建筑,位于城堡东门内东西主街北侧,房主为赵有财,整体坐北面南。现存大门楼 1 座,前院西厢房 2 座,二门楼 1 座,座墙影壁 2 座,后院东厢房 2 座,正房 1 座,西厢房 1 座。该院原有前、中、后三进院落,后院在 20 世纪六七十年代时已破坏,现存为前、中二进院落。大门位于倒座南房正中,与南房倒座结构相结合,为五檩硬山中柱分心广亮门,木板门二扇,楣板上彩绘西洋楼,台阶、地面、墀头、廊心墙皆用石材。门前两侧设须弥座上马石,雕狮子、麒麟、八宝、天马、象云、鹿、竹、梅、灵芝等吉祥图案。墀头楹联刻字为"陶谟九德直温是尚,洪范五福富寿兼全"。如今院门楼与垂花皆已被拆,据说是被一位有钱人买走的。前院坍塌,仅存院内西厢房三间,单坡顶。二道门无存,门前皆为石台阶,院内仅存垂花门两侧的影壁。中院保存较好,保存有正房与两侧厢房。东西厢各三间,单坡顶。正房为过庭式,面阔三间,单檐硬山顶,五架梁置人字叉手,脊檩绘《八卦图》,明间前后隔扇的楣板上雕有"诗吟螽斯",山尖上有壁画。宅院保存较好,院内格局基本尚好,建筑构件体现了雄厚的经济实力,具有很高的艺术价值。

三、寺庙

关帝庙　位于堡东门外,20 世纪六七十年代拆毁。

马神庙　位于堡北墙外,坐北面南,仅存正殿,面阔三间（坐二破三式）,硬山顶,进深五架梁出前檐廊。小殿后墙与脊顶局部坍塌,前檐下门窗全毁。内壁曾涂刷白灰浆,如今白灰浆脱落露出壁画。东墙可见整个画面,为清中晚期作品。西墙因脊顶坍塌,泥浆侵蚀严重,壁画全毁。东墙虽局部细节难以看清,仍可看出为《马神出征图》。图中前为道士与随从引领,马神居中,后有道士与随从紧跟。

庙内已经废弃,堆了不少杂物和柴草。屋顶、正脊及屋檐都有不同程度的坍塌。

戏楼　清代建筑,位于马神庙对面,南临堡墙（彩版 16-21）。戏楼坐南面北,砖石台明高 1.1 米,已残缺。戏楼为前卷棚后硬山的连体建筑,面阔三间,进深六架梁。前台为卷棚顶出歇山翼角,老角梁后尾搭在抹角梁上,下置垂花柱,卷棚挑出深深的前檐。后台为三架梁硬山顶。硬山与卷棚各是二椽,挑檐部分为一椽。虽然进深都不深,但其造型极为优美。由于前出歇山顶式的挑檐,两角梁架皆采用了垂花柱式构造。后台保存有清末舞台题壁。东檐柱为墩接柱,下置鼓形柱础,柱础下置覆盆柱墩。戏楼屋顶前台歇山翼角大部塌毁,后台山墙开裂,屋顶漏雨,木架均有不同程度的风化糟朽,内放大量柴草,前台明残缺。

第十二节 下 康 庄 村

一、自然环境与人文历史

位于黄梅西北 2.4 公里处,属河川区。村庄选址修建在壶流河谷地东侧,村东面为壶流河川东岸台地,多冲沟,西侧为壶流河。村庄分为新、旧两部分。新村位于 G109 国道(宣涞公路)东侧,村南、北、西三面辟为耕地,地势平坦开阔,一马平川。旧村在新村东南方的台地上,分为东、西两部分,互不相连,220 乡道穿村而过。旧村南北两侧均有大沟,村庄处于冲沟之间的台地上,北、东面以杏树林地为主,有少量的耕地,南、西面则以耕地为主。1980 年前后有 672 人,耕地 2 700 亩,曾为下康庄大队驻地。如今,新村规模较大,为双南北、东西主街结构,民宅分布散乱,居民较多。旧村民宅多废弃坍塌,居民较少,少部分房屋翻修了屋顶,十分荒凉。下康庄又分出下康庄西堡与下康庄东堡 2 座城堡(图 16.22)。

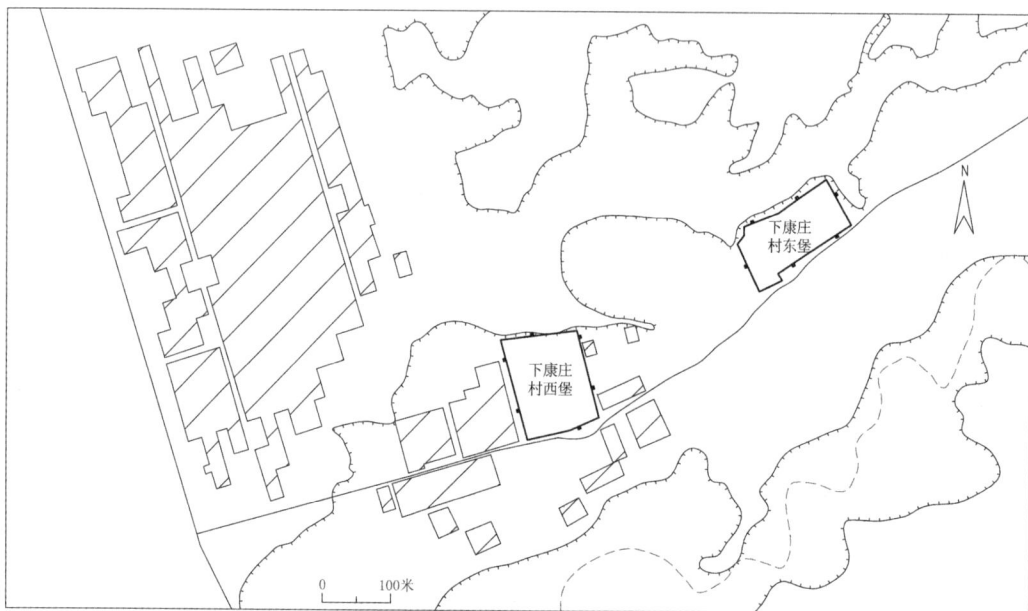

图 16.22 下康庄村古建筑分布图

相传,明初康姓建庄,名为北康庄下堡。因居坡下,后更名为下康庄。村名最早见于
《(正德)宣府镇志》,作"康家庄堡",《(嘉靖)宣府镇志》作"康家",《(崇祯)蔚州志》《(顺
治)云中郡志》、《(顺治)蔚州志》均作"康家庄堡",《(乾隆)蔚县志》作"北康家庄",《(光
绪)蔚州志》作"北康家庄下堡",《(民国)察哈尔省通志》作"下康庄"。

二、城堡与寺庙

(一)下康庄西堡

1. 城堡

下康庄西堡,位于旧村中北部,220 乡道从门前经过。城堡平面呈矩形,周长约
471 米。堡内平面布局为南北主街结构(图 16.23)。

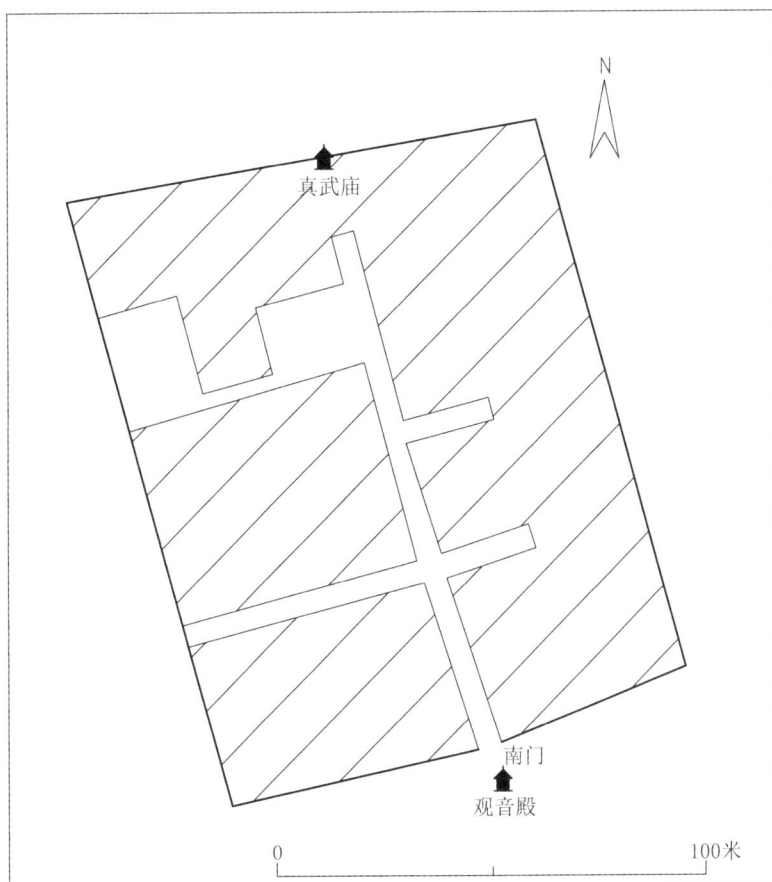

图 16.23　下康庄村西堡平面图

城堡开南门,堡门为砖石木梁架结构,保存较差(彩版 16-22)。基础为条石砌筑,上部

青砖砌筑,门顶为木梁架结构,顶部已坍塌。

堡墙均为黄土夯筑,破坏严重,现仅存 1 米高的基础。堡内只有几户保存尚好的宅院。

2. 寺庙

观音殿　位于下康庄西堡南门外侧,正殿坐南面北,面阔单间,半坡顶,基础为条石砌筑,十分低矮,门窗无存。前檐额枋上残存有民国时期的彩绘,多脱落。殿墀头墙体坍塌,加固后在墀头上用水泥刻出一副楹联,上联"善心助人积成佛",下联"恶心害人变成魔"。殿内尚有香火。

殿内墙壁残存有民国时期的壁画。壁画破坏严重,表面多为白灰浆覆盖,且脱落严重。正壁壁画已毁,墙上挂有一副现代楹联,上联"芙蓉花面春风满",下联"杨柳枝头甘露香",横批"静座观音"。两侧山墙上壁画为《观世音菩萨普门品》与十八罗汉内容。

若恶兽围绕,利牙爪可怖。 念彼观音力,疾走无边方。	(被遮挡)
云雷鼓掣电,降雹澍大雨。 念彼观音力,应时得消散。	或被恶人逐,堕落金刚山。 念彼观音力,不能损一毛。
(画毁)	假使兴害意,推落大火坑。 念彼观音力,火坑变成池。
(画毁)	(画毁)
(画毁)	

真武庙　位于堡内南北主街的北端,北墙庙台上。庙台高 1.8 米,北临沟壑,属壶流河东岸一级台地,现仅存正殿。正殿坐北面南,面阔单间,硬山顶,原为三架梁,现仅存二架。山墙土坯垒砌。殿体坍塌严重,后半部分完全塌毁,只剩下了前脊顶与两侧前部山墙。殿内壁画全毁。

(二)下康庄东堡

1. 城堡

下康庄东堡,位于旧村中北部,220 乡道从堡前经过。城堡选址修建在台地上,东、西、北面临冲沟,只有南面相对平缓。城堡平面呈矩形,周长约 455 米。堡内平面布局为丁字街结构(图 16.24)。

城堡开南门,堡门为条石砌筑的拱券门,外侧为一伏一券式(彩版 16-23、24)。外侧门券拱顶上方镶嵌有三枚方形石质门簪,簪顶雕有菊花等花卉。门簪上方镶嵌有石质门匾,正题"永安门",左边落款为"康家庄新修",右边前款为"正德六年六月二十一日吉时建

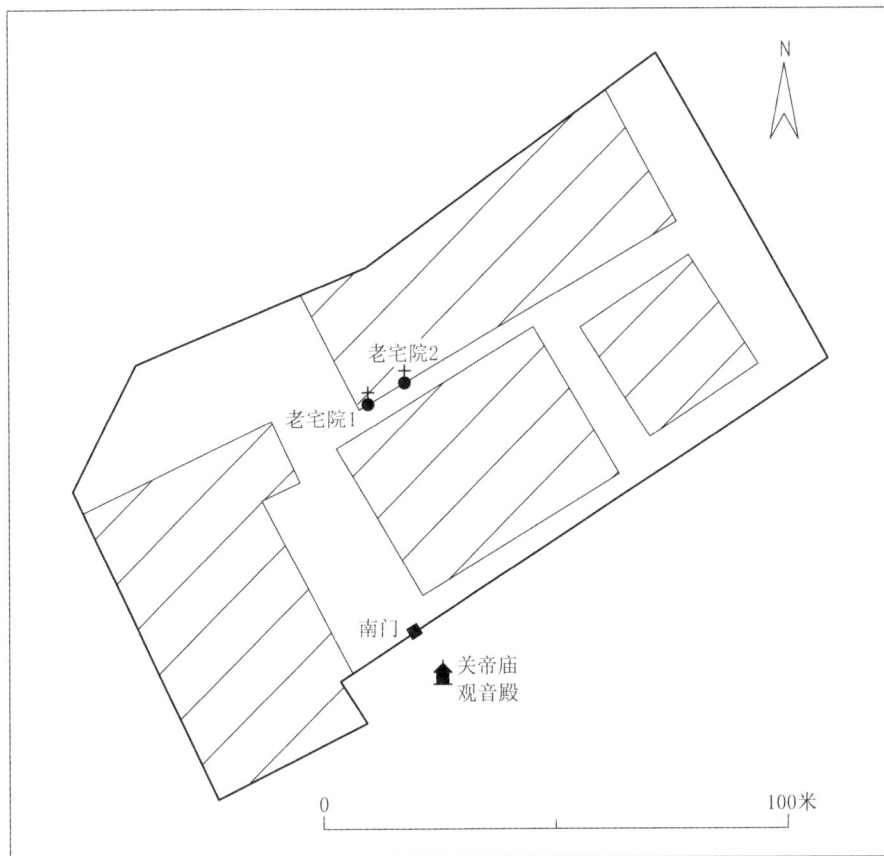

图 16.24　下康庄村东堡平面图

修道光六年三月重修"。堡门内及顶部为木梁架结构,已坍塌。堡门墙体收分不明显,体量较小,结构较简单。门道为自然石铺墁。堡门前东侧为入堡坡道。门内为南北主街。

堡墙均为黄土夯筑,保存较差。东墙墙体无存,现存不足1米高的基础。南墙墙体无存,现存约2米高的基础。西墙、北墙高0～3米。堡墙上未设有角台和马面。

堡内民宅多废弃坍塌,无人居住,居民多已搬迁至新村。在丁字街东街上有2座老宅院,均仅存宅门,正房无存。

2. 寺庙

关帝庙/观音殿　位于城堡南门外侧、壶流河东岸一级台地上。庙仅存正殿,坐北面南,面阔单间,硬山顶,五檩分心墙,中间采用隔墙分为南北两殿,南侧为关帝庙,北侧为倒座观音殿。正殿保存一般,屋顶长满杂草,勾头、滴水全部脱落,戗檐砖雕丢失,西山墙有裂缝。

关帝庙,屋檐有部分坍塌,门窗无存,仅存框架,殿已废弃。殿内正壁墙皮脱落,壁画损毁。东西两侧山墙壁上残存有清末民国时期的壁画,壁画表面被黄泥浆覆盖,保存较差。壁画为连环画形式,4排4列,题材选自《三国演义》中有关关羽的故事。西墙壁画第1排有3幅缺失,从痕迹来看,为人所盗割。

东山墙

□关张三战吕布	(榜题模糊)	泗水温□□□□	吕凤先□□□□
刘□□□打都□	(榜题模糊)	(榜题模糊)	(榜题模糊)
安喜县民安物阜	立功□安喜上□	(画毁)	(画毁)
	(画毁)	(画毁)	(画毁)

西山墙

(画被盗)	(画被盗)	(画被盗)	玉泉山显圣
□□□□□□□	(画模糊)	汉世关出入许场	汉世关着梦思兄
(画模糊)	(画模糊)	(画毁)	(画毁)
(画毁)	(画毁)	(画毁)	

观音殿,门窗无存,殿内壁画为白灰浆和黄泥浆覆盖,破坏严重。正面为黄泥浆所覆盖,从隐约的绘画线条来看,正中为观音,两侧尚有龙女、善财童子与武财神、文财神。两侧壁画内容出自《观世音菩萨普门品》,西壁残存一个榜题"火坑变成池"。

第十三节　上康庄村

一、自然环境与人文历史

上康庄村位于黄梅乡北偏西 2.3 公里处,属丘陵区。村庄选址修建在台地上,处于冲沟西北岸边,南侧临冲沟,地势东北高西南低,为壤土质,村周围辟为耕地和杏树林,220 乡道从村北经过。1980 年前后有 203 人,耕地 975 亩,曾为上康庄大队驻地。如今,村庄规模小,人口较少,村内中部的小冲沟将村分为南、北两部分,受地形影响,民宅分布较乱,没有规矩的布局和主街。旧村在村庄的西南部,位于冲沟中的一块独立的台地上,四面临冲沟,只有东面有一条小路连接新村,地势险要(图 16.25)。

相传,明初康姓建庄,名为北康庄上堡,因居坡上,后更名为上康庄。村名最早见于《(正德)宣府镇志》,作"康家庄堡",《(嘉靖)宣府镇志》作"康家",《(崇祯)蔚州志》《(顺治)

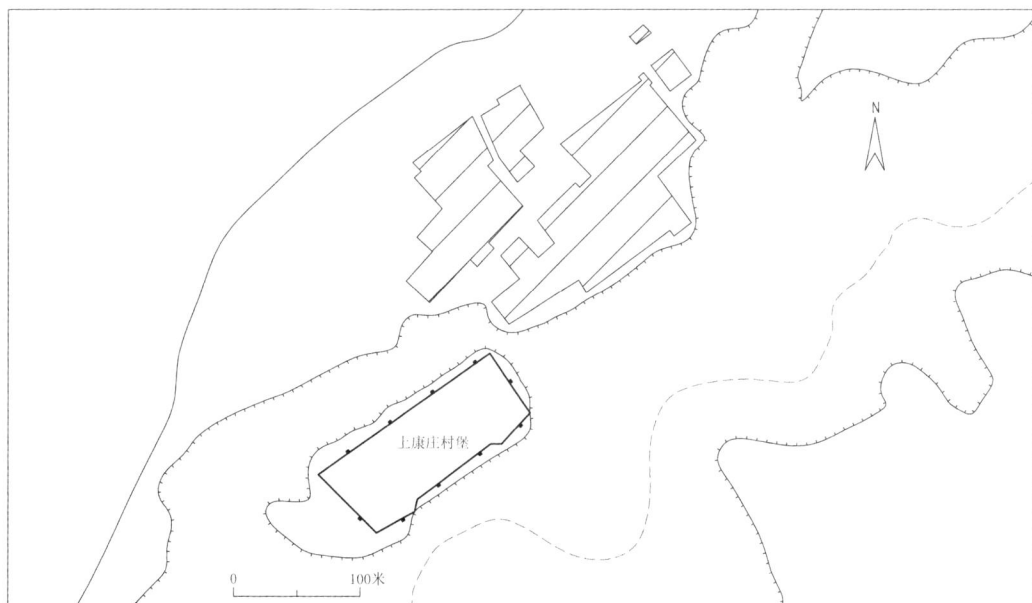

图 16.25　上康庄村古建筑分布图

云中郡志》《(顺治)蔚州志》均作"康家庄堡",《(乾隆)蔚县志》作"北康家庄",《(光绪)蔚州志》作"北康家庄上堡",《(民国)察哈尔省通志》作"上康庄"。

二、城堡

受地形影响,上康庄村堡呈东北—西南方向的长方形,堡宽只及堡长的三分之一,十分狭长,周长约 455 米。堡内平面布局为东西主街结构(图 16.26)。

城堡开东门,土坯修建,顶部为木梁架结构,结构简单。门顶上立有村委会广播喇叭。东门南侧的护门墩尚存。东门外不远处为冲沟,东门内为东西主街。

堡墙均为黄土夯筑,保存一般。东墙长约 60 米,墙体低薄,墙体高 4～5 米,外侧为顺城道路,内侧为民宅,现在为荒地。南墙长约 157 米,大部分墙体为冲沟所破坏而无存。西墙长约 68 米,中部有一大冲沟将墙体破坏,墙体低薄,高 4 米。冲沟的南侧靠近西南角设有马面,保存一般,高 4～5 米。北墙长约 170 米,墙体外侧紧邻冲沟边缘,墙体高薄,高6～7 米;内侧墙体高 4～5 米。北墙中部设有 1 座马面,高 7 米,体量高大,当地人称为"真王疙瘩"。

西北角设 135°斜出角台,高 6 米左右,保存一般。东北角设 135°斜出角台,体量大,高6～7 米。西南角仅存转角。

堡内居民少,仅几户居民居住,民宅多废弃。老宅院少。11 号院,位于东门内东西主街北侧,已无人居住。

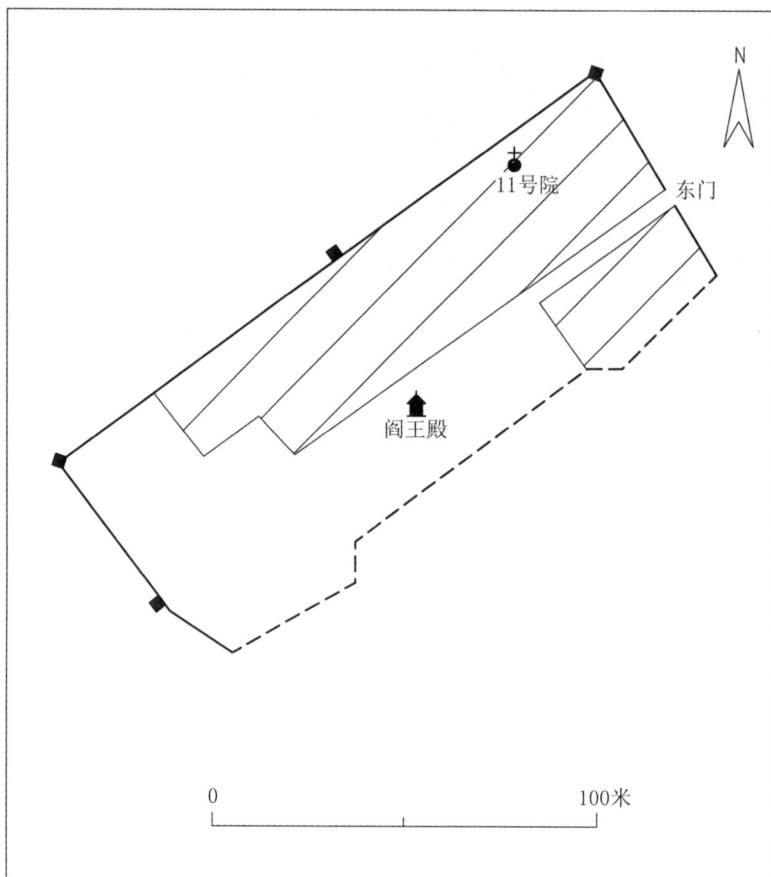

图 16.26　上康庄村堡平面图

三、寺庙

关帝庙　位于堡东门外，已毁，仅存基础。

阎王殿　位于堡内东西街南侧，仅存正殿，坐北面南，面阔三间，硬山顶。正殿已改造为仓库，门窗已全部改造，殿内墙壁涂刷白灰浆。

真武庙　位于堡北墙马面上，已毁。

第十四节　烟墩庄村

一、自然环境与人文历史

位于黄梅乡北偏西 4.6 公里处，属丘陵区，村庄选址修建在寺山脚下南坡上，东、西临沟,地势呈北高南低的台阶形,为沙土质。村附近辟为杏树林,其间有小部分耕地分布。1980年前后有884人,耕地4 002亩,曾为烟墩庄大队驻地。220乡道穿村而过。如今村庄规模较大,由两条南北主街和一条东西主街组成,居民较多,旧村在整个村庄的中北部(图16.27)。

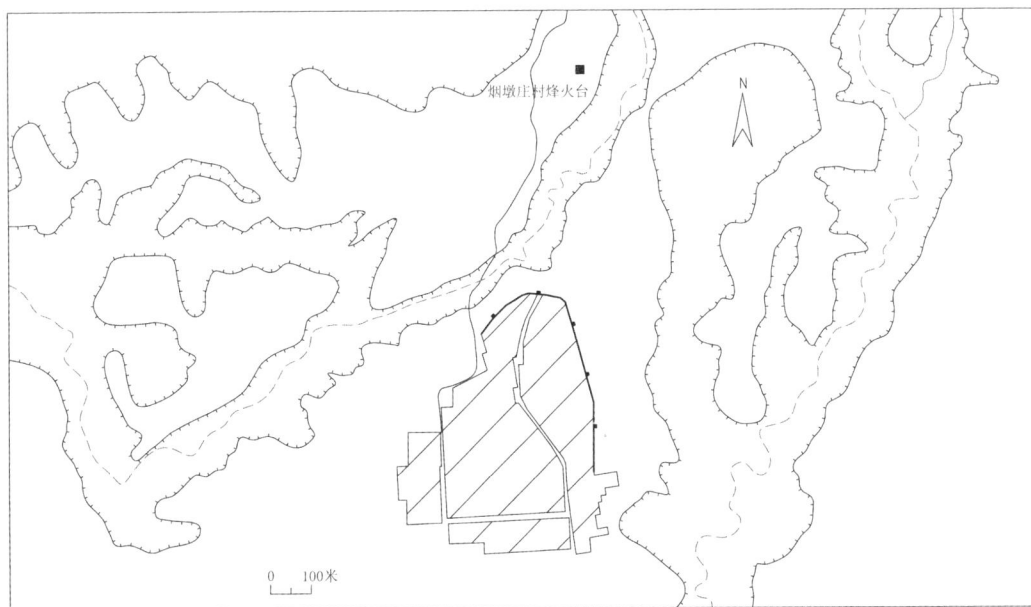

图16.27　烟墩庄村古建筑分布图

相传,古时这里曾建有用于军事报警的烽火台,明朝末年在台墩附近建庄,故取村名烟墩庄。该村北靠石峰山,又称寺山,山脚下有唐代所建的东灵境寺遗址,山以寺得名,山岗上有明代烽火台1座,村以烽火台得名。村名最早见于《(正德)宣府镇志》,作"烟墩庄堡",《(乾隆)蔚县志》作"烟墩庄",《(光绪)蔚州志》《(民国)察哈尔省通志》沿用。

二、庄

烟墩庄庄位于旧村中,城堡平面呈不规则形,周长残存651米。庄内平面布局为南北主街结构(图16.28)。

庄开南、北门。南门无存,门内主街东侧有一座水坑。北门现存为缺口。

庄墙均为黄土夯筑,保存差。东墙保存较好,墙体高3~4米,庄墙低薄,接缝明显。墙体内侧为民宅,墙外为杏树林。南墙无存,为民宅占据。西墙无存,为民宅占据。北墙保存较差,墙体低薄,高约3米,墙体内侧为民宅和耕地,外侧为耕地和杏树林。

图 16.28　烟墩庄村堡平面图

　　庄内为纵横交错的街巷，个别街巷还有巷子门。主街西侧一巷子尚存巷东门遗址。东门基础为毛石砌筑，土坯修建墙体，顶部坍塌，现存为缺口。推测原为木梁架结构，结构简单，与庄门近似，门内为东西向街道。

　　庄内尚存数座老宅院。老宅院1（218号院），位于东门内巷子北侧。此外，戏楼西北侧老宅院数量较多，为老宅院2、3、4、5，保存较好。

　　烟墩庄村烽火台　位于堡北侧山顶上。烽火台坍塌成坟丘状，高约2米，当地人称为"太子圪塔"，烟墩庄的名字即来源于此。

三、寺庙

　　戏楼　清代建筑，位于村中心，南北主街西侧。戏楼坐南面北，坐落于高1.5米的砖石台明上，东北角有稍微坍塌，台明皆包砌石条。戏楼面阔三间，进深六架梁。前后台置通天柱，柱下鼓形柱础前雕狮子头。明间原置隔扇分隔前后台，左右出将、入相二门。现隔扇仅存框架。山墙土坯垒砌。戏楼内墙壁因表面涂刷白灰浆，壁画被严重破坏，仅可见少许颜色，从颜色上考察其应为清末民国时期的作品。戏楼内地面条砖铺墁。

　　龙神庙　位于戏楼对面，现已无存，为空地。

第十五节 柳 家 泉 村

一、自然环境与人文历史

位于黄梅乡北偏东 6.7 公里处,属浅山区。村庄选址修建在帽山南坡沟内,三条冲沟交汇处的山坡台地上。周围群山起伏,交通不便,多为山区道路,崎岖不平,地势北高南低,西高东低,东部为峪泉峡谷。为沙土质。村周围开辟为梯田和杏树林,其中树林主要分布在村西、北面,耕地主要在东、南面。1980 年前后有 381 人,耕地 2 668 亩,曾为柳家泉大队驻地。如今,受地形制约,村庄分为三部分,规模较小,居民较少,民宅分散,民宅建筑中有不少窑洞式建筑,院墙多为块石干垒。柳家泉村的南坡是旧村所在地,未曾建城堡,一条石板坡道通入村中。220 乡道止于本村。

相传,明朝末年柳姓人建村于一水泉南,故取村名柳家泉。村名最早见于《(民国)察哈尔省通志》,作"柳家泉",《(光绪)蔚州志》失载。

二、寺庙

据当地长者回忆,旧时村中曾修建有多座寺庙,已全部拆毁。

戏楼 清代建筑,位于村中西南部,周围为民宅,只有北面为空地。戏楼坐南面北,对面为龙神庙。戏楼坐落在高 0.8 米的砖石台明之上,台明外侧包砌青砖,顶部四周铺条石板。戏楼为单檐卷棚顶,面阔三间,进深六架梁,前檐柱 4 根,后金柱 2 根,柱下石鼓柱础。戏楼用材粗壮规矩,多为硬质材料。戏楼内曾改作学校,墙壁上还有黑板,壁画无存,山墙为土坯垒砌,外部表砖,后墙为土坯墙。

龙神庙 位于戏楼对面,仅存正殿,坐北面南,面阔单间,硬山顶,已改造为库房。

第十六节 李 家 梁 村

一、自然环境与人文历史

李家梁村,今属黄梅乡,原属北水泉镇,位于北水泉东偏南 8.7 公里处,属浅山区。村庄居于山梁之上,东临黑龙王沟,地势略平坦。村庄周边群山起伏,道路蜿蜒崎岖,交通极为不便。村南可见定安河河川,东南望小五台山,四季白雪皑皑。附近为壤土质,辟为梯田和杏树林。1980 年前后有 181 人,耕地 1 806 亩,曾为李家梁大队驻地。

相传,明洪武年间,李姓在土山梁上建村,故取名李家梁。村名最早见于《(光绪)蔚州志》,作"李家梁",《(民国)察哈尔省通志》沿用。

二、寺庙

观音殿、佛殿 清代建筑,位于李家梁村南。寺庙保存较好,曾改作学校,现为一进院落。现存观音殿 1 座、佛殿 1 座、厢房 1 座。院内前后两座大殿分布在南北中轴线上。后殿东侧有正房二间。西侧原有三间窑房,现已倒塌。前殿为观音殿,单檐硬山顶,三架梁,面阔三间(坐二破三式)。前檐额枋尚存彩绘,地面条砖铺墁,土坯山墙。后殿为佛殿,面阔三间(坐二破三式),单檐硬山顶,进深三架梁前后出廊,金柱彩绘"二龙戏珠",古镜柱础。后殿东侧配殿面阔二间,卷棚顶。

第十七节　其他村庄

一、木井庄村

木井庄村位于黄梅乡东北 5.5 公里处,属丘陵区。村庄选址修建在帽山脚下南坡山坡上,地势呈北高南低的坡形。西邻榆涧水库,沙河西岸为榆涧村,东靠沟,北面为平地,不远处为冲沟,南面亦为平地,面积小,不远处为冲沟,冲沟多为南北向。村庄所在区域地势狭小,为壤土质。周围辟为耕地和杏树林,以杏树为主。1980 年前后有 411 人,耕地 1 980 亩,曾为木井庄大队驻地。

相传,清末时为木井村的看坟庄,后因住户逐渐增多,独立成庄,遂取村名木井庄。村名最早见于《(民国)察哈尔省通志》,作"木井庄"。

如今,村庄规模不大,居民较少。村中建有小学校,已废弃。旧村在村中偏北的位置,民宅以窑洞式建筑为主。当地长者回忆,旧时村庄东北部有城堡和寺庙,如真武庙,但 20 世纪 60 年代时全部拆毁。如今,城堡仅存一条南北向主街,堡南西侧有一片水塘,四周绿树环绕。

二、小枣碾村

位于黄梅乡南偏西 1.7 公里处,属河川区,村庄选址修建在壶流河谷地,北邻定安河,西临壶流河，东临壶流河川东侧台地，G109国道从村西经过。村庄周围地势平坦，一马平川，为黏土质，辟为耕地。1980年前后有756人，耕地2 133亩，曾为小枣碾大队驻地。

相传，明嘉靖九年，由从小枣堡搬到这里的几户居民建村。因此地原有水碾，故取村名小枣碾。该村在蔚县诸版方志中均失载。

如今村庄全部改造，村内为南北主街结构，规模较大，居民较多。村东南角外的土路边有一段土墙，不知何用。

第十七章　吉　家　庄　镇

第一节　概　况

　　吉家庄镇地处蔚县东北部,东与桃花镇、常宁乡为邻,南与白乐镇接壤,西与西合营镇、黄梅乡、北水泉镇相连。现今吉家庄镇由原吉家庄镇(1984年改镇)和王庄子乡合并(1996年并入)组成。分述如下:

　　原吉家庄镇地处蔚县东北部定安河畔,面积54.7平方公里。辖28个大队,划为138个生产队。1980年前后共有17 798人。

　　全镇地形为丘陵,中部地势较平坦,南部低洼多盐碱,北部是丘陵坡地,多沟壑,土质瘠薄,水土流失较重。经济以农业为主,兼工副业和少量畜牧业。1980年前后有耕地60 809亩,占总面积的79.1%。其中粮食作物50 000亩,占耕地面积的82.2%,经济作物10 809亩,占耕地面积的17.8%。1948年粮食总产516万斤,平均亩产85斤。1980年粮食总产1 322斤,平均亩产264斤。主要粮食作物有谷、玉米、黍。

　　王庄子乡地处蔚县东北部,面积74.7平方公里。所辖24个大队,划为42个生产队。1980年前后共有5 558人。

　　全乡地处丘陵,北高南低,水土流失严重,水源匮乏。经济以农业为主,兼工副业。有耕地36 050亩,占总面积的32.1%。其中粮食作物34 513亩,占耕地面积的95.7%;经济作物1 537亩,占耕地面积的4.3%。1948年粮食总产210万斤,平均亩产80斤。1980年粮食总产476.2万斤,平均亩产138斤。主要粮食作物有谷、黍、马铃薯。

　　2013年,吉家庄镇面积129.4平方公里,总户数8 139户,总人口24 557人,耕地面积共计85 365亩,其中旱地面积83 658亩,水地面积1 707亩。全镇共51座村庄,其中行政村40座(镇区内有4座村),自然村11座(图17.1)。

　　吉家庄乡现存古建筑丰富。历史上,庄堡30座,现存23座;观音殿12座,现存6座;龙神庙21座,现存13座;关帝庙14座,现存6座;真武庙9座,现存1座;戏楼19座,现

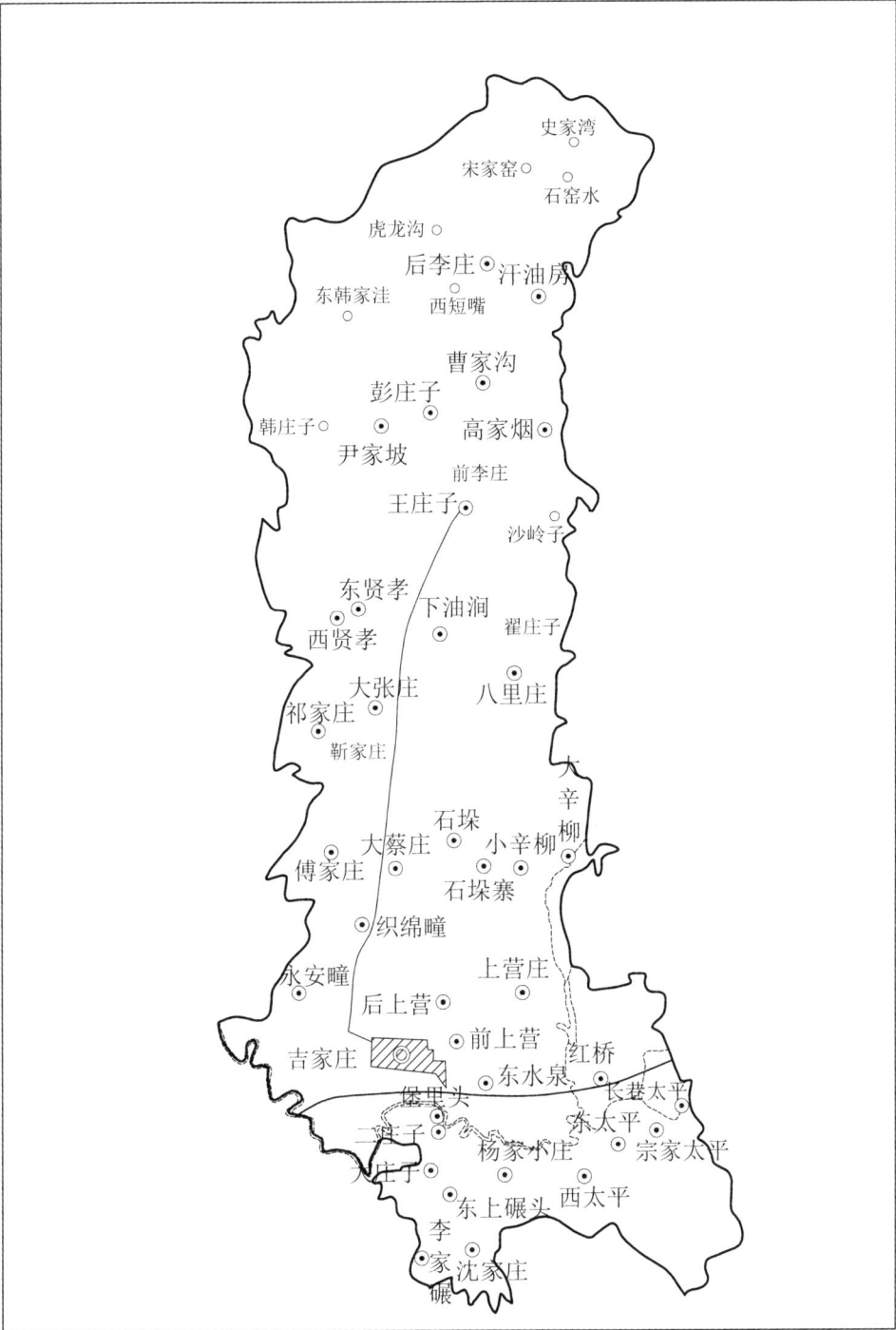

图 17.1 吉家庄镇全图

存 10 座；五道庙 21 座，现存 4 座；泰山庙 7 座，现存 2 座；阎王殿 3 座，无存；财神庙 8 座，现存 4 座；文昌阁 1 座，现存 1 座；玉皇庙 2 座，无存；佛殿 1 座，无存；土地庙 2 座，现存 1 座；三官庙 4 座，无存；马神庙 3 座，现存 2 座；老君庙 1 座，无存；其他寺庙 12 座，现存 3 座。

第二节　吉家庄镇区

一、自然环境与人文历史

吉家庄村位于蔚州古城东北 31.5 公里处，为蔚县"八大镇"之一，属丘陵区，镇区选址在壶流河支流定安河河川内北侧，北面靠河岸台地，地势较高，多冲沟，东、南、西面为河川，地势平坦、宽阔，为黏土质，辟为大面积的耕地。1980 年前后有 2 861 人，耕地 7 333 亩，曾为吉家庄公社及吉家庄一、二、三、四村大队驻地。

明洪武年间，有几户居民在此建庄，为祝愿常年吉利，取名吉家庄。村名最早见于《(嘉靖)宣府镇志》，作"北吉家、南吉家"，《(崇祯)蔚州志》作"吉家庄三堡"，《(顺治)云中郡志》作"吉家庄南北东三堡"，《(顺治)蔚州志》作"吉家庄堡"，《(乾隆)蔚县志》作"南吉家庄、北吉家庄"，《(光绪)蔚州志》作"南吉家庄、北吉家庄集"，《(民国)察哈尔省通志》作"北吉家庄镇、南吉家庄"。

如今，吉家庄镇区分为一、二、三、四村，共 4 座村庄。其中四村历史最为悠久，为原吉家庄城堡所在地。吉家庄镇交通发达，S342 省道从镇区南部边缘通过；X457 县道穿镇区而过；此外还有 153 乡道、214 乡道、213 乡道连接镇区和各个村庄(图 17.2)。

二、城堡与寺庙

吉家庄镇区现存 2 座城堡：吉家庄村堡、寨上头(图 17.3)。

吉家庄村堡，历史上曾有 3 座，据《(民国)察哈尔省通志》记载："南吉家庄南堡，在县城东北六十里，清光绪七年土筑，高一丈二尺，底厚五尺五寸，面积一百五十亩，有门一，现尚完整。北吉家庄正堡，在县城东北六十里，明嘉靖二年四月土筑，先后重修七次，高二丈，底厚六尺，面积九十亩，有门一，现尚完整。北吉家庄新中堡，在县城东北六十里，清乾隆三年六月土筑，先后重修二次，面积三十亩，有门一，现尚完整。"[1]如今，已经无法区分

---

〔1〕　宋哲元：《(民国)察哈尔省通志》，国家图书馆藏 1935 年铅印本，第 8 页。

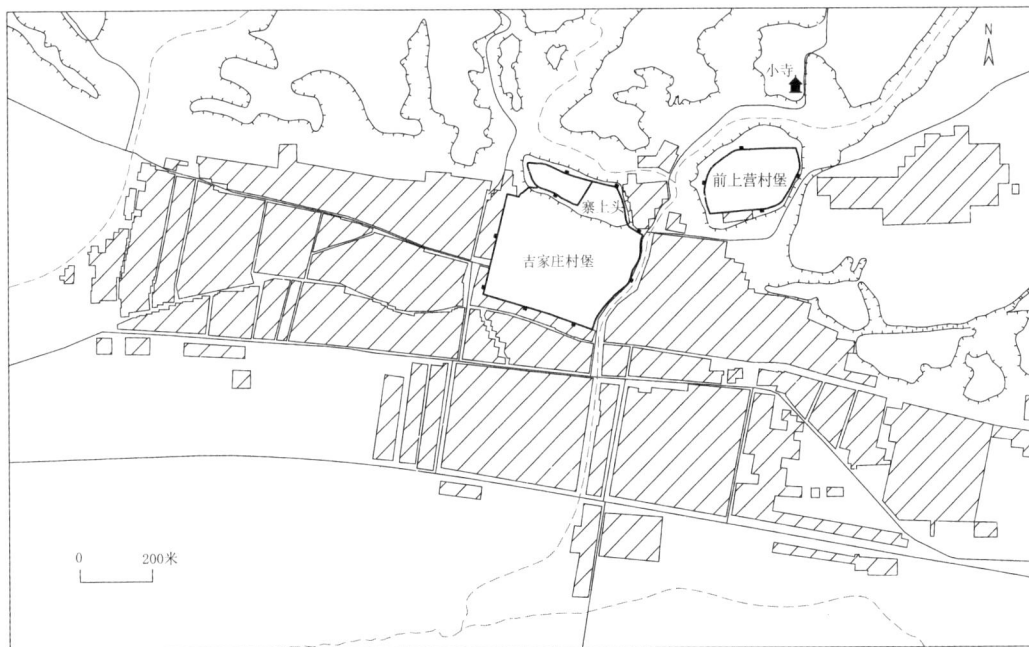

图 17.2　吉家庄镇中心区古建筑分布图

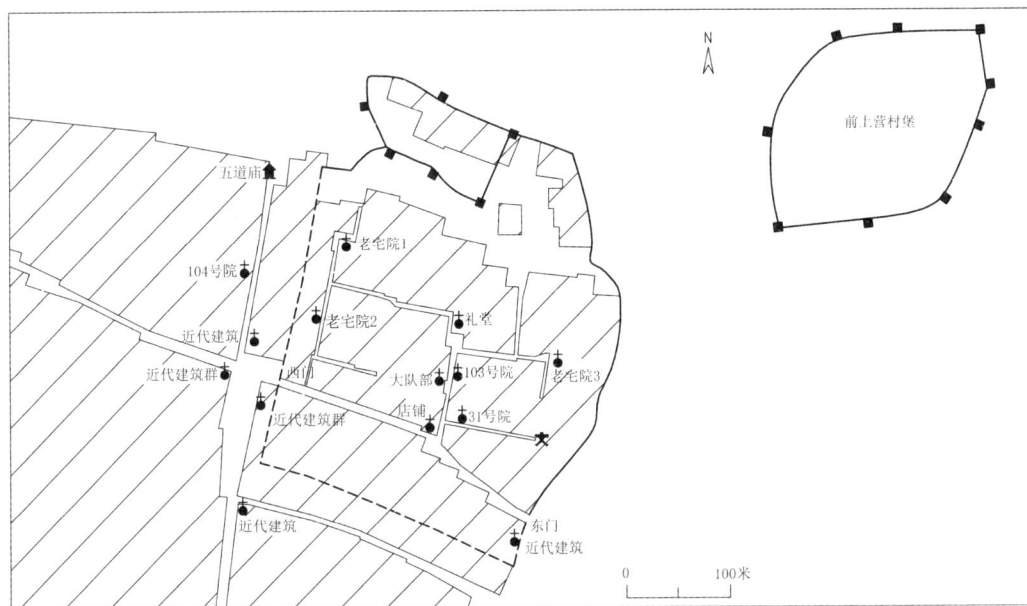

图 17.3　吉家庄村堡平面图

3 座城堡各自的四至。今城堡位于定安河北岸一级台地上,现为四村所在地,四村俗称
"堡里头"。村堡西门外为三村,南为二村,东门外为一村。其中一村以居住外地人为主,
四村规模最小,居民多为本地人。

寨上头位于吉家庄村堡西北角内（定安河北岸二级台地上），从两堡防御建筑设施的位置关系上考察，寨上头的修建时间应早于吉家庄堡，即吉家庄堡是在寨上头的基础上扩建而成的。

（一）吉家庄村堡

1. 城堡

（1）城防设施

吉家庄村堡位于镇区中北部，四村（俗称：堡里头）村中，东北隔冲沟与前上营村堡相望，地势北高南低。城堡平面呈不规则形，开东、西门，周长1334米，堡内平面布局为东西主街结构。据当地长者回忆，城堡毁于2次洪水，即1969、1989年的洪水将堡墙摧毁殆尽。

城堡东门、西门邻近东南、西南角台，而非开设在墙体正中。堡门原为砖券门，建筑已无存，现为缺口。西门外南侧至西南角外为一条南北向的近现代商业街，分布较多的近现代建筑。

堡墙均为黄土夯筑。东墙长432米，位于冲沟西岸，墙体紧邻冲沟，依冲沟地势而建，东墙南半部在平坦的河川内，北部逐渐上坡，墙体内侧为民宅，外侧为顺墙道路（即153乡道），墙体仅存东门以北部分，高3～6米，东墙内侧高0～6米。东门以南墙体无存，为民宅占据，此外还有1座近代建筑。东墙内有一口水井。南墙长265米，仅存一小段墙体，高0～3米，墙体内外侧均为民宅。西墙长426米，北端连接寨上头南墙2座马面间的南墙，西墙大部分墙体无存，且墙体不直，在山坡与平川的结合处有一曲折处，修建有角台1座，即西北角台。西墙仅存一段，墙体高0～3.5米，墙体内外侧均为房屋，墙外不远处为213乡道。北墙长211米，位于坡顶上，地势较高。墙外紧邻冲沟边缘，内侧为倚墙修建的民宅，墙体外高7～8米，北墙西端与寨上头东北角台相连。

东南角、西南角无存。西北角位于二村79号院内，角台坍塌，高4～5米，西北角外西侧路西原建有1座五道庙，今仅存遗址。东北角台坍塌，形制未知。

（2）街巷与古宅院

城堡东、西门间为东西主街（即214乡道），堡内居民以张姓为主，如今堡内民宅多已改造，老宅院较少。

老宅院1 位于西北角内侧，一进院，仅存正房，面阔五间，硬山顶，且大部分遭拆毁，仅存西梢间。

老宅院2 位于西墙内侧，一进院，广亮门，硬山顶。

二村104号院 位于西墙外，一进院，垂花门大门，五架梁，院内正房面阔五间，硬山顶，其中东次间、梢间坍塌无存。门厅退金廊，东厢房坍塌，西厢房面阔三间。

店铺　位于东西主街中部与一南北主街交汇口处,一进院,开东门,南面临街店面房面阔五间,硬山顶。

四村 31 号院　位于店铺东侧,一进院,广亮门。

近代学校　位于四村 31 号院所在巷子的东尽头,仅存校门,校舍已改造为民宅。

大队部、公社旧址　位于店铺北侧,现为 1 座废弃的大院,院内近代房屋、老宅院众多。

四村 103 号院　位于公社东侧,已废弃,一进院,正房面阔五间。

大礼堂　近代建筑,位于公社北侧,南北街道北尽头,现已废弃。

老宅院 3　位于四村村委会东南,一进院,正房面阔三间,硬山顶(彩版 17-1)。

2. 寺庙

堡内曾修建有多座庙宇,20 世纪六七十年代,当地组织拆除庙宇建筑,修建学校、剧场、礼堂等建筑。据当地长者回忆,堡内原修建有真武庙、龙神庙、关帝庙(戏楼)、玉皇阁(戏楼)、泰山庙(戏楼)、马神庙、阎王殿、财神庙、五道庙和大寺。大寺位于在村委会北侧山坡上。

(二)寨上头

1. 城堡

据《(民国)察哈尔省通志》记载:"北吉家庄寨上堡,在县城东北六十里,明万历四年三月土筑,先后重修二次,高一丈,底厚四尺,面积二十亩,有门一,现尚完整。"[1]今位于吉家庄村堡西北角内,四面环自然沟壑,高出地平面 25 米,城堡随地形平面呈不规则形,周长 396 米,堡内平面布局为东西主街结构。

城堡开东门,位于东墙正中,据当地长者回忆,堡门原为砖券门,"文革"时期拆毁,现为缺口。

堡墙均为黄土夯筑。东墙长 71 米,高 0～8 米。南墙长 175 米,内高 5～7 米,外高10 米以上,设 2 座矩形马面。南(西)墙外为一片坡地,由于地势为全村制高点,视野开阔,旧时修建有大寺,"文革"时期拆毁。大寺对面原建有戏楼,位于坡下。北墙长 150 米,外侧紧邻冲沟修建,高 10 米以上。内侧高 3～8 米,顶部宽约 3 米,紧邻墙体修建的民宅。墙中部设 1 座矩形的马面,马面外侧高 10 米以上。

东南角台坍塌,推测为 135°斜出角台。东北角设 90°直出角台,保存较好。

堡内原居民以李、吴为主,原有 100 余人居住。改革开放以后,因下面经济逐渐发达,上面生活不便,村民陆续迁出,现居民较少,仅剩 8 户,全部居住在东西主街北侧。民宅以土旧房为主,多废弃、坍塌,形成荒地,种植杏树。尚有人居住的几座民宅翻修了屋顶。

---

〔1〕 宋哲元:《(民国)察哈尔省通志》,国家图书馆藏 1935 年铅印本,第 8 页。

2. 寺庙

据堡内的长者回忆，寨上头内原修建有泰山庙、财神庙。

第三节 东上碾头村

一、自然环境与人文历史

东上碾头村位于吉家庄镇南偏东 2.8 公里处，属河川区，南为定安河，西临会子河，东南为高耸入云的小五台山。村庄选址修建在平地之上，周围地势平坦，一马平川，为黏土质，村庄周围辟为大面积的耕地，村内多为下湿地。1980 年前后有 858 人，耕地 1 928 亩，曾为东上碾头大队驻地。如今，村庄由 5 条南北主街组成，村庄规模较大，人口多，民宅以新房为主（图 17.4）。214 乡道从村西、南部经过。

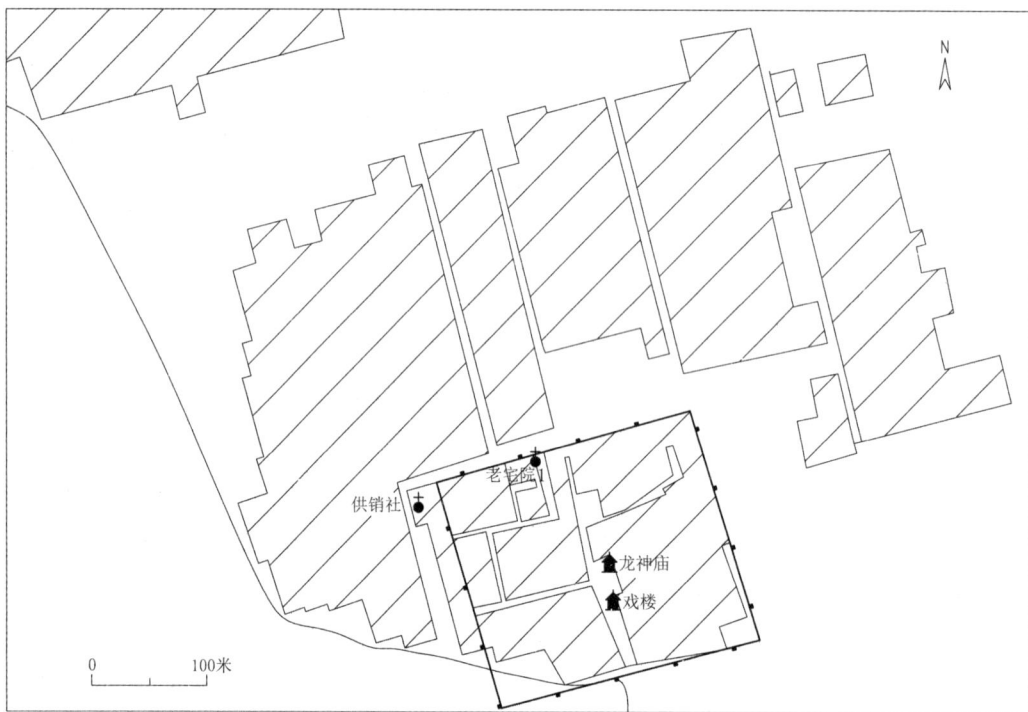

图 17.4　东上碾头村古建筑分布图

相传，明万历十二年建村，因村东有水碾，名为上碾，村名故取东上碾头。村名最早见于《（嘉靖）宣府镇志》，作"上碾头"，《（崇祯）蔚州志》作"上碾头堡"，《（顺治）云中郡志》

《(顺治)蔚州志》沿用,《(乾隆)蔚县志》作"东上碾头",《(乾隆)蔚州志补》作"上碾头",《(光绪)蔚州志》《(民国)察哈尔省通志》均作"东上碾头"。

二、城堡

据《(民国)察哈尔省通志》记载:"东上碾头堡,在县城东北六十里,土筑,高一丈五尺,底厚五尺,面积十五亩,有门一,现尚完整。"[1]东上碾头村堡今位于村西南部。城堡平面呈矩形,堡墙破坏严重,格局尚存,复原周长约833米。开南门,堡门无存,堡内平面布局为南北双十字街结构。

堡墙均为黄土夯筑,破坏严重。北墙长约220米,墙体高薄,高0~7米,墙体内侧为倚墙修建的民宅,外侧为顺墙道路,北墙外侧下面尚存上马石墩,三面雕刻精致。

堡内老宅院较少,老宅院1位于北墙内侧,保存较好,原为两进院,现在仅存后院正房,前院全部坍塌为空地,门外的上马石墩尚存。供销社位于堡西北角外侧,近代建筑,上面写有"以粮为纲全面发展"和"蔚县吉家庄镇东上碾头村"的标语。

三、寺庙

龙神庙 位于旧堡内,正殿坐北面南,面阔单间,硬山顶,进深三架梁。屋顶及殿西墙破损严重,门窗无存,殿内堆放杂草,因后墙下堆杂草,内侧破坏较重。殿内表面涂刷白灰浆,白灰浆脱落露出绘画,正壁壁画已毁,东墙壁画保存较好。东墙壁画色彩尚艳,各位神像均可辨,但东墙正中有一条纵向裂缝;西侧壁画褪色较重,画面模糊,其中最突出的神像是两侧的四目神。从风格来看,壁画为清末民国时期作品。

东壁绘《出宫行雨图》,内侧堆杂草,绘画被遮挡,不知是否有水晶宫。行雨队伍中诸神的排列顺序依次为四目神、雷公(隐约可见)、风伯风婆,厚厚的白灰浆下未见电母。紧随其后的,下部为旗官、雨官;上部有两位龙王。雨师、龙王2随其后;龙王3位于上部,一前一后分别为时值功曹与日值功曹;功曹后可见钉耙与彩虹,由此可知画中有钉耙神与虹童。

西壁绘《雨毕回宫图》,画面模糊。左侧有一株大树,树上缚一条龙。回宫队伍后,是龙王1回首询问判官降雨情况,判官被一块黑板所遮,只露出一个脑袋。其上有电母、风婆所乘的水车和虹童,还有两位看不清的神;虹童前方是四目神与旗官,再前方是雨师。壁画右侧已完全看不清。

戏楼 位于龙神庙对面,坐南面北,面阔三间,进深六架梁卷棚顶(彩版17-2)。台明高1.3米,台明顶部四周铺墁石板,顶部为砖铺地面,前檐柱四根,后金柱两根,鼓形柱础,

〔1〕 宋哲元:《(民国)察哈尔省通志》,国家图书馆藏1935年铅印本,第8页。

前檐挑檐木伸出占三分之二,梁架用材粗壮,高 5.1 米,檐柱高 3 米。戏楼内壁涂刷白灰浆,壁画无存,后墙开二圆窗。

第四节　西太平村

一、自然环境与人文历史

西太平村,位于吉家庄镇东南 4.2 公里处,属河川区,村北有两条河流,向西流入定安河,东侧不远处也有支流河道,村内多小河支岔,东南为高耸入云的小五台山脉。村庄选址修建在平川之上,周围地势平坦开阔,一马平川,为黏土质,呈盐碱性,辟为大面积的耕地。1980 年前后有 1 373 人,耕地 4 209 亩。曾为西太平大队驻地。如今,村庄规模较大,分为新、旧两部分,北面为旧村,南面较远处为新村,213 乡道连接新、旧两村。新村已修建20 余年,规模很大,两条南北主街,民宅整齐划一,全部是新建的房屋。旧村规模不大,村口有芦苇荡,村内为土路,民宅以土旧房为主,分布较散乱,翻修屋顶者不多(图 17.5)。

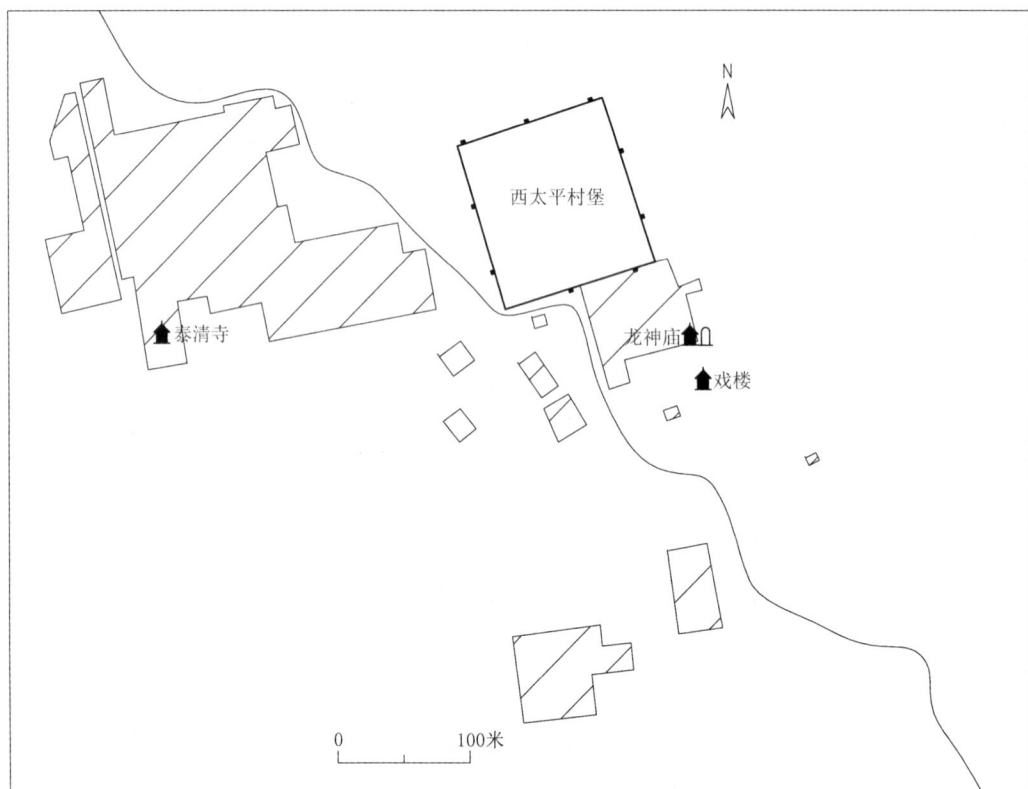

图 17.5　西太平村古建筑分布图

西太平村为崇祯年间所称的太平村四堡之一。相传,唐末建村。这里地势较低,村边有河,人们向往太平无事,故取村名太平。后村东又建村,遂有东西之分,该村取名西太平。村名最早见于《(正德)宣府镇志》,作"太平堡",《(嘉靖)宣府镇志》作"太平",《(崇祯)蔚州志》作"太平村四堡",《(顺治)云中郡志》作"太平堡",《(顺治)蔚州志》作"太平堡",《(乾隆)蔚县志》作"西太平",《(乾隆)蔚州志补》作"太平村",《(光绪)蔚州志》《(民国)察哈尔省通志》均作"西太平"。

二、城堡

西太平村堡,位于旧村东部。城堡平面呈矩形,周长约 481 米,开南门,堡门建筑无存,现为缺口,堡内平面布局为一条南北主街,三条东西横街结构(图 17.6)。

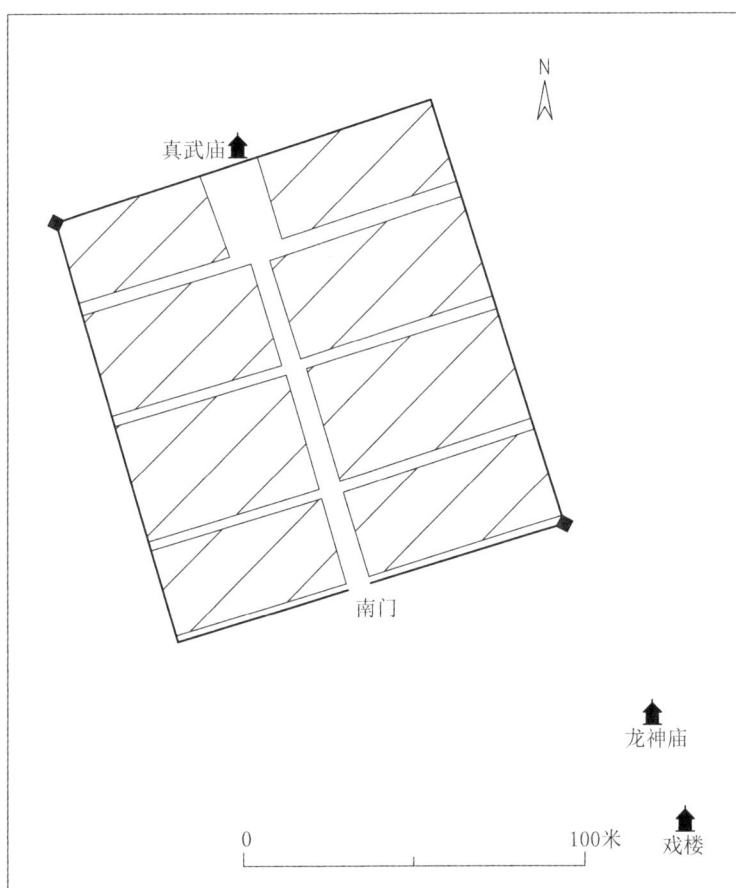

图 17.6 西太平村堡平面图

堡墙均为黄土夯筑。东、南墙破坏严重,断断续续。西墙破坏严重,墙体低薄,多坍塌,墙体高 0~3 米,内侧为民宅,外侧为荒地。北墙高 0~2.5 米,上面长满草木,墙体低薄,破坏严重,内侧为民宅,外侧为荒地和道路。

东南角设135°斜出角台,保存较差。西南角无存。西北角设135°斜出角台,破坏严重。
堡内居民仅几户居民,大部分居民迁至新村。

三、寺庙

真武庙 位于西太平村堡北墙上,坐北面南,位于高2米的夯土台明上,台明四周包砖残缺。真武庙前有旗杆石构件和1通残碑,正殿在旧址上新建,面阔三间,硬山顶,进深五架梁出前檐廊,人字叉手,前檐额枋尚残存有彩绘,清式雀替,柱下古镜柱础。殿内新塑真武大帝、周公与桃花女三尊塑像。正壁壁画新绘。

龙神庙 位于村东南侧一片空地北端,即城堡东南角外南侧。庙院坐北面南,新建山门,三檩硬山顶,门外悬木匾"金阙宫",院内仅存正殿。正殿坐北面南,面阔三间,硬山顶,进深五架梁出前檐廊,平梁上置人字叉手。前金檩钉木匾上书"大清同治九年重修"。正殿梁架为原构,墙体新砌。殿内正面新塑塑像,正中供奉龙姑奶奶与侍女,两侧塑五龙王与雨师。殿内壁画新绘,后墙壁画与众不同,没有表现五尊龙王神像,而是分为三个空间。明间两侧各两条屏风画,有两位侍女从两侧探出上身。东、西次间各绘四幅屏风山水画,画的顶部绘各路神像。东侧上部依次为:二位功曹、判官、旗官、钉耙神;西侧上部依次为:雷公、虹童、风婆、电母、青苗、旗官、二位功曹。两侧墙壁未见绘画。院中立有1块青石八角经幢,刻有"佛顶尊胜陀罗尼经"字样,落款为"金天会十四年"(彩版17-3)。

戏楼 位于龙神庙对面,仅存台明。

秦清寺 位于村西侧田野中,后为小学校占用,学校迁出后,寺院废弃。该寺历史上三易其址,最早在村南龙泉边,后来北迁,最后迁至村西。该寺为金河寺第十五代僧人普润于明成化十八年(1482)创建。现为1座庙院,坐北面南,四合院布局。寺院门楼、围墙、东西配殿等附属建筑皆为村民宋爱募捐资金重新修建并义务管理,前殿与正殿在原梁架结构基础上修缮而成。寺后在原址上新建关帝庙1座。

前殿,即天王殿。坐北面南,单檐硬山顶,面阔三间,进深五架梁,梁架为旧构,四周墙体仍为旧砖,山墙中部采用新砖重砌。明间前檐下悬匾,上书"慈航普渡"。殿内壁画已毁。

东西配殿新建,各面阔三间,单坡顶。

正殿,即佛殿。坐北面南,单檐悬山顶,面阔三间,进深五架梁。明间檐柱卷刹柱头,上承座斗,座斗上承梁头。殿内下平檩上贴着创建与各次修缮时的记录,共历经4次修缮。寺院于"大明成化十八年七月十一日创建","万历三十三年六月初八"贰次、"大清康熙四年八月十五日"三次、"大清雍正八年七月二十七日"四次、"大清道光二十七年七月二十五日"五次重修(彩版 17-4、5)。殿内正面新塑塑像,正中为释迦佛祖,两侧为文殊与普贤。两侧山墙涂有厚厚的白灰浆,白灰浆脱落处露出残存的壁画。东壁壁画露出较少,西壁壁画漫漶不清。从残存壁画的色彩来看,推测为道光二十七年(1847)修缮时所绘。壁画为连环画式,3 排 8 列,每幅画皆有榜题,但多已无法辨认。东壁榜题皆无法看清。西壁第 1 排第 7 列为"降伏火龙",第 2 排第 1 列为"文殊问法",第 3 排第 8 列为"龙宫说法"。从残留的局部来看,壁画应是佛传题材。顶部脊檩上彩绘《八卦图》。

第五节 东 太 平 村

一、自然环境与人文历史

东太平村位于吉家庄镇东南 4.6 公里处,属河川区,西、南、北靠定安河,地势略南高北低。村庄选址修建在平川之上,周围地势平坦,一马平川,为黏土质,呈盐碱性,辟为大面积的耕地。1980 年前后有 937 人,耕地 2 810 亩。曾为东太平大队驻地。如今,村庄规模较大,由 1 条东西主街和 5 条南北主街组成,民宅以新房为主,居民较多。村中偏北有近代修建的剧场,保存较好(图 17.7)。

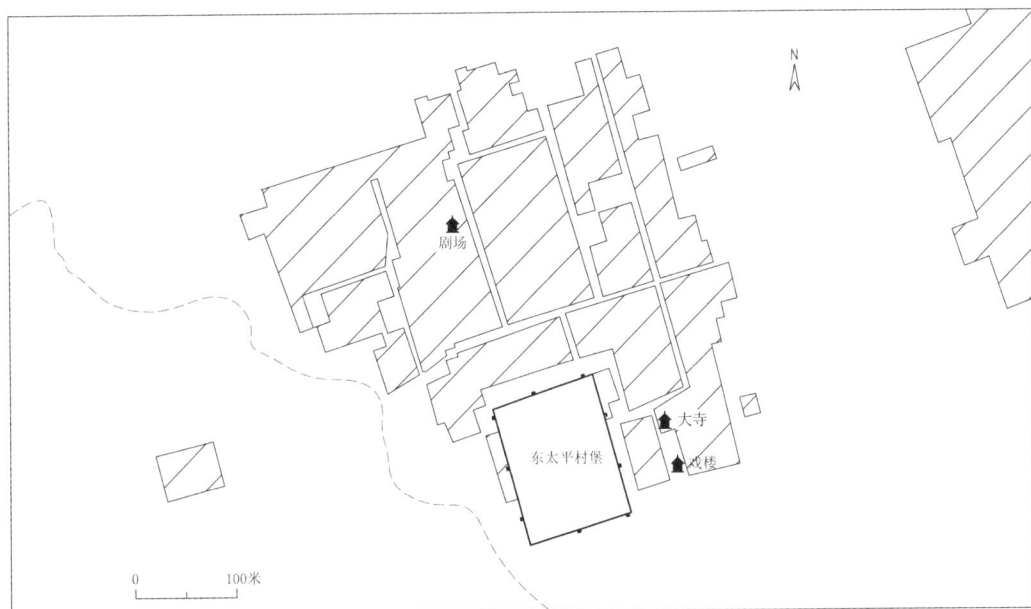

图 17.7 东太平村古建筑分布图

东太平村为崇祯年间所称的太平村四堡之一。相传,金大定年间建村于西太平村东。人们希望一年四季太平无祸,故取村名东太平。村名最早见于《(正德)宣府镇志》,作"太平堡",《(嘉靖)宣府镇志》作"太平",《(崇祯)蔚州志》作"太平村四堡",《(顺治)云中郡志》作"太平堡",《(顺治)蔚州志》作"太平堡",《(乾隆)蔚县志》作"东太平",《(乾隆)蔚州志补》作"太平村",《(光绪)蔚州志》《(民国)察哈尔省通志》均作"东太平"。

二、城堡

据当地长者回忆,东太平村曾修建过城堡,规模小,现已全部拆除。从地图上看,城堡应位于村庄南部,如今还能大概划出城堡的范围。城堡平面呈矩形,周长复原约477米,开东门,堡内平面布局为2条东西横街结构。

三、寺庙

大寺 位于旧堡东门外。寺院整体坐北面南,院墙与山门用红砖砌筑。山门对面有戏楼遗址,仅存台明。院内除正殿修缮外,其他各殿皆于旧址上重建。正殿为三神殿,东路为圆通宝殿、地藏殿,西耳殿为财神庙,东西庑廊为阎王殿。

三神殿,位于院内正北,坐北面南,面阔三间,硬山顶,进深五架梁出前檐廊,明间前檐下悬匾为"三神殿",殿内顶部正脊檩彩绘《八卦图》。由于殿内已改造,殿内原供奉何三神祇未知。殿内正面塑三尊女性塑像,从塑像后新绘的壁画来看:东次间绘有行雨中的辅助众神,对应的塑像应是龙母;明间绘有送子诸神,对应的塑像应为送子娘娘;从露出的局部来看,西次间可能是观音题材,对应的塑像应为观音。或许三神殿是后人重修时因塑三尊女性神祇塑像而改名的。

两侧山墙前各有三尊塑像,东山墙前为三位龙王,西山墙前为两位龙王与雨师,对应的山墙有绘画,为清末民国时期的作品。山墙大部分抹有厚厚的白灰浆,可能是曾经吊顶的缘故,壁画只残存了上部狭窄的部分,此部分绘画保存较好,可见四位功曹、风神、雨伯、电母、雷公、四眼神、虹童,两侧山墙显然是龙神庙的题材。所以可以推测此殿旧为龙神庙,后改为三神殿,新塑送子娘娘、龙母与观音三位女神的塑像。

东壁绘有《出宫行雨图》,顶部露出的部分分别为四目神、年值功曹、月值功曹、钉耙神、未知神、时值功曹与未知神(可能为雨官),右侧四目神下有厚厚的白灰浆。

西壁绘有《雨毕回宫图》,顶部露出的部分分别为虹童、年值功曹、月值功曹、风伯、日值功曹、时值功曹,画的左侧有一株缚龙大树,树下有一位缚龙神。在厚厚的白灰浆下隐约可见乘水车的电母、风婆,与边上的雷公。

东西配殿为庑廊结构,各面阔三间,半坡顶,殿内壁上绘十殿阎君,东庑廊为单数阎君,西庑廊为双数阎君,皆为新绘。

财神庙,位于三神殿西耳房,坐北面南,面阔单间,硬山顶,出前檐廊。全新建筑,殿内为全新的塑像和壁画。

圆通宝殿、地藏殿,位于东路,新建建筑,正殿面阔五间,硬山顶,出前檐廊。东次间为圆通宝殿,西次间为地藏殿。

第六节　宗家太平村

一、自然环境与人文历史

宗家太平村,位于吉家庄镇东偏南5公里处,属河川区,北靠定安河,地势南高北低,村庄选址修建在平川上,周围地势平坦,一马平川,为黏土质,呈盐碱性,辟为大面积的耕地。1980年前后有283人,耕地890亩。曾为宗家太平驻地。如今,宗家太平与长巷太平2座村庄几乎连接在一起,两村间隔一条小河道,以河道为界,东属宗家太平村。村庄分为南、北、东三部分,彼此不相连,中间间隔耕地,村庄的每个部分均为南北主街结构,村庄规模小,居民少,民宅以新房为主。

宗家太平村为崇祯年间所称的太平村四堡之一。相传,明万历二十年(1592)建村。因宗姓居多,人们向往太平无灾,故取村名宗家太平。村名最早见于《(正德)宣府镇志》,作"太平堡",《(嘉靖)宣府镇志》作"太平",《(崇祯)蔚州志》作"太平村四堡",《(顺治)云中郡志》作"太平堡",《(顺治)蔚州志》作"宗家太平堡",《(乾隆)蔚县志》作"宗家太平",《(乾隆)蔚州志补》作"太平村",《(光绪)蔚州志》《(民国)察哈尔省通志》均作"宗家太平"。

二、城堡

据当地长者回忆,村庄曾修建有堡墙,早已全部拆除,城堡平面呈矩形,四至未知,开东门,东门外现存有文昌阁。堡内平面布局为东西主街结构。

三、寺庙

文昌阁　位于旧堡东门外北侧,坐落于高台之上(彩版17-6)。台明高3米,外立面毛石包砌。文昌阁坐北面南,高约3米,面阔单间,硬山顶,进深四架梁出前檐廊,门窗无存,前脊顶长于后脊顶。文昌阁内堆放杂物,墙壁曾抹过泥浆,脱落的泥浆处露出原壁画,壁画应为清末民国时期的作品。从局部看,推测是屏风式的鸟草画。

第七节　长巷太平村

一、自然环境与人文历史

长巷太平村,位于吉家庄镇驻地东偏南 5 公里处,属河川区,北临定安河,东南为河北屋脊小五台山脉。地势南高北低。村庄选址修建在平川之上,周围地势平坦,一马平川,为黏土质,呈盐碱性,辟为大面积的耕地。1980 年前后有 669 人,耕地 2 206 亩,曾为长巷太平大队驻地。

长巷太平村为崇祯年间所称的太平村四堡之一。相传,原为东太平的一个种地庄子,因村内有一条长巷,遂称东太平长巷。民国十五年(1926),开始各负杂税,即名长巷太平。

二、街巷与古宅院

如今,村庄规模较大,村南部为旧村,北部为新村,新村由 3 条南北主街组成。民宅以新房为主,居民较多,村南、北两侧均有河道经过,水量较大。村内南北主街即"长巷",街道两侧保存有老宅院。

老宅院 1　位于主街东侧,一进院,宅门已倾斜,保存较差。

老宅院 2　位于主街西侧,一进院,现为村委会,宅门外有上马石,保存较好。

老宅院 3　位于老宅院 2 西侧,一进院,保存较好。

三、寺庙

财神庙/观音殿　位于村庄长巷的南端,北面正对南北主街。新建的庙院坐南面北,山门为月亮门,正殿面阔单间,硬山顶,面南为财神庙,面北为倒座观音殿。殿内新绘壁画。财神庙对面为戏楼。

戏楼　位于财神庙南侧,坐南面北,台明高约 1 米,外立面包砖,顶部四周铺条石板,戏楼为单檐卷棚顶,进深六架梁,面阔三间,戏楼挑檐木挑出足有五分之四,并有立柱支撑,前台宽阔。前台口为木挡板封堵,内为村委会库房,原悬木匾,上书"太平盛世"。前戗檐砖上西刻"歌",东刻"舞",寓意一派太平盛世,歌舞升平景象。

第八节 红 桥 村

一、自然环境与人文历史

红桥村,位于吉家庄镇东偏南 3.8 公里处,属丘陵区与河川区接壤地带,西、南面为定安河河道,北为红桥水库,地势起伏,为黏土质。1980 年前后有 998 人,耕地 3 501 亩,曾为红桥大队驻地。

相传,明成化年间建村,因村东有 1 座红石头砌成的桥,故借以作村名。村名最早见于《(正德)宣府镇志》,作"红桥儿堡",《(嘉靖)宣府镇志》作"红桥",《(崇祯)蔚州志》《(顺治)云中郡志》《(顺治)蔚州志》均作"红桥儿堡",《(乾隆)蔚县志》作"红桥儿",《(光绪)蔚州志》沿用,《(民国)察哈尔省通志》作"红桥堡"。

如今,红桥村规模较大,沿 S342 省道路北分布,X457 县道从村中北部穿村而过,东达桃花镇,西连吉家庄镇。村庄呈东、中、西三片区,彼此不相连接,间隔有冲沟、耕地。其中,西片区最小,中片区最大,民宅以新房为主,人口众多。村北为台地,旧村即村堡位于台地之上,新村位于台地下的河川内(图 17.8)。

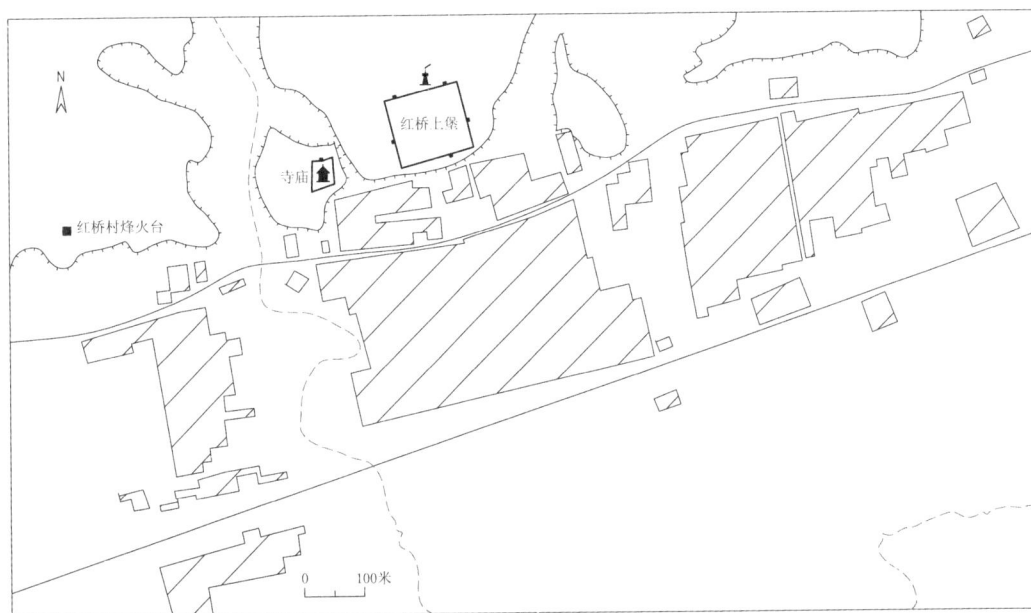

图 17.8 红桥村古建筑分布图

二、城堡与烽火台

(一) 红桥上堡

位于村北台地上,地势较高,南面俯瞰新村。城堡所在区域地势平坦,一马平川,周围辟为耕地。堡所选址地势较险要,堡东、西、南面均有河道,水量较大。向西可见红桥村烽火台,与堡间隔河道,两者相距 600 余米。城堡规模不大,平面呈矩形,周长约 460 米,开南门,堡内平面布局为南北双十字街结构(图 17.9)。堡内地面高于堡外地面约 3 米。

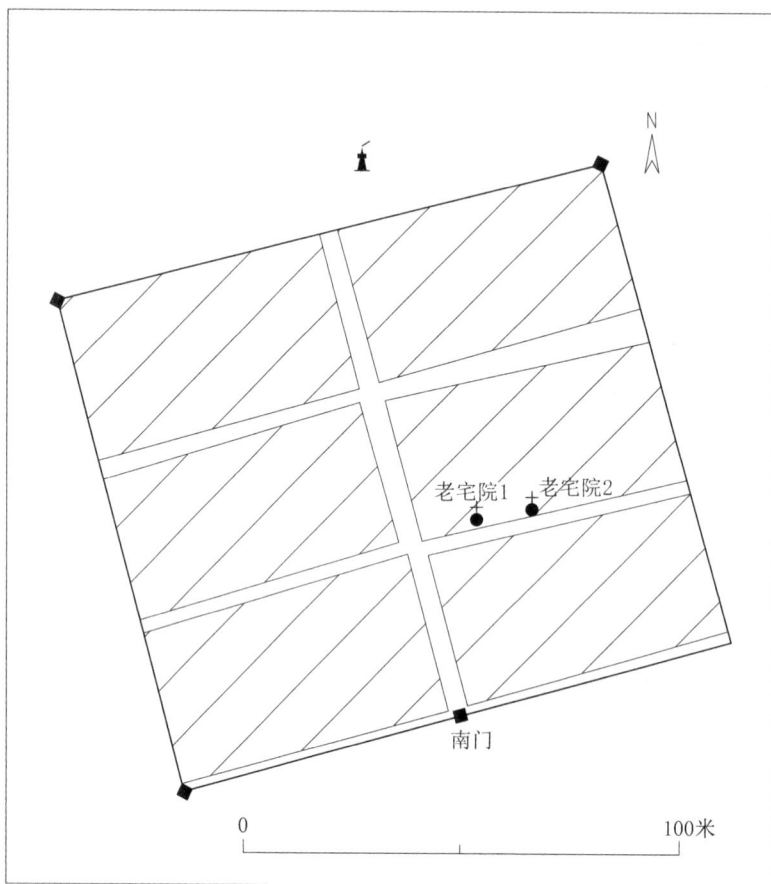

图 17.9　红桥村上堡平面图

城堡开设南门,保存较好,砖石拱券平顶结构(彩版 17-7)。台明为 3 层条石,上面青砖起券,门券较高,券高 3 米,内外券均为三伏三券,上出二层伏檐,门顶为木梁架结构,平梁高 3.5 米。外侧门券拱顶上方原镶嵌有两枚门簪,现已损毁。其上镶嵌有石制门匾,正题"红桥上堡"。内侧门券拱顶上方亦镶嵌有两枚门簪,其上镶嵌有砖制门匾,正题"文明"。砖匾额在"四清"时遭破坏。门外为自然石铺成的路面,门内为土路。

堡墙均为夯土夯筑,保存较差。东墙长约 106 米,破坏严重,墙体坍塌成土坡状,高约 3 米,上面修建民宅,外侧为顺城道路和耕地。南墙长约 124 米,东段全部坍塌为 3 米高的斜坡,呈斜坡状;西段墙体亦如此,仅存 3 米高的台明。西墙长约 109 米,破坏严重,呈斜坡状,墙体自身高 3 米,由于借用地势,外侧总高 6～7 米,墙外侧为顺城道路和耕地,内侧为民宅。西墙外不远处有 1 座小城堡即寺庙遗址。北墙长约 121 米,墙体坍塌、破坏严重,高 3 米,外侧为顺墙道路,北墙中部原设 1 座马面,现已无存,为一缺口。

西南角设 135°斜出角台,高 3～4 米,坍塌一半。西北角设 135°斜出角台,破坏较重。东北角设 135°斜出角台,高约 6 米,坍塌过半。

堡内房屋以土、旧房为主,多废弃、坍塌,破坏严重,居民多已外迁,仅几户居民居住。堡内老宅院较少,前街东段(南十字街东街)北上有 2 座老宅院 1、2,宅院相邻,均为一进院,正房坍塌。

(二)红桥村烽火台

据《(崇祯)蔚州志》记载:"红桥墩,去城七十里,接鸦儿涧。"[1] 今位于红桥与东水泉村之间,路北侧台地上,南临定安河河川,位置高耸,地势险要,视野开阔。该烽火台可与东店村烽火台实现传烽,推测为蔚县东路—蔚县—保安州(今涿鹿县)烽火传递路线的组成部分。

烽火台选址于台地的坡顶,由台明、墩台两部分组成。台明平面呈矩形,黄土夯筑,高约 2 米,边长约 15 米,台明顶部中央修建墩台。墩台呈方形,整体保存较好,高 5～6 米,北面局部坍塌呈斜坡状,东、西面各坍塌一半,南立面保存较好。烽火台周围为耕地,向东可见红桥上堡。

三、寺庙

寺庙遗址位于红桥上堡西墙外约 100 米处,定安河北岸二级台地上,为平川区与丘陵区过渡带。庙院四面紧邻冲沟,地势险要。平面呈矩形,周长约 164 米,规模小,院内为荒地,平面布局未知。

庙院应设西门,西与红桥村烽火台相距较近。庙院墙体均为黄土夯筑,边长约 30 米,墙体大部分坍塌。东、南墙濒沟,墙高 1.5～3 米,夯层厚 0.2 米;西墙濒沟,墙体无存;北墙高 5 米。

---

〔1〕 来临:《(崇祯)蔚州志》,《日本藏中国罕见地方志丛刊续编》,国家图书馆出版社,2003 年,第 487 页。

第九节 东水泉村

一、自然环境与人文历史

东水泉村,位于吉家庄镇东偏南 1.7 公里处,为丘陵区与河川区的过渡带,村北沟壑纵横,地势北高南低,为黏土质。1980 年前后有 1 096 人,耕地 3 727 亩,曾为东水泉大队驻地。

相传,明朝天顺年间建村,因村东沟里有一清泉,故以此取村名东水泉。村名最早见于《(嘉靖)宣府镇志》,作"东水泉",《(顺治)蔚州志》作"东水泉儿堡",《(乾隆)蔚县志》作"东水泉",《(光绪)蔚州志》《(民国)察哈尔省通志》沿用。

如今,村庄选址修建在 S342 省道北侧的平地上,X457 县道从村庄南缘经过。村庄分为两部分,一部分在平川上,村庄规模大,由 2 条东西主路和 5 条南北主街组成,村北侧紧邻台地,多冲沟,东、西、南三面为大面积的平川,辟为耕地,民宅以新房为主,居民较多。另外一部分村庄在上述部分的东北部台地上,两者之间并不相连,间隔有耕地,本部分村庄规模相对较小,由南北 4 条主街组成,民宅以新房为主,居民较少。村南为台地的边缘,有许多冲沟,西面亦为冲沟,北、东面为大面积的平川耕地(图 17.10)。

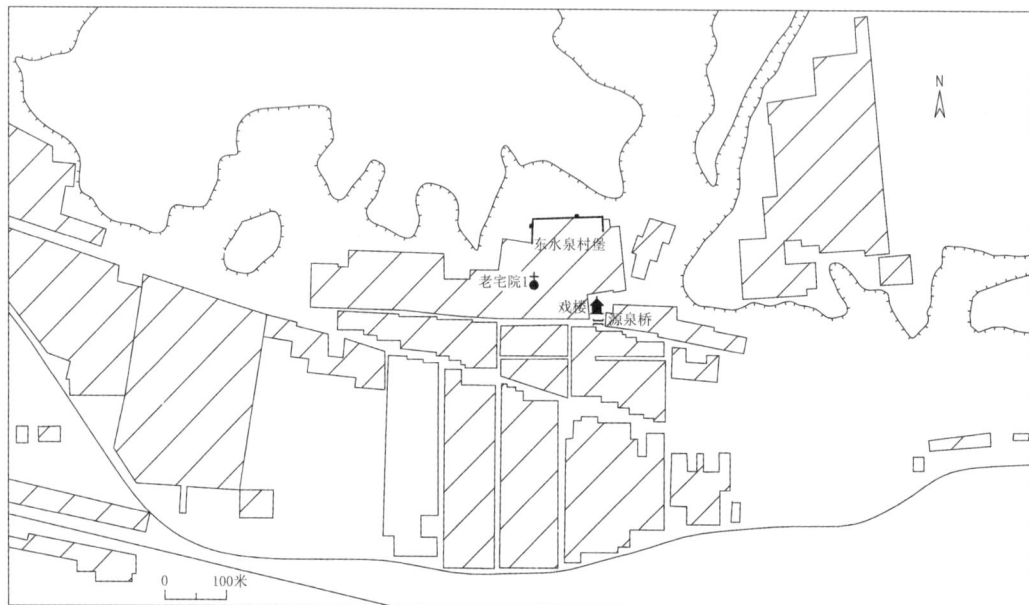

图 17.10 东水泉村古建筑分布图

二、城堡

东水泉村堡位于村北部,由坡下、坡上两部分组成,大部分修建在坡下,仅北墙建于坡上。据当地长者回忆,城堡毁于解放前。城堡平面呈矩形,复原周长约 370 米,开南门,堡内平面布局推测为南北主街结构(图 17.11)。

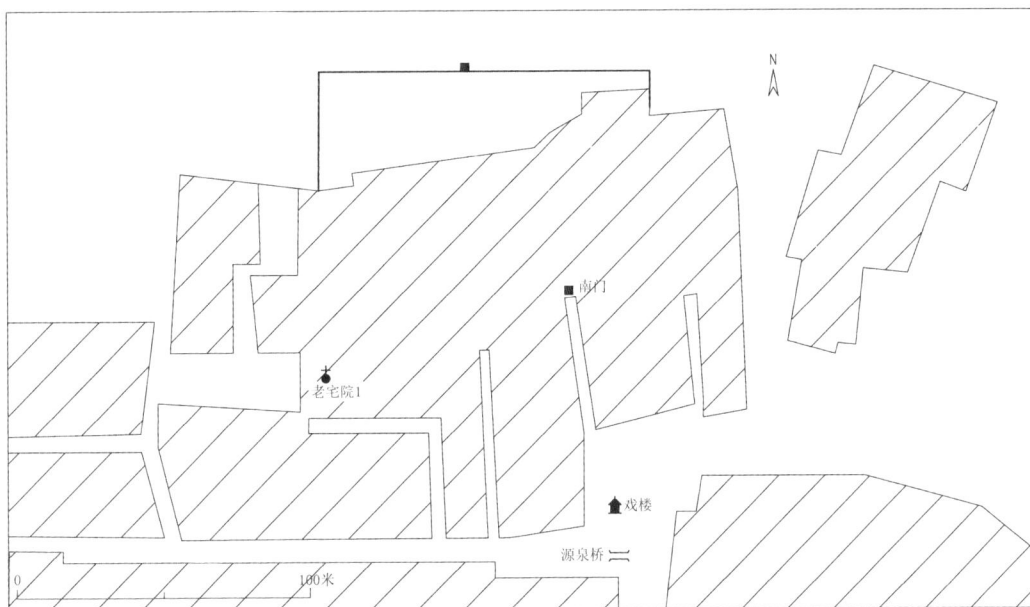

图 17.11　东水泉村堡平面图

南门位于村中,现已改造为 1 座院门。堡门为砖石拱券结构,外侧镶嵌匾额,漫漶不清。

堡墙均为黄土夯筑,保存差,破坏严重。东墙大部分墙体无存,为民宅占据,仅存东北角附近一段墙体,残长 18 米,墙体高 0~3 米。南墙无存。西墙大部分墙体无存,为民宅占据,现仅存一段墙体,残长 36 米,内侧高 6~7 米,外侧利用台地,总高 10 米以上,墙体自身高 7 米左右,墙体高薄,近乎原高。北墙长 107 米,保存一般,墙体高薄、连贯,外侧利用台地,总高近 8~10 米,墙体自身高 0~3 米,内侧较高,高 5~6 米,墙内侧为民宅,外侧为荒地。北墙中部偏西设有 1 座马面,高 8 米,保存较好。

东南角、西南角已无存。西北角仅存转角,高 4~5 米。

堡内现无老宅院。堡西南角外南侧有 1 座老宅院 1,保存较好,一进院,正房门厅退金廊。

源泉桥　位于戏楼东南侧,东西向拱券式石桥,保存较好。该桥跨于村北丘陵前的雨裂沟上,原有水泉,村名即源于此泉。现已干涸。桥原为拱券式,近年经改造成水泥平梁式。桥面南北宽4.4米,东西长2.5米,桥跨2米,矢高1米,桥栏保存有较好的浮雕栏板,南栏板阳刻楷书"源泉桥",北栏板刻"东水泉",落款为"光绪十七年孟秋穀旦",图案有"二老对弈""一品来仪""渔樵江渚""麒麟望月""羲之换鹅"。桥东2块方石,刻"天马行空""犀牛望月",为蔚县古堡雕饰常用题材。

三、寺庙

据当地长者回忆,村庄曾修建有龙神庙、五道庙、关帝庙、泰山庙、戏楼等。

戏楼 位于城堡南门外南侧。戏楼破坏严重,早在20世纪六七十年代便已倒塌,现今仅存1米高的台明,台明外立面包砌青砖,顶部四周铺条石板,上面的建筑无存。戏楼对面为龙神庙。

第十节 前上营村

一、自然环境与人文历史

前上营村,位于吉家庄镇东北偏北0.6公里处平川之上,属丘陵区,与镇区遥遥相望,地势较平坦,为黏土质,辟为耕地。1980年前后有364人,耕地1611亩,曾为前上营大队驻地。如今,村庄分为新、旧两部分,153乡道从中间穿过。旧村即城堡所在地,位于西部。新村位于东部,南北主街结构。全村常住人口600余人,冯姓为主。30多年前居民搬出堡外居住(图17.12)。

相传,明洪武年间,朝廷曾于村北坡上建立兵营,名前营,建村后故据此取村名前上营。村名最早见于《(顺治)蔚州志》,作"上营儿堡",《(乾隆)蔚县志》作"前上营儿",《(光绪)蔚州志》《(民国)察哈尔省通志》均作"前上营"。

二、城堡

(一)城防设施

前上营村堡位于村西南村外、路边,依冲沟边缘修建,北、西、南三面临沟,地势险要,易守难攻,仅东面地势相对平缓,西面与吉家庄隔冲沟遥遥相望。城堡平面大致呈平行四边形,周长约653米,开东门,堡内平面布局为十字街结构,共包括3条横街和1条南北街(图17.13)。

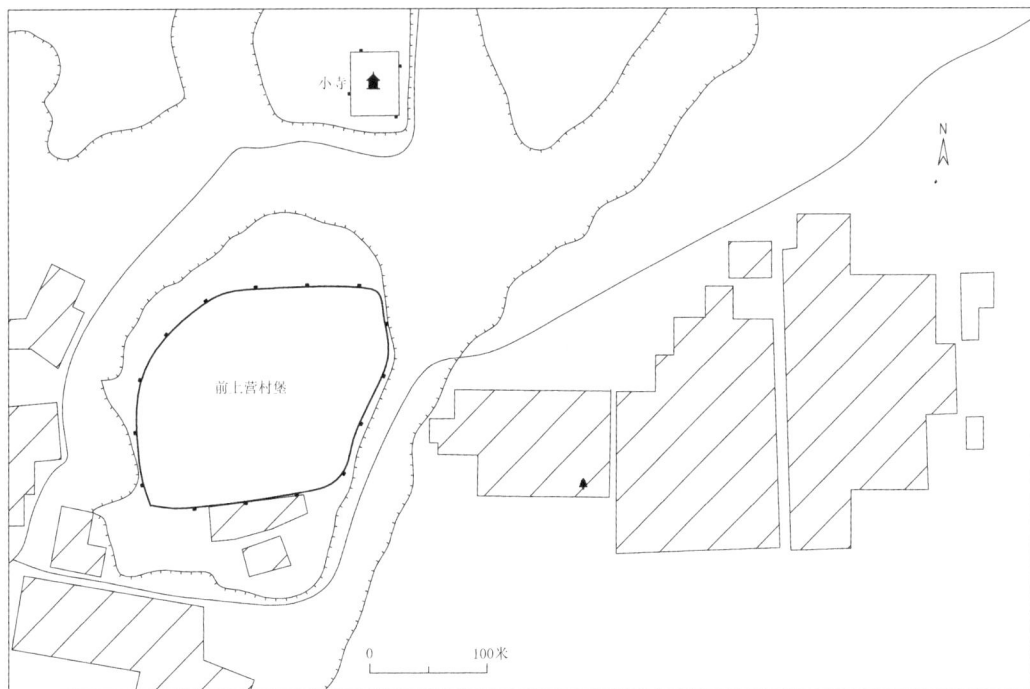

图 17.12 前上营村古建筑分布图

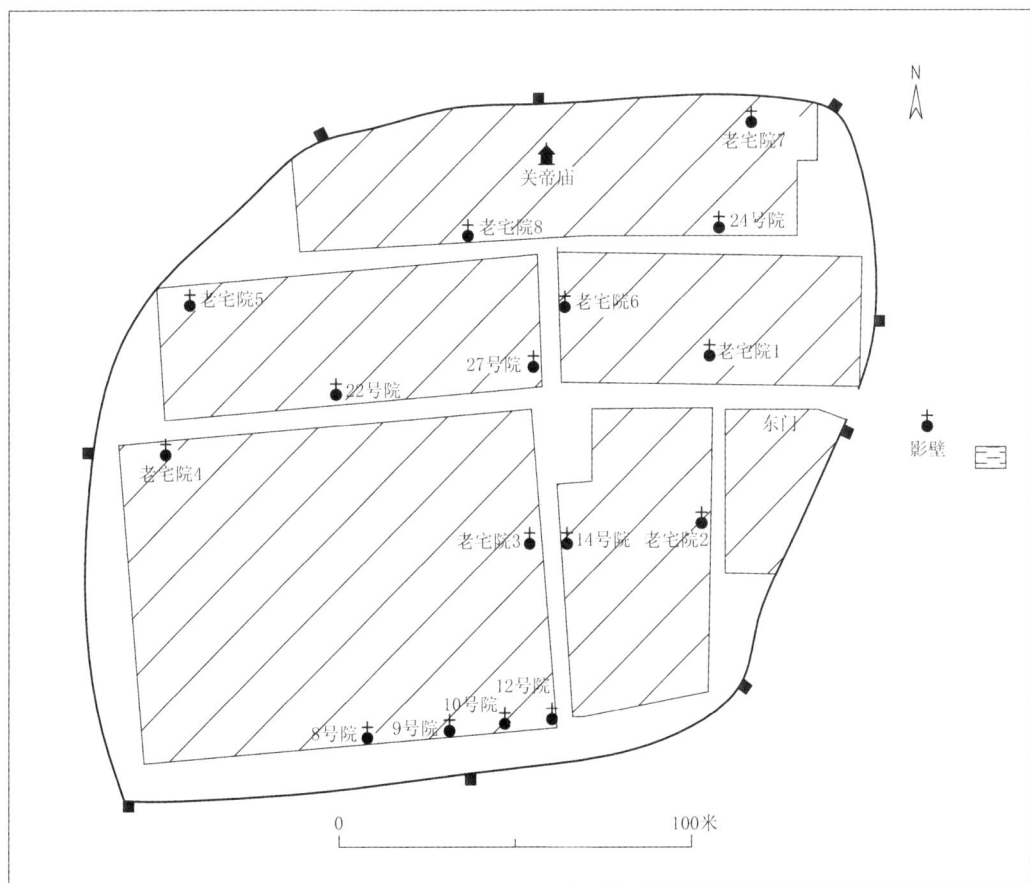

图 17.13 前上营村堡平面图

城堡东门位于东墙中偏北位置,堡门建筑在解放战争中遭炸毁,现为缺口。门南北两侧修建护门墩台,护门墩高6~7米。东门外正对1座新建的影壁,其东侧尚存坑塘1座,周围长满树木。

堡墙均为黄土夯筑,保存差。东墙长约162米,保存一般,墙体外高4~7米,内侧高3~6米,内侧为倚墙修建的民宅,外侧为荒地。南墙长约159米,保存一般,墙体外高4~6米,内侧高0~5米,外侧为倚墙修建的民宅或荒地,内侧为顺墙道路,墙体有两次夯筑的遗迹。南墙中部设1座马面,高7~8米。西墙长约199米,保存较差,墙体外高0~5米,内侧高0~3米。墙体外侧为冲沟,内侧为民宅。西墙中部设马面1座,平面呈矩形,与东门遥遥相望,马面高5~6米。北墙长约133米,保存一般,北墙外侧高4~5米,内侧高1~6米,墙体外侧为冲沟,内侧为荒地。北墙中部设1座马面,马面高5~6米,与堡内南北主街相对。

东南角为弧形,高7米,设1座马面。西南角外高7~8米,内高4米,与东南角类似,设马面1座。西北角亦为1座马面,高5~6米。东北角为1座马面,高5~6米。

(二)街巷与古宅院

堡内民宅以土旧房为主,老宅院众多,但居民较少,大部分房屋废弃、坍塌。

正街 即堡内十字主街,两侧尚存多座老宅院。老宅院1,位于正街东段北侧,一进院,坐北面南,开东门,随墙门。老宅院2,位于正街东段南侧的一条巷子内西侧,一进院,坐北面南,开东门,门已坍塌,正房面阔3间,硬山顶。老宅院3,位于正街南段西侧,一进院,坐北面南,开东门,广亮门。14号院,位于正街南段东侧,一进院,坐北面南,开西门,广亮门。22号院,位于正街西段北侧,一进院,坐北面南,开南门,广亮门,硬山顶。老宅院4,位于正街西段南侧,一进院,坐北面南,开南门,广亮门,硬山顶。老宅院5,位于正街西段北侧,一进院,坐北面南,开南门,宅门无存,正房面阔三间,硬山顶,两侧各设面阔两间的耳房。27号院,位于正街北段西侧,一进院,坐北面南,开东门,广亮门,硬山式。老宅院6,位于正街北段东侧,一进院,坐北面南,开西门,随墙门。

前街 即堡南墙内侧顺城街,北侧尚存多座老宅院。12号院,位于前街西段北侧,一进院,坐北面南,开南门,广亮门。10号院,位于前街西段北侧,一进院,坐北面南,开南门,广亮门。9号院,位于前街西段北侧,两进院,坐北面南,开南门,广亮门。8号院,位于前街西段北侧,两进院,坐北面南,开南门,广亮门,卷棚顶。

后街 即堡内北侧东西向主街道,北侧尚存多座老宅院。24号院,位于后街东段北侧,两进院,坐北面南,开南门,广亮门。老宅院7,位于后街东段北侧,两进院,坐北面南,开南门,宅门已毁,正房保存较好,面阔三间硬山顶,作为当地的养老院使用。8号院,位于后街西段北侧,两进院,坐北面南,开南门,广亮门。

三、寺庙

关帝庙 位于南北主街北端,北墙内侧,原为1座庙院,现院墙坍塌无存,仅存山门、正殿(彩版17-8)。

山门已于近时改造,随墙门,两扇门木板尚存。

正殿保存一般,坐北面南,面阔三间,硬山顶,进深六架梁,由于殿内曾改作学校使用,壁画被涂刷的白灰浆所遮盖,尚存东西山尖壁画,描述人物故事。殿内梁架上尚存清末民国时期的彩绘,柁头残存有女性人物彩绘。顶部脊檩彩绘《八卦图》。

五道庙 位于堡内十字街口,现已无存。

老君庙 位于堡东门外南侧,现已无存。

第十一节 后 上 营 村

一、自然环境与人文历史

后上营村,位于吉家庄镇驻地东北偏北1.2公里处,属丘陵区,地势较平坦。村庄选址修建在平川之上,村东、西、南三面临沟涧,为黏土质,辟为耕地、杏树林。1980年前后有428人,耕地1 522亩,曾为后上营大队驻地。

相传明洪武年间官方曾在南坡上建立兵营屯兵,名为后营(疑为小寺古堡)。建村后据此取村名后上营。村名最早见于《(顺治)蔚州志》,作"上营儿堡",《(乾隆)蔚县志》作"后上营儿",《(光绪)蔚州志》《(民国)察哈尔省通志》均作"后上营"。

如今,村中部的一条小冲沟将村庄分为东、西两部分,西为旧村,东为新村,村庄规模较大。新村以新房为主,居民较多;旧村居民较少,以土旧房为主,少数翻修屋顶(图17.14)。

二、城堡与寺庙

后上营村分为东、西堡,分别位于一条大沟的东、西两侧,东堡规模远大于西堡。

(一)后上营村东堡

1. 城堡

东堡位于新村内。城堡破坏较早,当地70岁的长者对城堡已无印象。

东堡平面呈矩形,周长1 009米,开西门(图17.15)。堡内平面布局未知。新村中西部冲沟边缘尚存有1座影壁,近代建筑,保存较好,该影壁为东堡的西门外的影壁。影壁

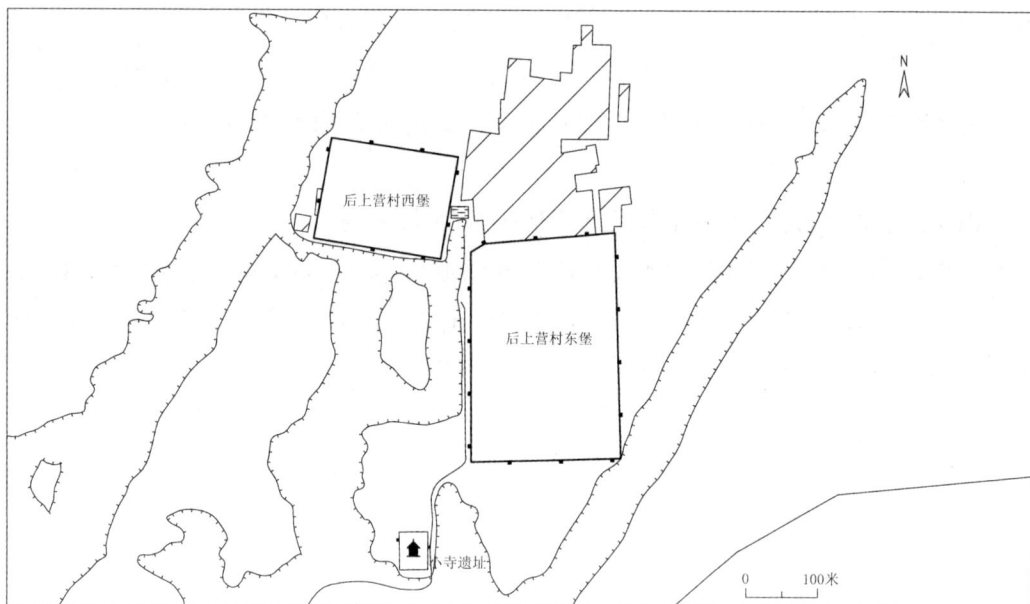

图 17.14　后上营村古建筑分布图

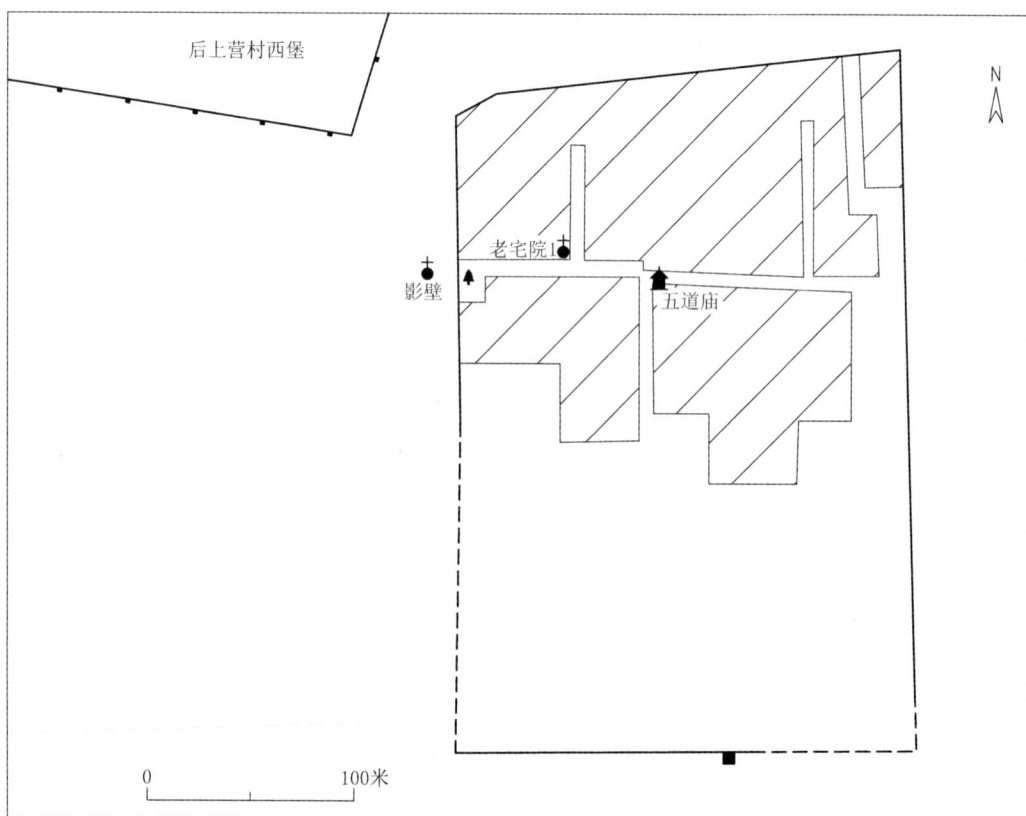

图 17.15　后上营村东堡平面图

所对堡门无存,现为一较大的缺口。西门内为宽阔的东西主街。从地图上看,西门的位置偏北,靠近西北角。西门内侧主路边有一株高大的树木。

堡墙均为黄土夯筑,保存差。东墙长约 316 米,保存一般,墙体低薄,多坍塌,外高 2～4 米,外侧为耕地,内侧为道路和民宅。南墙长 204 米,坍塌殆尽,中部设 1 座马面。西墙长约 287 米,保存较差,外侧为顺墙道路。北墙长约 202 米,内外侧均为倚墙修建的民宅,墙体已经湮没在民居之中,墙体保存较差,墙体低薄,高 0～3 米,中间有破坏形成的缺口。

东南角无存,为一较大的缺口。西北角仅存转角,高 3 米。东北角仅存转角,高 3 米,上面长有树木。

堡内的民宅以土旧房为主,屋顶多翻新,老宅院较少。老宅院 1 位于主路北侧的一条巷子里,坐北面南,宅门面东,保存较好。

2. 寺庙

五道庙　位于东西街正中,坐北面南,面阔单间,单坡顶,未设门窗,殿后长有一株大树。殿内壁无壁画。据当地长者回忆,旧时五道庙规模较大,近代被人为拆毁,现存五道庙为在旧址上新建。

（二）后上营村西堡

1. 城堡

西堡位于冲沟西侧,位置险要,东、西两侧不远处为冲沟,附近辟为大面积的耕地,稍远则为大面积的杏树林,村庄被大面积的杏树林所包围(图 17.16)。

西堡平面呈矩形,周长约 631 米,规模较小,开东门,堡内民居分布散乱,无明显主街,平面布局未知。

堡门位置偏南,堡门建筑无存,现为缺口。东门外有一干涸的坑塘,四周长有高大的树木。

堡墙均为黄土夯筑,保存较差。东墙长约 140 米,保存较差,墙体低薄、断续,高 0～4 米,北段保存较好,南段破坏严重,多为平地,墙体内侧为民宅、荒地,外侧为荒地和道路。南墙长约 174 米,墙体低薄、断续,高 0～5 米,内侧为民宅,外侧为道路和小冲沟。西墙长约 142 米,外侧紧邻冲沟边缘修建,冲沟宽大幽深,沟内为耕地,西墙墙体低薄、连贯,高 0～4 米,墙体低薄,多坍塌,墙体内侧为民宅,外侧为耕地和冲沟。北墙长约 175 米,保存相对较好,墙体高 2～6 米,上面多长有树木,墙体外侧多坍塌成斜坡状,墙体内侧为民宅,外侧为耕地。

西南角设 135°斜出角台,保存较好,高 5 米。西北角设 135°斜出角台,高 6 米,保存较好,紧邻冲沟边缘。东北角设 135°斜出角台,高 4 米,保存一般,上面长有树木。

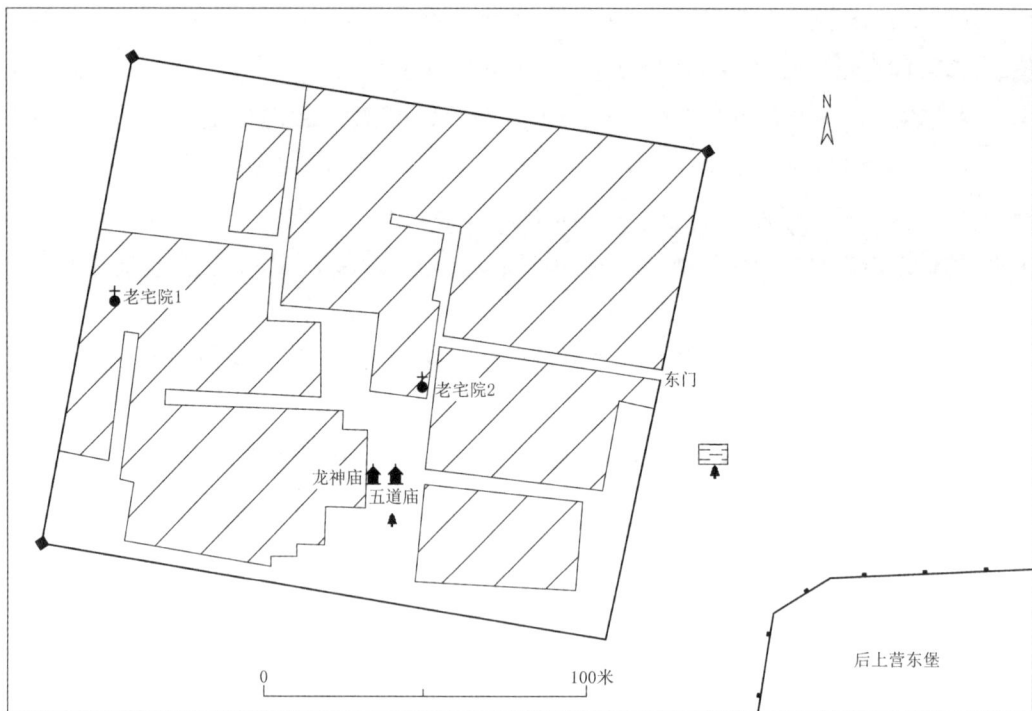

图 17.16　后上营村西堡平面图

　　堡内布局较乱。民宅以土旧房为主,翻修屋顶的比较少。老宅院 1 位于西墙内侧,一进院,保存较好。老宅院 2(后上营村 108 号)位于龙神庙北侧,两进院,已废弃。宅门面东,二道门已塌毁,仅存地面的台阶,后院正房与两侧厢房尚存。

　　2. 寺庙

　　龙神庙　　位于堡内中南部。庙院位于高 1.2 米的砖砌庙台上,庙前有一小广场,广场之南为沟涧。庙南侧长有 1 株参天的古树。龙神庙整体坐北面南,现山门、正殿、庙院东墙、南墙尚存。东墙由正殿山墙、五道庙与影壁构成。山门位居高大的条石台阶上,门前设 7 步石条台阶,随墙门,檐顶已坍塌。正殿坐北面南,面阔三间,硬山顶,三架梁出前檐廊。明间额枋金字"五龙宫"。殿内梁架主体为三架梁,前施抱头梁,三架梁后侧又架起副梁,推测是为加固而设。正殿曾改作教室,墙壁皆重新涂刷白灰浆,西墙正中画出 1 块黑版。殿内壁壁画已无存。

　　五道庙　　位于龙神庙院东墙外,坐西面东,正对堡东门,其北部是正殿山墙,南部建成 1 座大影壁,山墙与影壁中间建有五道庙。正殿,坐西面东,面阔单间,单坡顶,无门窗,殿内堆放杂物,无壁画。

　　小寺　　位于前上营村堡北墙外侧,后上营村西南,1 块独立的台地上,四面临冲沟,地势险要。庙院规模小,平面呈矩形,边长30米,墙厚2米,墙高1～8米不等,开东门,位于东墙北部,现为缺口。西墙、北墙中部设有马面。西墙高3～4米,中间马面高4～5米;北墙高5～6米,院墙内侧较低,高0～4米。内为荒地。

第十二节　上营庄村

一、自然环境与人文历史

上营庄村位于吉家庄镇东北2.6公里处,属丘陵区,选址于平川之上,周围地势平坦一马平川,为黏土质,村庄周围辟为大面积的耕地。1980年前后有769人,耕地2 480亩,曾为上营庄大队驻地。

相传,清光绪年间(1875～1908),前上营有几户徐姓居民为种地方便,在这里定居建庄,故取村名上营庄。村名最早见于《(民国)察哈尔省通志》,作"上营庄"。

如今,村庄规模较大,居民较多,全村户口有1 000余人,但多搬到宣化居住,杂姓。村北部为旧村,南部为新村。153乡道从村南、东边缘通过。

二、庄

据当地长者回忆,村内原建有庄,如今庄墙无存,四至未知,仅存北门遗址。北门尚存2层条石基,如今在条石基上用红砖建起了1座简易的北门。北门外有2个石柱础。

村内老宅院大部分拆毁,新建一排排新瓦房。南北主街两侧尚存3座老宅院。老宅院1位于教堂院内,坐北面南,仅存正房,面阔五间,硬山顶出前檐廊。老宅院2位于教堂南侧,主街东侧,坐北面南,一进院,正房面阔五间,硬山顶。老宅院3位于教堂南侧,主街西侧,坐北面南,一进院,正房面阔七间,硬山顶,门厅退金廊。

三、寺庙

上营庄村是吉家庄镇最大的天主教聚集村。村内未曾修建寺庙。

天主教堂　位于村中南北主街东侧,原来有1座旧天主堂,2004年10月在其基础上重建新天主堂。主体结构采用红砖砌筑,前面左右2座大尖塔,中间屋顶脊上有1座小尖塔,塔顶都有十字架,小尖塔下的玻璃龛中有耶稣像,院内左侧有圣母玛利亚像。天主堂西北侧还有一小堂。

第十三节 织锦疃村

一、自然环境与人文历史

织锦疃村位于吉家庄镇北偏西 2.3 公里处,属丘陵区,东、西、南三面临沟,地势较平坦,为黏土质,辟为耕地、杏树林。1980 年前后有 214 人,耕地 1 510 亩,曾为织锦疃大队驻地。

相传,明朝景泰年间建村。因这里居住的几户居民中,多数会用蚕丝织锦绸,故取村名织锦疃。村名最早见于《(正德)宣府镇志》,作"织金町堡",《(嘉靖)宣府镇志》作"织金",《(崇祯)蔚州志》作"织金疃堡",《(顺治)云中郡志》沿用,《(乾隆)蔚县志》作"织金疃",《(光绪)蔚州志》作"织锦疃",《(民国)察哈尔省通志》沿用。

如今,本村地名表述各异,《蔚县地名资料汇编》作"织锦疃",2004 年版《蔚县行政区划图》作"织绵疃",旧村门牌为"紫巾町",新村门牌为"织巾疃"。村庄分为南、北两部分,南面为旧村,北面为新村,新、旧村之间为耕地和果园,也有少量荒地。旧村即城堡所在地。村庄规模小,现有 200 余人居住,以张姓为主,据传其祖先从山西移民而来。当地主要种植小米、高粱、玉米、黄豆、向日葵等农作物(图 17.17)。214 乡道从村东经过。

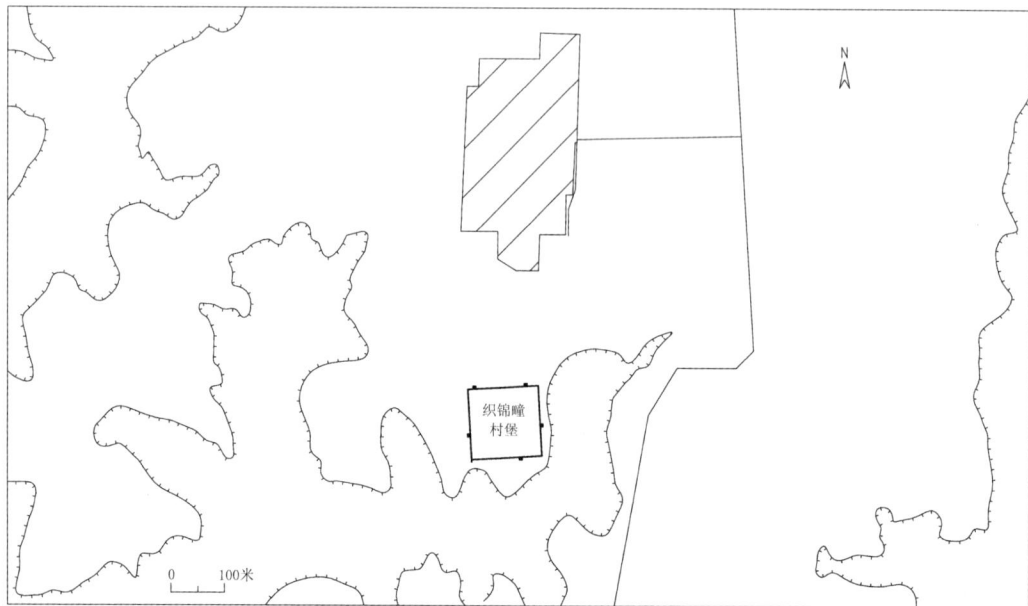

图 17.17　织锦疃村古建筑分布图

二、城堡

织锦疃村堡,位于南部旧村中。城堡周围杏树林环绕,堡东、南侧不远处为冲沟。城堡保存差,墙体坍塌严重,为复垦所致。城堡平面呈矩形,周长约510米,开南、北门,堡门建筑无存,现为缺口。堡内平面布局为南北主街结构。

堡墙均为黄土夯筑,保存差。当地开展"复垦"行动,将墙体全部推倒,形成土坡。东墙长约125米,现为土坡,高2米。南墙长约133米,无存,原墙上修建有戏楼,1964年"四清"时期拆毁,现仅存夯土台明。西墙长124米。北墙长约128米,现存为基础,高2米,墙体外为荒地。

东南角设135°斜出角台,保存较差,体量小,高约3～4米。西南角、西北角未设角台,且保存较差。东北角设135°斜出角台,保存较差,角台体量小,呈方锥形。

堡内为荒地,堡内房屋大部分被推平,现仅存2户居民居住,一户姓赵,另一户姓孙。其他村民都迁至新村居住。

三、寺庙

据当地66岁的长者回忆,堡内外曾修建有观音殿、三官庙、真武庙、关帝庙、泰山庙、五道庙、龙神庙、戏楼。庙宇皆拆毁于20世纪50年代末期的"大跃进"年代。

观音殿、三官庙 位于北门外两侧,现已无存。

真武庙 位于北门东侧的北墙上,现已无存。

关帝庙 位于堡内主街西侧,现已无存。

泰山庙 位于关帝庙旁边,现已无存。

五道庙 位于关帝庙北侧,现已无存。

龙神庙 位于堡内主街东侧偏南,现已无存。旧时,织锦疃村民也曾前往东黄花山祭祀龙神,并曾把东黄花山上龙神抬到村中祭祀,如今村民已不去东黄花山。

戏楼 位于南墙内,正对北墙真武庙,现已无存。

第十四节　傅家庄村

一、自然环境与人文历史

傅家庄村位于吉家庄镇驻地北偏西4.2公里处,属丘陵区,西临沟谷,地势较平坦,为黏土质,辟为耕地和杏树林。1980 年前后有 403 人,耕地 1 918 亩,曾为傅家庄大队驻地。本村村民与大蔡庄村民同源,传说是李天官的一支。现在村民以李、刘姓为主(图 17.18)。

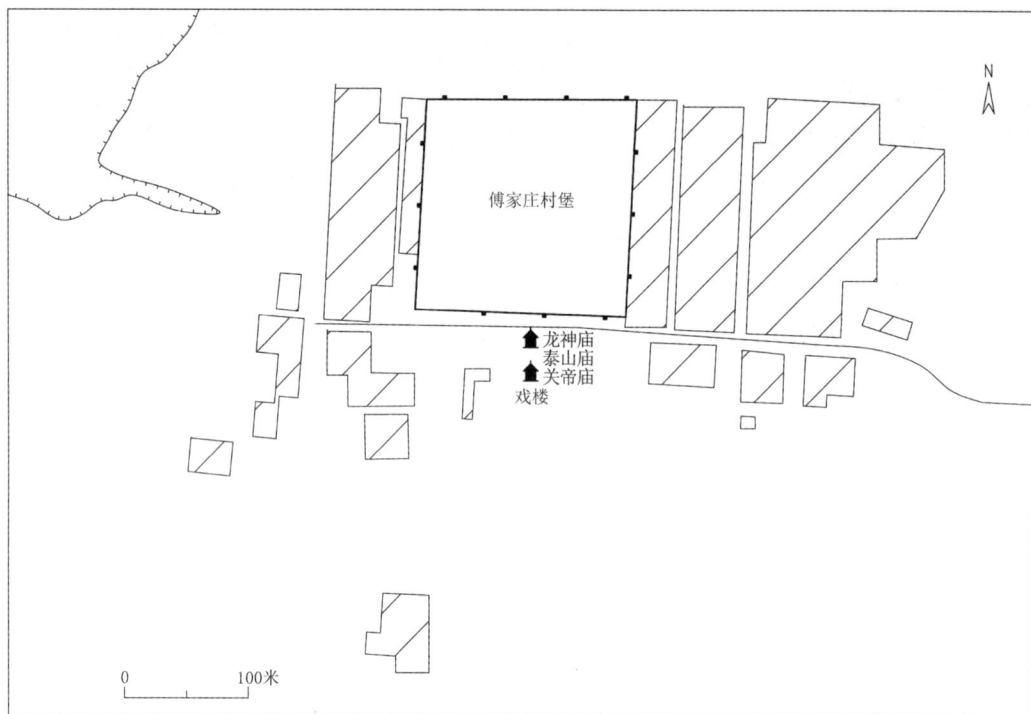

图 17.18　傅家庄村古建筑分布图

　　相传,明嘉靖年间有一傅姓将军曾在此驻防,并筑起土围子,建村后取村名傅家庄。村名最早见于《(嘉靖)宣府镇志》,作"傅家",《(顺治)蔚州志》作"付家庄堡",《(乾隆)蔚县志》作"傅家庄",《(光绪)蔚州志》作"付家庄",《(民国)察哈尔省通志》作"傅家庄"。

二、城堡

　　据《(民国)察哈尔省通志》记载:"傅家堡正堡,在县城东北六十里,明万历三年土筑,高二丈六尺,底厚六尺,面积二十六亩,有门一,现尚完整。"[1]傅家庄堡今位于新村西侧,村庄中部偏西。城堡平面呈矩形,周长约 650 米,开南门,堡内平面布局为南北主街结构(图 17.19)。

　　据当地 66 岁的刘清明回忆,堡门为三伏三券的砖券式堡门,上面镶嵌有石质匾额,正题"太平堡",边上有年号小字,但已无法回忆其内容。门内侧未镶嵌匾额。门顶曾建有门楼。堡门、北墙玉皇庙、四角角楼拆毁于抗日战争时期。

---

〔1〕　宋哲元:《(民国)察哈尔省通志》,国家图书馆藏 1935 年铅印本,第 8 页。

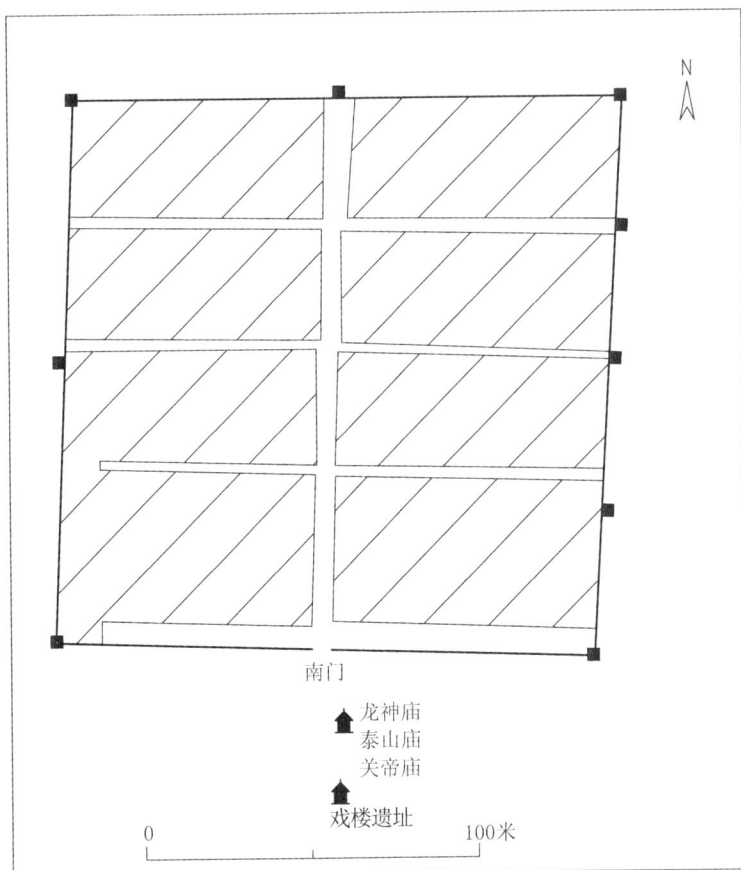

图 17.19　傅家庄村堡平面图

如今,堡门建筑无存,现为缺口,门道铺自然石,门外两侧设护门墩台,西侧护门墩保存较好,墩台呈方形,体量大,壁面保存较好,南壁上有 2 条冲沟,墩台收分小,总高 6～7 米,南壁面下有新建的村务公开栏。东侧的护门墩保存较差,多有开裂和坍塌,高 4～5 米。南门外路边有 1 座土坯修建的影壁正对南门,影壁体量小,质量差,南门外偏东(影壁东南)有关帝庙。

堡墙均为黄土夯筑,保存较差。东墙长约 161 米,保存较好,墙体高薄、连贯,壁面斜直,墙体顶部因坍塌形成起伏的缺口,墙高 3～8 米。墙体内外均为倚墙修建的民宅。墙体上设有 3 座马面,分别对着堡内的 3 条东西向主街道,马面保存较好,呈方形,体量大,壁面斜直,高 8～9 米,其中南侧的马面最低,基本上与墙体同高。南墙长约 165 米,墙体高薄,高 3～9 米,墙体连贯,壁面斜直,保存较好。南墙东段墙体壁面上有流水的冲沟,墙体高薄、连贯,保存一般,内侧为道路和民宅,外侧为荒地和水泥路。南墙西段内侧为道路和民宅,外侧为荒地和水泥路。西墙长约 160 米,保存较好,墙体内外侧均为民宅倚墙建,西墙墙高 4～5 米，墙体高厚、连贯，壁面斜直，顶部因坍塌形成高低起伏的缺口。西墙中部设有 1 座马面，高 7～8 米，保存较好。北墙长约 164 米，墙体保存一般，墙高 5～6 米，墙体多坍塌，在墙外下形成积土坡，墙高厚、连贯，墙体外为树林，内侧为民宅。墙体中部设有 1 座马面，保存较好，高 4～5 米，由于墙体外侧有很多坍塌的积土，因此原高应该 7～8 米。

东南角设 90°直出角台，保存一般，台高 7～8 米。体量较大，壁面斜直。西南角设 90°直出角台，保存较好，台体高大，壁面斜直，顶部没有坍塌，高约 10 米，基本为原高。西南角外为村委会大院。西北角设 90°直出角台，高 7～8 米，保存较好，壁面斜直，台体高大，顶部较平，长满杂草。东北角设 90°直出角台，保存较好，但是台体相对较小，壁面保存较好，顶部宽平。总高 8～9 米。角台上均曾修建有角楼。

堡内民宅以新建房屋为主，土旧房较少，南门内侧为南北中心街，此外还有 3 条东西向街道，形成 3 个十字路口。堡内尚存几座老宅院，以傅家庄 67 号院与 68 号院保存最为完好。两院内仅剩正房，皆面阔五间。67 号院正房，门厅退金廊，木雕精致，保存较好。四扇木门，木格间各有一圆形木雕装饰，中间两门扇上分别为"犀牛望月""天马行空"，门楣为"鹿回首"，两侧格扇，西侧为"狮子戏球"，东侧为 2 只动物。68 号院，宅门楣板上彩绘尚存，顶上绘有三幅圆形装饰，现今只剩两幅，分别绘有梅、喜鹊与竹、仙鹤。两院原为一家，房主名李长河。

三、寺庙

据当地 66 岁的刘清明回忆，傅家庄曾修建有龙神庙、泰山庙、关帝庙、戏楼、真武庙、玉皇庙、阎王殿/观音殿、三官庙、五道庙（2 座）、祥云寺。上述庙宇多拆毁于 20 世纪六七十年代。

龙神庙、泰山庙、关帝庙　位于南门外影壁东侧偏南，原为 1 座独立的庙院，庙南侧有戏楼遗址（彩版 17-9）。现院门和院墙已坍塌，仅存正殿。旧时正殿两侧还有 2 座配殿及水井，但在"四清"时期拆除。正殿坐北面南，面阔三间，硬山顶，进深五架梁出前檐廊，前檐下置斗拱，柱头科二攒，平身科明间二攒，次间一攒，前后无飞椽。正脊砖雕"缠枝牡丹"，正中脊刹刻一"童子负袋"，西端置吞脊兽。西廊墙下供有面然大士龛。壁画表面涂刷白灰浆，壁画受损严重，明间绘《龙母坐堂议事图》，东次间绘《关帝坐堂议事图》，明间西侧与西次间壁画全部覆盖于白灰浆下。从殿内后墙壁画来看，此殿为多神共祀一殿，即明间供奉龙神，东次间为关帝庙。乡民回忆西次间为泰山庙，但各神殿之间并无实体隔墙，而是在壁画间采用深色条柱分隔。从颜色上看，壁画应该是清末民国时期的作品。顶部脊檩上有彩绘《八卦图》。据守庙长者回忆，旧时庙内神像为木质而非泥像。

《龙母坐堂议事图》，中间为龙母，东侧存三位龙王，西侧存一位龙王。

《关帝坐堂议事图》，正中为关帝，东为关平，西为周仓。

两侧山墙被厚厚的白灰浆覆盖，中间刷出 1 块黑板，脱落的局部及顶部露出的部分虽然很小，但能看出壁画内容是《出宫行雨图》与《雨毕回宫图》的局部，由此可知此殿旧时以龙神庙功能为主。

据当地 80 岁的老人回忆，曾听说（但没有见过）旧时本村村民曾到东黄花山求雨，也曾将龙神抬到村中的龙神庙内，也从桃花镇请过龙神，但在解放前便已不再行雨。当地老人传闻，此地的龙神和东黄花山的龙神是亲戚。每年的七月十一日是祭祀龙神的正日子，届时会搭台唱戏，白天、晚上都唱。

戏楼　位于龙神庙、泰山庙、关帝庙南侧，现已无存。

真武庙、玉皇庙　位于北墙墩台上下，下面为真武庙，上面是玉皇庙，现已无存。

阎王殿/观音殿　位于影壁南侧，现已无存。

三官庙　位于西护门墩前，现已无存。

五道庙　2 座，1 座位于南门外戏楼西南，1 座位于堡内，为小五道庙，现均已无存。

祥云寺　位于堡外东南，俗称东大寺，规模大于隆善寺，供有四大天王、八大金刚，"四清"时期寺院被大蔡庄村民拆毁。

第十五节　大 蔡 庄 村

一、自然环境与人文历史

大蔡庄村，位于吉家庄镇北偏西 3.8 公里处，属丘陵区，东临沙河，地势平坦，为黏土质，周围辟为耕地。1980 年前后有 825 人，耕地 4 322 亩，曾为大蔡庄大队驻地。如今，214 乡道将大蔡庄村分为东西两部分，主体在公路东侧，1 座石桥连接乡道和村庄。旧村在东北部，规模较大。村民以李姓为主，从建村至今，李家已有 20 余代（图 17.20）。

相传，唐朝末年蔡姓建庄，即取名蔡家庄，清康熙进士、吏部尚书李周望生于此村，雍正年间曾一度改为李家庄，1912 年改为大蔡庄。村名最早见于《（正德）宣府镇志》，作"蔡家庄堡"，《（崇祯）蔚州志》作"蔡家庄二堡"，《（顺治）云中郡志》作"蔡家庄东西二堡"，《（顺治）蔚州志》作"蔡家庄堡"，《（乾隆）蔚县志》作"蔡家庄"，《（光绪）蔚州志》作"大蔡家庄"，

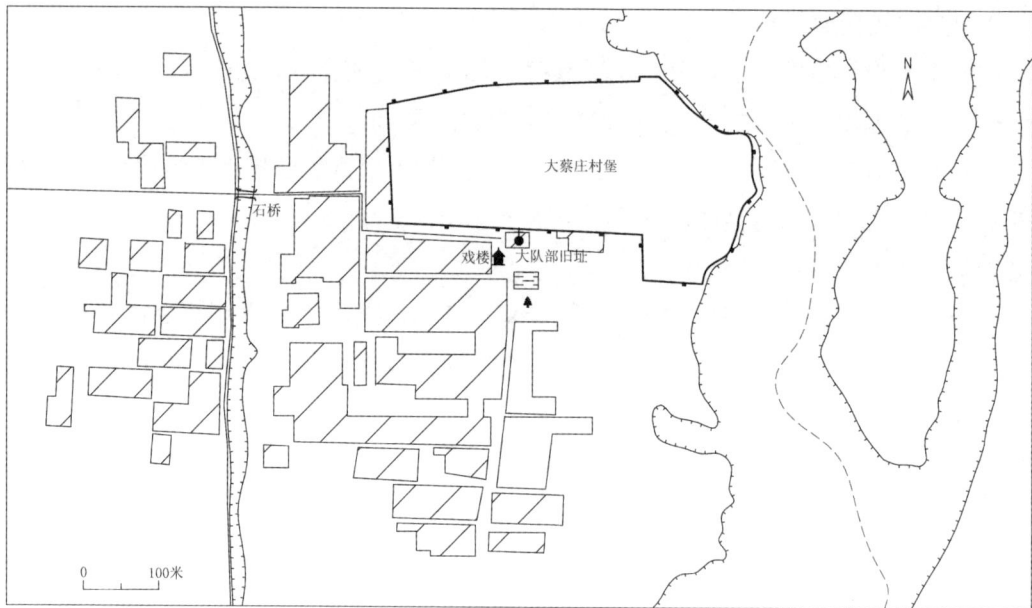

图 17.20　大蔡庄村古建筑分布图

《(民国)察哈尔省通志》作"大蔡庄"。

二、城堡

据《(民国)察哈尔省通志》记载:"大蔡庄正堡,在县城东北七十里,清康熙四年十月土筑,高二丈五尺,底厚七尺,面积一百一十五亩,有门一,现尚完整。"[1]大蔡庄村堡平面呈不规则形,周长约 1 322 米,堡东西长,南北短,为 1 座狭长的城堡,开南门。南门、大蔡庄堡墙,新建于或重修于李周望回家守孝时,但直至李周望去世后半年多,修缮工程才告竣(图 17.21)。

城堡南门为砖石拱券结构,基础为 6 层条石砌筑,上面青砖起券(彩版 17-10、11)。堡门内顶为券式,外券高 3.2 米,内券高 4.8 米,内券高于外券。外侧门券三伏三券,券上出一层伏檐,无门簪,门券拱顶上方镶嵌有 2 块匾额,下面者为石匾,正题阴刻楷书"仁里"(拓 17.1),上面者为砖匾(拓 17.2),正题阴刻"李家庄",右侧前款"雍正八年仲冬榖旦赐进士第中宪大夫知宣化府事关中马益题"。左侧落款:"雍正九年孟秋榖旦赐进士第文林郎知蔚县事南阳祝万章立"。由此可知,雍正年间大蔡庄称为"李家庄"。顶部出错缝牙子。内侧门券保存较好,三伏三券。南门内西侧有登顶坡道,门顶部立有村委会广播喇叭。两侧设有护

---

〔1〕 宋哲元:《(民国)察哈尔省通志》,国家图书馆藏 1935 年铅印本,第 9 页。

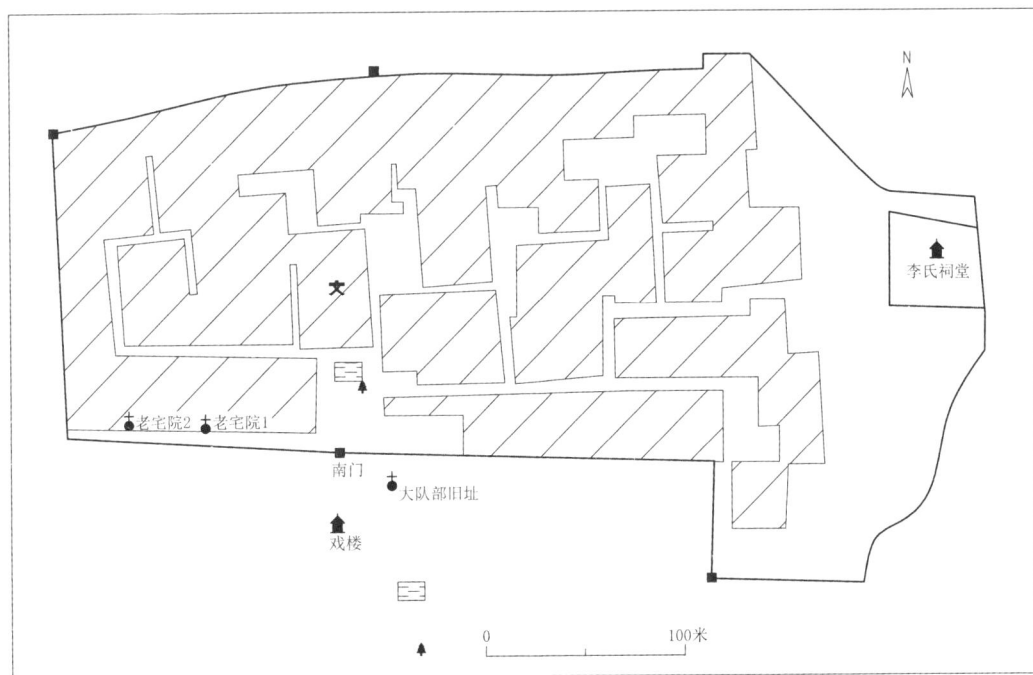

图 17.21　大蔡庄村堡平面图

门墩台,西侧护门墩保存较好,呈方形,体量大,壁面保存较好,上面略有收分,高约 8 米,夯土层厚 10～20 厘米;东侧护门墩保存较差,现存三分之一,多有坍塌,高 4～5 米。门闩孔为方形,基础条石错开而成,门上横梁无存。门道为水泥路面,南门内为一片空地,空地东侧有新建的诊所,诊所西侧有一只石香炉座。此外,门内还有 1 座干涸的坑塘,坑边长有许多柳树,坑南为 1 座小学。门外为一片空地,东侧坑塘边上长有高大的杨树。

拓 17.1　吉家庄镇大蔡庄村堡南门"仁里"门额拓片(蔚县博物馆　李新威　提供)

拓 17.2　吉家庄镇大蔡庄村堡南门"李家庄"门额拓片(蔚县博物馆　李新威　提供)

　　堡墙均为黄土夯筑,保存一般。东墙长约 521 米,保存一般,墙体高 5～6 米,墙体壁面斜直,起伏不定,墙体内外均为民宅,墙体连贯。墙体中部有坍塌的地方,高 2 米左右。南墙长约 322 米,东段保存较好,高 7～8 米,壁面斜直、连贯,墙体内侧为民宅和空地,外侧为民宅和耕地;西段除西南角附近墙体塌毁外,其余保存较好,墙高 6～7 米,墙体高薄,壁面斜直,墙体内侧为顺城土路,路边为民宅,外侧为水泥路。南墙夯土中夹杂有许多石子,西段内侧墙体有两次修筑的痕迹,外面后修的部分已经坍塌,露出里面的早期壁面。西墙长约 152 米,墙体保存较差,墙体低厚,多有裂缝和坍塌,墙高 2～5 米,墙体不连贯,中间有断点。西墙内外均为房屋,墙外民宅西侧为南北向土路,土路边为耕地,种植向日葵。北墙长约 327 米,保存一般,墙体高薄、连贯,壁面斜直,墙高 8～9 米,墙体内侧为民宅,外侧为玉米地。北墙中部设有 1 座马面,马面不正对南门(南门位置稍偏)。北墙顶部大部分较平,极个别地方有坍塌形成的缺口。

　　东南角未设角台仅为转角。西南角及附近南墙墙体坍塌,无存,现为基础。西北角设有角台,保存一般,为 135°斜出和 90°直出角台,即在 135°斜出角台边上加修 1 座 90°直出角台,由此可见,135°斜出角台形制早于 90°直出角台。东北角未设有角台,保存较好,角外伸出一道支墙去堡东墙外的冲沟边上,这道墙先向东延伸到堡东边的冲沟边,之后沿着沟边向南,与东南角外的祠堂的围墙相接,之后再继续沿着堡子东南角外的沟边,到达堡东南角后,改向北折,与堡子东南角相接,从而将祠堂也括入堡内形成护墙。护墙在向堡东南角拐弯的地方设有 1 座 90°直出角台,保存较好。东北角和护墙之间现在人为打开一个缺口,以便交通。护墙内外全都是荒地,中间有少量的果园和耕地,南护墙外为耕地,南护墙保存最为完好,墙高 5～6 米,墙体高薄、连贯,壁面斜直,保存较好。

　　堡内老宅院较少,民宅土旧房和新房均有分布,居民少,大部分搬迁到堡外的新村居住。南墙西段内侧有 2 座老宅院,均为一进院,保存较好(彩版 17-12)。

大蔡庄石拱桥　位于堡外西侧村口处,清代建筑,石拱桥东西跨于一条南北雨裂沟上,桥面东西长 7.5 米,南北宽 3.5 米,红砂岩石拱券,一券式,跨度 1.8 米,矢高 1.8 米,桥栏、望板散失。桥面上垫黄沙土层。桥下仍可排泄雨水。现该桥仍为出入大蔡庄村的必经之地。

李氏祠堂　位于城堡东墙外,坐落于三面临沟的山嘴上(彩版 17-13、14)。外观类似城堡。四周为夯土墙环绕,墙体保存较好,高厚、宽大,平面呈矩形,东西 50 米,南北 30 米,墙高 8 米,西北、西南各角台,西墙中间设有 1 座马面。西南角辟一门,高约 2 米,宽仅容一辆车通行。于堡外并围以高大的院墙建起家庙,如此构建反映了李氏退隐而不张扬的思想。

祠堂为 1 座保存完好的四合院,坐北面南,由正房、东厢房、西厢房与南侧院墙合围而成。南侧院墙中间辟门,随墙门,硬山顶,外为券形门洞,内为平顶。外侧门洞拱顶上有扇形砖匾,已脱落。门洞两侧砖砌门柱上有砖雕楹联,已完全脱落。门两侧院墙顶上铺设瓦花,院内地面条砖铺墁。

正房即供奉牌位的家庙正殿,坐北面南,面阔三间,硬山顶,进深五架梁,明间退金廊形成前廊。出廊置天花,前檐置六抹隔扇,窗户全无,为土坯墙所封堵。前檐额枋上曾施有彩绘,表面涂刷白灰浆。祠堂内原供李暄亨、李云华、李周望三位画像。如今正房内壁涂抹白灰浆,壁上所有牌位、壁画全毁。族谱和牌位也在 20 世纪六七十年代时烧毁。如今殿内堆放秸秆和谷壳。东、西厢房,皆面阔三间,单坡顶。房内皆堆杂物。

家庙内尚存 3 通石碑。1 通位于正房东次间槛墙前;另 2 通位于西厢房内,1 通嵌于北墙上,1 通嵌于南墙上。前 2 块字迹尚清可辨认,南墙上的石碑字迹漫漶。

祠堂现为李氏后人看护。

李氏墓地　位于大蔡庄堡北侧与西侧。李周望的父亲李旭升葬于村北。李周望墓位于堡西侧,据说旧时还有石像生、墓道及高大的宝顶,皆毁于 20 世纪六七十年代。

三、寺庙

据当地长者回忆,大蔡庄曾修建有泰山庙、龙神庙、阎王殿、观音殿、关帝庙、五道庙(3 座)、佛寺、戏楼。

泰山庙、龙神庙、阎王殿、观音殿　位于堡南门外东侧,原大队部所在地,现已无存。

关帝庙　位于堡南门内现学校的位置,已毁。

五道庙　共 3 座,分别位于堡西南角外、戏楼南侧、西墙外进村的桥头处,现已无存。

佛寺　位于南门内东侧,又称东大寺,内供释迦牟尼,现已无存。

戏楼　位于堡南门外,正对南门。戏楼坐南面北,单檐卷棚顶,台明高大,外立面包砖,台明顶部四周铺石碑。戏楼外观特殊,卷棚顶前后坡顶不一致,后坡长而低矮,前坡短而高。戏楼原为四架梁,前后用二柱,梁架上置搭牵。后为增加后台空间,加一架椽。形成现在的前坡悬山,后坡硬山形式。前檐额枋上有残存的彩绘,仅一幅人物画可辨。檐柱古镜柱础,下垫木柱质,地面条砖铺墁,梁架多为旧材料二次利用,未设挑檐木。戏楼前台内壁残存有壁画,表面涂刷白灰浆,各绘有六幅屏扇,画中内容已不清。山尖壁画内容皆为花草。

第十六节 石 垛 村

一、自然环境与人文历史

石垛村位于吉家庄镇北偏东4.3公里处,属丘陵区,村庄选址修建在平地之上,周围地势平坦开阔,附近为黏土质,辟为大面积的耕地,村东、西不远处各有1条南北向冲沟。1980年前后有775人,耕地4 409亩,曾为石垛大队驻地。如今,村庄规模大,南面为新村,民宅以新房为主,213乡道穿村而过,将村分成南、北两部分,居民较多。北部为旧村,即城堡所在地(图17.22)。

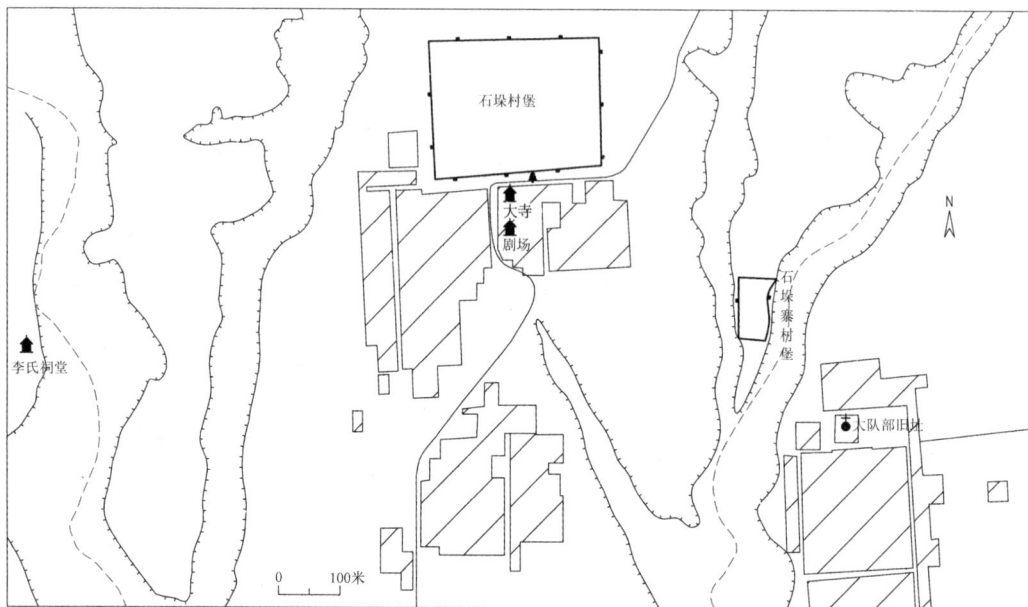

图 17.22 石垛村古建筑分布图

相传,明洪武年间有一家人在这里开荒种地,用石头垛起了简易房屋居住,建村后据此得名石垛。村名最早见于《(正德)宣府镇志》,作"石垛里堡",《(嘉靖)宣府镇志》作"石垛",《(崇祯)蔚州志》《(顺治)云中郡志》作"石垛里堡",《(顺治)蔚州志》作"石垛堡",《(乾隆)蔚县志》沿用,《(光绪)蔚州志》作"石垛里",《(民国)察哈尔省通志》沿用。

二、城堡

据《(民国)察哈尔省通志》记载:"石垛里正堡,在县城东北七十里,明嘉靖三十四年三月土筑,高一丈二尺,底厚五尺,面积五十六亩,有门一,现尚完整。"[1]石垛村堡今位于北部旧村中。城堡规模较大,平面呈矩形,周长约937米,开南门,堡内平面布局为双南北主街和三条东西横街结构(图17.23),保存一般。

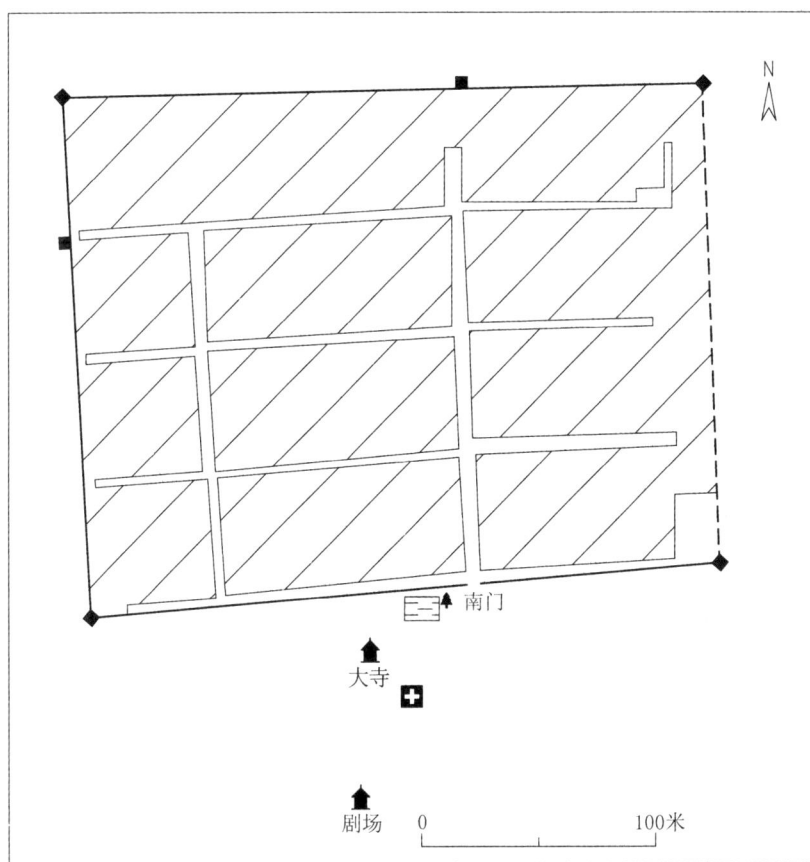

图17.23 石垛村堡平面图

---

〔1〕 宋哲元:《(民国)察哈尔省通志》,国家图书馆藏1935年铅印本,第8页。

堡开设南门,堡门建筑无存,现为缺口。南门内为宽阔的主街。门外西侧为坑塘,周围长有高大的树木。南门外对面便是1座大寺。

堡墙均为黄土夯筑,保存差。东墙长约194米,墙体仅存1米高的基础,破坏严重,上面修建民宅。南墙长约267米,墙体仅存基础,破坏严重,高不足1米,内侧为顺城道路和民宅,外侧为顺城道路。西墙长约210米,墙体保存一般,墙体高薄,高3~5米,内侧为民宅,外侧为荒地,北横街附近西墙上设有1座马面,保存较好,高约5米。北墙长约266米,墙体保存一般,内侧为民宅,外侧为耕地,墙体低薄、断续,高1~4米,多坍塌和利用为民宅的后墙,北墙偏东设有1座马面,与南门正对。

东南角设135°斜出角台,高5~6米,保存一般。西南角设135°斜出角台,保存一般,高4~5米,内侧长有树木。西北角设135°斜出角台,保存一般,外侧高,高6~7米,但是基础利用了台地,角台自身高3米。东北角设135°斜出角台,保存一般,高7~8米。

堡内民宅以土旧房为主,翻修屋顶者不多,老宅院少。

三、寺庙

大寺 位于堡南门外西侧台地上,高出周围地面2.5米。据当地长者回忆,大寺内曾有龙神庙、马神庙、观音殿、三官庙、土地祠、关帝庙等,此外还有1座戏楼。如今庙院已被村委会所占,修建有卫生所、村委会。庙殿仅存一排建筑,戏楼拆毁后原址建1座剧场。庙院东部为倒座门楼,广亮门,硬山顶,门楼内东西两侧为三檩四挂厢房各三间。正殿为三间两耳格局,居中为三间龙神庙,东、西各有1座耳殿。

龙神庙,坐北面南,面阔三间,硬山顶,进深五架梁出前檐廊,人字叉手,两山墙置通天柱,驼墩,角背方形无饰。门窗仅存框架,墙壁的后墙上开有窗户。殿内墙壁上残存有清代中后期的壁画,毁损严重,或脱落,或为白灰浆覆盖,仅可隐约看见诸神像。正壁仅东次间与明间残存有壁画,从画面中主神的分布来看,内容划分为两个部分。东次间正中隐约有一位主神,两侧后有两位侍从,两侧各有两位神祇,东侧顶部残存两位功曹与一位随从;由于画面不清,无法辨认供奉何神。明间正中有一位神,应为龙母,东侧可辨认有两位,外侧一位较为模糊,西侧残存两位。东壁绘有《出宫行雨图》,西壁绘有《雨毕回宫图》,画面只有数位隐约可见。

马神庙,位于龙神庙东侧,是1座面阔单间的小殿,保存较好,硬山顶,门窗仅存框架,前檐额枋上残存有清末民国时期的彩绘,殿内堆放谷壳,墙壁尚存有清末民国时期的壁画,表面多为白灰浆覆盖,漫漶不清。

土地祠,位于龙神庙西侧,为1座面阔单间的小殿,建筑结构与东侧者相同,殿内壁画全部为白灰浆覆盖。

第十七节　石垛寨村

一、自然环境与人文历史

石垛寨村位于吉家庄镇北偏东 4 公里处,属丘陵区,村庄选址修建在平川之上,周围地势平坦,一马平川,西面紧邻冲沟,北、南、东面近处为杏树林所包围,杏树林的外围为大面积的耕地,为黏土质。1980 年前后有 250 人,耕地 996 亩,曾为石垛寨大队驻地。如今,村庄的规模较大,东南面为新村,民宅以新房为主,居民较多,新村由 1 条东西主街和 4 条南北主街组成,规划整齐,原大队部大院位于东西主街北侧,已废弃。旧村在新村的西北方,即城堡所在地(图 17.24)。

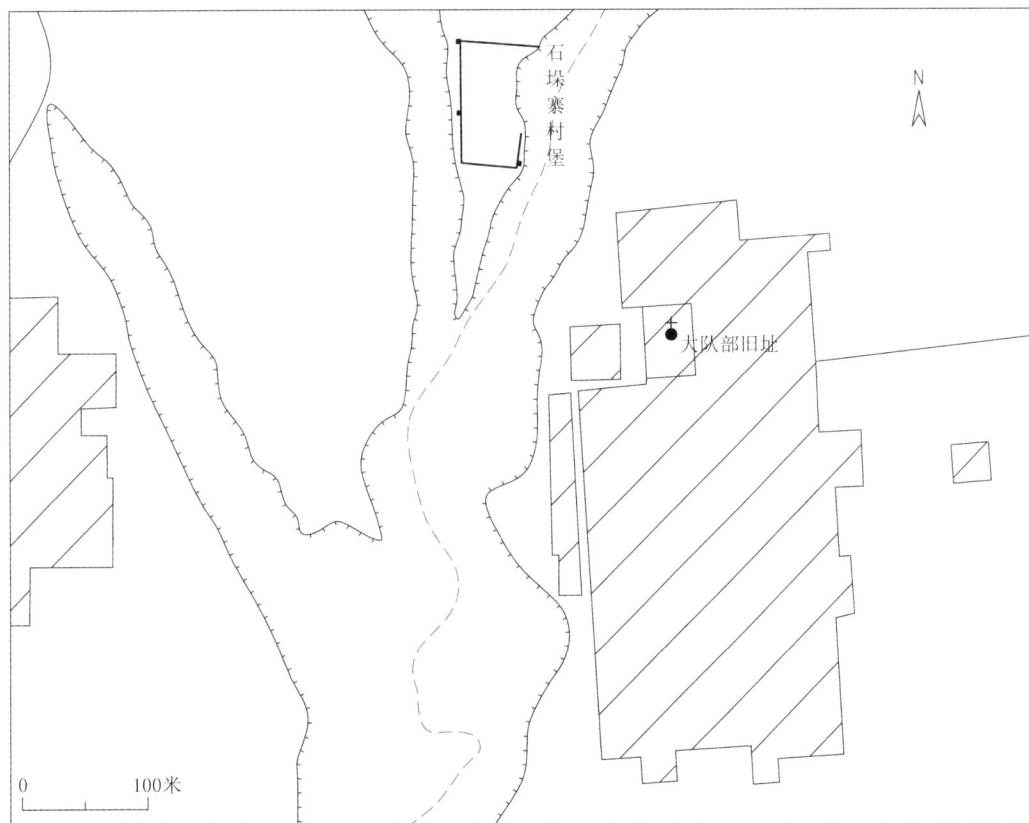

图 17.24　石垛寨村古建筑分布图

相传,明朝初期,石垛人为种地方便,在此盖起房屋,并用栅栏或土墙围成寨子,故取村名石垛寨。村名最早见于《(正德)宣府镇志》,作"石垛里堡",《(嘉靖)宣府镇志》作"石垛",《(崇祯)蔚州志》《(顺治)云中郡志》作"石垛里堡",《(顺治)蔚州志》作"石垛堡",《(乾隆)蔚县志》沿用,《(光绪)蔚州志》作"石垛里",《(民国)察哈尔省通志》沿用。

二、城堡

石垛寨村堡位于2条宽且深的冲沟交汇处的山嘴上,东、西、南三面紧邻冲沟,北面相对开阔,地势险要。城堡平面呈矩形,开南门,堡门建筑无存,现为缺口。

堡墙均为黄土夯筑,保存差。东墙为冲沟所破坏,呈不规则形状,残长27米。南墙现仅存基础,长40米,高1米。西墙仅存1米高的基础,长94米。东、西墙仅存转角处附近墙体,高2～6米。北墙长约64米,保存一般,高2～6米。

东南、西南、西北角仅存转角,东北角无存。

堡内现辟为耕地,无人居住,城堡废弃较早。据当地长者回忆,200年前居民搬迁到现新村所在地居住。

三、寺庙

据当地长者回忆,城堡内外曾建有财神庙、关帝庙、五道庙,如今,庙宇全部搬迁、新建于新村。村委会门口对面为五道庙,西侧为财神庙,村西有关帝庙。

第十八节 小辛柳村

一、自然环境与人文历史

小辛柳村位于吉家庄镇东北偏北4.5公里处,属丘陵区。村庄选址修建在平地之上,村东临沟谷,周围地势平坦开阔,一马平川,为黏土质,辟为大面积的耕地。1980年前后有558人,耕地3 623亩,曾为小辛柳大队驻地。如今,村庄规模大,南面为新村,153乡道穿村而过,即为南北主街,民宅以新房为主。村中修有健身园,村南口有影壁环岛,村委会大院位于主街东侧。北面为旧村,与新村不相连,为城堡所在地。小辛柳堡东南还有一片旧村。乡民称旧堡为"堡里",东南这片旧村为"堡外"。当地村民以耿、梁姓为主,现在还有500余人居住。此地的耿姓,晚于西坡寨村的耿姓,是西坡寨的人搬迁至此,旧时还有耿姓族谱(图17.25)。

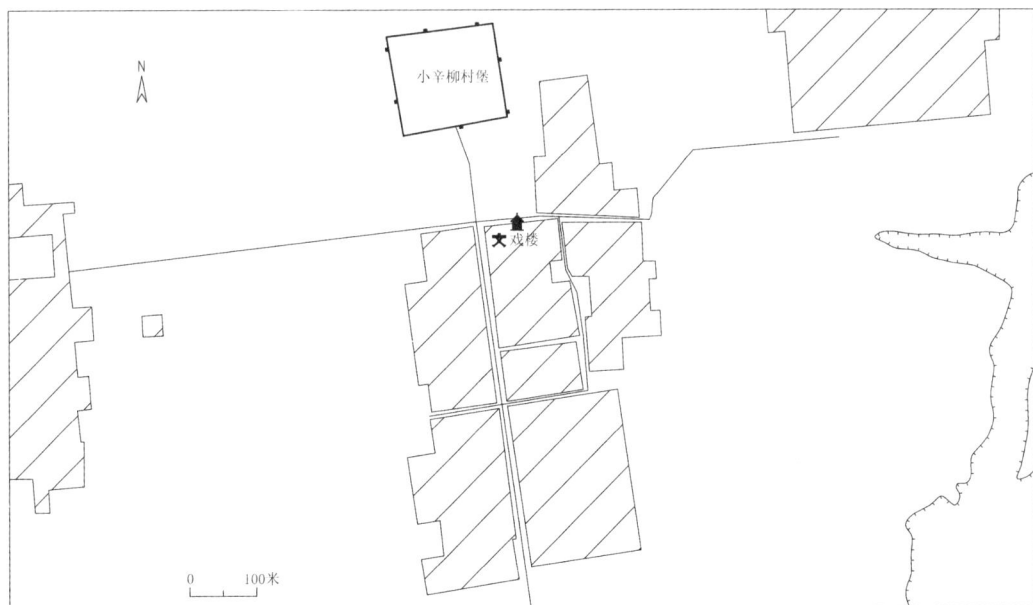

图 17.25　小辛柳村古建筑分布图

　　相传，明洪武二十五年五月，一家王姓居民从大辛柳迁此建村，因人少村小，故取名小辛柳。村名最早见于《（正德）宣府镇志》，作"东辛留堡、中辛留庄堡"，《（嘉靖）宣府镇志》作"东辛留、西辛留、中辛留"，《（顺治）云中郡志》作"辛柳庄东中西三堡"，《（顺治）蔚州志》作"辛柳庄堡"，《（乾隆）蔚县志》作"小新柳庄"，《（光绪）蔚州志》作"小辛柳"，《（民国）察哈尔省通志》沿用。

二、城堡

　　据《（民国）察哈尔省通志》记载："小辛柳正堡，在县城东北七十里，明洪武二十五年五月土筑，高一丈一尺，底厚五尺，面积三十六亩，有门一，现尚完整。"[1]小辛柳村堡今位于旧村，周围地势平坦。城堡平面呈矩形，周长约 592 米，开南门，堡内平面布局为南北主街结构，此外还有 3 条东西向横街（图 17.26）。

　　城堡开设南门，砖石木梁架结构，基础为 4 层条石砌筑，上面青砖砌筑门颊（彩版 17-15）。门顶部为木梁架平顶式，已坍塌。门道为土地面，木门扇尚存，门门孔为四个条石拼成的方形孔，保存较好。堡门内侧两侧门体为红砖修复，门内侧为木梁架平顶。顶部砌花栏墙。门内为宽阔的南北向中心街，主街的尽头为 1 座戏楼，坐北面南，正对南门。门外两侧设护门墩台，东侧护门墩尚存，与门同高，西侧护门墩无存。西侧护门墩外，砌 1 座小龛，供奉财神。堡门外南 20 米处有一水塘，周围柳树环绕。

---

〔1〕　宋哲元：《（民国）察哈尔省通志》，国家图书馆藏 1935 年铅印本，第 9 页。

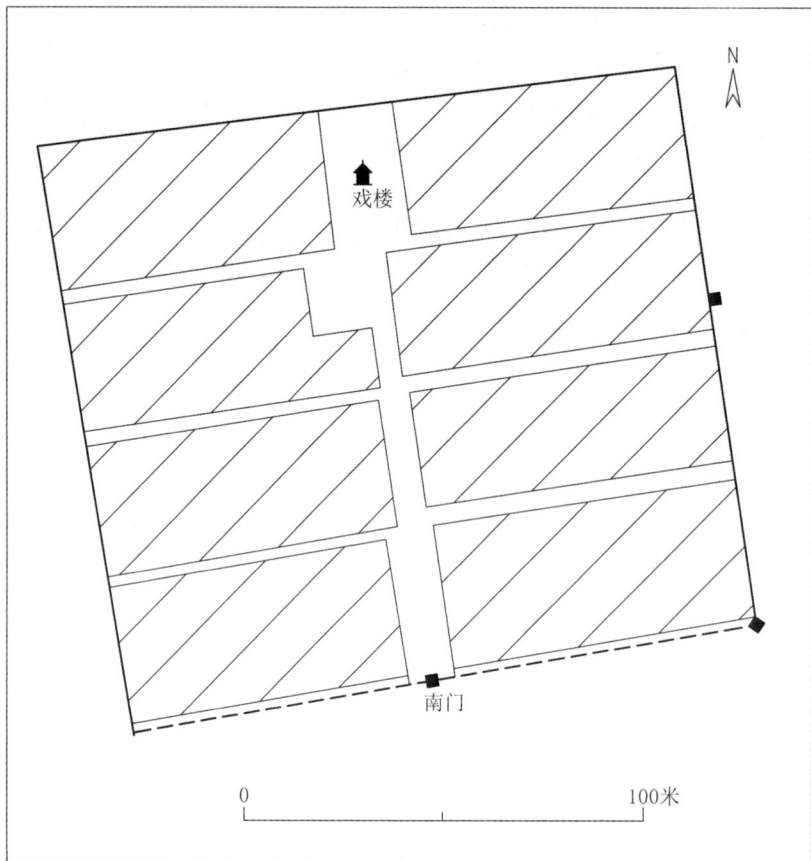

图 17.26　小辛柳村堡平面图

　　堡墙均为黄土夯筑,保存差。东墙长约 134 米,墙体修建在台地上,保存一般,内侧为民宅,外侧多为荒地,墙体高 0～3 米,低薄、断续,但总高有 5～6 米。东墙内侧较低,高4～5 米。东墙南段多坍塌,为基础,墙体断续。墙体中部设有 1 座马面,保存较好,高 4～5 米。南墙长约 156 米,东段墙体现存为基础,高 1～2 米,内侧为顺墙道路。南墙西段墙体无存,为冲沟所破坏,内侧为荒地和耕地。西墙长约 144 米,现存为基础和平地,高 1～2 米,墙体外为冲沟。北墙长约 158 米,墙体保存较好,墙体高厚、连贯,高 5～6 米,墙体内侧较为斜直,北墙内有许多依墙而建的民宅,多已坍塌,只在东北角内侧还有 2 户居民居住。北墙外侧为冲沟,墙体修建在沟边,北墙外高 6～7 米,顶宽 3～4 米,墙体高厚宽大,保存较好。北墙中部的马面无存。北墙外东北方向上有一片烤烟房。

　　东南角设 135°斜出角台,保存一般,高 5～6 米,东南角外有干涸的水坑,周边长有树木,坑内倾倒垃圾。西南角无存。西北角仅存转角。东北角仅为转角,高 5～6 米。

　　堡内房屋多已废弃,坍塌的房屋以土旧房为主。居民少。南墙东段内侧有 1 座老宅院 1,保存较好,门内墙壁上有《捷报》的残迹。

三、寺庙

据当地长者回忆,小辛柳堡原有真武庙、关帝庙、三官庙/观音殿、财神庙(2座)、五道庙、土地祠、龙神庙、戏楼(2座)。上述庙宇除年久失修坍塌外,大部分于20世纪六七十年代拆除。

真武庙　位于堡里戏楼后北墙马面上,现已无存。

关帝庙　位于南门外西侧,正殿坐西面东,现已无存。

三官庙/观音殿　位于南门外,正对南门,现已无存。

财神庙　共2座。1座位于堡外东南方,现已无存。1座位于西侧护门墩外,砌1座小龛,供奉财神。

五道庙　位于堡东南角外,现已无存。

土地祠　位于堡内,现已无存。

龙神庙　位于堡外戏楼对面,现已无存。

堡外戏楼　位于城堡东南角外,小学校大门外东侧。戏楼坐南面北,保存较好,基础较高,台明外立面包砌青砖,顶部四周铺条石,正面东侧新修水泥坡道。戏楼为单檐卷棚顶,面阔三间,进深六架梁,前后台置通天柱,亚形驼墩。檐柱鼓形柱础,地面条砖铺墁,前檐额枋尚存有清末民国时期的彩绘,斑驳不清。隔扇无存,顶部脊檩彩绘《八卦图》。戏楼内墙壁上保存有清末民国时期的壁画,屏风式壁画,表面涂刷白灰浆。戏楼北面的不远处为旧村。戏楼对面有通往大辛柳村的153乡道,路北为龙神庙旧址。

堡内戏楼　位于堡内南北主街道北端,坐北面南,南与南门相对,北倚堡墙(彩版17-16),为蔚县为数不多的正座戏楼之一。戏楼保存较好,基础较低,台明外立面包砌青砖,顶部四周铺条石板,台明仅正面保存,其余立面无存。戏楼为单檐卷棚顶,面阔三间,进深六架梁,前后台置通天柱。檐柱下置鼓形柱础。明间龙首撑拱,次间象首。前檐额枋上残存有清末民国时期的彩绘,表面多涂有白灰浆。戏楼内前台两山墙绘八条隔扇屏风,为清末民国时期的作品,表面涂刷白灰浆,后台绘清代戏曲人物。顶部脊檩有彩绘《八卦图》,山尖壁画保存较好,绘水墨人物,戏楼已经荒废,内堆放大量的柴草。北墙中部开门。

第十九节　大 辛 柳 村

一、自然环境与人文历史

大辛柳村位于吉家庄镇东北偏北5.1公里处,属丘陵区,村庄选址修建在平地之上,东、西、南三面临沟，周围地势平坦，为黏土质，辟为耕地。1980年前后有393人，耕地1921亩，曾为大辛柳大队驻地。如今，村庄分为新、旧两部分。新村在旧村西北，新村为3条南北主街结构，房屋分布较稀疏，民宅院子普遍较大，民宅以新房为主，居民较多。旧村在新村的东南部，村西、南面紧邻冲沟，东面不远处也为冲沟，北面相对平缓，总体来说地势险要，村南面的冲沟南岸即陶家堡村，旧村民宅以土旧房为主，多废弃坍塌，居民较少。153乡道连接新、旧村（图17.27）。

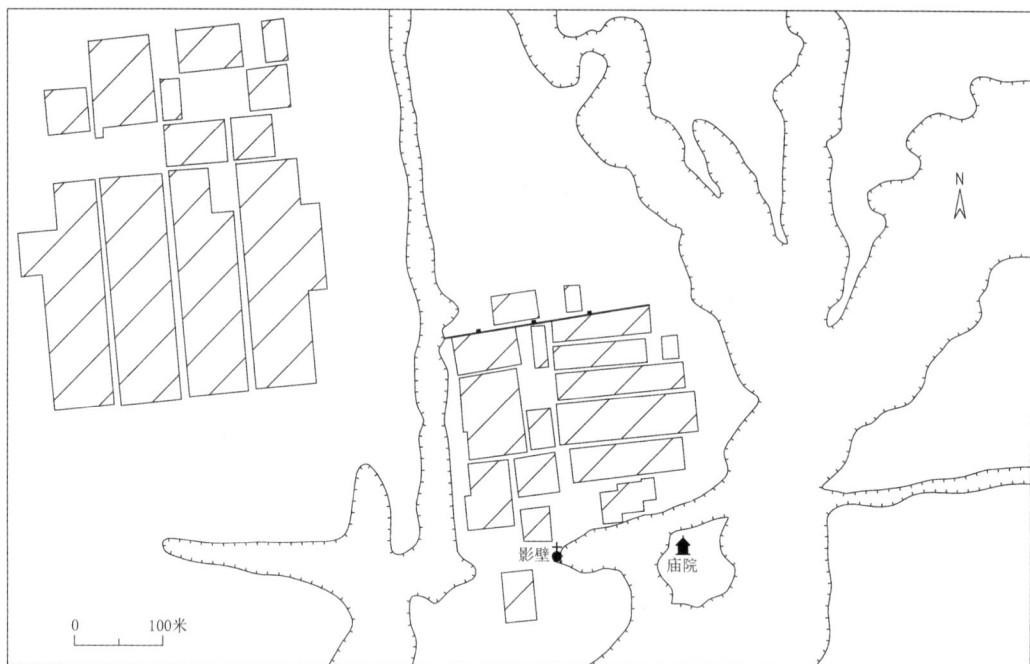

图17.27　大辛柳村古建筑分布图

相传，明洪武元年（1368）此地有一家人栽了三株柳树，辛勤培育，树大成材。后建村，故取名大辛柳。村名最早见于《（正德）宣府镇志》，作"东辛留堡、中辛留庄堡"，《（嘉靖）宣府镇志》作"东辛留、西辛留、中辛留"，《（顺治）云中郡志》作"辛柳庄东中西三堡"，《（顺治）蔚州志》作"辛柳庄堡"，《（乾隆）蔚县志》作"辛柳庄"，《（光绪）蔚州志》作"大辛柳"，《（民国）察哈尔省通志》沿用。

二、城堡

据《（民国）察哈尔省通志》记载："大辛柳堡，在县城东北六十里，明洪武元年土筑，高一丈二尺，底厚五尺，面积四十亩，有门二，现尚完整。"[1]大辛柳村堡今位于旧村内，城

---

[1]　宋哲元：《（民国）察哈尔省通志》，国家图书馆藏1935年铅印本，第9页。

堡平面呈矩形,破坏严重,开南门,堡内平面布局为南北主街结构,主街不直,在南门附近有曲折,两侧有 5 条巷子。

城堡南门建筑无存,现为缺口,南门外有影壁尚存,保存较差,顶部多坍塌。

堡墙均为黄土夯筑,保存差。东、南、西墙现为院墙,堡墙仅存不足 1 米高的基础。东墙不直。南墙东段墙体还依稀可见,高 0～2 米。北墙墙体低薄、连贯,仅存基础,高 0～2 米,内侧为民宅,外侧为顺城道路和耕地,有少量民宅,墙体中部设有 1 座马面,马面保存一般,平面呈矩形,高 4 米,西侧为土路穿墙而过。北墙东段墙体几乎无存,高 0～1 米,内侧为民宅,外侧为顺城道路,墙体破坏严重,北墙外远处为大面积的耕地和杏树林,东南可见小五台山。

东南角设 135°斜出角台,破坏严重。东南角外有 1 座观音殿庙院,庙院处于孤立的台地上,周围四面临沟,开北门,现为土洞,庙院内有 1 座夯土台明,为庙台,周围散落砖瓦。西北角保存较好,设 90°直出角台,高 5～6 米。

据当地长者回忆,堡内居民早在 20 年前便开始陆续搬迁,堡内寺庙全部拆除。

三、寺庙

据当地长者回忆,大辛柳原修建有多座寺庙。堡北为真武庙、堡内西南为关帝庙、财神庙与五道庙等,庙宇均已拆毁。此外,堡外东南台地还有 1 座观音殿,如今庙殿已毁,四周的土院墙尚存,院墙中有 1 座高台,应是庙殿基座。

第二十节　祁家庄村

一、自然环境与人文历史

祁家庄村位于原王庄子乡(今属吉家庄镇)西南偏南 3 公里处,属浅山丘陵区。村庄选址修建在平地上,为黏土质,辟为耕地,周围不远处均有大小不等的冲沟,仅南面相对平坦。1980 年前后有 384 人,耕地 1 958 亩,曾为祁家庄大队驻地。

相传,清朝嘉庆年间祁姓人最早在此定居建庄,故名祁家庄。村名最早见于《(顺治)蔚州志》,作"祁家庄堡",《(光绪)蔚州志》作"祁家庄",《(民国)察哈尔省通志》沿用。

二、街巷与古宅院

如今,村庄规模较大,新旧民宅均有分布,以旧房为主。村庄的布局为 2 条南北主街,

8~10排房屋,村民以曹姓为主,还有彭、李姓。老宅院尚存多座。

老宅院1 位于东侧南北主街西侧,为一条东西向巷子东口的巷门,硬山顶,广亮门。

老宅院2(20号院) 原为两进院,现为一进院。广亮门楼,硬山顶。门内为门厅,正对1座硬山顶影壁。影壁西侧是二道门,面东,随墙门,硬山顶,平顶门洞,院子规模较大,已经荒废,正房面阔五间。

27号院 两进院,广亮门楼,硬山顶,面南。门前一对抱鼓石,兽面已毁,其余部分雕刻精美,鼓子心分别雕"犀牛望月"与"天马行空",包袱角雕蝙蝠。馺檐下的墙腿石浅浮雕有花草纹样。门内前院宽阔,现为空场。二道门为随墙门。后院正房面阔五间,硬山顶,左右各有一面阔两间的耳房,保存较好。

老宅院3 原为两进院,现为一进院。广亮门,院内正房面阔五间。

三、寺庙

据当地长者回忆,村庄旧时修建有龙神庙、五道庙、观音殿和戏楼,寺庙于20世纪六七十年代时拆毁。

龙神庙 位于观音殿东侧,现已无存。

五道庙 位于观音庙西侧,现已无存。五道庙遗址上长有一株老树,已干枯。

观音殿 位于祁家庄东北角村口,对面为1座戏楼(彩版17-17)。观音殿已重修,四周新建围墙。正殿坐南面北,台明较高,外立面包砖,顶部四周铺条石板,面阔三间,硬山顶,进深五架梁出前檐廊。正殿维修前,东墙已坍塌,村民集资,逐年陆续维修正殿,并新塑三尊像(观音、文殊与普贤)。殿内壁画为《观世音菩萨普门品》,系维修时在原残画基础上重描。

戏楼 位于观音殿对面,保存一般,整体坐北面南,正对观音殿,观音殿和戏楼之间为打谷场,戏楼保存较好,砖石台明高1.2米,外立面包砖,顶部四周铺石板,戏楼为单檐硬山卷棚勾连搭式,面阔三间,前卷棚五架梁,后硬山三架梁置通天柱,古镜柱础。前檐额枋上有残存的彩绘,为清末民国时期的作品。戏楼内墙壁上壁画无存,后墙尚存题壁,有"白乐长顺班""中华民国十二年二月""大清光绪十八年""大清宣统……"等字样。

第二十一节 靳家庄村

一、自然环境与人文历史

靳家庄村位于原王庄子乡(今属吉家庄镇)西南偏南3.2公里处,属浅山丘陵区,村庄修建在平地之上，为黏土质，西北临沟谷，其余均是大面积的耕地和树林。1980 年前后有 159 人，耕地 700 亩，曾为靳家庄大队驻地。

相传，二百年前靳姓农户在此定居建庄，取名靳家庄。村名最早见于《（民国）察哈尔省通志》，作"靳家庄"。

如今，村庄规模不大，南部为新村，北部为旧村。新村为南北主街结构，规模小，居民少。村中目前仅 60 余户，居民以王姓居多，无靳姓居民。旧村在北部，据当地长者回忆，靳家庄村原修建有城堡，城堡平面呈矩形，开南门，旧村全部位于堡内。20 世纪 50 代末，旧堡被拆毁，村民迁到旧堡的南侧建新村。如今旧堡已成为一片农田，城堡四至未知。仅存南门外 2 座庙殿。南侧为龙神庙，北侧为泰山庙/观音殿。

二、寺庙

龙神庙　位于旧堡南门外，坐北面南，面阔单间，硬山顶，进深四架梁出前檐廊。门窗改造且无存。顶部脊檩上残存彩绘《八卦图》。墙壁表面覆盖泥浆与 1974 年的报纸，脱落处露出原壁画，色彩较为鲜艳，应为清中期作品。山尖壁画尚存。

泰山庙/观音殿　位于旧堡南门外，面阔三间，硬山顶，进深七架梁出前檐廊（彩版 17-18）。屋顶及屋檐有部分损坏，门窗为旧构，门多破坏，窗户保存一般，面南为泰山庙，占四椽出前檐廊；面北为观音殿，占二椽。

泰山庙前檐额枋上有残存的彩绘。殿内供奉三位圣母，现挂三个木牌神位，东侧为临水圣母，西侧为九天圣母，中间神牌被纸遮盖未知。殿内曾改造为民宅，内壁抹白灰浆，壁画全毁，仅存山尖壁画。顶部脊檩上残有彩绘《八卦图》。殿内改造为猪圈，已废弃。

观音殿，屋檐、屋顶坍塌，门窗无存，殿内壁损毁严重，尚有残存的壁画，为清末民国时期的作品。内壁墙皮表面或脱落，或涂刷白灰浆，或被雨水的泥土覆盖，壁画保存较差。正壁有三个背光，推测曾经有文殊、观音、普贤的塑像。两侧山墙残存《观世音菩萨普门品》题材壁画，只有东壁残存一处榜题"波浪不能没"。山尖壁画保存较好。

第二十二节　大　张　庄　村

一、自然环境与人文历史

大张庄村，位于原王庄子乡（今属吉家庄镇）西南偏南 1.9 公里处，属丘陵区，村庄选址修建在平地上，周围地势相对平坦，村西临一条南北向冲沟，南为 1 条南北向冲沟的起点,北、东面为大面积的平地,只有浅冲沟,为黏土质。大部分辟为耕地。1980 年前后有549 人,耕地 3 656 亩,曾为大张庄大队驻地。如今,村庄规模较大,居民多,民宅土旧房为主,新房较少,主要集中在新村,村庄分为 3 部分,即东堡、大张庄堡(西堡)、新村。东堡在东北部,西堡在西部,新村在东南部。村内居民以曹姓为主(图 17.28)。214 乡道从村东经过。

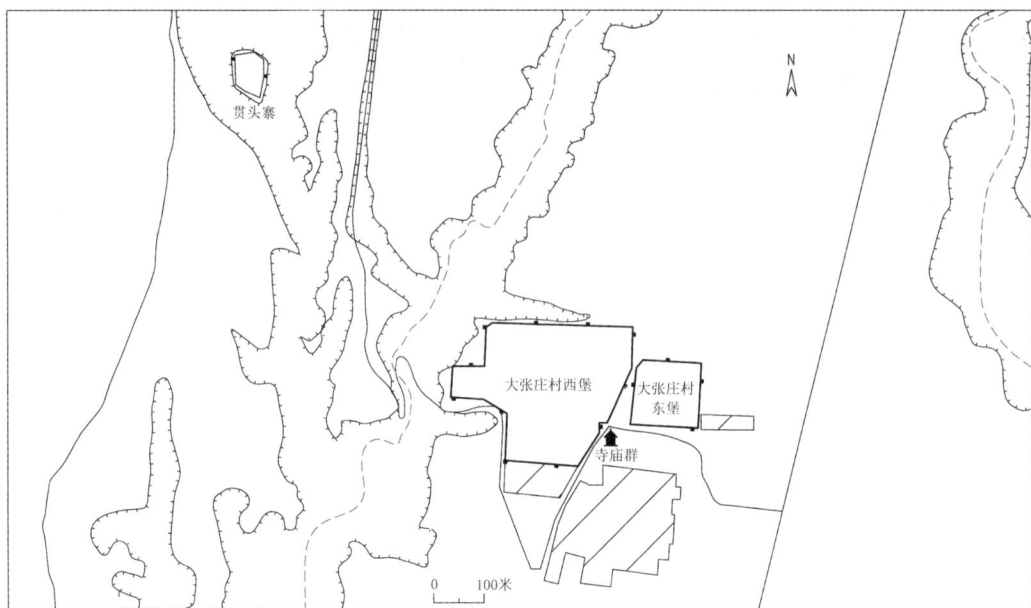

图 17.28　大张庄村古建筑分布图

相传,明洪武七年(1374),张姓在此居住,取名张家庄,后张家迁走,武、曹二姓迁来,认为村名好,含张弓放箭之说,并加"大"字,更名为大张庄。村名最早见于《(顺治)蔚州志》,作"张家庄堡",《(乾隆)蔚县志》作"张家庄",《(光绪)蔚州志》作"大张家庄",《(民国)察哈尔省通志》作"大张庄"。

二、城堡与寺庙

(一)大张庄村堡(西堡)

1. 城堡

据《(民国)察哈尔省通志》记载:"大张庄正堡,在县城东北七十里,明嘉靖三十一年土筑,重修一次,高一丈,底厚四尺,面积五十八亩,有门一,现尚完整。"[1]大张庄村堡今位

---

〔1〕 宋哲元:《(民国)察哈尔省通志》,国家图书馆藏 1935 年铅印本,第 9 页。

于村庄西部,受地形影响,平面呈不规则形,周长1 190米,堡墙不直,堡开东门,堡内平面布局为东西主街,两侧为不规则的巷子(图17.29)。

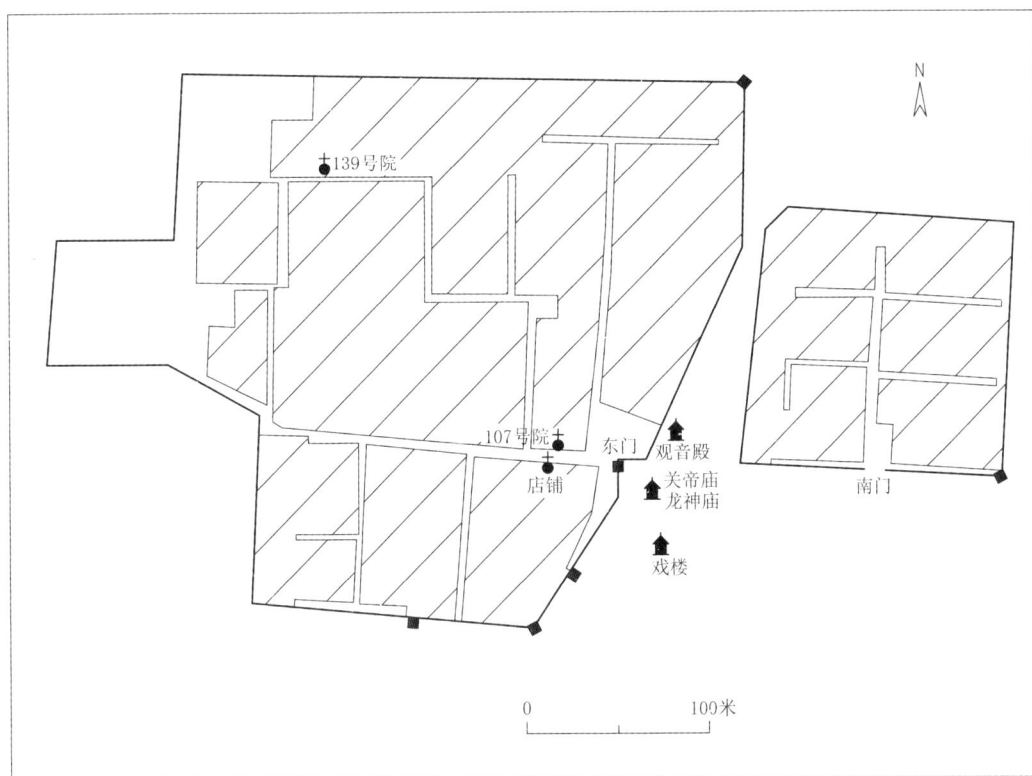

图17.29　大张庄村东、西堡平面图

城堡东门保存较好,砖石拱券结构,基础为条石,上面青砖起券,外券高3.2米,内券高4.6米(彩版17-19)。门内顶为券顶,门外顶新修。外侧门券三伏三券,外券上出二层伏檐,门券拱顶上方镶嵌有4枚砖雕门簪,其上镶嵌有砖制门匾(拓17.3),正题"张家庄堡"增盛门",左侧落款"大明嘉靖壬子年乙巳月吉日造"即嘉靖三十一年。两侧门颊上有砖作仿木垂花门,为一斗二升斗拱及垂花柱,下部镶嵌砖雕,左"天马望日",右"犀牛望月"。内侧门券三伏三券,门券拱顶上方镶嵌砖制阳文门匾,正题行书"聚积街",落款为"道光乙酉年重修"(道光五年,1825年)。外侧门券内顶部有两个星池灭火的孔洞,呈方形。门道为水泥路,门闩孔为石头雕凿,呈圆形。门内为宽阔的东西主街。门外两侧各设1座方形的护门墩台。东门外有一片寺庙建筑群,路北侧是观音殿,路南侧是关帝庙与龙神庙。

堡墙均为黄土夯筑,保存一般。东墙长约312米,墙体保存一般,墙体低薄、连贯,高1~4米,外侧为顺城道路,内侧为顺城道路和民宅,近东南角的墙体上设有1座马面,高4~5米,体量小。南墙长约150米,墙体低薄、断续,高3~4米,破坏严重,墙体内、外侧

拓 17.3　吉家庄镇大张庄村堡东门门额拓片(蔚县博物馆　李新威　提供)

均为民宅,南墙中部设有 1 座马面,高约 10 米,体量大。西墙长约 432 米,墙体不直,向西突出,墙体沿着台地边缘修建,内侧为民宅,外侧为道路和耕地,墙体低薄、断续,高 0～5 米,墙体破坏严重,西墙北部墙体内侧为大面积的耕地,墙体低薄,破坏严重。北墙长约296 米,墙体较直,沿着台地的边缘修建,外侧为冲沟,墙体低薄、连续,内高 2～4 米,墙体内侧为民宅和荒地,并且有大面积的废弃的民宅,墙体保存较差。

东南角设 135°斜出角台,高 5～6 米,体量较小。西北角未设有角台,紧邻台地边缘修建,仅存转角。东北角设 135°斜出角台,高 7～8 米,保存一般。

堡内民宅以土旧房为主。主街保存较好,两侧尚存有老宅院。老宅院 1(107 号院)位于主街东端街北侧,门内墙壁上有毛主席语录。老宅院对面路南有临街的店铺。139 号院位于北墙内侧,近代建筑,土旧房,大门上尚存毛主席语录。

2. 寺庙

旧时,寺庙集中分布于东门外,为一片寺庙建筑群,主要有观音殿、关帝庙、龙神庙和戏楼。

观音殿　位于堡东门外,水泥路北侧,南隔街与龙神庙、关帝庙院相对。庙院坐落于高 1.2 米的砖砌台明上,整体坐北面南,为蔚县境内少有的正坐观音殿之一。院南侧开设山门,广亮门,五檩硬山顶,门前设有 4 步台阶。院内为砖铺地面。正殿坐北面南,面阔三间,硬山顶,进深六架梁出前檐廊。门窗已经改造,殿内亦曾改造,顶部吊顶,内壁抹白灰浆,壁画全毁,现堆满杂物。当地长者称此殿曾供 3 尊观音,是从周边其他观音殿移置此殿中。东耳房尚存,面阔三间,四檩三挂式,现为民宅,西耳房无存。

关帝庙、龙神庙　位于堡东门外,水泥路南侧,两庙同属 1 座庙院内,庙院整体坐北面南,坐落在 1 座夯土台明上,院门外设 6 步台阶,院内为砖铺地面,长有一株松树,门内东侧为关帝庙,西侧为龙神庙。院西有一排厢房,面阔五间,单坡顶。此院曾改做村委会使用。

关帝庙,坐北面南,台明为石条砌筑,单檐硬山顶,面阔三间,进深五架梁出前檐廊,正脊卷草花脊,山墙残有菱形卷草山花。殿前尚存条石台阶,门窗改造,殿内曾改作村委会办公室,上部吊顶,墙壁抹白灰浆,壁画全毁。

龙神庙,坐北面南,单檐悬山顶,面阔三间,进深六架梁出前檐廊,山墙置通天柱。前檐下施斗拱,明间补间两攒,次间补间一攒,栌斗上出一跳,跳头承耍头,耍头承柱头枋。前檐额枋尚存民国时期的彩绘,门窗全部改造,殿内已改造,壁画全毁。

戏楼　位于龙神庙和关帝庙2座正殿之间对面,戏楼坐南面北,砖砌台明高1.4米,外立面包砖,顶部四周铺石板,戏楼为单檐卷棚顶,面阔三间,进深六架梁,梁架高5.6米,保存较好,前檐柱4根,鼓形柱础,挑檐木出挑很长,前后台间置通天柱,前脊檩彩绘《八卦图》。屋檐多有坍塌,戏楼内前台墙壁表面多脱落,壁画、题壁无存。后台两山墙绘生动的戏剧人物,有胡装仕女弹奏琵琶。后台西次间设暗道式砖砌台阶,内外贯通。戏楼后墙开二圆窗。戏楼内堆放柴草,已废弃。

(二) 东小堡

据《(民国)察哈尔省通志》记载:"大张庄东堡,在县城东北七十里,清道光十二年三月土筑,高九尺,底厚五尺,面积十七亩,有门一,现尚完整。"[1]东小堡今位于大张庄村堡东墙外侧,两者仅隔一条土路。城堡规模小,平面呈矩形,周长516米,开南门,堡内平面布局为双十字街结构(图17.29)。

南门建筑无存,现为缺口,门外为斜坡道路,门内为宽阔的南北中心街。

堡墙均为黄土夯筑,保存差。东墙长约129米,墙体仅存不足1米高的基础,上面修建民宅的院墙,墙体外侧为耕地。南墙长约137米,墙体仅存2米高的基础,墙体破坏严重,上面修建民宅,外侧为荒地和道路。西墙长约133米。北墙长约117米,墙体保存一般,墙体高薄、连贯,高5~6米,内侧为民宅,外侧为耕地,墙仅存基础,高2~3米,上面为民宅。

东南角设135°斜出角台,体量小,高4~5米。西南角仅存转角,角外为大张庄村堡的东门。

堡内民宅以土旧房为主,新房很少,居民少。南门内主街东侧有1座废弃的老宅院,一进院,大门无存,仅存门内影壁,保存较好。

(三) 小寨

小寨,俗称"贯头寨",位于大张庄堡西北方,通向东贤孝村的一条南北土路西侧。小

〔1〕 宋哲元:《(民国)察哈尔省通志》,国家图书馆藏1935年铅印本,第9页。

寨选址于两条山沟交汇处的山嘴处,即 Y 字形山沟的交汇点。寨东、西、南三面临沟,冲沟宽阔、幽深,地势险要,仅北面为两条冲沟间的隔梁,且较窄,向北顺隔梁可以到达西孝贤村。

小寨位于两村之间。小寨规模小,平面呈不规则的六边形,周长 242 米,开东门,东门位置偏北,现为缺口,寨门建筑无存。

寨墙保存较好,墙体高大,内外高 5～7 米。东墙长 72 米,略成弧形。南墙长 50 米,偏向东南,与西墙成 130°左右的夹角,南墙向东突出数米,形成一道屏障。西墙长 57 米,略偏向东南。北墙长 63 米,与西墙成直角略偏向东北,东北角成西北—东南走向。东南角设 135°角台,角台并不是斜出的角台,而是东、南墙体交汇后南墙的向东延伸。

堡内平整,辟为耕地,无居住遗址。

第二十三节　八里庄村

一、自然环境与人文历史

八里庄村位于原王庄子乡(今属吉家庄镇)东南 2.3 公里处,属丘陵区,村庄选址修建在平地之上,周围地势平坦开阔,村北有 2 条冲沟,村东西各临一条冲沟,南面平坦宽阔,略北高南低,为黏土质,辟为大面积的耕地。村东、西两侧各有 1 条冲沟,北面有 2 条南北向冲沟。1980 年前后有 686 人,耕地 3 770 亩,曾为八里庄大队驻地。如今,村庄的规模较大,规划较乱,新村偏南,旧村偏北,两者相连,居民多。213 乡道穿村而过。

相传,明成化元年(1465)给本县石垬扛长工的人在这里定居建庄,因离石垬八里地,故取村名八里庄。村名最早见于《(民国)察哈尔省通志》,作"八里庄"。该村历史上以产大葱远近闻名。有"八里庄的葱,利台的蒜,茄子、辣椒李家碾"之说。

二、城堡

八里庄村堡,位于村西北部旧村中。城堡建于台地上,四周环沟或低洼的平地。堡开设南门,南门已毁,南门外的古树参天挺拔,古树东南方有 1 座戏楼。堡墙均为黄土夯筑,毁塌严重,东、西、南三面堡墙已无遗迹,仅北墙尚存低矮、连贯的土墙,长约 168 米,高 0～5 米,墙体低薄,多坍塌。城堡四至未知。

堡内民宅以土旧房为主,老宅院少,北墙内下还有 3 座老宅院。

老宅院 1　原为两进院,现前院坍塌无存,仅存后院。后院正房面阔五间,卷棚顶,东西厢房面阔三间,单坡顶,保存较好。

老宅院 2 原为两进院,现为一进院,院子宽敞,仅存正房,正房面阔三间,硬山顶,门厅退金廊。

老宅院 3 原为两进院,现为一进院,院子宽敞,仅存正房,正房面阔三间,硬山顶,门厅退金廊。门窗已经改造。

二、寺庙

戏楼 位于村中东部,坐南面北,对面为关帝庙、龙神庙、马神庙。戏楼保存较好,基础较高,外立面包青砖,顶部铺砖,四周铺石板。戏楼为单檐六檩卷棚顶,面阔三间,前后台置通天柱,前台檐柱下置鼓镜柱础,前檐额枋上有残存的彩绘,额枋下置悬口雀替。戏楼内的墙壁上有残存的壁画。后台保存多处舞台题壁,有"光绪三十四年同顺班""光绪二十八年""同治十一年三月初六"等字样。戏楼已废弃,里面堆放柴草。戏楼的西北方有大树和水坑,已废弃。

关帝庙、龙神庙、马神庙 位于村堡中心,坐北面南,对面为广场,广场前为倒座戏楼。主要建筑位于一排,关帝庙、龙神庙位于一堂,面阔三间;东耳房一间,为马王庙;禅房二间。均为单檐硬山顶,进深五架梁,禅房四檩三挂,院东侧有厦廊一间。院内地面铺墁石条。现存建筑保存较好,关帝庙、龙神庙在 20 世纪 60 年代改作学校。院墙全无,马神庙内堆积柴草。

第二十四节　西　贤　孝　村

一、自然环境与人文历史

西贤孝村位于原王庄子乡(今属吉家庄镇)西南 1.4 公里处,属丘陵区,四面环沟谷,地势平坦,为黏土质,辟为梯田和杏树林。1980 年前后有 295 人,耕地 1 446 亩,曾为西贤孝大队驻地。

相传,明天顺年间建村。据村南老君观庙取村名观头村,后讹传为贯头村。清朝初年,该村一彭姓幼年丧父,留下母子二人相依为命。母守节教子,子勤恳孝母。彭母下世后,子在坟地守孝百天。地方官念其母贤子孝,奏明皇帝,御敕贤孝匾,村名亦随之更名为贤孝村。后因该村被水冲为东西两边,西者即为西贤孝。村名最早见于《(乾隆)蔚县志》,作"贤孝村",《(光绪)蔚州志》《(民国)察哈尔省通志》沿用。

如今,西贤孝村与东贤孝隔一条冲沟,2座村庄以土路相连,西贤孝村的规模远小于东贤孝村,村庄南北狭长,由2条南北主街组成,村庄规模较大,居民较多,民宅以新房和土旧房和老宅院各占约三分之一(图17.30)。

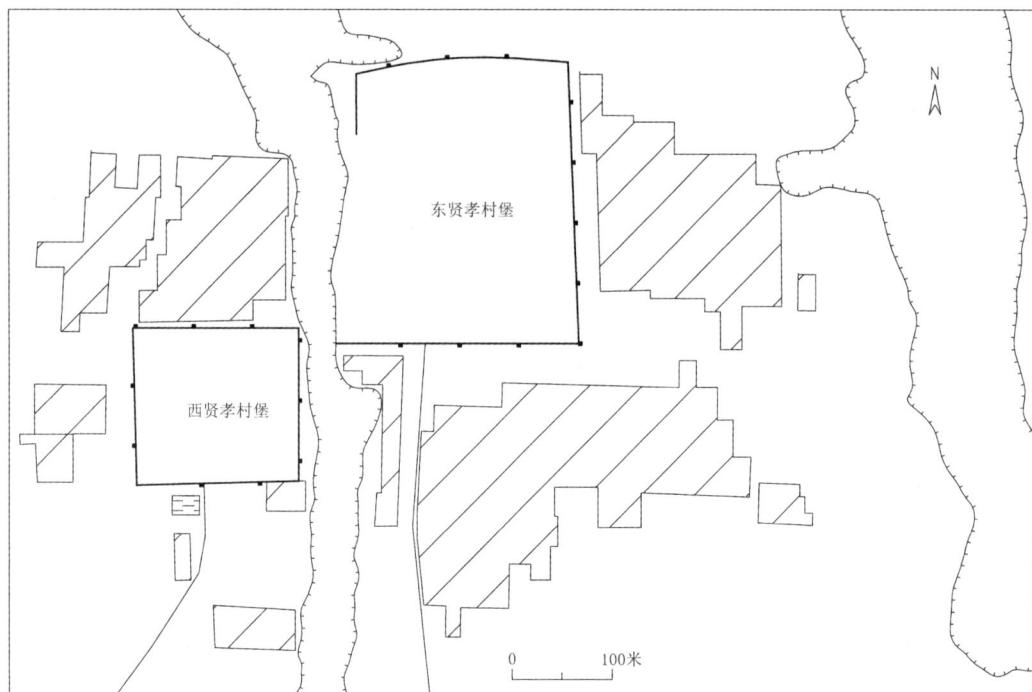

图17.30 东贤孝村、西贤孝村古建筑分布图

二、城堡

据《(民国)察哈尔省通志》记载:"贤孝村西堡,在县城东北八十里,明嘉靖十四年十月土筑,高二丈,底厚五尺,面积三十五亩,有门一,现尚完整。"[1]西贤孝村堡今位于村庄南部,隔冲沟与东贤孝相望。城堡平面呈矩形,周长约649米,开南门,堡内平面布局为南北主街结构(图17.31)。

城堡南门偏西,辟于南墙三分之一处,堡门保存一般,砖石平顶结构(彩版17-20)。基础为毛石块垒砌,上面青砖垒砌,顶部为木梁架平顶结构。门扇无存。门外两侧设护门墩台,仅存西护门墩,高4~5米,体量小。门外西侧有坑塘,周围长有树木。门内为南北主街,两侧为3条东西向横街。

---

[1] 宋哲元:《(民国)察哈尔省通志》,国家图书馆藏1935年铅印本,第9页。

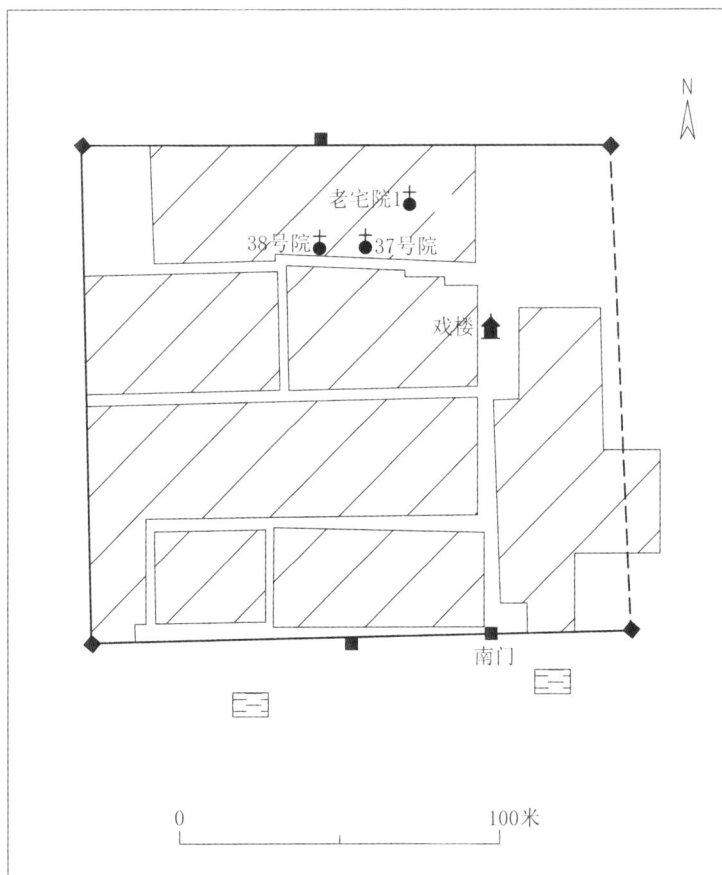

图 17.31　西贤孝村堡平面图

　　堡墙均为黄土夯筑,保存一般。东墙复原长约 154 米,大部分墙体无存,为冲沟和民宅所破坏。南墙长约 174 米,断断续续,保存较差,高 0～5 米,墙体高薄,多为民宅所破坏,南墙西段外侧为水坑,已干涸,四周长有大面积的树木,南门西侧设有 1 座马面,破坏严重,墙体开裂,与北面的马面相对。西墙长约 152 米,保存一般,邻近西北角的墙体高薄,高 4～5 米,内外侧均为荒地,大部分西墙为民宅所占据,墙体仅存 1 米高的基础,破坏严重,内侧为民宅,外侧为荒地(台地)及顺墙道路。北墙长约 169 米,西段内侧为民宅,外侧为顺城路和民宅,墙体保存一般,高 4～5 米,墙体高薄、连续,顶部因坍塌而起伏不平。东段保存较好,墙体高薄、连贯,高 4～5 米,内侧为民宅,外侧为荒地或顺城道路以及民宅,墙体上尚存包石的痕迹。北墙中部设有 1 座马面,马面外侧为顺城道路和民宅,马面保存较好,高 5 米。

　　东南角设 135°斜出角台,保存一般。西南角设 135°斜出角台,保存一般,高 5～6 米。西北角设 135°斜出角台,保存一般,角台高薄,高 5～6 米。东北角设 135°斜出角台,较为高大,高 4～5 米。

堡内民宅以土旧房为主,新房较少,北墙外为新村。主街西侧有废弃的村委会大院,正房面阔五间,门厅退金廊。主街西侧保存有戏楼。北墙内侧尚存有老宅院 1、2(37 号院)、3(38 号院),保存较好。

三、寺庙

据当地长者回忆,西贤孝村曾修建有戏楼、真武庙、龙神庙。庙宇建筑拆毁于 20 世纪六七十年代。

真武庙　位于北墙偏西,现已无存,对面正对戏楼。

龙神庙　位于北墙真武庙偏东,现已无存。

戏楼　位于堡内南北主街西侧,坐南面北,保存较好,正对北墙真武庙。戏楼基础为石块垒砌,未包砖,石条台明高 1.7 米。戏楼为卷棚顶,进深六架梁。正面为土坯墙封堵,戏楼已废弃,彩绘、壁画无存,里面堆放杂物,戏楼内残存"文革"时期的标语。该戏楼据传与木井、大张庄戏楼为一班匠人所建。戏楼的南侧为水井房。

第二十五节　东贤孝村

一、自然环境与人文历史

东贤孝村,位于原王庄子乡(今属吉家庄镇)西北 1.2 公里处,属丘陵区,总体北高南低,村庄选址修建在坡地上,为黏土质,辟为耕地。地势平坦开阔,村东、西部均有南北向冲沟。1980 年前后有 634 人,村民以彭为大姓,还有部分樊姓。耕地 3 588 亩,曾为东贤孝大队驻地。如今,村中有东西向冲沟,西面的冲沟为东、西贤孝村的分界线,村庄规模大,民宅以新房为主,土旧房也有分布,老宅院较少。堡内广场的东北侧有废弃的村委会大院(见图 17.30)。

村名来历与西贤孝村相似,因居冲沟故为东贤孝。村名最早见于《(乾隆)蔚县志》,作"贤孝村",《(光绪)蔚州志》《(民国)察哈尔省通志》沿用。

二、城堡

据《(民国)察哈尔省通志》记载:"贤孝村东堡,在县城东北八十里,明嘉靖十四年十月土筑,高一丈五尺,底厚五尺,面积七十五亩,有门三,现尚完整。"[1]东贤孝村堡今位于

<hr>

[1]　宋哲元:《(民国)察哈尔省通志》,国家图书馆藏 1935 年铅印本,第 9 页。

村庄西北部,四周深沟环绕,地势险要。城堡平面呈矩形,周长约 1 062 米,开南门,堡内平面布局为南北主街结构(图 17.32)。堡外为新村。

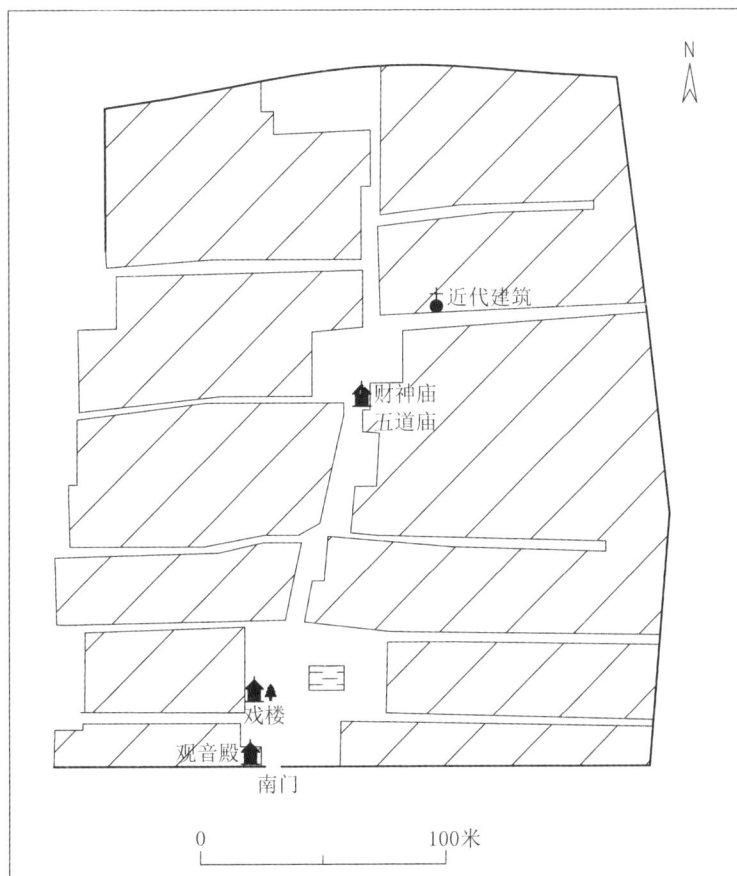

图 17.32　东贤孝村堡平面图

城堡南门建筑无存,现存为寺庙和新建村庄大门,南门内建 1 座影壁,影壁后的东北侧为一片水塘,尚在使用,周围长满高大的树木。将水塘圈入堡内的现象较为少见。南门内为南北主街,主街很长,且不规矩,亦不直,两侧多为东西向的巷子。

堡墙均为黄土夯筑,保存差。东墙长约 291 米,保存较差,仅存 2~3 米高的基础,内侧及上面为民宅,外侧为荒地。南墙长约 251 米;东段保存较差,墙体高 3~4 米,多为基础,外侧为土路,上面及内侧为民宅,堡墙上挖有菜窖;南墙西段内外及顶部均修建民宅,墙体为高 3~4 米高的基础。西墙长约 278 米,保存较差,外侧为冲沟,内侧为民宅,墙体仅为 1 米高的基础,破坏严重,未设角台。北墙长约 242 米,保存一般,墙体高薄,内高 5~6 米,内侧为民宅,外侧为冲沟,北墙外为大面积的耕地、荒地和树林。东南角无存,现为基础。

三、寺庙

据当地长者回忆,城堡内外曾修建有真武庙、观音殿、戏楼、财神庙/五道庙。

真武庙 位于北墙上,已毁。

观音殿 位于堡南门内西侧,修建于高 1.3 米的砖砌台明上,基础较高,外包砖,顶部四周铺条石板,前有 5 步台阶。观音殿坐南面北,倒座,对面为正座戏楼。正殿面阔三间,硬山顶,进深六架梁出前檐廊,四架梁上承平梁。殿内脊檩上彩绘《八卦图》。殿内新塑塑像,正中为观音,坐于莲花座上,边上立有善财童子与龙女,两侧山墙供台上塑十八罗汉像。内壁壁画保存较好,三面皆存,为清中晚期作品。

两侧次间后壁绘有《观世音菩萨普门品》,东西各有 4 幅。东、西山墙绘《妙善三公主出家修行图》,连环画式壁画,每面各有 2 排 6 列共 12 幅。

西次间正壁

一见起慈心	刀折成三段	蜿蛇并毒蝎	□□□□□

东次间正壁

枷锁自脱身	□□□□	不能损一□	疾走无边方

西壁

□□□□□□知	□□□□□修心	道□细□知庄王	庄王取公主入朝	公主远走离皇宫	□□□□
三公主岐山打坐	平地火焚白雀寺	公主白塔寺修心	金星□公主出朝	□□□□剑出鞘	□□□□

东壁

刘现张宗问樵夫	白云山割手剜眼	刘张得千眼回朝	二□□□□□	□□□□□□	千手千眼观世□
李□唐接榜治病	□鬼降□	喜鹊□□	二虎同眠	二虎头边来引路	□□□□□□

前廊内的墙壁上也有人物像题材的壁画遗存。前廊下西侧立 1 通同治八年(1869)的《重修观音殿碑》石碑。碑文中记载了重修观音殿期间,因缺钱而断,后重新募捐得以完工。前廊的梁架上悬挂木匾,内容为 2008 年重修时布施善人名单。观音殿两侧各建有 1 间单间单坡顶的耳房。

戏楼 位于堡内南端,观音殿对面的一株大树下,对面 20 米为倒座观音殿。戏楼坐北面南,保存较好,砖石台明高 1.3 米,外立面包砖,顶部四周铺条石,是蔚县境内为数不多的正座戏楼之一。戏楼为单檐卷棚顶,面阔三间,进深六架梁,梁架高 4.7 米。挑檐木挑出较长,额枋草龙清式雀替。前后台以通天柱分隔。前檐柱4根,古镜柱础。前台地面条砖人字铺墁,后台条砖错缝正铺。戏楼内壁损毁严重,壁画多已破坏,色彩呈黑白色,推测为民国时期的作品。山尖壁画尚存,绘简笔人物画。20世纪六七十年代时村民为保护戏楼山墙山花雕刻,外部敷泥,做成红五角星图案。

财神庙/五道庙 位于堡内中心路口,正殿面阔单间,硬山顶,一面为财神庙,一面为五道庙。五道庙门窗尚存,但屋檐及墀头坍塌,殿内堆放杂物,无彩绘和壁画残存。财神庙为土坯墙封堵,庙北面为村广场。

第二十六节 下 油 涧 村

一、自然环境与人文历史

下油涧村位于原王庄子乡(今属吉家庄镇)东南0.7公里处,属丘陵区,村庄选址修建在坡地之上,村东、西两侧均有不规则的冲沟,北靠油涧山,村中高低不平,为黏土质,辟为耕地和杏树林。1980年前后有431人,耕地2 289亩。曾为下油涧大队驻地。如今,村中部一条南北向冲沟将村分成两部分,村庄规模较大,居民较多,村口有废弃、淤平的坑塘。村内民宅以新房为主,老宅院和土旧房较少,居民较多。213乡道穿村而过(图17.33)。

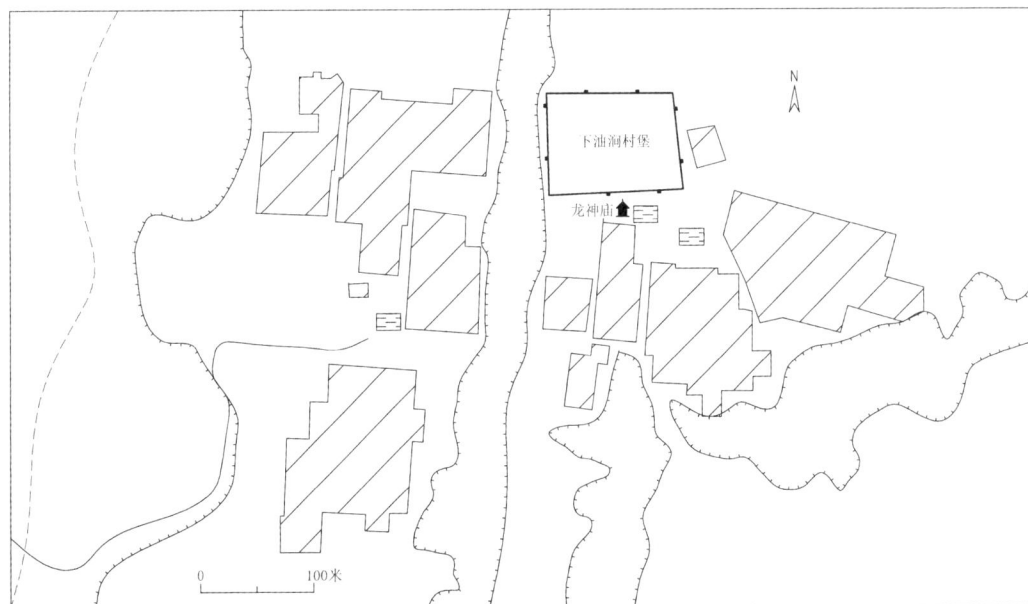

图17.33 下油涧村古建筑分布图

相传,清顺治十七年(1660)为大张庄的一个种地庄子,后来人们建村于油涧山坡下,故取名下油涧。村名最早见于《(民国)察哈尔省通志》,作"下油涧"。

二、城堡

下油涧堡,据当地长者回忆,下油涧村曾修建有城堡,20世纪六七十年代时全部拆毁,如今格局尚存。城堡位于村北部边缘,西临冲沟,城堡平面呈矩形,周长约382米,规模小,开南门,堡内平面布局为南北主街结构。

南门位置偏西,堡门建筑无存,南门遗址尚可见石板坡道。南门外东侧有1座坑塘,周围长满树木。

堡墙均为黄土夯筑,大部分无存,堡墙内侧较低,外侧较高。东、南、北墙现存为不足1米高的基础,上面修建院墙,外侧有道路。西墙无存,为冲沟破坏,西墙外侧紧邻冲沟,周围地势平坦,为大面积的耕地、荒地和树林。北墙中部有1座马面,为真武庙庙台。东南角外有废弃的坑塘和龙神庙,周围长满树木。西北角设135°斜出角台,破坏严重,高3米左右。

堡内的民宅以土旧房为主,居民少,新村在堡外。

三、寺庙

据当地长者回忆,下油涧村曾修建有五道庙、真武庙、龙神庙。

五道庙 位于堡内,现已无存。

真武庙 位于北墙庙台上,现已无存。

龙神庙 位于堡南侧新村中,院内曾改做村委会,院中正殿前甬路西侧有一株干枯的松树,枝干苍劲有力。如今庙院已废弃。院内龙神庙正殿,坐北面南,面阔三间,硬山顶,进深六架梁出前檐廊,门窗已改造为玻璃窗,殿内曾吊顶,内壁抹白灰,壁画全毁。

第二十七节 王庄子村

一、自然环境与人文历史

王庄子村位于原王庄子乡(今属吉家庄镇)东北偏北2.3公里处,属丘陵区,处七星山前沿,东西临沟,周围地貌破碎,多冲沟,北高南低,呈梯形,为黏土质,辟为梯田。1980年前后有463人,耕地3 127亩,曾为王庄子大队驻地。

相传,清康熙年间王姓农户在此居住建村,故取名王庄子。村名最早见于《(民国)察哈尔省通志》,作"王庄子"

二、街巷与古宅院

如今,村庄为旧村,即旧时乡政府所在地,新村已经外迁到下油涧和东贤孝村之间的平地上,新旧村相距约 2.4 公里。旧村规模大,修建在山顶上,一条土路出村,大队部位于村口,已废弃。旧村无水源,村民生活用水靠驴车从下面的新村拉水。村口还有 1 座坑塘,尚有不少积水,村中为一条南北主街格局,两侧为巷子,村内民宅以土旧房为主,屋顶多翻新,新房较少。主街旁有多座老宅院。

55 号院 位于主街西侧,一进院,宅门内墙壁上保存有毛主席语录。

老宅院 1 位于主街西侧,一进院,保存较好。

60 号院 位于主街西侧,一进院,宅门保存较好,门内墙壁上有砖雕墙壁装饰,墀头砖雕已无存,门内侧为挑檐木,出挑较长,保存较好,两侧有悬鱼,正房保存一般,正房明间退金廊,门窗上有木雕装饰。门楼与正房檐下还残存有当年上梁时的吉语,如"上梁大吉""太公在此"等。据房东介绍,本座老宅院为其祖上传下,已居住 5 代人。

王庄子新村位于坡下,修建在地势相对平坦开阔处,213 乡道穿村而过。东连下油涧村,西达东、西贤孝村。村北部为新建的完全小学,规模大,学生多。村庄共有 7 排房屋,2 条南北主街,1 条在村中,1 条在村东部边缘(即 213 乡道),学校的东面为旧时的乡政府大院,规模大,大部分房屋已废弃,大院东侧为新建的村委会。新村居民为从旧村中陆续搬迁下来的人,由于旧村无水,村民于 10 多年陆续外迁,新、旧村共 166 户、450 人左右,村民多姓王。

三、寺庙

据当地长者回忆,村庄未曾修建城堡,旧时村中修建有龙神庙和五道庙,20 世纪六七十年代中拆毁。

龙神庙 位于村东南村边,原为 1 座庙院,现仅存后门和正殿。正殿坐北面南,面阔三间,硬山顶,进深三架梁前后出檐廊,门窗部分尚存。殿内堆满杂物,四壁刷白灰浆。正殿西侧紧贴 1 座三檩硬山顶倒座门楼。庙前为打谷场,庙西南方有废弃的坑塘。

第二十八节　汗油房村

一、自然环境与人文历史

汗油房村位于原王庄子乡(今属吉家庄镇)东北偏北 6.5 公里处,属浅山区,地势较平坦,为黏土质。1980 年前后有 186 人,耕地 1 432 亩,曾为汗油房大队驻地。如今,村庄选址修建在山坡之上,周围多为冲沟,地貌支离破碎,村庄附近为大面积的耕地,村中曾有泉水,村口修有一片水塘,水塘周边有数株老树。村庄规模较小,村庄规划不整齐,民宅以土旧房为主,多翻修屋顶,民宅大门上还残存毛主席语录。村内现有 30 多户居民,村以前还修建有学校和大队部。213、214、230 乡道在村西交汇。

相传,清康熙五年有一姚姓汉子曾在此开油房,建村时据此取名汉油房,后讹传为汗油房。村名最早见于《(民国)察哈尔省通志》,作"汗油房"。

二、城堡

据当地长者回忆,汗油房四周曾修建有城堡,开设西门,解放前彻底拆毁。

三、寺庙

龙神庙 位于村西北坡顶上,庙宇建筑早已全部拆毁。近年重新修建。正殿坐北面南,面阔单间,硬山顶建筑。

第二十九节　石窑水村

一、自然环境与人文历史

石窑水村位于原王庄子乡(今属吉家庄镇)北偏东 9 公里处,属浅山区,处东黄花山东脚下,周围为冲沟所包围,地势北高南低,为黏土质,辟为耕地。1980 年前后有 58 人,耕地 513 亩,曾为石窑水大队驻地。如今,石窑水村规模小,民宅以土旧房为主,翻修屋顶者较少,目前仅有 7~8 户、20 余人居住,村民以刘、贾、林姓为主。村民所需日用品,均要到吉家庄镇中购买,往返需一天时间。

相传,二百年前此地有一泉水,从石头窑流出,建村时据此取名石窑水。该村在蔚县诸版方志中均失载。

二、寺庙

据当地长者回忆。旧时村内曾修建有观音殿等寺庙,全部拆毁;村西北山坡残村有 1 座夯土墩,周边地面散落大量砖瓦,应为 1 座寺庙遗址。当地最负盛名的寺庙当属村西北 5 里东黄花山山顶的寺庙群。

东黄花山 位于蔚县吉家庄镇北部山区的北端,为这一带的最高峰,其顶峰是蔚县与宣化县的县界。据当地村民讲,顶峰已跨入宣化县境内。东黄山花北靠的宣化县境,像一根突出的锲子直插于涿鹿与阳原之间,其锲头直顶蔚县的东部北端,因此造就了东黄花山与四县相邻,南依蔚县,北靠宣化,东眺涿鹿,西望阳原。特殊的地理位置,也使东黄花山上的龙神庙成为周边的蔚县、宣化县、涿鹿县与阳原县等四县乡民共同祭祀的求雨圣庙。

龙神庙 坐落于东黄花山顶峰之上,于乱石岗的山顶上砌出一片平台营建庙殿。旧庙拆毁于20世纪六七十年代,如今仅存1通残碑,弃于登山途中,还有2通二龙戏珠的碑首被嵌入围墙中。由于与庙史有关的记载均毁,庙中主持等人均来自外乡,因此旧庙的布局与建筑形制已失考。据主事人(桃花四村人)讲述,其父亲是寺庙内的老主事,主持过重修庙宇,旧时正殿较窄,结构为前硬山联后卷棚顶结构,从地基可见曾修过四次,重修时扩大了正殿,改为面阔三间的硬山顶建筑。

新庙重建于20年前,整体坐北面南,四周建有围墙,由中路、东路与西路组成。中路分为两进院落,从南至北依次为戏楼、前殿与后殿,前后两进院各有东、西配殿;东路与西路皆为一进院落,是接待戏班与香客的客房。

山门,辟于院南墙偏东侧,广亮门,硬山顶,门框上饰三颗门簪,楣板上绘3幅侍女画,前檐下悬铜匾,刻有"敬献南山众神/有求必应",敬献者为"涿鹿县武家沟镇东窑沟村王志贵"。山门外对面是1座影壁,硬山顶,影壁中间饰有瓷砖画"迎客松"。山门内侧正对1通新碑,是由"海阁俊"赠予,正题"黄花山龙神庙",立于1998年,碑北侧写有"神通四海,名扬天下"。北侧下部还立有1通小碑,碑文为"出龙宫风调雨顺/归北海国泰民安",立于"二〇〇四年农历七月十一"。山门西侧紧挨1座戏楼,骑于南墙之上,戏楼坐南面北,面阔三间,卷棚顶,进深六架梁,与前殿相对。戏楼后墙明间辟门。

前殿,与戏楼相对,坐北面南,面阔三间,硬山顶,七架梁出前檐廊,穿心式梁架。明间前檐下悬匾,匾上书"盖天古佛殿"。西次间檐下匾上刻"敬献:蔚县东花山老佛爷",落款为"涿鹿县杨□忠",时间为"丙戌年五月"(2006年)。西廊墙内侧下方设龛,内供奉面然大士。东廊墙内壁绘如来佛祖,西廊墙内壁绘太上老君。

殿内设前、后两排供台,供台上摆满牌位或塑像。前面的长供台上摆牌位,前面一排是8位龙王牌位,后面为3列4排。前面一排的八位龙王从东至西依次为:一龙清净水晶宫、二龙喜乐在宫中、三龙圣旨周流转、四龙功曹奏天庭、五龙圣母消冰雹、六龙雷部掌风云、七龙下降甘露霜、八龙利民乐太平。后面三列四排,逐次升高,内容皆相同,从东至西依次为:敕封高岭上玄北海黑龙古佛,敕封高岭五龙圣母法润元君,敕封高岭电公雷母风伯雨师。供台上还摆有三只香炉,两只油灯,一只铁铃,一只铁钟,还有木鱼等供品或法器。第二排供台,供奉着四身小塑像,正中的三位小像与后面的主像对应,小塑像皆手持笏板。西侧单独供奉一尊"黄华山上护法药师佛",身披黄色衣袍,与后殿的药师佛是对应的。后面三位主像,头戴冠,双手持笏板,头部有背光,分别为:中间供五龙圣母,东侧供盖天古佛,西侧供风伯雨师,中间五龙圣母披黄袍,两侧皆披绿袍。三尊塑像两侧各立一位侍者,东侧为男童,西侧为女童。根据蔚县诸神祭祀的仪轨,前面的三尊小像是供抬出殿外或抬入村中进行祭祀的,称为"抬行供",后面的三尊主像是放于殿内供信徒祭拜的,称为"坐供"。

殿内后壁、东壁与西壁各有壁画,现代重绘,由于近 20 年的香火熏燎,画面已开始褪色或熏黑。后壁两侧次间,各绘有一条龙。两侧山墙后一椽下内壁,各绘有一尊神像。东侧绘有一尊六臂的神像,举起的两只右手分另持有盒与绳,举起的两只左手各持枪与轮,胸前两手按剑支地;西侧绘有持笏板的官人,脚下两侧分别绘男女青苗神。东、西两侧主壁画分别表现为《出巡行雨图》与《雨毕回宫图》,但其内容与蔚县常见的龙神庙壁画内容不尽相同,降雨之神缺了许多。两侧壁画中可以辨认出的有:龙母(位于北侧下方)、五龙王与雨师(骑瑞兽分布于主壁画中)、电母雷公(东壁位于南侧上方,西壁位于中间上方),另外还有传旨官、判官等,当然供雨的水车与众随从是不可缺的,还有底部人间的画面;壁画中缺少的神有:四目神、四值功曹、虹童、风伯风婆等;东壁的水晶官只有一角,西壁南侧缺少了大树、龙与拴龙的铁链。由于龙神庙毁于 20 世纪 60 年代,20 年后才由当地的信徒重修,而重修的主事人又多来自涿鹿,所以这一堂壁画不可能是旧时壁画的重现了,在构图上也不是蔚县的粉本,其粉本极有可能来自涿鹿县或宣化境内的某龙神庙中。前殿的脊檩上彩绘《八卦图》,但已褪色模糊。

后殿,位于整座寺院的最北端,坐北面南,面阔三间,硬山顶,进深五架梁,明间退一椽。明间内设为后殿,两侧次间辟为禅房。明间檐下悬 1 块铜匾,匾上刻有"敬献东黄花山黑龙老佛爷",落款为"蔚县西合营东关村季德国",时间为"戊子年七月十一"(2008年)。殿内后壁、两侧山墙绘有壁画,后壁前设供桌。后壁绘有三位神像,正中为释迦牟尼佛,东侧为阿弥陀佛,西侧为东方药师佛。阿弥陀佛与药师佛位置颠倒;从两侧佛的形象来看,东侧年轻,西侧年长,均非常见的佛的形象。主持解释为,西侧的药师佛是孙思邈的形象,药师佛身穿黑圆领官服,带展脚幞头官帽。殿内两侧山墙内壁,分别绘有九尊罗汉,共十八罗汉。山墙内壁的北侧分别绘有文殊与菩贤两位菩萨。山尖绘画为飞天形象。

前后两进院皆建有东、西偏房,硬山顶,以面阔三间为主,连为一片。前院偏房,辟为休息室或接待室;后院偏房,辟为厨房,西侧做面点,东侧做菜,均有炉灶可起火。香客们的午餐和晚餐皆是在此做出。寺庙的东路与西路各有一进院,北侧为正房,也辟成客房。

南门内侧有 1 座钟亭,内悬一只铁钟,铸于 2006 年,铁钟上部有一圈铸字"宣化县东黄花山庙",口沿上间一圈为八卦符,中间铸有《道德经》。

寺庙南墙外偏西坡地上建有3座小庙,从西至东分别为财神庙、五道庙与诸神庙。

财神庙 位于最西侧,坐北面南,面阔单间,硬山顶,殿内壁绘以山水壁画,正面有2块木牌位,正中的1块为"供奉财仙神位",西侧边上1块为"供奉黄花山仙生神位"。

五道庙 位于中间,坐北面南,面阔单间,硬山顶,进深三架梁,殿内供奉五道神、土地神与山神三尊塑像,东壁绘虎,西壁绘狼。

诸神庙 位于最东侧,坐北面南,面阔单间,硬山顶,进深三架梁,内壁绘一圈山水画,正面有二块木牌位,1块为"供奉黄花山众仙神位",另1块为"供奉护山六仙神位"。

第三十节 其他村庄

一、二庄子村

二庄子村,在《蔚县地名资料汇编》和蔚县诸版方志中均失载。如今,村庄位于S342省道南侧,即吉家庄镇区南部,村庄选址修建在平川之上,周围地势平坦开阔,辟为大面积的耕地,村东、西、北三面临河,为定安河拐弯环抱之处,周围水源充足。村庄规模大,与堡里头村连接在一起,人口众多,民宅以新房为主,村庄的布局为南北(214乡道)和东西主街各1条。村内没有古建筑遗存。

二、大庄子村

大庄子村在《蔚县地名资料汇编》和蔚县诸版方志中均失载。村庄选址修建在平川之上,周围地势平坦,一马平川,村庄附近辟为大面积的耕地。村庄规模不大,以新房为主,居民较多。村内布局为东西和南北各1条主街。214乡道从村西经过。村内民宅以新房为主,老宅院少。东西主街的北侧有老宅院1,仅存正房和大树。其东侧有老宅院2(大庄子5号院),宅门保存较好,木雕雀替装饰尚存。

三、李家碾村

李家碾村位于吉家庄镇南偏东4公里处,属丘陵区。村庄选址修建在平川之上,周围地势平坦,一马平川,为黏土质,辟为耕地。村西靠四十里坪台,东临会子河,河道内辟水田,水量较大。1980年前后有464人,耕地1089亩,曾为李家碾大队驻地。

相传,清光绪年间有一李姓人在这里依碾坊建村,故取村名李家碾。村名最早见于《(民国)察哈尔省通志》,作"李家碾"。

如今,村庄位于吉家庄镇区西南角,村庄规模较小,南北狭长,由两条南北主街组成,民宅以新房为主,居民较少,村西北角有废弃的大队部旧址。

四、沈家庄村

沈家庄村位于吉家庄镇南偏东 4 公里处,属丘陵区,村庄为 20 世纪 60 年代新建,选址修建在平地之上,周围地势平坦,一马平川,为黏土质,辟为耕地。村西、北临会子河,水量较大。1980 年前后有 505 人,以沈姓为主,耕地 1 309 亩,曾为沈家庄大队驻地。

相传,明朝万历年间有一沈姓人在此种地建庄,故取名沈家庄。村名最早见于《(乾隆)蔚县志》,作"沈家庄",《(光绪)蔚州志》《(民国)察哈尔省通志》沿用。

如今,村庄规模不大,民宅以新房为主,居民较多。214 乡道从村西经过,232 乡道穿村而过。旧村位于现今村庄南侧玉米地中,据当地长者回忆,村庄旧时曾修建有城堡,已彻底拆除,辟为耕地。旧村旧时修建有戏楼、寺庙,亦全部拆毁。

五、杨家小庄村

杨家小庄村位于吉家庄镇东南偏南 3 公里处,属丘陵区,村庄选址修建在平川之上,周围地势平坦,一马平川,为黏土质,辟为耕地,村东、南、北三面靠定安河,水量较大,附近有水田。1980 年前后有 370 人,耕地 870 亩,曾为杨家小庄大队驻地。

相传,清乾隆五十九年水冲太平堡后,杨姓一家迁居此地建庄,故取村名杨家小庄。村名最早见于《(乾隆)蔚县志》,作"东杨家小庄",《(民国)察哈尔省通志》作"杨家小庄"。

如今,村庄规模较小,由 2 条南北主街和 1 条东西街组成,居民少,民宅以新房为主,土旧房比较少,且多废弃、坍塌。村内新建关帝庙,位于村中东西主街北侧。庙东、主路北侧尚存旧时大队部,已废弃。

六、永安瞳村

永安瞳村位于吉家庄镇西北 2.5 公里处,属丘陵区,村庄选址修建在定安河川内北部,北靠河川台地,有 3 条冲沟,南临定安河,村南面为大面积的平地,即定安河谷地,地势较平坦,为黏土质,辟为耕地。1980 年前后有 477 人,耕地 2 360 亩,曾为永安瞳大队驻地。

相传,明朝天顺年间建村,这里虽地势低洼,但每遇洪水都绕村而过,于村无害。人们向往着永远平安,故取村名永安瞳。村名最早见于《(顺治)蔚州志》,作"永安瞳堡",《(光绪)蔚州志》作"永安瞳",《(民国)察哈尔省通志》沿用。

如今,村庄规模较大,由 2 条南北主街组成,153 乡道从村南缘经过,民宅以新房为主,居民较多。

七、翟庄子村

翟庄子村位于原王庄子乡(今属吉家庄镇)东偏北 2.4 公里处,属丘陵区,地势较平坦。村庄选址修建在山坡上,周围多冲沟,村依山坡地势而建,周围为黏土质,辟为大面积的耕地。1980 年前后有 163 人,耕地 1 288 亩,曾为翟庄子大队驻地。

相传,二百年前翟姓农户在这里定居建庄,故取名翟庄子。村名最早见于《(民国)察哈尔省通志》,作"翟庄子"。

如今,村庄规模小,民宅分布不规则,民宅以土旧房为主,翻修屋顶者不多,房屋多废弃坍塌,旧宅院多为土坯砌筑,门楼也有高大的如意门。村内的街道较窄,民宅大门内的墙壁上尚存有毛主席语录,村中分布有坑塘和大树,已废弃,村西山坡上有 4 株大松树,为墓地。据当地长者回忆,村中原有五道庙,已拆毁。

八、沙岭子村

沙岭子村位于原王庄子乡(今属吉家庄镇)东北 3.6 公里处,属丘陵区,村庄选址修建在山坡上,地势较平坦,为黏土质,辟为梯田。1980 年前后有 30 人,耕地 459 亩,曾为沙岭子大队驻地。如今,村庄规模小,民宅以土旧房为主,新房少,居民少,只有 4 户居民,8 个人居住,大部分居民外迁。

相传,三百年前曾为战场,名杀岭子。后有西合营刘姓迁此建村,嫌原名不雅,故更为沙岭子。村名最早见于《(民国)察哈尔省通志》,作"沙岭子"。

据当地长者回忆,沙岭子旧时修建有一圈夯土围墙,用以护村之用,推测为庄墙,如今已全部拆毁。旧时村庄修建有多座寺庙:村南侧台地上为龙神庙、村西侧为关帝庙(大庙)、五道庙。其中龙神庙在旧社会时被土匪拆毁;五道庙与关帝庙拆于"四清"时期。

九、前李庄村

前李庄村位于原王庄子公社驻地东北偏北 3.3 公里处,属丘陵区,东、西、南三面濒沟谷,地势不平,为黏土质,自古出入村仅一条盘山崎岖道路,交通不便。1980 年前后有127 人,耕地 1 047 亩,曾为前李庄大队驻地。

二百年前李姓哥三在这里种地建村,取名李庄,为区别村北李庄,又更名为前李庄。村名最早见于《(民国)察哈尔省通志》,作"李家庄"。

如今,村庄选址修建在台地之上,处一冲沟的尽头山坡上,周围多为冲沟,地势险峻,村庄归王庄子村管辖,规模小,民宅以土旧房为主,屋顶多翻新。村周围为大面积的耕地,但土地贫瘠,交通闭塞,当地农民生活水平低,致人口锐减,现仅有十几户居民、50 余人居住。村南侧有龙神庙。村北有一条土路可通王庄子、彭庄子、曹家沟村。

龙神庙 位于村东南村边,原为 1 座庙院,现仅存后门和正殿。正殿坐北面南,面阔三间,硬山顶,进深五架梁,门窗部分尚存。殿内堆满杂物,四壁刷白灰。正殿西侧紧贴 1 座三檩硬山顶倒座门楼。庙前为打谷场,庙西南方有废弃的水坑。

十、彭庄子村

彭庄子村位于原王庄子乡(今属吉家庄镇)北偏东 3.8 公里处,属浅山区,村庄选址修建在山坡之上,东、西、北三面靠沟,地势不平,为黏土质。1980 年前后有 129 人,耕地 730 亩,曾为彭庄子大队驻地。

相传,清乾隆四十年这里原为贤孝村种地庄子,后来彭姓在此定居,故取名彭庄子。村名最早见于《(民国)察哈尔省通志》,作"彭家庄"。

如今,村庄规模小,民宅以土旧房为主,新房较少,居民少,以老年人为主,现有 19 户、60 余人居住,村民以彭姓为主。村中原有老庙,已拆毁。

十一、尹家坡村

尹家坡村位于原王庄子乡(今属吉家庄镇)北偏西 3.7 公里处,属浅山区,地势北高南低,为黏土质。村庄选址修建在山坡上,周围有许多冲沟分布,几乎将村庄包围。1980 年前后有 261 人,耕地 1 672 亩,曾为尹家坡大队驻地。

相传,明成化二十年几户尹姓建村于山坡上,故取名尹家坡。村名最早见于《(民国)察哈尔省通志》,作"尹家坡"。

如今,村庄规模较大,村中一条冲沟将村分成东、西两部分,居民较多,民宅以土旧房为主,新房少,多为在土旧房的基础上翻修屋顶。村中有 2 座老宅院,均为一进院。老宅院 1,位于村东部,保存较好。36 号院,位于村北部冲沟边,宅门前有条石台阶,门内墙壁上保存有毛主席语录。村民以尹姓为主,现有 60 多户、80 余人居住,以中老年人为主。村中有水井,水质较好。

据当地长者回忆,村庄曾修建有多座寺庙,解放后陆续拆毁。其中五道庙于 20 世纪 60 年代拆除,大庙于 1982 年拆除。

十二、韩庄子村

韩庄子村位于原王庄子乡(今属吉家庄镇)西北偏北 4.2 公里处,属浅山区,处于 V 形东西沟沿上,地势西高东低,为黏土质。1980 年前后有 154 人,耕地 1 529 亩,曾为韩庄子大队驻地。

相传,清乾隆四十五年韩姓在这里建庄,故取名韩庄子。村名最早见于《(民国)察哈尔省通志》,作"韩庄子"

如今,村庄已经废弃,无人居住。

十三、高家烟村

高家烟村位于原王庄子乡(今属吉家庄镇)东北偏北 4.4 公里处,属浅山区,村选址修建在一道梁上,地势北高南低,附近多有冲沟分布,为黏土质,辟为耕地。1980 年前后有 126 人,耕地 1 331 亩,曾为高家烟大队驻地。

相传,清康熙元年高姓由本县石垛村迁此定居,邻村曾以该村燃火起烟为联络信号,故取村名高家烟。村名最早见于《(民国)察哈尔省通志》,作"高家烟"。

如今,村庄规模小,民宅以土旧房为主,屋顶多翻修,居民少,村口有干涸的坑塘。村内目前仅有十五六户居民。

十四、曹家沟村

曹家沟村位于原王庄子乡(今属吉家庄镇)北偏东 4.6 公里处,属浅山区,选址修建在一南北向山谷两侧的台地上,依山势而建,西靠红山寺沟,地势南高北低,为黏土质。1980 年前后有 186 人,耕地 1 355 亩,曾为曹家沟大队驻地。

相传,清乾隆年间大张庄曹姓迁此定居,建村于一道沟中,故取名曹家沟。村名最早见于《(民国)察哈尔省通志》,作"曹家沟"。

如今,213 乡道从中间的山谷中穿过,将村庄分成南、北两部分,民宅分布散乱,整体规模较大,西村口有水井。民宅以土旧房为主,西部民宅多翻修屋顶,村中道路为石板路,居民较少,还有十几户居民。

十五、后李庄村

后李庄村位于原王庄子乡(今属吉家庄镇)北偏东 6.8 公里处,属浅山区,村庄选址修建在山坡上,东、西、南侧不远处均为宽大、幽深的冲沟,周围平地很少,为黏土质,辟为小面积的耕地。1980 年前后有 104 人,耕地 945 亩,曾为后李庄大队驻地。后李庄是这一片的 1 座行政村,虎龙沟与西短嘴均属于后李庄管辖。

相传,二百年前由本县大蔡庄一户李姓于此建村,取名李庄。为区别村南李庄,又更名为后李庄。村名最早见于《(民国)察哈尔省通志》,作"后李家庄"

如今,村庄规模小,民宅以土旧房为主,少数翻修屋顶,目前只有十七八户居民,20 余人居住。214乡道从村南缘经过。据当地长者回忆,村里曾修建有大庙,拆毁于20世纪60～70年代。

十六、西短嘴村

西短嘴村位于原王庄子乡(今属吉家庄镇)北偏东6.4公里处,属浅山区,村庄修建在山顶平地上,村四周均为大小不同的冲沟所包围,地势南高北低,为黏土质。1980年前后有81人,耕地654亩,曾为西短嘴大队驻地。

相传,清乾隆年间刘姓主居于此,取名西刘家庄。因该村位于山短嘴处,故于1947年更名为西短嘴。村名最早见于《(民国)察哈尔省通志》,作"西短嘴"。

如今,村庄规模小,民宅以土旧房为主,周围耕地很少。目前只有两三户居民。214乡道穿村而过。

十七、虎龙沟村

虎龙沟村位于原王庄子乡(今属吉家庄镇)北偏东7.4公里处,属浅山区,村庄选址修建在山坡上,南为山谷,地势西高东低,为黏土质。1980年前后有170人,耕地1334亩,曾为虎龙沟大队驻地。虎龙沟归后李庄大队管辖。从地图上看,虎龙沟村所在一条冲沟的北侧阳坡上,这条冲沟向北蜿蜒,后北向与东向分岔,北向一直进入宣化境内,东北向通向石窑水村。

相传,建村时名虎沟平。据传,上古时代有一牛与一虎在沟里搏斗,牛取胜。为纪念牛的功劳,村人誉之为龙,故更村名为虎龙沟。村名最早见于《(民国)察哈尔省通志》,作"龙虎沟"。

如今,村庄规模小,民宅以土旧房为主,多数翻修屋顶,居民少。旧村偏西,已废弃,民宅多为窑洞式建筑。新村偏东,民宅依地形而建,村中尚有七八户居民、30余人居住,主要种植玉米、黍、向日葵等。村内有废弃的村委会大院。

据当地长者回忆,本村村头南坡上曾修建有龙神庙,"四清"时期被拆。近年重新修缮,正殿坐北面南,面阔单间,土坯砌筑,单坡顶。殿内供奉三牌位,从东至西分别为黑龙王神位、五龙圣母神位与雨神爷神位,两侧壁贴对联。

十八、宋家窑村

宋家窑村位于原王庄子乡(今属吉家庄镇)北偏东8.9公里处,属浅山区,处东黄花山北坡,地势北高南低,为黏土质。1980年前后有29人,耕地410亩,曾为宋家窑大队驻地。如今,村庄已废弃,无人居住。

相传，清康熙年间山西大同宋姓商人来此挖窑建村，故取名宋家窑。该村在蔚县诸版方志中均失载。

十九、史家湾村

史家湾村位于原王庄子乡（今属吉家庄镇）东北偏北 9.5 公里处，属浅山区，处一山湾，地势较平坦，为黏土质。1980 年前后有 37 人，耕地 299 亩，曾为史家湾大队驻地。如今，史家湾村只有 1 位独居的老人居住。

相传，清雍正年间史姓农户到这里一道山湾定居建村，故取名史家湾。该村在蔚县诸版方志中均失载。

二十、东韩家洼村

东韩家洼村位于原王庄子乡（今属吉家庄镇）北偏西 5.9 公里处，属浅山区，处韩家洼梁西。地势略西高东低。为黏土质。1980 年前后有 47 人，耕地 518 亩，曾为东韩家洼大队驻地。如今，东韩家洼村只有 5～6 户居民。

相传，清康熙年间韩姓农户迁此定居建村。因地势低洼，故取名韩家洼。村名最早见于《（民国）察哈尔省通志》，作"韩家宷"。

第十八章 桃 花 镇

第一节 概　　况

桃花镇地处蔚县东北部,东与涿鹿县接壤,南与小五台自然保护区、常宁乡、吉家庄镇相连,西与吉家庄镇交界,北与宣化县相邻。现今桃花镇由原桃花镇(1984 年由公社改镇)和朱家湾乡合并(1996 年并入)组成。分述如下:

桃花镇地处蔚县东北部、小五台山北台脚下,面积 84.7 平方公里。1980 年前后共17 180 人。辖 26 个大队,划分成 98 个生产队。

全镇属丘陵区,沟壑纵横交错,崎岖不平。经济以农业为主,兼林、牧、工副业。1980 年前后全镇有耕地 77 220 亩,占总面积的 60.8%。其中粮食作物 66 100 亩,占耕地面积的 85.6%,经济作物 11 120 亩,占耕地面积的 14.4%。1948 年粮食总产 900 万斤,平均亩产 136 斤。1980 年粮食总产 1 496 万斤,平均亩产 226 斤。主要粮食作物有谷、黍、玉米。

朱家湾乡地处蔚县东北部,面积 70 平方公里。1980 年前后共有 4 484 人。辖 20 个大队,划分成 31 个生产队。1984 年改为乡。

全乡地处丘陵,沟壑纵横,水源缺乏。经济以农业为主,兼工副业。1980 年前后有耕地 26 451 亩,占总面积的 25.2%,其中粮食作物 19 300 亩,占耕地面积的 73%。1948 年粮食总产 276 万斤,平均亩产 92 斤。1980 年粮食总产 352 万斤,平均亩产 183 斤。宜种谷、玉米等。

2013 年,桃花镇面积 154.7 平方公里,人口 2.17 万人。全乡共 48 座村庄,其中行政村 38 座(桃花镇镇区包含 9 座村庄),自然村 10 座(图 18.1)。

桃花镇现存古建筑丰富。历史上,庄堡 22 座,现存 17 座;观音殿 18 座,现存 6 座;龙神庙 37 座,现存 17 座;关帝庙 17 座,现存 5 座;真武庙 9 座,现存 4 座;戏楼 24 座,现存11 座;五道庙 32 座,现存 1 座;泰山庙 5 座,现存 1 座;佛殿 2 座,无存;财神庙 2 座,现存

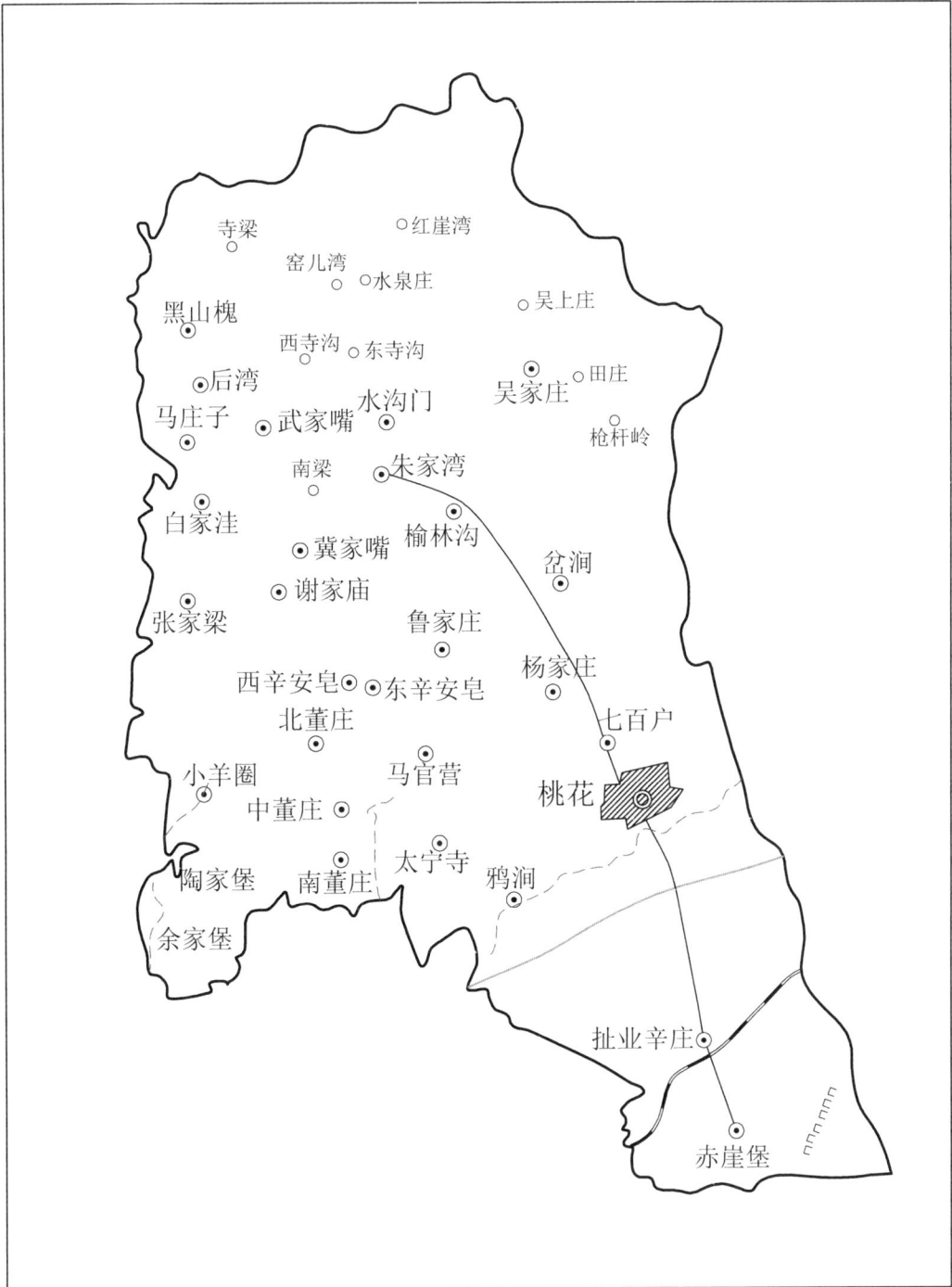

图 18.1 桃花镇全图

1座;狐神庙1座,现存1座;阎王殿3座,现存1座;玉皇庙5座,现存1座;火神庙1座,无存;三官庙3座,现存2座;马神庙3座,现存2座;三教寺1座,现存1座;城隍庙1座,现存 1 座;山神庙 2 座,无存;梓潼庙 2 座,无存;眼光庙 1 座,无存;雨师庙 1 座,无存;地藏寺 1 座,无存;河神庙 1 座,无存;魁星阁 1 座,无存。其他 14 座,现存 2 座。

第二节　桃花镇中心区

一、自然环境与人文历史

桃花镇中心区位于蔚州古城东北 44 公里处,为蔚县"八大镇"之一,G109 国道、S342 省道从村南通过,X457 县道、153、212 乡道穿村而过。属丘陵区,地势起伏不平,多小冲沟,为黏土质,周围辟为耕地。1980 年前后有 7 125 人,耕地 28 025 亩,曾为桃花公社及桃花一村、二村、三村、四村、五村、六村、七村、八村、九村的大队驻地。一村与二村位于镇西部,即旧桃花堡所在地,堡东西大街北侧为一村,南侧为二村,新一村在镇最西侧;三村位于二村南侧,四村位于三村东北侧;五村位于四村东北,即镇中心所在地,20 世纪 50 年代后为全镇的商业中心;六村在五村的东侧,七村与六村隔沟相望;九村位于五村外的沟北岸,八村与九村相隔一沟,位于沟西侧。桃花镇政府位于桃花六村。九座村庄中,以七村最早。抗日战争时期,桃花堡东门外为涿鹿县,八村和九村归宣化县,故桃花堡处于三县交界之地,当地有"五村四村三百户,一村二村上下无极"的说法。

桃花堡原为民堡。相传,一年筑东门毕,值桃花开,景色迷人,取名桃花职字堡(原书可能有误——作者注),并记于堡门之横匾上。明代称桃花堡,后演变为桃花。村名最早见于《(正德)宣府镇志》,作"桃花堡",《(嘉靖)宣府镇志》作"桃花",《(崇祯)蔚州志》作"桃花堡",《(顺治)云中郡志》作"桃花村堡",《(乾隆)蔚县志》作"桃花堡",《(光绪)蔚州志》作"桃花堡镇",《(民国)察哈尔省通志》沿用。

如今的桃花镇中心区以明时桃花堡为中心逐渐扩建而成,清时为著名的桃花堡集,《(光绪)蔚县志》记载为"桃花九堡",如今仅剩 4 座城堡遗存,分别为一村与二村共有的旧桃花堡,以及五村堡、四村堡、七村堡。

二、城堡与寺庙

(一) 桃花堡

桃花堡,位于桃花一村、二村、五村内。据《宣大山西三镇图说》载,桃花堡"原系土筑民堡,嘉靖四十四年始设防守统领之,隆庆六年设仓置驿,历十二年砖修女墙。周五百九十五丈,高三丈七尺。本堡适蔚州、保安往来中路,相距一百八十里"[1]。如果没有此堡,"则行道之人穷日无驻足之处"。因此桃花堡是两地间重要的联络点。同时,桃花堡"正东与保定之马水口、昌镇之白羊口相对"。战略地位极其重要。如今,城堡平面呈梯形,分为东、西两堡,两堡相连,西堡早于东堡,周长总长 2 151 米(图 18.2)。"文革"时期陆续拆毁堡墙。

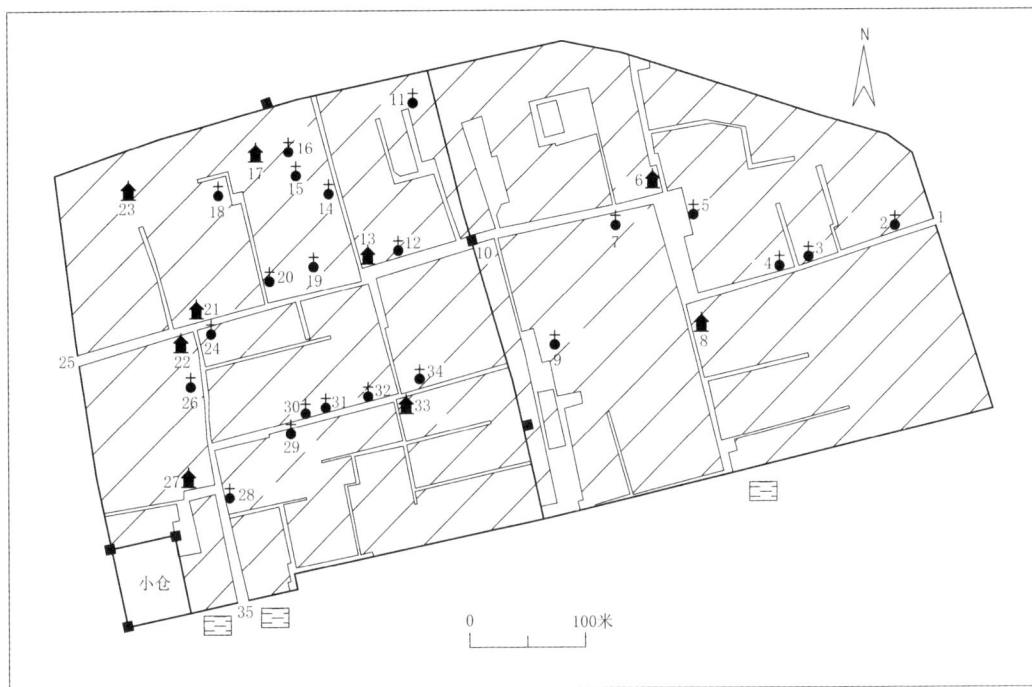

图 18.2 桃花堡平面图

1. 东门 2. 近代建筑 3. 店铺 4. 店铺 5. 近代建筑 6. 关帝庙 7. 桃源楼 8. 龙神庙/观音殿 9. 老宅院 1 10. 东门 11. 4 号院 12. 店铺 13. 马神庙 14. 近代建筑 15. 老宅院 1 16. 老宅院 2 17. 财神庙 18. 老宅院 4 19. 近代建筑 20. 老宅院 3 21. 真武庙 22. 观音殿 23. 三教寺 24. 老宅院 5 25. 西门 26. 97 号院 27. 城隍庙 28. 近代建筑 29. 二村 124 号 30. 125 号 31. 126 号 32. 129 号 33. 三官庙/观音殿 34. 老宅院 6 35. 南门

1. 桃花堡西堡

(1)城防设施

西堡,位于桃花一村、二村内。城堡北临沙河,平面呈矩形,周长 1 494 米,开东、西、南三门,均为砖券门。堡内平面布局为丁字街结构。以东西主街为界,主街之北属一村所辖,南为二村所属。

---

〔1〕 薄音湖:《明代蒙古汉籍史料汇编》,内蒙古大学出版社,2015 年,第 77 页。

城堡东门仅存南侧门体建筑,黄土夯筑,高 7~8 米(彩版 18-1)。南门无存,现为缺口。南门外东侧有一坑塘。西门无存,现为缺口,西门外为一村村委会。西门外西北方的一片新村称为"新一村"。

堡墙均为黄土夯筑,保存较差。东墙长 389 米,北段墙体内外为房屋,保存一般,墙体断续,高 3~6 米,墙外地名"五村北坑街"。南段墙体高大,外高 6~7 米,墙体内外均为房屋,墙体中部设有 1 座马面,南段外地名"五村南坑小道街"。南墙长 376 米,南墙东段外高 3~7 米,内高 4 米;南墙西段多坍塌呈斜坡状。南墙内为二村,墙外地名"三村东水坑",三村为新村,无古建筑。西墙长 394 米,墙体内、外侧为房屋;南段外侧高 6~7 米;北段断续存在,高 0~4 米。北墙长 335 米,墙体高薄、连贯,高 6~7 米,墙体内侧为民宅,外侧为荒地,尚存 1 座马面,顶部有寺庙遗址。

东南角仅存转角,角外地名为四村西间道。西南角无存,角外地名为三村西水坑。西北角及附近的北、西墙无存。东北角无存。

(2) 街巷与古宅院

桃花堡西堡内以东西主街为界,主街北属一村所辖,南侧为二村所属。民宅多已改造,尚存数座老宅院。

东西主街(正街)　连接东、西堡门,东门内主街北侧尚存 1 座临街的店铺。

衙门巷　位于东门内,主街北侧,南北向。巷内北尽头(即城堡东北角内)尚存一村 4 号院,广亮门,门内墙壁上尚存部分告示。

北巷　位于主街北侧,马神庙西侧,南北向,巷口西侧有 3 座近代建筑围成的 1 座院落。巷内西侧有 1 座近代建筑和老宅院 1、2。原为 1 座大宅院,二进院,正房面阔五间,明间退金廊,硬山顶。

牌楼巷　位于主街北侧。巷内东侧有老宅院 3,广亮门。西侧有老宅院 4,广亮门。

南北主街　连接南门与真武庙,主街东侧存有 1 座近代建筑,西侧为城隍庙。此外还有数座老宅院。老宅院 5,位于主街东侧,二进院,正房面阔五间,硬山顶。二村 97 号,位于主街西侧,广亮门。二村 124 号院,位于三官庙/观音殿前东西向街道南侧,随墙门。二村 125、126、129 号院,位于三官庙/观音殿前东西向街道北侧,广亮门。老宅院 6,位于三官庙/观音殿西北方,宅门坐西面东,随墙门,尚存仿木构砖雕装饰。

(3) 寺庙

堡内寺庙众多。据当地长者回忆,历史上曾修建有马神庙、真武庙、观音堂、三教寺、财神庙、三官庙/观音殿、城隍庙、玉皇庙(无存)、火神庙(无存)、五道庙(多座,如东门外,均无存),此外还有戏楼(一村)。

马神庙　位于堡内东西主街中心北侧,坐落在十字路口北端(彩版 18-2)。属一村管辖。整体坐北面南,南与三官庙/观音殿相望。现为一进院落,山门、正殿尚存。山门为五檩硬山式中柱广亮门,木板门二扇,鼓形柱础,撑拱为龙首下置象首,均已破坏,门簪两枚。门楼西紧贴一间卷棚顶临街店铺。正殿坐北面南,面阔三间,硬山顶,六架梁出前檐廊,正脊番草花脊,山墙饰莲花。殿内现为村弹棉花加工厂。2011年12月失火,将正殿木构部分焚毁,现仅存三面墙体。

真武庙 位于堡内东西主街道北侧,杨家小巷西侧路口,路口东侧。属一村管辖。整座庙宇位于高1米的庙台之上,整体坐北面南,现存一进院落,大门位于院落南墙偏西处,已经改建为近代风格样式,正中水泥制五角星。正殿,整体保存较好。坐北面南,面阔三间,硬山顶,进深六架梁出前檐廊,前檐额枋尚存彩绘。土坯山墙,番草花脊。殿内堆满杂物,壁画全毁。正殿为一村村民闫成祥于2000年购买,现围于自家宅院内。

观音堂 位于堡内东西主街路南,杨家小巷西侧路口,路口西侧,真武庙斜对面,属一村管辖。正殿为倒座式,坐南面北,面阔三间,硬山顶,进深六架梁出前檐廊,前檐额枋尚存彩绘。梁架材料用材不规矩,正脊卷草花脊,顶部脊檩绘《八卦图》。殿内东墙上尚残存有壁画,人物可辨,为"救八难"和"十八罗汉"题材。殿内堆放杂物。现为一村闫成祥的私产,系2000年村集体卖于闫成祥。现已改作磨面坊使用。

三教寺 又名后寺,位于观音堂对面的三教寺巷北端北墙下,属一村管辖。三教寺坐北面南,现存前、中、后3座大殿,3座大殿位于层层迭高的台明上,分布在南北一条中轴线上。寺内曾改作仓库使用,2000年卖于村民刘库,现无人占用。

前殿,即天王殿,面阔三间,硬山顶,进深五架梁出前后廊。两侧山墙上的山花砖雕精美,为"花开富贵"题材。紧贴东北角开一间砖式小门楼。前殿东侧尚存1座20世纪五六十年代风格的仓库大门。前殿西侧前檐下尚有1通布施功德碑残碑。

中殿,为佛殿,坐落在高0.6米的砖砌台明之上,单檐硬山顶,面阔三间,进深五架梁,方形金柱。正脊三段卷草花脊。

后殿,为三教殿,坐北面南,面阔三间,硬山顶。殿内已被村民占用,内壁壁画全毁。两侧山墙上的山花砖雕精美。

财神庙 位于三教寺东侧,属一村管辖,西临火神庙旧址及牌楼巷,北靠堡墙。财神庙坐北面南,现存建筑为二进院落。前院天王殿1座,东西厢房各1座。后院佛殿1座,耳房2座,东西配殿各1座。东北角有一高7米的夯土马面(北墙正中),其上原建有玉皇阁(已毁)。

前院,为一进三合院,正北为过庭式,坐落在高1米台阶上的前殿,单檐硬山五檩后跨廊式,面阔三间。东西厢房各五间,硬山单坡式。前殿曾供韦驮。

后院,正殿坐北面南,单檐硬山顶,面阔三间,进深六架梁出前檐廊,东西耳房各面阔三间,进深四架梁。东西厢房单檐硬山顶,各面阔三间,进深四架梁出前檐廊。

由于财神庙曾作为学校使用,门窗全部改造。现为村民王桂明的私产,庙宇闲置。20世纪70年代人为的占用破坏。

三官庙/观音殿　位于堡内十字街东侧街口东南角,属二村管辖。如今尚存1座正殿,前后墙与中间隔墙皆坍塌,改造成后院的门楼。正殿面阔单间,硬山顶,面南为三官庙,面北为观音殿。观音殿正对北侧的马神庙。

城隍庙　位于二村中心,现为二分校占用管理。现存大门楼1座、门房2座、正殿1座、正殿东耳房1座、正殿西厢房3座、砖券厢房1座、寝宫1座、寝宫西杂房1座、西部正房1座、正房西耳房1座。庙前倒座戏楼已倒塌。现存建筑坐北面南,分东路二进院落,西路一进院落。

东路正南为1座广亮大门楼,五檩、硬山顶,西边为倒座三檩二架单坡式耳房。北为朝殿,单檐硬山顶,面阔三间,进深六架梁出前檐廊,殿前置大月台。东西设有耳房,东一间,西二间。朝殿北为后院,正北设寝宫1座,单檐硬山顶,面阔三间,进深五架梁。院内西下房二间。西耳房二间,为东西院各一间耳房。

西院坐落在高1米的台明上,正北为行宫殿,单檐硬山顶,面阔三间,进深六架梁出前檐廊,东西设两耳房,院内东西下房各三间,为单坡拱券门窗。

2. 桃花堡东堡

(1) 城堡

桃花堡东堡位于五村内。东堡平面大致呈梯形,周长(复原)1 046米,堡内平面布局为十字街结构。

城堡开东、南、北三门。堡门无存,现为缺口。南门外有1座硬山顶影壁,影壁高大厚实。影壁南正对四村,北正对五村南北巷。北门外有2座石桥跨沟。1座为北门正桥,通向八、九村;另1座为斜桥,过一片树林,通向七村。

堡墙依地形而建,东、西墙与南墙成直角,北墙顺沙河成为45°左右的斜墙。东墙长约207米,长度只有西墙的一半。东墙大部分墙体无存,目前仅残存1座马面。南墙长约400米,墙体低薄、断续,破坏严重,仅存低矮的遗址。北墙长439米,墙体沿冲沟边缘修建,墙体低薄、断续,损毁严重。北墙外地名为后杨沟。

堡内街巷格局尚存。东堡的修建年代晚于西堡,即在西堡的基础上向东展修,故当地长者普遍称桃花堡东门为"二层门"。自近代以来,东堡所在的桃花五村逐渐成为镇区的商业中心,因此堡墙逐渐拆除,民宅陆续改造。现东门内的东西主街称为米粮市街。南、北门间的主街南段称"南北巷",北段称"辘轳把巷"。主街道两侧有多座近代房屋和店铺房。从建筑风格考察,有些是临街老宅院改造而成,有的20世纪60年代起陆续修建,百货店、杂货店、粮店等样样皆有,此外还有供销社、合作社等。两条主街交汇处为一片空地。空地西侧建1座三层小楼,称之桃源楼,为镇中最高的建筑之一。

(2)寺庙

据当地长者回忆,历史上五村曾修建有关帝庙(戏楼)、龙神庙(戏楼)/观音殿、五道庙(6座)。

关帝庙 位于五村中心广场北侧,庙院坐北面南,现存门楼1座,正殿1座、东西厢房各1座。四合院格局,正南为新建门楼及两侧临街店铺。正殿坐北面南,面阔三间,硬山顶,进深六架梁出前檐廊。殿前明间建有1座抱厦,五架梁,卷棚悬山顶,面阔一间,与大殿平面呈倒"凸"形。正殿饿檐砖刻"犀牛望月",东西山墙为土坯墙。殿内曾改做过供销社、翻砂厂,现又作为地毯厂。殿内墙壁表面均涂刷草拌泥和白灰,局部脱落处可见壁画,以绿色为主,殿内梁架上尚存彩绘。正殿两侧东西配殿各三间,单檐硬山顶,四檩三挂。关帝庙对面原建有戏楼,已经拆毁。如今关帝庙正殿改建为临街店铺,西厢房现为居民占用。

龙神庙/观音殿 又称南安寺,位于五村关帝庙正南100米,现为桃花镇中心幼儿园占用。寺庙现存正殿,位于幼儿园大院西北端一砖砌庙台上,大殿坐北面南,面阔三间,单檐硬山顶,进深七架梁,殿内以中墙分隔前后庙,面南为龙神庙,面北为倒座观音殿,前后墀头干摆砖,面南外悬一檩二件,撑拱龙首,正脊正吻已残缺,正脊南面为花脊,面北为浅浮雕减地平雕忍冬脊饰。大殿在"文革"时为学校占用,门窗装修改变原貌,附属建筑拆除。

3. 小仓

小仓,位于西堡西南角内,现属二村管辖。平面呈矩形,周长246米,规模小,开东门,堡内布局为东西主街结构。

据当地长者回忆,东门原为土坯修建的门,非砖券门。现堡门建筑无存,为缺口。东门内为东西主街。

堡墙均为黄土夯筑,墙体内侧为倚墙修建的房屋,外侧为荒地。东墙长67米,外高5~6米。南墙长59米,与西堡南墙共用。西墙长67米,与西堡西墙共用。北墙长53米,高6~7米。东北角、西北角设90°直出角台,西南角与西堡共用角台,东南角未设角台,仅为转角。

据《宣大山西三镇图说》载,桃花堡"隆庆六年设仓置驿"[1],小仓之名当来源于此。据当地长者回忆,旧时堡内为空地,无人居住,后当地村民陆续搬入居住。

---

〔1〕 薄音湖:《明代蒙古汉籍史料汇编》,内蒙古大学出版社,2015年,第77页。

三、桃花六村

六村位于五村东侧,旧时六村地界归涿鹿县管辖。如今,村中已完全改造,无老宅院遗存。六村东部广场南侧有1座戏楼。

戏楼 又称东营戏楼,位于六村东部,广场南侧,东临大街。戏楼坐南面北,自然石台明高2米,面阔三间,单檐六檩卷棚顶,前檐下挑檐木出挑较长。前檐柱四根,柱下置鼓形柱础,两侧开卯。两侧山墙为土坯砌筑,外边包砖,后墙中间辟门。前后台间置通天柱及隔断墙分隔,前檐额枋彩绘脱落。

四、桃花七村

七村为桃花镇区九座村庄中历史最悠久者。据当地长者回忆,原修建有1座城堡,据《宣大山西三镇图说》载,桃花堡"原系土筑民堡"[1],因此推测七村的城堡即为该"民堡"。

如今,城堡堡墙无存,四至未知。堡内街巷格局尚存,据此判断,原城堡开东、西门。东门位于东墙偏北近东北角处,西门外有斜桥通桃花堡东堡北门,堡内平面布局为东西主街结构。

堡内民宅多已改造,尚存数座老宅院,主要分布在东西主街两侧,保存有门楼、影壁与正房。34号院,院墙已废弃,正房门木雕,两侧雀替为麒麟,中间为鲤鱼跳龙门;门顶天花分为三组人物画彩绘,人物手中分别持有"梅竹松""和为贵"与"芝兰室"条幅。

五、桃花八村

八、九村位于桃花堡东堡(五村)北门后杨沟之北侧,一条涧沟将两村分于东、西两侧台地上,八村居西,九村居东。八村历史上未曾修建城堡,寺庙尚存有龙神庙、双阳寺。

龙神庙 位于八村南端,现存一进院,院内有新建民房。正北为正殿,坐北面南,单檐硬山顶,面阔三间,进深五架梁。殿内堆满杂物,两侧墙壁涂刷白灰浆。

双阳寺 双阳寺是蔚州东乡1座名刹,位于八村北端。寺庙坐北面南,坐落在一块自然台地上。院墙仅前院墙残存一段,其余三面坍塌。寺庙现存布局为东西二院,东院为主院,西跨院为禅院。主院山门、天王殿已毁,现存为一进大三合院,有正殿1座、东西耳房各1座、东西配殿各1座、东西厢房各1座。西跨院正房1座、东厢房1座、门楼1座。

正殿为佛殿,佛殿坐北面南,面阔三间,单檐硬山顶,进深六架梁出前檐廊,用材粗壮。

---

[1] 薄音湖:《明代蒙古汉籍史料汇编》,内蒙古大学出版社,2015年,第77页。

佛殿东为眼光殿,西为祖师堂,均为硬山顶。正南 10 米处,东西配殿各三间,硬山顶,面阔三间,进深三架梁前出廊,东供关帝,西祀二郎。关帝殿前有三间单坡厦廊。

西跨院正南开一砖式小门,院内正房三间,进深五架梁,外作卷棚顶。

庙院总体格局残缺不全。山门、天王殿、钟鼓楼、禅房于"文革"时期拆毁。原有的经幢、汉白玉碑均已失散、损毁。20 世纪 80 年代,庙院作为村办企业地毯厂使用,结构装修改造。现为村民私人所有。

六、桃花九村

桃花九村旧归宣化县管辖,村庄选址修建在台地之上,分为新、旧两部分,北侧为新村,旧村位于台地的南边缘。九村所在台地南缘有一条东西向沟,曲曲弯弯横切而过,老宅院依地势而建,顺坡地层层台阶而入院门,残存的院门多为砖砌,院内老宅多已废弃。

第三节　七　百　户　村

一、自然环境与人文历史

七百户村位于桃花镇西北偏北 2.3 公里处,属丘陵区,村庄选址修建在平川之上,周围地势平坦开阔,为黏土质,多辟为耕地,只有少量宽而浅的冲沟。212 乡道穿村而过。1980 年前后有 497 人,杂姓,耕地 2 275 亩。曾为七百户大队驻地。如今,村庄规模较大,分为新、旧两部分。旧村即城堡所在地,位于村庄的西北部。东、南面为新村,民宅以新房和翻建的旧房为主,居民较多(图 18.3)。

相传,该村由张、赵、郝、阎、范、任、苏七姓建庄,始名七家庄。明中期,因该村兼征收岔涧、榆林沟、枪杆岭等村七百来户居民之赋税,故更名为七百户。村名最早见于《(正德)宣府镇志》,作"七百户堡",《(嘉靖)宣府镇志》作"七百户",《(崇祯)蔚州志》作"七百户堡",《(顺治)云中郡志》《(顺治)蔚州志》沿用,《(乾隆)蔚县志》作"七百户",《(光绪)蔚州志》《(民国)察哈尔省通志》沿用。

二、城堡

(一)城防设施

七百户村堡,位于村庄西北部,西临浅冲沟,其余为平地。城堡平面呈矩形,周长876 米,开南门,堡内平面布局为前后横街布局(图 18.4)。

图 18.3　七百户村古建筑分布图

　　城堡南门建筑无存,现已重新修建(彩版 18-3)。南门内为南北主街即正街,正街北尽头为东西向的前街,后街呈不规则形,前街和后街之间有两条联络线。

　　堡墙均为黄土夯筑,保存较差。东墙长 214 米,墙体多坍塌成土垅状,墙体低薄、断续,高 0~9 米,墙体内侧为房屋,外侧为道路,墙体中部设 1 座矩形的马面,高 9 米。南墙长 222 米,仅存近西南角附近的墙体,墙体高 3~9 米,墙体内侧为民宅,外侧为荒地和道路。西墙长 227 米,墙体高薄、断续,墙体高 0~8 米,内侧为民宅,外侧为冲沟荒地。北墙长 213 米,高薄、连贯,西段墙体外侧高 4~8 米,内侧为民房外侧为荒地。北墙中部设矩形马面 1 座,高近 10 米,顶部修建有真武庙,仅存部分墙基。北墙东段墙体高 6~8 米。

　　城堡四角均未设有角台,仅为转角。东南角无存。西南角高 8~9 米,西北角高 10 米以上,东北角高 8~10 米。

　　(二)街巷与古宅院

　　堡内民宅以翻修的房屋为主,老宅院较少。

　　前街　老宅院 2,位于前街西端,街道南侧,一门两座院,宅门坐南面北,广亮门,硬山

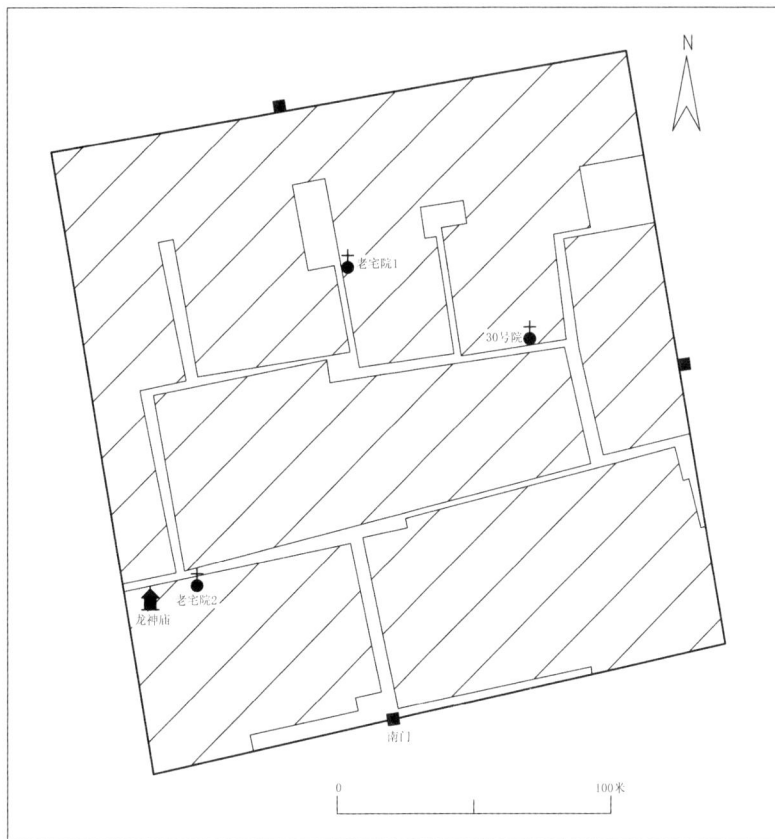

图 18.4　七百户村堡平面图

顶,门内为一条南北向巷子,东西各 1 座一进院,正房均为面阔三间,硬山顶建筑。

后街　30 号院,位于后街东端,街北侧,一进院,坐北面南,院门开于西南角,广亮门,硬山顶,院内废弃。老宅院 1,位于街道东侧,一进院,坐北面南,院门开于西南角,广亮门,硬山顶,正房面阔五间,硬山顶,门厅退金廊。

三、寺庙

据当地长者回忆,七百户村曾修建有龙神庙、戏楼、真武庙、大小关帝庙、观音殿、佛殿、五道庙(3 座)。

龙神庙　位于堡内西南角,被围于一户居民院内。现为一进院落,由于庙北临街,大门开在院落东北角,倒座门楼三檩硬山广亮式,木板门两扇。正殿坐北面南,面阔三间,硬山顶,进深六架梁出前廊。前檐下施斗拱,当心间补间三攒,次间补间二攒,栌斗较大,栌斗上出要头,承撩檐檩;柱头斗拱后尾承抱头梁。殿曾改作为教室,东山墙内壁曾涂黑板与白灰浆,西山墙内壁抹过厚厚的一层白灰浆。白灰浆局部脱落,露出壁画。

正壁东次间隐约可见正中与东侧2尊神像的轮廓,从神像的形象来看,东次间由3尊神组成。由此可知,正壁共三组像。除明间是《龙母龙王坐堂议事图》外,东西次间神像未知。

东壁可以看到风伯、风婆与水晶宫;西壁可以看到电母、风婆与水车。壁画色彩淡泊,与蔚县其他地方的风格有所不同。龙神庙前檐被火燎过,一片黑焦。

戏楼 位于龙神庙对面,现已无存。

真武庙 位于堡北墙庙台上,坐北面南,面阔单间,正殿已坍塌,仅存后墙。后墙墙皮脱落,壁画已无存。

大小关帝庙 位于堡内,现已无存。

观音殿 位于堡南门外,现已无存。

佛殿 位于堡内中心,现已无存。

第四节 岔 涧 村

一、自然环境与人文历史

岔涧村位于桃花镇北偏西4公里处,地处丘陵。村庄选址修建在坡地上,地势北高南低,村周围沟壑纵横,西、南侧为冲沟较大,东、北侧相对平缓,村庄附近为黏土质,多辟为梯田。旧时村内有200余人居住,1980年前后有321人,李、冯、刘三大姓。耕地1 874亩,曾为岔涧大队驻地。如今,村庄规模较大,居民较多,民宅多已改造。

据该村庙钟记载,明朝前建村,名岔涧堡,因村址位于深涧岔口而得名,后改称为岔涧。村名最早见于《(正德)宣府镇志》,作"岔涧砦",《(嘉靖)宣府镇志》作"岔涧",《(崇祯)蔚州志》作"岔涧堡",《(顺治)云中郡志》《(乾隆)蔚县志》《(光绪)蔚州志》《(民国)察哈尔省通志》沿用。

二、城堡

据当地长者回忆,旧时村庄曾修建有堡墙,位于村东南台地上,相传城堡毁于洪水,后村民搬迁到现居住地居住。城堡现仅存1座夯土墩台,堡内辟为耕地。

此外村西冲沟边尚存有1座券门,毛石、土坯砌筑,券形门洞,现已经坍塌(彩版18-4)。门内有1座简易的影壁,门外为冲沟,推测为水门。

三、寺庙

据当地长者回忆,旧时村庄内外曾修建有阎王殿、观音殿、五道庙、大庙院,除阎王殿尚存外,其余庙宇于"文革"时期拆除。

阎王殿　位于南村口东侧,冲沟边缘,正殿坐北面南,面阔单间,硬山顶,进深四架梁出前檐廊,脊顶前坡为二椽,后坡为一椽,屋顶坍塌殆尽。庙内堆满柴禾,尚存清末民国时期的壁画,表面漫漶不清。

观音殿　位于村内主街西侧,现已无存。

五道庙　1座,位于村内,现已无存。

大庙院　俗称"乐楼底正殿",位于村西北方,原为1座两进院的庙院。前院正殿为龙神庙,对面为戏楼,东配殿为关帝庙,西配殿为僧房,后院正殿为佛堂。现已无存。

第五节　榆林沟村

一、自然环境与人文历史

榆林沟村,位于原朱家湾乡(今属桃花镇)驻地东南1公里处,属丘陵区,地势东高西低,村庄选址在山谷内,东西山坡上沟壑纵横,沙河、212乡道穿村而过,附近为黏土质,辟为梯田。1980年前后有538人,耕地3 165亩,曾为榆林沟大队驻地。如今,一条212乡道穿村而过,将村庄分成东西两个片区。村中现有150多户,500余人居住。村内水源充沛,几乎每家每户皆开凿有水井。民宅均为新建的瓦房。

相传,大约四百年前建村,因这里山沟榆树较多,故取名榆林沟。村名最早见于《(民国)察哈尔省通志》,作"榆林沟"。

二、寺庙

龙神庙　位于村西台地上,整体坐北面南,尚存正殿与对面的戏楼,相距15米。正殿坐北面南,面阔三间,硬山顶,进深五架梁。前戗檐砖雕凤穿牡丹。前檐额枋彩绘已遭涂抹。殿前出砖砌月台。龙神庙曾改作为村委会,殿内壁画全毁。

戏楼　与龙神庙处于同一个院落中,戏楼居于院南部,坐南面北,正对龙神庙,两者相距15米。戏楼为单檐五檩卷棚顶,面阔三间。砖石台明高1米,前台明石条。前檐柱4根,后金柱2根,柱下古镜柱础。前檐额枋象首撑拱,清式雀替雕梅花。前后台间隔扇尚存,明间置六抹落地隔扇,次间左右设出将、入相二门。用材较纤细。

真武庙 又称玄天庙,位于村东北侧坡上,庙宇建筑已毁,现在原址新建 1 座庙殿,殿内供奉牌位。

第六节 水泉庄村

一、自然环境与人文历史

水泉庄村位于原朱家湾乡(今属桃花镇)北偏西 3.9 公里处。村庄在沟内西侧,属浅山区,地势西高东低,为黏土质,周围辟为梯田耕地。1980 年前后有 141 人,耕地 943 亩,曾为水泉庄大队驻地。水泉庄村现属水沟门村所辖,新村位于山谷西侧崖下,212 乡道从村东经过,旧村位于西侧坡上,由一座座窑洞组成。村民大多外迁,仅十余人居住,有王、刘、曹三个姓。水泉庄山坡上有一口水井,水管一直连到村中,水管出口处原有一个大水坑,现已干涸。离村不远处深沟中的红崖湾村需要到此地取水。

相传,明万历年间建村,该村附近有个水泉,故以泉取村名为水泉庄。村名最早见于《(民国)察哈尔省通志》,作"水泉庄"。

二、寺庙

龙神庙 位于旧村崖顶上,正殿已坍塌,仅存西山墙,原结构未知。寺庙至今仍在使用,当地乡民在残存的西山墙搭建一棚,棚内放置一供桌,前方地面放一个石雕香炉,用于祭祀龙神求雨。残存的西山墙曾抹了一层白灰浆,隐约可见原有的壁画。

第七节 窑儿湾村

一、自然环境与人文历史

窑儿湾村位于原朱家湾乡(今属桃花镇)北偏西 4 公里处,属浅山区,居一条大山沟北端的坡地上,北半村靠坡,南半村居于沟中,地势起伏不平,为黏土质,周围辟为梯田。1980 年前后有 105 人,耕地 896 亩,曾为窑儿湾大队驻地。

相传,明朝崇祯年间这里山湾处有一窑洞,建村时据此取名窑儿湾。村名最早见于

《(民国)察哈尔省通志》,作"窑儿沟"。

如今,窑儿湾村是 1 座自然村,属水沟门村所辖。现村中只有 10 户左右居民,约 20 余人居住,村民大多为杨姓,仅一户蔺姓。据村口老宅院的主人回忆,窑儿湾成村于一百四五十年前,是他们的祖太爷从红崖湾村搬迁至此,村中杨姓的祖上都是一个太爷。

村中只剩下村口台地边缘的 1 座老宅院,这原是 1 座二进院,1976 年唐山大地震时院大门震垮,如今还有门楼残基,一块木板躺在此处,不过主人还是怀念着这道大门,门板上与边上一根立柱上贴上了春联。宅院二道门残存,砖砌硬山顶门楼。院内正房面阔五间,虽残破但仍透着曾有的富贵,东厢房为新建瓦房。院主回忆,这是成村时所建的宅院。

村口坡下南侧,尚有一口水井,水从井中顺管道涌出,流入田中,给整个山中小村带来了希望,这是村民生存的最基本保障。

二、寺庙

龙神庙 位于村东南侧坡地上。庙宇建筑早年已毁,乡民们在原址上搭建 1 座小庙,正殿坐北南南,面阔单间,殿内供奉一牌位,纸条上书"龙神之位",两侧贴一副对联,上联"风调雨顺民安乐",下联为"五谷丰登贺太平"。寄托了乡民们的期望。

第八节　红崖湾村

一、自然环境与人文历史

红崖湾村位于原朱家湾乡(今属桃花镇)北偏西 5 公里处,村庄处于一条山谷内,东南临沙河,东靠羊道山,属浅山区,地势北高南低,为黏土质,辟为梯田。1980 年前后有 87 人,耕地 981 亩,曾为红崖湾大队驻地。如今,因红崖湾村缺水,村民陆续外迁。杨家庄、北董庄均有从此外迁的村民。目前村庄只有一户杨姓居民与一位护林老人居住,民宅大多已坍塌。据 66 岁的刘姓护林老人回忆,从红崖湾继续北上,可到下刁蝉村。

相传,清康熙十二年建村,因该村建于红崖山湾处,故取名红崖湾。村名最早见于《(民国)察哈尔省通志》,作"红崖湾"。

二、寺庙

龙神庙 位于村北台地上,"文革"时期拆毁,在旧址修建一所学校。如今校舍亦废弃坍塌,一片断壁残垣。

第九节　武　家　嘴　村

一、自然环境与人文历史

武家嘴村,位于原朱家湾乡(今属桃花镇)西北 3.1 公里处,东、西、南三面环沟,属丘陵区,地势北高南低,为黏土质,辟为梯田。武家嘴曾为抗日革命根据地,旧村在 1941 年曾被日军烧毁。1980 年前后有 131 人,耕地 806 亩,曾为武家嘴大队驻地。如今,村中民宅均为陆续重建,一条南北向石板道贯穿村庄。

相传,清道光年间武姓在这里建村,因村址位于山嘴,故取名武家嘴。村名最早见于《(民国)察哈尔省通志》,作"武家嘴"。

二、寺庙

据当地长者回忆,村庄曾修建有关帝庙、龙神庙、五道庙,庙宇均拆毁于"文革"时期。

关帝庙、龙神庙　位于村北,现已无存。

五道庙　位于村口,新建正殿,坐北面南,面阔单间,硬山顶,土坯砌筑,红瓦顶。

第十节　马　庄　子　村

一、自然环境与人文历史

马庄子村位于原朱家湾乡(今属桃花镇)西偏北 4.3 公里处,属丘陵区,村周围沟壑纵横,地势较平坦,多为黏土质,辟为梯田。1980 年前后有 247 人,耕地 1 009 亩,曾为马庄子大队驻地。

相传,大约二百年前,本县北董庄马姓迁此建庄,故取村名马庄子。村名最早见于《(光绪)蔚州志》,作"马庄",《(民国)察哈尔省通志》作"马庄子"。

如今,马庄子村中现有 20 多户、50 余人常住,村民全部姓马。村南侧广场有一水坑和一口旧水井。村民回忆,水为从后山引至此处,村民在此打水,如今水源已枯竭,只能去沟中挑水。村庄四周未曾修建堡墙,当地长者回忆,村北曾修有 1 座庄门,"四清"时拆毁。

二、寺庙

龙神庙 位于村西侧坡地上，即进村的通道正对的坡地上。龙神庙整体坐北面南，山门、正殿与两侧耳房残存。山门为广亮大门，硬山顶，脊顶已坍塌。正殿面阔三间，硬山顶，进深五架梁出前檐廊，前檐柱与前金柱间施抱头梁。

殿内曾改作教室，墙壁抹过白灰浆，东、西墙上各画一块黑板。学校弃用后，村民又在西墙上辟门与西耳房相通。开门破坏了西墙，也使白灰浆部分脱落，露出了原墙壁的壁画。正壁贴着三张纸条供奉着神位。正中为"供奉东山黑龙古佛神位"，这其中的东山黑龙应是石窑水东北侧龙神庙中的龙神；东侧为"供奉五龙圣母/浮润无君神位"；西侧为"供奉雷公电母/风伯雨顺神位"，这其中的"雨顺"便是雨师。

正壁从厚厚的白灰浆下隐约可见神像的轮廓。明间可见东侧三位龙王；西次间，中间有一位主神，西侧有一位神像。从布局来看，是三组画，除了明间是《龙母龙王坐堂议事图》外，其他两侧内容未知。

西壁绘有《雨毕回宫图》，北侧与上部的露出局部，色彩鲜丽。画中左上角为策马回宫交旨的传旨官，后面依次为四位功曹、商羊、四目神、钉耙神与虹童等。右侧为水晶宫，水晶宫前立土地神与山神，脚下有舞动的小神。左侧下方可见判官。

第十一节 黑山槐村

一、自然环境与人文历史

黑山槐村位于原朱家湾乡（今属桃花镇）西北 5.1 公里处，处黑山南坡，西、南、东临沟，属浅山区，地势北高南低，为黏土质，辟为梯田。1980 年前后有 212 人，耕地 1 330 亩，曾为黑山槐大队驻地。如今，黑山槐村中现有居民五六十户，大多数村民外出打工，现只有十余人常住，村民多姓李、高。黑山槐村老宅院大多已改造。

相传，二百年前建村，因该村被 1 座黑山环抱，故以地势取村名黑山环，后演变为黑山槐。村名最早见于《（民国）察哈尔省通志》，作"黑山槐"。

二、寺庙

龙神庙 位于村口东北角，民国时期建筑。尚存山门、正殿与东、西配殿。如今，东、西配殿坍塌严重，已改作村民的储物间。

山门，位于庙院东南角，广亮门，硬山顶。

正殿,位于院内北侧,坐北面南,面阔三间,硬山顶。西侧前廊墙殿下方设有一龛,供奉面然大士。殿后墙已坍塌,殿内曾改作教室,墙壁刷过白灰浆,顶上吊顶棚,壁画被覆盖于白灰浆下。透过报纸缝隙,可以看到正脊上彩绘的《八卦图》保存较好。

戏楼 位于山门内西侧,正对正殿,坐南面北,卷棚顶,进深五架梁,梁架简陋。整体保存较差。

马神庙 位于龙神庙山门内东侧,正殿坐北面南,面阔单间,硬山顶。殿已倒塌,仅西山墙残存,墙上残存有壁画,漫漶不清。

第十二节 枪杆岭村

一、自然环境与人文历史

枪杆岭村位于原朱家湾乡(今属桃花镇)东偏北 4 公里处,位于东西向山沟的北坡,南、东临沙河,西临冲沟,属浅山区,地势北高南低,为黏土质,辟为梯田。1980 年前后有110 人,耕地 811 亩,曾为枪杆岭大队驻地。

相传,三百年前建村,以山形取村名为枪杆岭。村名最早见于《(民国)察哈尔省通志》,作"枪杆岭"。

如今,枪杆岭村属吴家庄所辖。村中老宅院多已拆毁,新建红瓦房。村中还有 100 余人常住,村民大多姓宋。

从枪杆岭顺山沟向东 10 多里可通涿鹿县的大荆寺村,大荆寺向东南方向是大堡镇。这条山沟是一条古道,桃花镇北部山区村庄的发展与这条古道的兴衰有很大关系。

二、寺庙

龙神庙 位于村西侧山坡,正殿坐北面南,面阔单间,硬山顶。庙宇建筑多次修缮,有土坯墙,亦有砖墙,殿顶新换红瓦,殿的后墙已倒塌。

第十三节 吴上庄村

一、自然环境与人文历史

吴上庄村位于原朱家湾乡(今属桃花镇)东北 3.1 公里处,属丘陵区,选址于沟口的北坡上,东、西、南三面环沟,地势北高南低,为黏土质。1980 年前后有 73 人,耕地 635 亩,曾为吴家庄大队驻地。

相传,清顺治年间吴姓在此建庄,取名吴家庄。后因地势高,即更名为吴上庄。但蔚县各版方志中均失载。

村庄附近山中原有水源,后干涸,故村民陆续迁到吴家庄居住。如今,村庄几近废弃。据当地长者回忆,吴上庄的历史早于下庄,村民多姓吴、武与姚姓,70 岁的姚姓老人回忆,姚家在此已有 12 代,最早生活在上庄,迁到下庄才 100 多年的历史。

二、寺庙

龙神庙　位于村西侧沟口台地上,殿宇均早已拆毁。但由于祈雨的重要性,故村民重建龙神庙。正殿坐北面南,面阔单间,硬山顶,采用红砖新砌。庙内贴有纸质"供奉龙王神位"的牌位,并用泥塑两个头像。

关帝庙　位于龙神庙旁边,庙宇建筑已无存。

第十四节　鸦　涧　村

一、自然环境与人文历史

鸦涧村位于桃花镇西南 2.9 公里处,属丘陵区,村庄选址修建在平川之上,周围地势平坦、开阔,北高南低,周围只有宽而浅的冲沟,为黏土质,大部分辟为耕地。X457 县道从村南通过,212 乡道穿村而过。1980 年前后有 897 人,崇姓为主,耕地 4 723 亩,曾为鸦涧大队驻地(图 18.5)。

相传,明朝末年建村时,名曰卧牛堡,因地形象牛卧状而得名。据传,一年起蝗虫,五谷被毁,百姓惶恐之时,却有群鸦飞来逐蝗虫于沟涧中啄灭。村民视之为神鸦,故更村名为鸦涧。村名最早见于《(正德)宣府镇志》,作"鸦儿涧堡",《(嘉靖)宣府镇志》作"鸦儿涧",《(崇祯)蔚州志》作"鸦儿涧堡",《(顺治)云中郡志》《(顺治)蔚州志》沿用,《(乾隆)蔚县志》作"鸦涧堡",《(光绪)蔚州志》《(民国)察哈尔省通志》沿用。

如今,村庄居民较多,规模较大,分为新、旧两部分,西部为新村,规模较小。东部为旧村,即城堡所在地,规模较大,民宅多已翻修。

图 18.5　鸦涧村古建筑分布图

二、城堡

（一）城防设施

鸦涧村现存 2 座城堡，即鸦涧村堡和东小堡，东小堡位于鸦涧村堡内东部。据当地长者回忆，东小堡修建时间较早，随着人口繁衍生息，居住区日益狭窄，故以东小堡为基础向西扩建城堡，形成鸦涧堡（图 18.6）。

鸦涧村堡，位于东部旧村中，几乎涵盖旧村全部范围。城堡地势较高，高出周围地面约 3 米，平面呈矩形，周长 1 629 米，开南门，堡内平面布局为丁字街结构。

南堡门损毁无存，现为缺口。据当地长者回忆，南门原为土坯木梁架结构的简易门。堡门外修建有影壁，坐南面北面阔三间，硬山顶，已修缮。一条坡道从堡外引入堡内。

堡墙均为黄土夯筑，保存较差。东墙长 84 米，选址修建在台地之上，外侧总高 10 米以上，内侧高 6～7 米，墙体外侧为荒地，内侧为耕地。南墙长 657 米，东段近东南角台处墙体内侧高 0～4 米，外侧高 10 米以上，其余墙体无存；南墙西段墙体外侧高 4～5 米，内侧高 6～7 米，墙体内侧为民宅，外侧为荒地。西墙长 284 米，墙体大部分坍塌，现存土垅状基础，高 2～5 米，墙体内侧为民宅，外侧为耕地。北墙长 604 米，保存较差，墙体坍塌严重，现存土垅状基础，外侧高 2～3 米，内侧高 6～7 米，内侧为民宅，外侧为耕地。

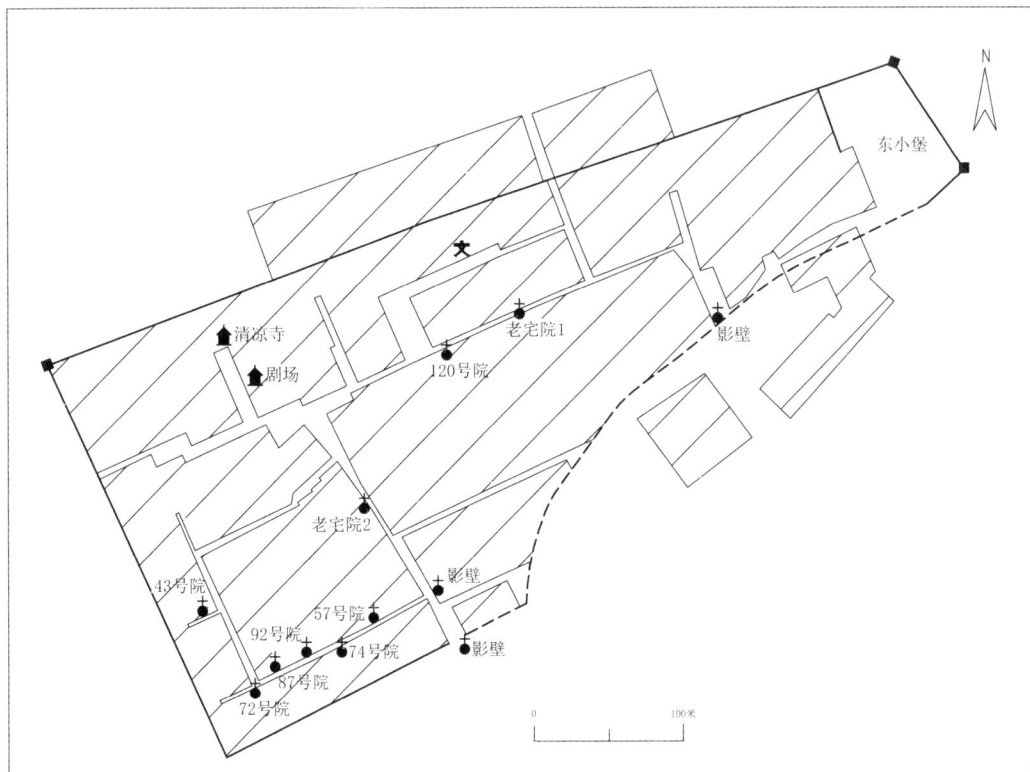

图 18.6 鸦涧村堡平面图

东南角设 135°斜出角台,外总高 10 米,角台自身高 6 米。西南角角台尚存,坍塌严重,形制未知。西北角设 90°直出角台,选址修建在台地之上,整体高 10 米以上,角台自身高 7~8 米,保存较好。东北角设 135°斜出角台,外总高 10 米,角台自身高 6 米。东北角为全村的制高点。

（二）街巷与古宅院

堡内地名旧村街,民宅大部分已经翻建、改造,尚存数座老宅院。

丁字街东街 共有 2 座老宅院。120/239 号院,位于街道南侧,坐南面北,广亮门,硬山顶,门内分为东西 2 座一进院。老宅院 1,位于街道南侧,坐南面北,广亮门,硬山顶,门内分为东西 2 座一进院。

南北主街 即正街,尚存 1 座老宅院。老宅院 2,位于正街西侧,一进院,坐北面南,院门开于东南角,广亮门,硬山顶,院内已废弃。正街尽头为村委会及剧场,原为清凉寺旧址。

堡内西南片区 街巷纵横,老宅院众多。43/65 号院,位于街道西侧,一进院,坐北面南,院门开于东南角,广亮门,硬山顶。87 号院,位于街道北侧,一进院,坐北面南,院门开于东南角,广亮门,硬山顶,院子已经废弃。72 号院,位于街道南侧,一进院,坐北面南,院门开于西北角,广亮门,硬山顶。92 号院,位于街道北侧,一进院,坐北面南,院门开于东南角,广亮门,硬山顶,门内墙壁贴有《捷报》。74 号院,位于街道南侧,一进院,坐北面南,院门开于西北角,广亮门,硬山顶,院内废弃。57 号院,位于街道北侧,两进院,坐北面南,院门开于南墙正中,广亮门,硬山顶。

东小堡 位于鸦涧村堡东部,选址修建在台地上,城堡修建时间较早,平面呈矩形,开西门,堡门建筑无存,现为缺口。堡墙均为黄土夯筑,南墙西段内侧高 4 米,西墙内侧高 4～5 米,西南角附近的西墙损毁。城堡于 20 世纪 70 年代完全废弃,如今堡内尚存数间窑房,大部分区域已夷为平地,辟为农田。

三、寺庙

据当地长者回忆,鸦涧村旧时寺庙众多,有关帝庙、泰山庙、龙神庙、观音殿、三官庙、清凉寺、五道庙(3 座)、后寺(悬山殿,包括四大天王)、真武庙、阎王殿、玉皇阁,戏楼 3 座,分别对应关帝庙、泰山庙、龙神庙。部分寺庙在解放战争时期被国民党军队拆毁,"四清"时期拆除后寺,其余寺庙多拆毁于"文革"时期。

龙神庙 位于南门内东侧,现已无存。

三官庙 位于南墙东段近东南角处,庙宇已无存,现为 1 座影壁。

清凉寺 俗称大庙,位于今村委会位置。当地传说,国民党军队烧了铁林寺后,寺内僧侣便来本村的大庙居住。

后寺 位于大庙北侧,堡北墙外,现已无存。

第十五节　太宁寺村

一、自然环境与人文历史

太宁寺村位于桃花镇西偏南 3.6 公里处,属丘陵区,村庄选址修建在平川之上,周围地势平坦开阔,为黏土质,辟为耕地。村庄东西两侧较远处均为南北向冲沟。231、153 乡道穿村而过。1980 年前后有 621 人,其中堡内居住 300～400 人,赵姓为主,耕地 3 077 亩,曾为太宁寺大队驻地。

据清嘉庆二十年(1815)重修该村堡门门匾记载,清朝初期先建太宁寺,后建村,故村名亦随寺曰太宁寺。村名最早见于《(正德)宣府镇志》,作"太宁寺堡",《(嘉靖)宣府镇志》

作"太宁",《(顺治)蔚州志》作"太宁寺堡",《(乾隆)蔚县志》作"太宁寺",《(光绪)蔚州志》《(民国)察哈尔省通志》沿用。

如今,村庄规模较大,民宅以新房为主,居民较多。旧村位于村内中东部地区(图 18.7)。

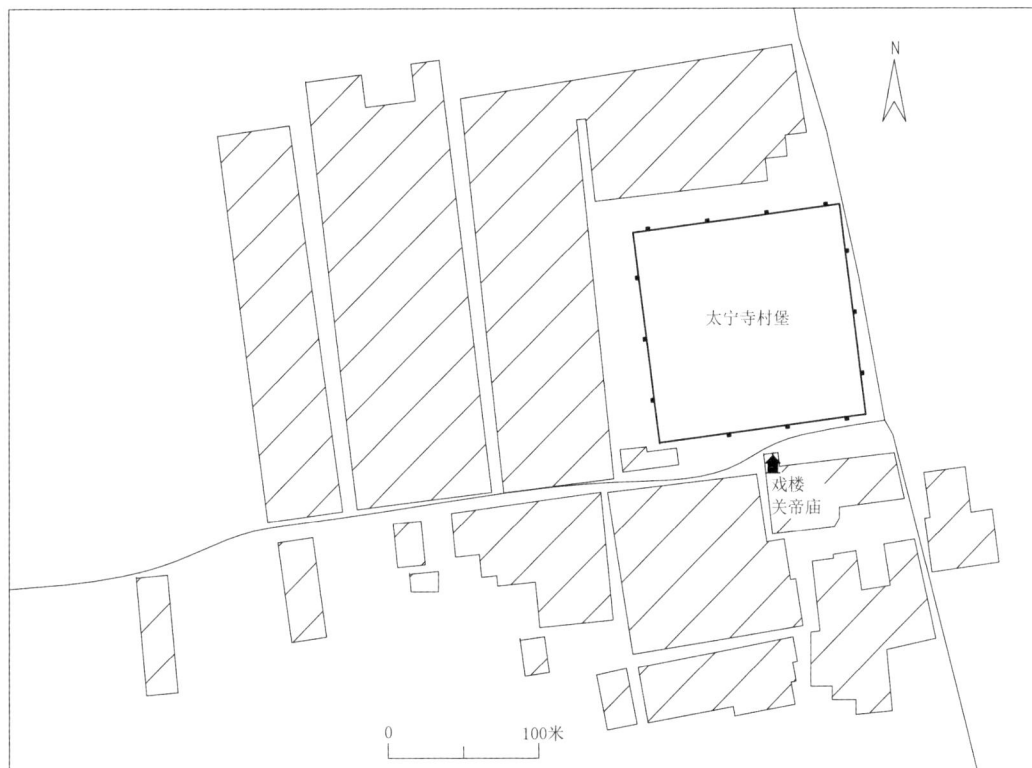

图 18.7 太宁寺村古建筑分布图

二、城堡

(一)城防设施

太宁寺村堡,即旧村所在地,位于村庄内中东部。城堡平面呈矩形,周长 547 米,开南门,堡内平面布局为南十字街、北丁字街结构(图 18.8)。

城堡南门位于南墙正中,堡门为砖石结构拱券门,外侧条石基础,砖砌门体,内侧由毛石砌筑,上部青砖起券(彩版 18-5)。外侧门券三伏三券,二层伏檐,门券拱顶上方镶嵌砖制阳文门匾,匾额由四块方砖拼接而成,正题各刻一字构成"太宁寺堡",右侧前款"嘉庆二十一年",左侧落款"菊月重修"。门洞外两侧的墙壁上砖雕一副楹联,上联"太平世界桑麻共",下联"宁静村墟气化隆"。楹联中巧妙蕴藏着"太宁"二字。两侧门体上各镶嵌一块砖雕阳文装饰,东侧为"永"字,西侧为"安"字。门顶为木梁架结构。内侧门券为石券,已坍

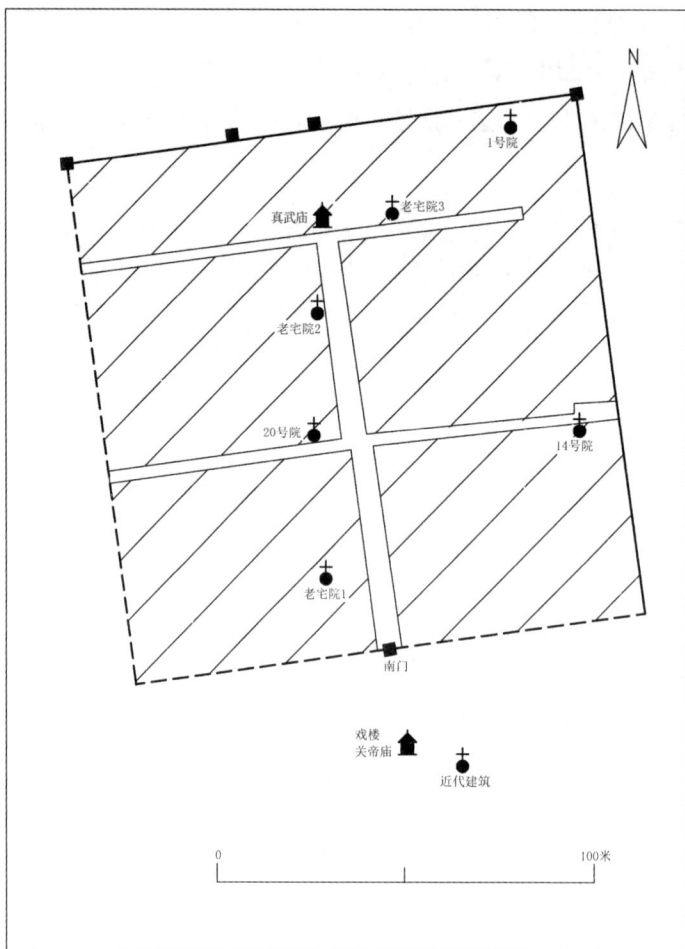

图 18.8　太宁寺村堡平面图

塌，近年修缮。门内为南北主街（正街），门外正对戏楼。门道原铺自然石，现已硬化。

堡墙均为黄土夯筑，保存差。东墙长 135 米，选址修建在台地之上，墙体高薄、断续，东墙外侧总高 6～7 米，内侧高 0～3 米。墙体内侧为民宅，外侧为道路。南墙长 141 米，东段无存，墙体位置现为道路，墙内为道路和民宅，外侧为道路；南墙西段墙体无存，现为新建的民宅占据，墙体内侧为顺城道路和民宅。西墙长 135 米，大部分无存，现为房屋，墙体外侧为浅沟。北墙长 136 米，西段保存相对较高，墙体高 4～5 米，墙体尚存 1 座马面，坍塌严重；东段墙体保存较差，多坍塌为 4～5 米高的土垅，墙体内侧为民宅，外侧为道路。北墙中部设马面 1 座，高 6～7 米，马面上长有 1 株大树，将马面撑裂。

东南角、西南角无存。西北角设 90°直出角台，高 4～5 米。东北角设 90°直出角台，外侧高 6～7 米，角台有两次修筑的痕迹。

（二）街巷与古宅院

堡内民宅多已改造为新房,老宅院较少。

正街　即南门内南北主街,尚存 1 座老宅院。老宅院 2,位于街道西侧,一进院,坐北面南,院门开于东南角,广亮门,硬山顶。

南墙顺城街　尚存老宅院 1,一进院,坐北面南,院门已经改建,正房面阔三间,卷棚顶,两侧耳房面阔单间,硬山顶。

前街　即十字街的东、西街。西街尚存 1 座老宅院,即 20 号院,位于街道北侧,一进院,坐北面南,院门开于东南角,广亮门,硬山顶。门外两侧墙壁上尚存毛主席语录题壁。东街尚存 1 座老宅院,即 14 号院,位于街道南侧,一进院,坐北面南,院门开于东北角,广亮门,硬山顶。

后街　即丁字街的东、西街。东街尚存 2 座老宅院。老宅院 3,位于街道北侧,一进院,坐北面南,院门开于东南角,广亮门,硬山顶。1 号院,位于街道北侧,一进院,坐北面南,院门开于东南角,坍塌无存,院子已经废弃,仅存正房,面阔三间,硬山顶,两侧各建有1 座面阔单间的耳房。

三、寺庙

据当地长者回忆,村内曾建有数座寺庙。庙宇建筑拆毁于"文革"前。

泰山庙　位于前街东尽头,坐东面西,现已无存。

五道庙　位于十字路口处,坐北面南,现已无存。

真武庙　位于正街北尽头,庙宇建筑现已无存,仅存山门外的条石台阶。

南仁庙　位于关帝庙南侧,俗称大寺庙院,旧时院内有正殿、过殿、配殿,现已无存。

阎王殿　位于堡外西侧,原为 1 座庙院,由正殿、东西配殿组成,现已无存。

龙神庙　位于关帝庙南,现已无存。

太宁寺　位于大队部旁边,村名由此得来,现已无存。

戏楼　位于太宁寺村堡南门外,与南堡门隔街相对,南与关帝庙勾连搭(彩版 18-6)。戏楼坐南面北,面阔三间,单檐卷棚顶,进深七架梁。砖石台明高 1.4 米,台明外包青砖,转角处为条石,顶部前沿铺石板。前檐柱 4 根,金柱 2 根,前檐挑檐木出挑较长,用擎檐柱支撑,柱下石鼓柱础两侧开卯。前檐额枋彩绘大部分脱落,撑拱明间为荷叶狮子,次间为象首狮子。戏楼内东西墙壁表面涂刷白灰浆,隔扇无存,后台已修缮,重新用青砖砌筑,并开设2 门通往关帝庙正殿内。戏楼东侧为大队部大院正门,近代风格建筑,大队部已经废弃。

关帝庙　位于堡南门外对面,原大队部院内,仅存正殿,北与戏楼勾连搭。正殿坐北面南,面阔三间,硬山顶,进深五架梁出前檐廊。殿内大柁用材较差。前廊西墙下设龛供面然大士。顶部脊檩无彩绘《八卦图》。殿内北墙新砌,东、西墙壁绘连环画形式,清中后期作品,但表面涂刷白灰浆,壁画漫漶。

第十六节　南　董　庄　村

一、自然环境与人文历史

南董庄村位于桃花镇西偏南5.3公里处,属丘陵区,村庄选址在平地之上,东侧临南北向沟涧,南、西、北三面为平川,地势平坦,一马平川,为黏土质,辟为大面积的耕地。231、153乡道穿村而过。1980年前后有543人,耕地3 087亩,曾为南董庄大队驻地。如今,村庄规模较大,民宅以新房为主,居民较多,旧时村庄有400余人居住,现有600余人,村民以杨、阎、何姓为主(图18.9)。

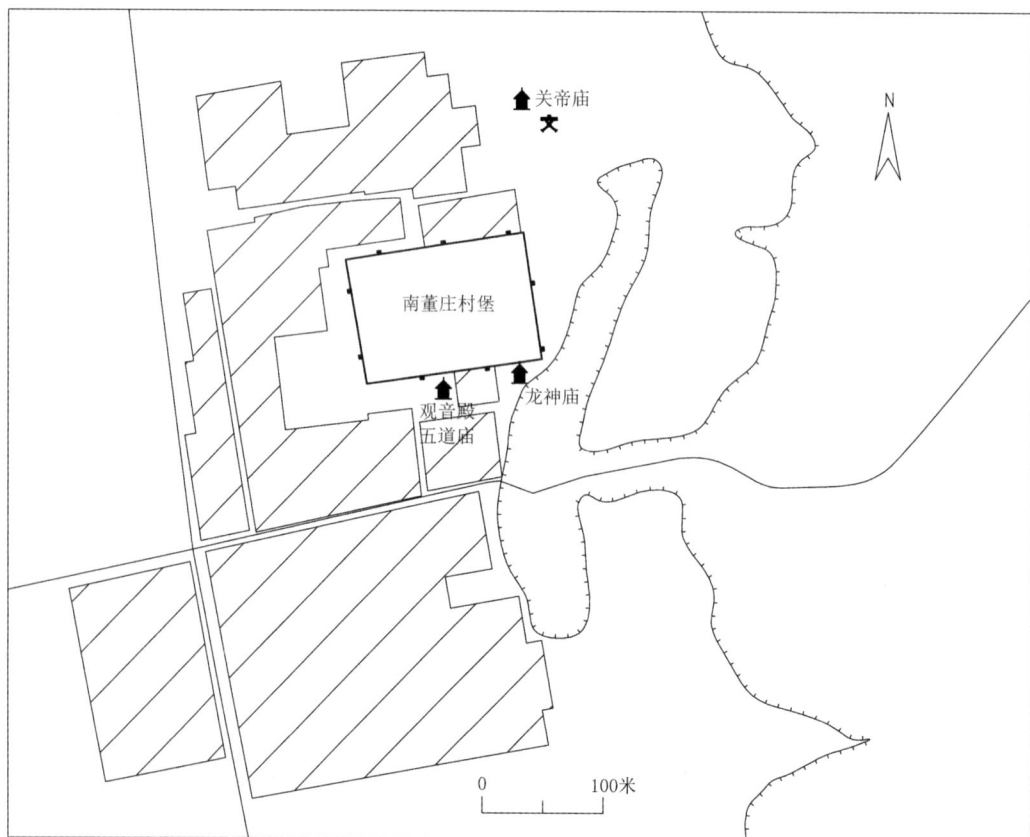

图 18.9　南董庄村古建筑分布图

相传,明成化十八年(1482)董家寨村被水冲毁,部分人搬到原村南建庄,故取村名南董庄。村名最早见于《(正德)宣府镇志》,作"董家庄堡",《(嘉靖)宣府镇志》作"董家",《(崇祯)蔚州志》作"董家庄堡",《(顺治)云中郡志》《(顺治)蔚州志》沿用,《(乾隆)蔚州志补》作"董家庄",《(光绪)蔚州志》作"南董家庄",《(民国)察哈尔省通志》沿用。

二、城堡

(一)城防设施

南董庄村堡位于村庄东北部,地势较高,东侧紧邻沟涧边缘修建。城堡平面呈矩形,开南门,周长494米,堡内平面布局为南北双十字街结构(图18.10)。堡墙、堡门已拆毁。

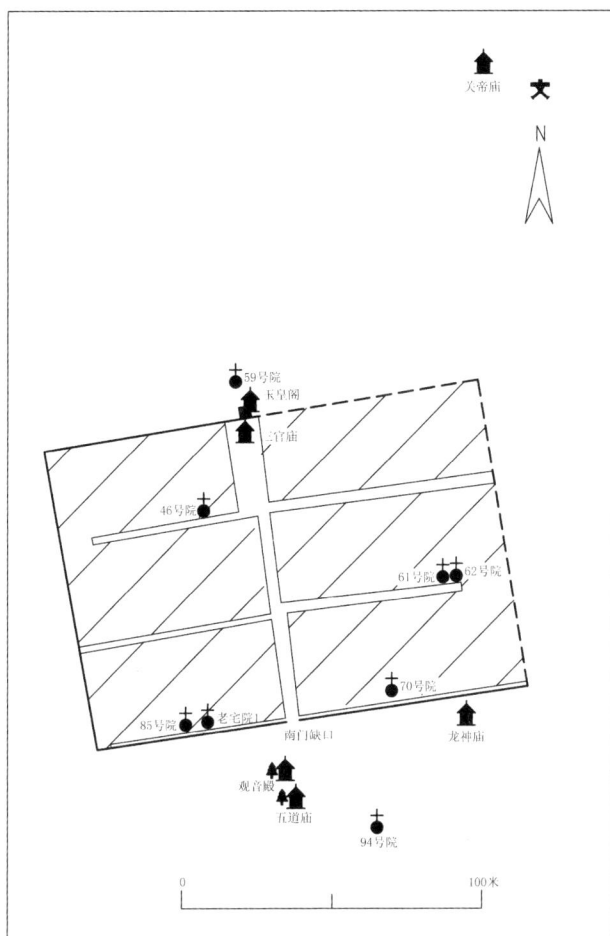

图 18.10　南董庄村堡平面图

南堡门原为土坯修建门颊，木梁架平顶结构。现堡门无存，形成缺口，门外为一条坡道引入堡内，门外地名"南街"。南门外西侧尚存五道庙、观音殿台明遗址，毛石包砌，台明上各长一株200余年树龄的榆树。南门内为南北主街（正街），已硬化为水泥路面。

堡墙均为黄土夯筑，破坏严重，大部分仅存坍塌后形成的土垅。东墙长102米，墙体无存，现为房屋占据。南墙长146米，仅存基础部分，墙体内侧为顺城路，外侧为荒地和民宅。西墙长99米，墙体无存。北墙长147米，仅西段墙体尚存，墙体高3～4米，内侧为民宅，外侧为道路和民宅。北墙外地名为"北街"。

东北角仅存转角，高4～5米，内外侧均为房屋，东南角、西南角、西北角无存。

（二）街巷与古宅院

堡内民宅以土旧房为主，屋顶多已翻修。尚存数座老宅院。

南墙内顺城街　尚存3座老宅院，均已废弃。老宅门1，硬山顶，广亮门。85号院，广亮门，硬山顶，楣板尚存6幅民国时期的彩绘。堡里头70号院，广亮门，硬山顶。正房为硬山顶，原为面阔五间，现仅存三间，西次间、梢间无存。

前街　即南十字街东、西街。堡里头61（74）号院，一进院，近代风格大门。62（73）号院，一进院，广亮门，硬山顶。

后街　即北十字街东西街。46号院，一进院，该院为旧时的大队部，近代风格大门。正房面阔三间，硬山顶，门厅退金廊，两侧各1座单间耳房，西厢房面阔三间，单坡顶。

北墙外　59号院，一进院，广亮门，硬山顶。

南门外　堡里头94号院（89号），一进院，广亮门，坐南面北，门外两侧墙壁尚存有民国时期的《捷报》。

三、寺庙

据当地长者回忆，旧时堡内外有三官庙、关帝庙（戏楼）、龙神庙、玉皇阁、观音殿、五道庙（2座）。除三官庙、关帝庙、龙神庙尚存外，其他寺庙拆毁于"文革"时期。

三官庙　位于南北主街（正街）北尽头，倚北墙马面而建。正殿坐北面南，面阔三间，硬山顶，进深五架梁出前檐廊。前檐额枋尚存斑驳的清末民国时期的彩绘。正殿改造为学校使用，殿内墙壁表面涂抹白灰浆，壁画大部分无存，局部脱落处可见，为清末民国时期的作品。顶部脊檩彩绘《八卦图》。

关帝庙　位于堡东北角外学校西侧，庙宇选址位置较高，位于1座庙台之上，原为一进院落，曾修建有戏楼，现仅存正殿。正殿坐北面南，面阔三间，硬山顶，进深六架梁出前檐廊。前檐下施斗拱，补间皆为一攒，斗拱仅为一只大栌斗，上施耍头承撩檐檩。这种斗拱形制在蔚县寺庙并不多见。正殿已经废弃，门窗无存，现为土坯墙封堵，屋顶多处坍塌。

前檐额枋尚存部分清末民国时期的彩绘。殿内堆放柴草，壁画尽毁，梁架上尚存斑驳的彩绘。关帝庙原有石碑，现已无存。

龙神庙　位于城堡东南角外，倚南墙而建，现仅存正殿。正殿坐北面南，面阔三间，悬山顶，进深六架梁出前檐廊。庙宇已废弃，殿内存放柴草，门窗无存。正面壁画坍塌无存。东墙《出宫行雨图》尚存有部分壁画，为清中晚期作品。现存壁画色彩鲜艳，诸神形象生动，可以分辨出 4 位龙王、虹童、四目神，画中各龙王的画风与蔚县平原地带相差较大。西墙大部分坍塌，壁画仅存南侧的大树。殿内梁架上残存有彩绘。顶部脊檩彩绘《八卦图》。

玉皇阁　位于北墙马面顶部，正殿面阔单间，仅存墙体基础。

观音殿　位于南门外，面北，现已无存。

五道庙　2 座，1 座位于南门外，面东，位于堡外西南，现已无存。

第十七节　中董庄村

一、自然环境与人文历史

中董庄村位于桃花镇西偏南 5.4 公里处，属丘陵区，村庄选址修建在平川之上，村东不远处为南北向沟涧，村庄周围地势平坦，一马平川，为黏土质，辟为大面积的耕地。1980 年前后有 283 人，刘姓为主，耕地 1 204 亩，曾为中董庄大队驻地。

相传，明成化十八年(1482)董家寨村被水冲毁，部分人迁此建村，因位于南、北董庄之间，故取村名中董庄。村名最早见于《(正德)宣府镇志》，作"董家庄堡"，《(嘉靖)宣府镇志》作"董家"，《(崇祯)蔚州志》作"董家庄堡"，《(顺治)云中郡志》《(顺治)蔚州志》沿用，《(乾隆)蔚县志》作"中董家庄"，《(乾隆)蔚州志补》作"董家庄"，《(光绪)蔚州志》作"中董家庄"，《(民国)察哈尔省通志》沿用。

如今，村庄规模较小，民宅以新房为主，居民较少。旧村位于村中部，当地人称为"堡里头"，说明原修建有 1 座城堡(图 18.11)。

二、城堡

据当地长者回忆，城堡位于现今村西北的耕地中，城堡拆除较早，当地年长之人都未曾见过。如今城堡四至未知，耕地中仅存 1 座夯土墩台，高近 4 米。

旧村内尚存数座老宅院。堡里头 18 号院，两进院，前院荒废，正门、前院建筑无存，过厅(老宅院 1)面阔三间，硬山顶，两侧设单间耳房，东西厢房无存，后院开西便门，随墙门，

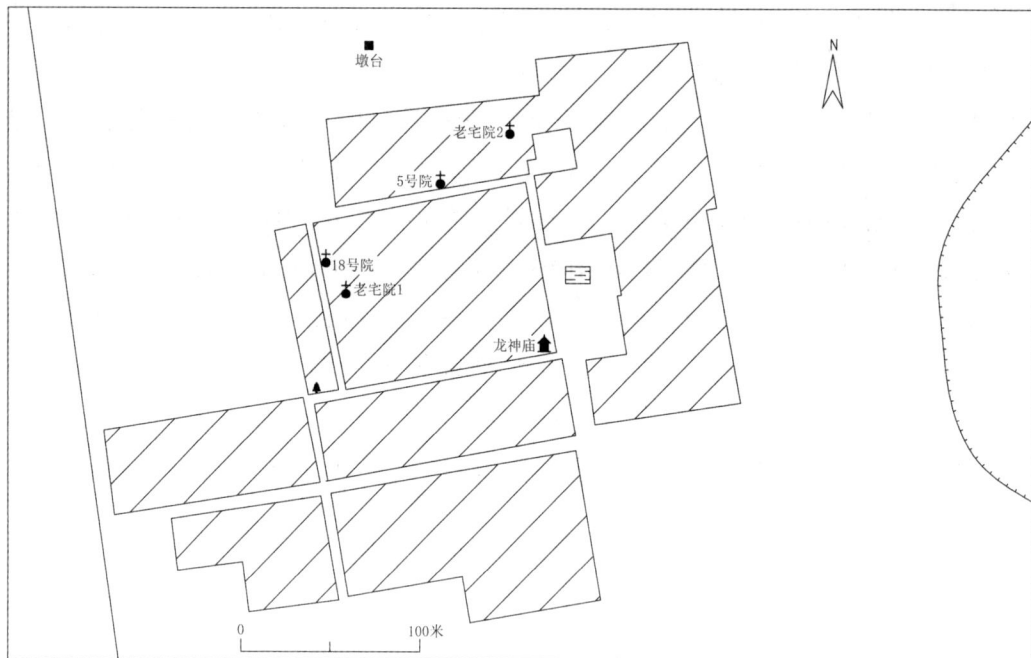

图 18.11 中董庄村古建筑分布图

坐东面西,正房面阔三间,硬山顶。堡里头 5 号院,位于旧村北部,两进院,坐北面南,广亮门,硬山顶,前院荒废,辟为菜园,后院正房面阔五间,硬山顶,东西厢房面阔三间,单坡顶。老宅院 2,刘氏宅院。位于村庄北部,坐北面南,原为前后院,现前院无存,为荒地,后院尚存,二道门为三檩垂花门样式,正房面阔三间,硬山顶,门厅退金廊,东西耳房面阔两间。

三、寺庙

据当地长者回忆,旧时本村曾修建有大龙神庙、观音殿(有石碑)、五道庙(村西)、小龙神庙、真武庙(对面修建有戏楼)。寺庙主要拆毁于"四清"时期。

大龙神庙 位于旧村东南角一台地上,地势较高,高出周围近 2 米。庙宇整体坐北面南,一进院落格局,现院墙已全部倒塌,尚存正殿与山门。山门位于南墙中部,卷棚顶,广亮门。正殿坐北面南,面阔三间,硬山顶,进深六架梁出前檐廊。前廊西墙下设面然大士龛,后檐柱采用移柱法,向外移出,柱间施宽大的横枋,再上施栌斗承撩檐檩。梁架上置人字叉手,顶部脊檩上彩绘《八卦图》。殿内后墙已塌,内壁曾涂抹白灰浆,壁画全毁。正殿东为一间耳房,西为二间耳房。

小龙神庙 位于旧村西南角,现庙宇已无存,仅存 2 株大松树。

第十八节 北董庄村

一、自然环境与人文历史

北董庄村位于桃花镇西偏北 5.9 公里处，属丘陵区，村庄选址修建在平川之上，村东不远处为南北向沟涧，东北有水库（乡镇级），村庄周围地势平坦，一马平川，为黏土质，辟为大面积的耕地。1980 年前后有 834 人，耕地 4 557 亩。曾为北董庄大队驻地。

相传，明成化十八年（1482）董家寨村被水冲毁，部分人搬到原村址北建庄，故取村名北董庄。村名最早见于《（正德）宣府镇志》，作"董家庄堡"，《（嘉靖）宣府镇志》作"董家"，《（崇祯）蔚州志》作"董家庄堡"，《（顺治）云中郡志》《（顺治）蔚州志》沿用，《（乾隆）蔚县志》作"北董家庄"，《（乾隆）蔚州志补》作"董家庄"，《（光绪）蔚州志》作"北董家庄"，《（民国）察哈尔省通志》沿用。

当地传说，南、北董家庄为兄弟俩建村，中董庄为长工居住地。如今，村庄规模较大，民宅以新房为主，居民较多，尚有 700 余人居住。村民以何、常姓为主（图 18.12）。

二、庄堡

当地长者回忆，旧时本村未曾修建城堡，如今的村东部为董家寨，西部为何家寨。

董家寨 位于村东冲沟内的一块孤立的台地上。保存较差，仅存部分北、西墙及西北角，高 0～5 米，寨废弃较早，当地人不知其具体情况。

何家寨 位于村西北耕地中，无存。

相传，两寨毁于洪水，居民搬迁到现今旧村中居住。旧村位于村庄中部。旧村中部南村口处修建 2 座影壁，1 座坐南面北，面阔单间；1 座坐西面东，面阔三间。影壁北侧为村委会大院。

旧村内尚存数座老宅院。分为东部、南部、西部三片区。

南部片区 即村委会以南。老宅院 1，位于剧场西侧，一进院，坐北面南，院门开于东南角，广亮门，正房面阔五间，硬山顶，东厢房面阔三间，硬山顶，西厢房无存，该院已修缮。174/175 号院，坐北面南，一进院，院门坐东面西，广亮门，硬山顶。176 号院，坐北面南，一进院，院门坐东面西，广亮门，硬山顶，门外墙壁上墨书题壁毛主席语录，院内正房已经翻建。

东部片区 即村委会东部，尚存 3 座老宅院。110 号院，一进院，坐北面南，广亮门，

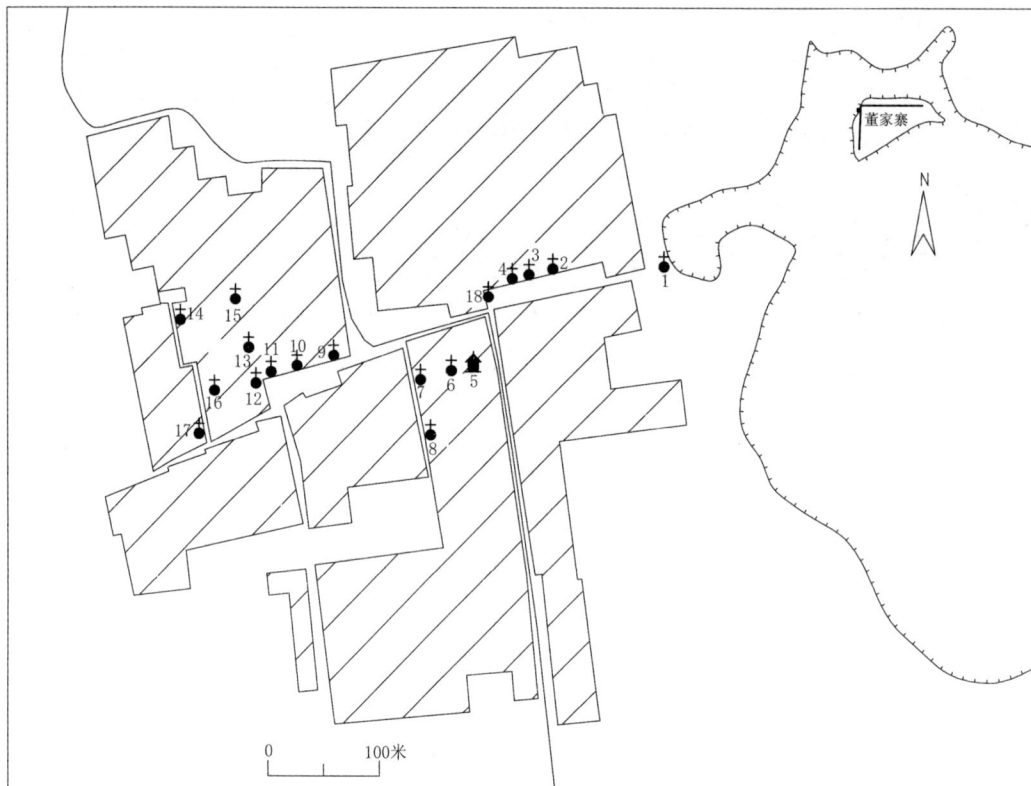

图 18.12　北董庄村古建筑分布图

1. 影壁　2. 108 号院　3. 109 号院　4. 110 号院　5. 剧场　6. 老宅院 1　7. 174 号院
8. 176 号院　9. 54 号院　10. 47 号院　11. 43 号院　12. 44 号院　13. 41 号院
14. 17 号院　15. 39 号院　16. 51 号院　17. 7 号院　18. 影壁

硬山顶,门内墙壁上有毛主席语录。109 号院,一进院,坐北面南,广亮门,硬山顶。前檐坨头上尚存民国时期的人物彩绘。两侧墙壁上有毛主席语录。108 号院,一进院,坐北面南,广亮门,硬山顶。

　　西部片区　即村委会以西,地名"西街"。街北侧临街和南北向的巷子内尚存老宅院。54 号院,坐北面南,一进院,院门开于东南角,广亮门,硬山顶,门外两侧墙壁上写有毛主席语录,院内正房已经修缮。47 号院,坐北面南,原为前后两进院,现已经打通,院门开于东南角,广亮门,硬山顶。43 号院,坐北面南,一进院,院门开于东南角,广亮门,硬山顶,门前西侧墙壁上写有毛主席语录。44 号院,坐北面南,一进院,院门开于东南角,广亮门,硬山顶。41 号院,坐北面南,一进院,院门开于东南角,广亮门,硬山顶。39 号院,坐北面南,一进院,院门开于东南角,卷棚顶,广亮门,门外墙壁上写有毛主席语录。7/8 号院,坐北面南,原为两进,现在已经打通,院门开于东南角,广亮门,硬山顶,前檐坨头上尚存彩绘人物画像,正房部分翻新。17 号院,坐北面南,一进院,院门开于西南角,随墙门。51 号院,位于主街北侧。坐北面南,原为两进院,前院低,后院高,现前院已经废弃,前院有条石台阶登高进入后院,台阶顶部西侧修建有影壁,面阔单间,硬山顶;二道门为随墙门,硬山顶,院内正房面阔三间,硬山顶,两侧修建有单间耳房。

三、寺庙

据当地长者回忆,旧时村庄内寺庙主要集中在董家寨、何家寨之间,即现今村委会、剧场位置附近。原先修建有梓潼阁、马神庙、眼光庙、五道庙(4座)、关帝庙、前后龙神庙、龙王大殿(村委会)、歇马亭(龙神庙附属建筑)、观音殿、雨师庙、戏楼(即剧场)。寺庙建筑陆续拆除,现为大片空地(即村中部广场)。

第十九节 佘家堡村

一、自然环境与人文历史

佘家堡村,位于桃花镇西偏南 8.4 公里处,属丘陵区,地势较平坦,为黏土质,村庄选址修建在平地之上,村北侧为一条冲沟的源头,村西侧为冲沟的中部。这条冲沟便是村南红桥水库的主要干流之一,红桥水库北面有两条南北向干流,这条便是其中东侧者。村庄南部和东部为一马平川的耕地和杏树林,村东南侧耕地中有许多汉墓的封土。1980 年前后有 700 人,耕地 3 642 亩,曾为佘家堡大队驻地。如今,村庄规模较大,南面为新村,北面为旧村。居民较多(图 18.13)。

相传,明初与陶家堡为一村,名东辛柳。明正统年间分村后,据该村曾出过一佘姓将军,更村名为佘家堡。村名最早见于《(顺治)蔚州志》作"佘家堡",《(乾隆)蔚县志》《(光绪)蔚州志》《(民国)察哈尔省通志》沿用。

二、城堡

佘家堡村村堡,位于整座村庄西北角的旧村中,紧邻冲沟边缘修建。城堡平面呈矩形,周长现存 616 米,开南门,堡内平面布局为南北主街结构,并设有 4 条东西向巷子(图 18.14)。"文革"时期拆毁城堡。

城堡南门堡门建筑无存,现为缺口,仅存自然石铺成的门道,门外新修建 1 座影壁。

堡墙均为黄土夯筑,保存差。东墙长约 204 米,墙体保存一般,墙体低薄、断续,多坍塌形成缺口,高低起伏不平,高 1～5 米,内侧为民宅,外侧为顺墙土路,部分地段的堡墙实

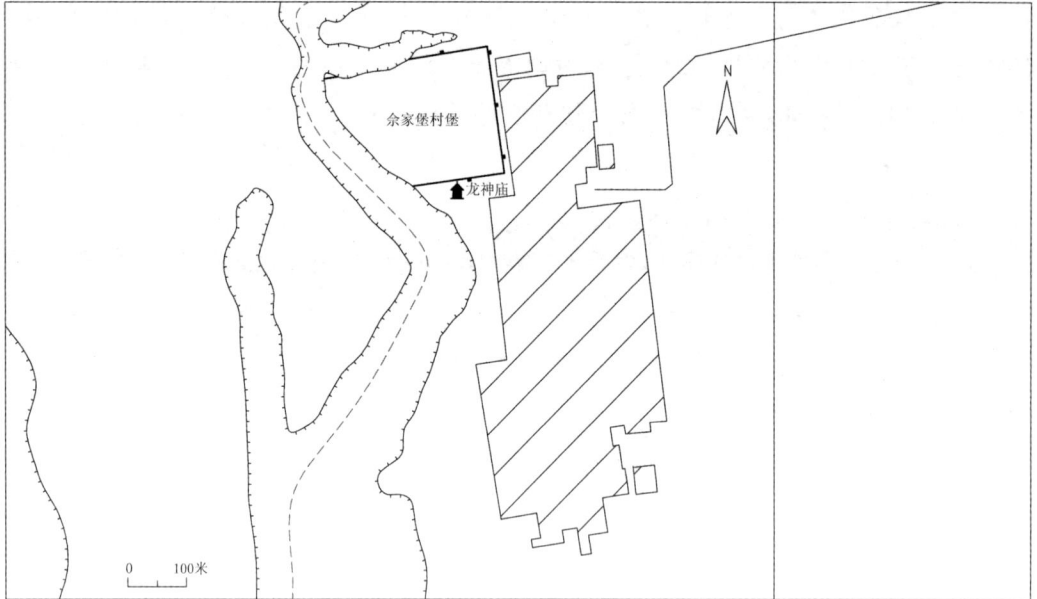

图 18.13 佘家堡村古建筑分布图

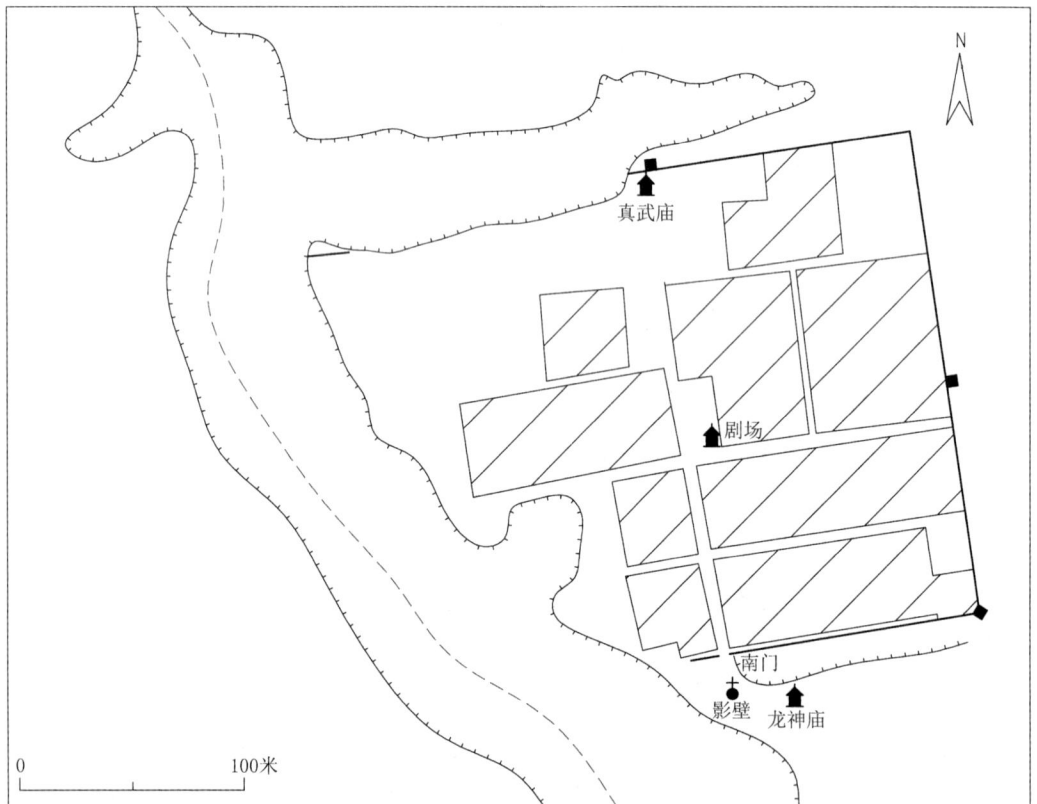

图 18.14 佘家堡村堡平面图

为居民院墙,堡墙仅存基础部分。东墙中部设有 1 座马面,高于堡墙,高 6 米,体量较小。南墙长约 147 米,仅存东段,西段为冲沟所破坏,内侧为顺墙道路和民宅;南墙东段墙体仅存 2 米高的基础,外侧有壕沟,里面长有树木。西墙墙体无存,为冲沟所破坏。北墙长约 265 米,保存较差,紧邻冲沟修建,仅存东半段墙体,西半段墙体为冲沟所破坏;西段无存,现为耕地;东段墙体保存较差,墙体断断续续,高低起伏不平,外侧墙体较高,高 1~5 米;内侧为民宅和耕地,外侧为顺城道路和冲沟,墙外为东西向大沟。北墙中部设有马面(庙台),正对堡门,破坏严重,庙台高 2~3 米,上面修建有房屋。北墙外沟北侧的耕地中,还有 1 座高大的封土,保存较好。堡西北方冲沟北侧为陶家堡村。

东南角设 135°斜出角台,保存一般,台体高 6 米左右。西南角无存。东北角仅存转角,转角上长有树木,转角高 4~5 米,内侧为耕地,外侧为水泥路起点,该水泥路是连接佘家堡村与陶家堡村唯一的道路。

堡内民宅以土旧房为主,多翻修屋顶,居民较少。老宅院少,门楼多为土坯修建。

三、寺庙

据当地长者回忆,佘家堡原修建有真武庙、泰山庙、关帝庙(南门外侧)、龙神庙、五道庙、大寺院(寿宁寺)等,如今尚存龙神庙、真武庙,其余寺庙皆毁于"文革"时期。

剧场(戏楼) 位于堡内北部,第二个路口东北角,近代建筑。剧场坐南面北,在原戏楼的台明上修建,剧场所用青砖与梁架木材皆为旧物,基础较高,外侧包砌条石、青砖,顶部四周铺石板。剧场正面已坍塌,内部废弃。剧场对面有一排五间房,应为在原寺庙的旧址上修建。檐下尚存 1 通嘉靖三十□年《寿宁禅林碑记》[1]石碑。

龙神庙 位于堡南门外东侧大树下。正殿坐北面南,面阔单间,硬山顶。新建建筑。

真武庙 位于堡北墙庙台上,正殿坐北面南,面阔三间,硬山顶。新建建筑。

寿宁寺 位于堡外北侧。现已无存。

第二十节 陶家堡村

一、自然环境与人文历史

陶家堡村位于桃花镇西偏南 8.6 公里处,属丘陵区,村庄选址修建在两条冲沟之间的

---

〔1〕 刘国权:《佛寺与蔚州传统文化》,中国文史出版社,2006 年,第 267~268 页。

台地上,其东、西两侧均为冲沟,南北为宽阔的平地,地势较平坦,为黏土质,现为大面积的耕地和树林。1980 年前后有 222 人,耕地 1 066 亩,曾为陶家堡大队驻地。如今,村庄规模不大,由新、旧两部分组成,旧村在东侧,为城堡所在地,旧村内的房屋以土旧房为主,屋顶多翻修。新村在西侧(图 18.15)。

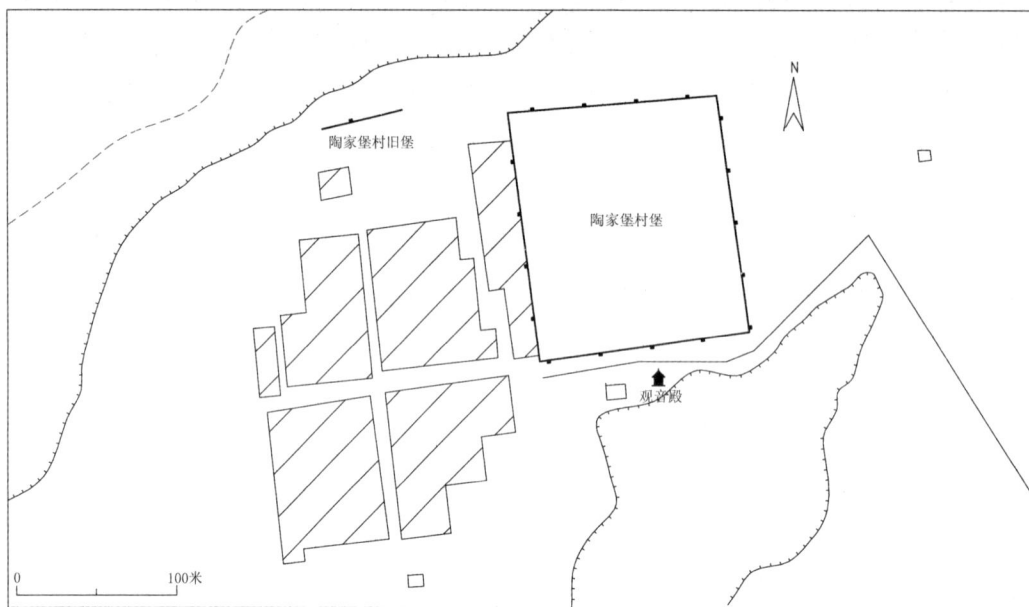

图 18.15 陶家堡村古建筑分布图

相传,明初与佘家堡为一村,名东辛柳。明正统年间陶姓自立村堡,取名陶家堡。村名最早见于《(乾隆)蔚县志》,作"陶家堡",《(光绪)蔚州志》《(民国)察哈尔省通志》沿用。

二、城堡

陶家堡村堡位于旧村中,城堡平面呈矩形,周长约 545 米,开南门,堡内平面布局为南北主街结构,堡内设 4 条东西向横街,城堡规模较大,居民较多(图 18.16)。

城堡南门为新建的堡门建筑,红砖修建墙体,木梁架顶。门外新建有倒座观音殿,门内为宽阔的南北主街,主街当中修有戏楼。戏楼面北,正对北墙上真武庙,庙、戏台、南门处在一条轴线上。

堡墙均为黄土夯筑,保存差,堡墙毁于 20 世纪 50 年代。东墙长约 142 米,保存差,墙体仅存 0~3 米高的基础,墙体内侧为民宅,外侧为道路。南墙长约 129 米,东段墙体无存,现为平地,墙基高 1 米,墙体内侧为顺墙道路,路边为民宅,外侧为壕,现为垃圾坑,壕两边长有树木;南墙西段墙体仅存基础,高 1 米,内外侧均为道路,内侧路边为民宅。西墙

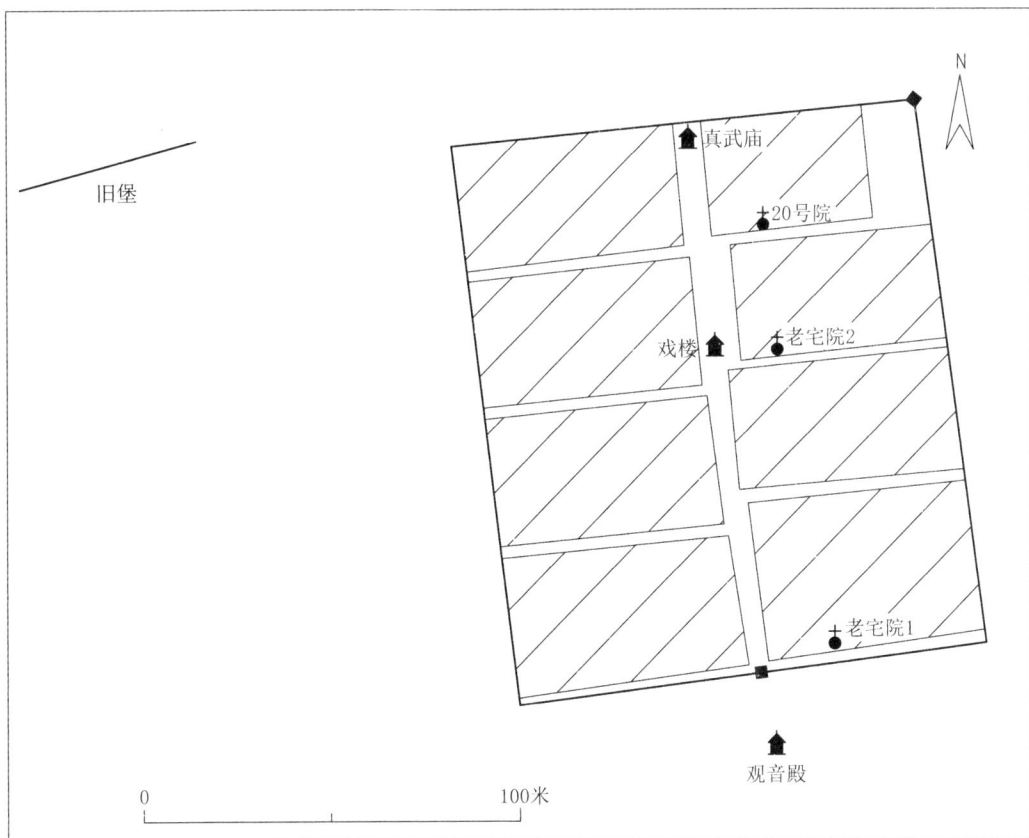

图 18.16　陶家堡村堡平面图

长约 147 米,仅存不足 1 米高的基础,上面为民宅或道路。北墙长约 127 米,保存较差,墙体低薄,高 1～3 米,多为基础,外侧为大面积的耕地,内侧为倚墙修建的民宅。北墙中部设有 1 座马面,位于真武庙正殿后,方形,体量小,高 3 米。

西南角、西北角无存,为民宅院墙占据。西南外为新村,居民较多。东北角设 135°斜出角台,保存较差,外总高 6～7 米,角台高 3～4 米。

堡内共有 4 条东西向横街,民宅以土旧房为主,屋顶多翻修,新房较少。老宅院较少。南墙东段内侧的老宅院 1,近代建筑。戏楼东侧巷内有 1 座老宅院 2,门内墙壁上有毛主席语录。真武庙前街的东街上有 1 座老宅院,即堡内 20 号,门扇及墙壁上有"文革"时期的标语和毛主席语录。

陶家堡村旧堡　位于陶家堡村堡西北角外冲沟边缘的耕地中。城堡为冲沟所冲毁,破坏约四分之三,现已废弃。

堡墙均为黄土夯筑,保存差,仅存南墙和部分东、西墙,堡墙体多倾斜、开裂、坍塌。东墙仅存一小段,外高 3～6 米,内高 0～4 米。南墙长约 52 米,保存较高,外高 4～7 米,内高 2～5 米,墙体高低起伏不平,多倾斜、坍塌,内外均为耕地。西墙如东墙,仅存一小段,外高 3～6 米,内高 0～4 米。东南角台设 90°直出角台,高 7～8 米,保存一般。西北角设 90°直出角台,高 6～7 米。

三、寺庙

据当地长者回忆,陶家堡原修建有真武庙、戏楼、龙神庙、五道庙、观音殿,除真武庙外,皆毁于"文革"时期。

真武庙 位于堡北墙内侧的庙台上,庙台高 1.3 米。对面 60 米处为倒座戏楼。真武庙坐北面南,现存正殿 1 座,东耳房一间。钟楼、山门已毁。东侧开一便门,以供院内出入,由居民郭正祥看护。正殿坐北面南,面阔三间,硬山顶,进深三架梁出前檐廊,梁架跨度大,较少见。前檐额枋上残存有清末民国时期的彩绘,门窗已改造。殿前为砖石铺成的地面,殿内已废弃,改作仓库使用。脊檩下置人字叉手,顶部脊檩彩绘《八卦图》。殿内曾涂抹白灰浆,壁画全毁。东耳房尚存,面阔单间,硬山顶,改造为仓库。

戏楼 位于堡内南北主街上、堡中心,整体坐南面北,正对真武庙。戏楼基础较高,砖石砌筑,台明顶部四周铺石板。面阔三间,单檐六檩卷棚顶,挑檐木出挑较短。前檐额枋尚存部分彩绘。梁架上的驼墩,角背雕刻为异形,较特殊,与当地流行做法不同。前后台以金柱、隔扇分开,明间万字六抹隔扇,正中圆尖,四角嵌"福"字。走马板残有彩绘,特别是隔扇东侧门上的走马板,彩绘保存较好,是清末民国时期的作品,内容为戏曲故事。后脊檩彩绘《八卦图》。

前台口装木板,西侧留有门,现由一位近 90 岁的老人看护。戏楼内堆满杂物,东壁壁画与隔扇保存较好。东壁壁画图案为八扇屏风,从色彩颜料来看,属于清末或民初的作品。壁画为山水人物画,东壁尚存山尖壁画,下部装饰着彩,绘画内容也为戏中故事。南墙没有像样的壁画,多为墨书涂鸦等乱写乱画的内容。西墙为屏风壁画,题材和东墙类似,但是表面多留有泥水,保存差,据当地长者回忆,戏楼前檐明间东檐柱在 20 世纪 70 年代曾遭雷击。

观音殿 位于堡南门外对面的台明上,院墙与正殿皆用红砖新砌。正殿坐南面北,面阔单间,硬山顶。

第二十一节 小 羊 圈 村

一、自然环境与人文历史

小羊圈村位于桃花镇西 7.8 公里处,其北部有山称"花山"与宣化县接壤。属丘陵区,

东、西、南三面环沟,北依坡,西北靠玉皇山,为黏土质。1980 年前后有 687 人,耕地
400 亩,曾为小羊圈大队驻地。如今,村庄分为新、旧两部分,新村与旧村之间隔一条宽大
的冲沟,153 乡道从中间穿过。新村选址在平地上,周围地势平坦开阔,辟为大面积的耕
地,村庄民宅为新房,由两条南北主街组成。旧村在冲沟中的台地上,村庄的南、东、西三
面为幽深的冲沟。冲沟深且宽,内长满树木,仅从北面可进村。村庄周围冲沟边的台地
上,为大面积的杏树林将村庄包围(图 18.17)。

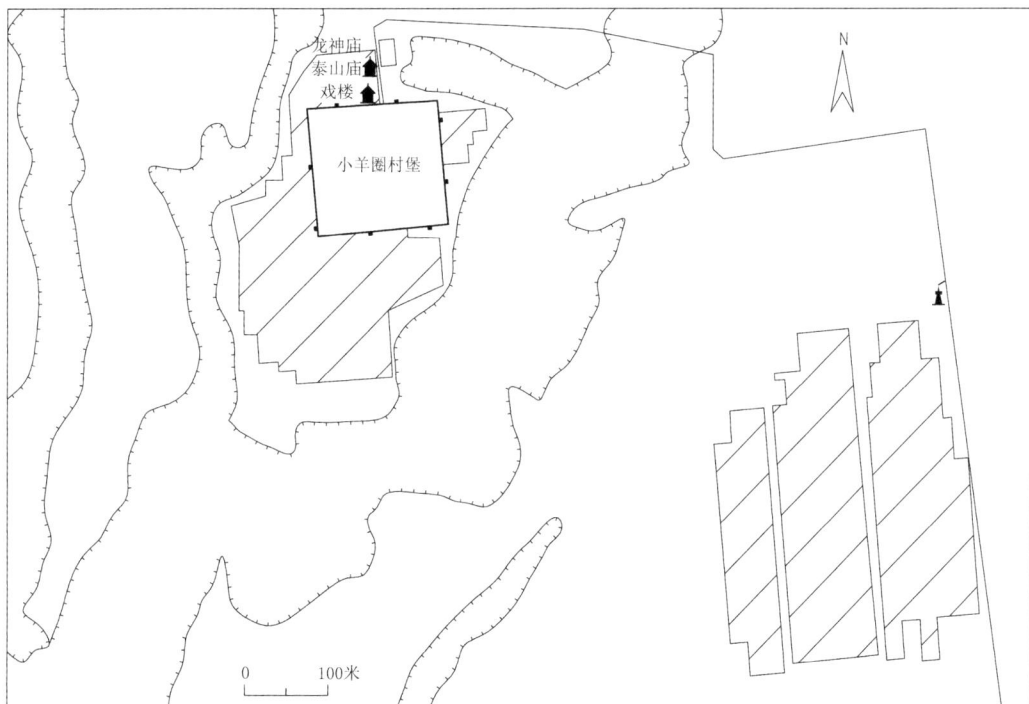

图 18.17　小羊圈村古建筑分布图

相传,明初建村,名晓阳涧,因村址地势较高,每日晨曦先煜而得名。后相传失其本
意,俗为小羊圈。村名最早见于《(乾隆)蔚县志》,作"小羊圈",《(光绪)蔚州志》《(民国)察
哈尔省通志》沿用。

二、城堡

小羊圈堡,位于旧村北部,平面呈矩形,周长约 583 米,开南、北门,堡内平面布局为三
条十字街结构(图 18.18)。

城堡南门在"四清"后拆除,现为缺口,门外原有观音殿,现已无存。1982 年新建堡北
门,北门建筑为土坯修筑,木梁架顶,与庄门相似(彩版 18-7)。门外西侧有戏楼和寺庙,已

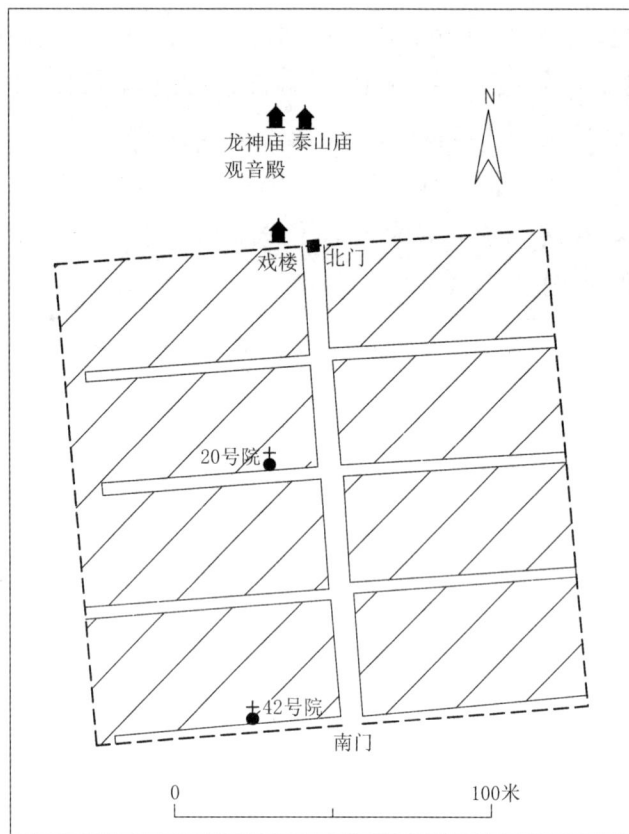

图 18.18　小羊圈村堡平面图

改作学校使用(彩版 18-8)。门内为宽阔的南北主街。

堡墙均为黄土夯筑,1958 年拆除,现已无存,全部为民宅占据。堡墙外为冲沟。南墙仅存东南角附近的一小段墙体,墙体为 1 米高的基础,上面修建民宅。当地长者回忆,东南角下修建有地道,现已废弃。此外,村庄里也有抗日战争时期修建的地道。

堡内布局为南北主街,两侧为相对较窄的四条东西主街,堡内的民宅以土旧房为主,民宅门牌作"堡里头"。房屋顶多翻新,居民较少,老宅院较少。堡里头 20 号院,老宅院上面还有木雕装饰,保存较好,但院子已经荒废。此外还有 2 座老宅院保存较好。堡里头 42 号院,位于南墙内顺城街西街口,广亮大门,门外两侧置一对石雕抱鼓石,门内为 1 座大院子,旧时为前后两进院,设有二道门,现已无存。

三、寺庙

据当地长者回忆,小羊圈村原建有财神庙、观音庙、戏楼、龙神庙/观音殿、泰山庙、玉皇庙/观音殿。

财神庙、观音庙　位于南门外,现已无存。

戏楼　位于小羊圈村堡北门西侧的北墙外侧,倚墙修建。坐南面北,正对龙神庙,相距 20 米。戏楼坐落在高 1.5 米的砖石台明上,前台明四周铺红砂石条,戏楼面阔三间,单檐六檩卷棚顶,挑檐木出挑长,两侧山墙各有一朵山花砖雕,但不对称。东侧为菱形,内容为花开富贵;西侧为圆形,内容为一圈茂盛的花叶。前檐柱 4 根,擎檐柱 2 根,金柱 2 根,柱下石鼓柱础前雕狮子头。前檐额枋龙首撑拱,顶部脊檩上彩绘《八卦图》。戏楼内前台方砖斜墁,前后台间明间原置隔扇,左右设出将、入相二门。戏楼内堆放柴草。戏楼对面修建 2 座庙殿,正对着戏楼者为龙神庙,东侧为泰山庙。

　　龙神庙/观音殿　位于堡北门外西侧庙院内,南 20 米处为倒座戏楼与龙神庙相对,东侧与泰山庙并排。庙台高 1.2 米。正殿坐北面南,面阔三间,单檐硬山顶,进深四架梁出前檐廊,门窗已经改造。前檐额枋尚存彩绘。殿内已改造,壁画全毁。龙神庙西有六间住房,均为小式卷棚顶。龙神庙北侧突出,建有倒座观音殿。

　　泰山庙　位于堡北门外西侧庙院内,坐落于高 1.2 米的庙台之上,与龙神庙并排。正殿坐北面南,面阔三间,硬山顶,六架梁出前檐廊,门窗已经改造。前檐额枋尚存彩绘。正脊为三段花草脊。殿内已改造,壁画全毁。

　　玉皇庙/观音殿　位于堡北部花山顶上。寺庙周围视野开阔,北望可见东黄花山。花山顶部为一片平地,玉皇庙曾为 1 座庙院,整体坐北面南,南院墙中部开设山门,门内两侧为钟鼓楼和石碑,院中北部为正殿,面南为玉皇庙,面北为观音殿。如今已完全塌毁,仅存铺地砖和夯土台明,残砖碎瓦俯拾皆是。村民在遗址上用残砖碎石垒了一个小石屋,面南,龛中置一张纸,上书"供奉花山玉皇大帝神位",面北龛中亦置一张纸,字迹漫漶,应为"供奉观世音神位"。庙宇所在的山坡下原修建有戏楼,正对寺庙。解放前戏楼便已塌毁,现为遗址,仅存基础,上面有大量砖瓦堆积。此外,附近山坡上有一石碑,碑上部已断,仅存下半部,残留部分有一列竖字"人石神位",碑底部有"晓阳涧"。

第二十二节　马官营村

一、自然环境与人文历史

　　马官营村位于桃花镇西偏北 4 公里处,属丘陵区,村庄选址修建在平川之上,东、南方地势平坦开阔,为黏土质,辟为耕地。西、北面临冲沟。1980 年前后有 719 人,耕地 2 890 亩,曾为马官营大队驻地。

　　相传,大约在辽乾亨年间,曾有一姓马的官员在此安营扎寨,建村时据此冠村名为马官营。村名最早见于《(光绪)蔚州志》,作"马官营",《(民国)察哈尔省通志》沿用。

如今,马官营村庄规模较大,居民较多,民宅多已经翻建,村庄分为新、旧两部分,旧村位于整个村庄的西北部,231乡道穿村而过(图18.19)。

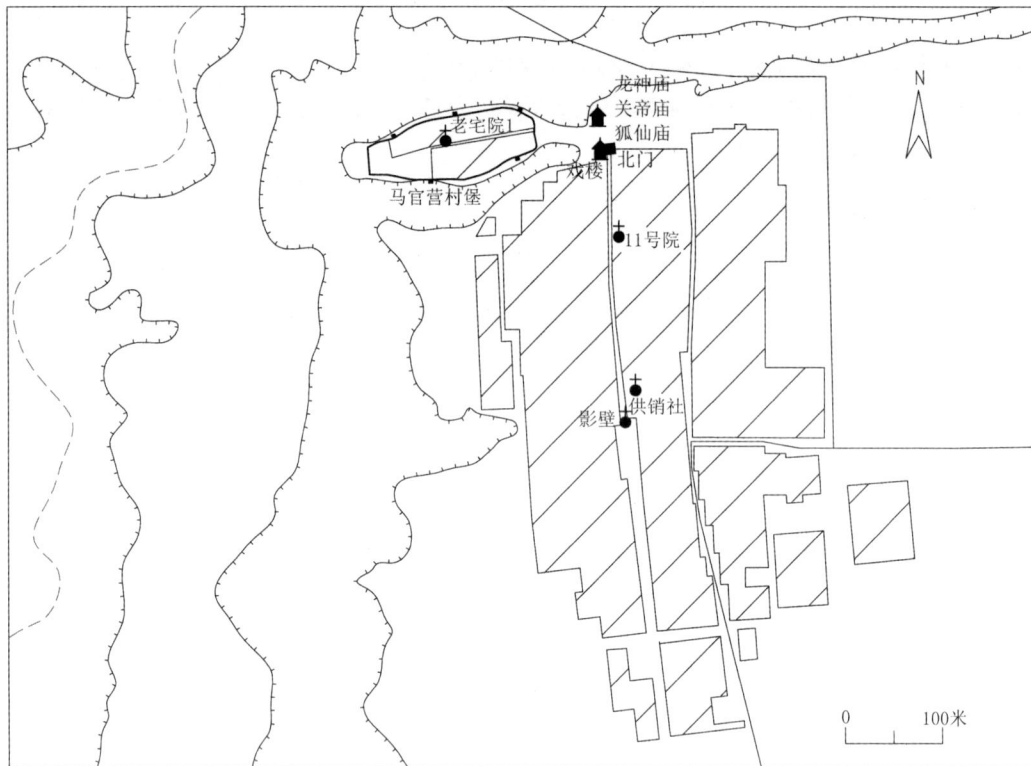

图18.19 马官营村古建筑分布图

二、庄堡与寺庙

(一) 城堡

1. 城堡

马官营村堡,当地称为"堡里头"。位于村外西北方的台地上。台地南、西、北三面临沟壑,地势险要,只有东侧与村庄相连。村堡受地形影响,规模较小,周长约410米,平面呈不规则形,开东门,堡内平面布局为东西主街结构。

堡东门建筑无存,现为缺口,门外南侧设1座马面。

堡墙均为黄土夯筑,沿着台地边缘修建,充分利用台地的自然高度,堡墙坍塌严重,与台地融为一体,仅东墙保存尚好,墙体高6米。

堡内目前只有四五人居住,旧时居民较多,杂姓。如今尚存老宅院1,位于街道北侧,一进院,坐北面南,院门开于东南角,硬山顶,广亮门,院内废弃。

2. 寺庙

五道庙 2座,均为坐西面东,面阔单间建筑,分别位于堡内东西主街西尽头和东门外北侧,现已无存。

地藏寺 位于堡内主街北侧,现已无存。

龙神庙、关帝庙、狐神庙 位于庄北门外,冲沟边缘,原为1座庙院,整体坐北面南,庙院四周院墙坍塌无存,南侧山门与北侧正殿尚存(彩版18-9)。山门为随墙门,硬山顶,平顶门洞,檐下砖作仿木构砖雕,砖雕椽子、挑檐檩、梁头、斗拱与装饰花草等。

正殿位于院内北侧,坐落在高约1米的庙台上,坐北面南,面阔五间,硬山顶,进深五架梁出前檐廊。前廊西墙下设面然大士龛。殿前檐下门窗全部毁损,前檐额枋彩绘已脱落。殿内隔为三间,正中三间为龙神庙,东梢间为关帝庙,西梢间为狐神庙。三庙间隔墙尚存,但内壁曾涂刷白灰浆,壁画漫漶,仅脱落处露出残存的壁画。

龙神庙,位于正中三间,殿内堆放柴草等杂物,四周下部墙皮脱落严重,壁画损毁严重,正面还可隐约看出龙母、五龙王与雨师七位神像,为清末民国时期作品。顶部脊檩彩绘《八卦图》。

关帝庙,位于东梢间,顶部脊檩彩绘《八卦图》。殿内尚存清末民国时期的壁画,正殿内壁曾刷过白灰浆,壁画损坏严重,只有脱落处露出残存的壁画。正壁绘有《关帝坐堂议事图》,中间为关帝,关公背后是两位侍童,两侧隐约可见左丞相陆秀夫,右丞相张世杰,但无周仓和关平,与蔚县其他区域《关帝坐堂议事图》有所区别。两侧山墙壁画为连环画式,4排4列,采用深蓝色底色。

东山墙

(画模糊)	(画模糊)	(画模糊)	(画模糊)
(画模糊)	(画模糊)	(画模糊)	(画模糊)
(画毁)	(画毁)	(画毁)	(画毁)
(画毁)	(画毁)	(画毁)	(画毁)

西山墙

(画模糊)	(榜题被覆盖)	(画模糊)	(画模糊)
□□□□	□斩卞喜	(画模糊)	□□王忠
(画毁)	(画模糊)	(画模糊)	(画模糊)
(画毁)	(画毁)	(画毁)	(画毁)

狐神庙,位于西梢间,殿内堆放玉米棒芯,壁画表面涂刷白灰浆,画面漫漶,尚可见部

分人物形象,亦为清末民国时期作品。正壁壁画人物仅能看出轮廓,正中是一位主像,四周是众将。顶部脊檩彩绘《八卦图》。山尖绘画为杜牧的"清明时节雨纷纷,路上行人欲断魂。借问酒家何处有?牧童遥指杏花村"。每句为一幅画,其中"欲断魂"写作"玉段红"。

戏楼　位于北门外西侧,与龙神庙正对,戏楼坐南面北,面阔三间,外卷棚内硬山式,五架梁。台明高 1.2 米,包砌青砖,古镜柱础,前台檐柱为墩接柱。柱头有卷刹遗韵。西侧菱形山花保存完整,东侧山花已脱落。戏楼前檐额枋彩绘脱落,戏楼内脊檩彩绘《八卦图》,四壁未见明显题记和壁画。

(二) 庄

1. 庄

庄,即旧村,位于整个村庄的西北部。平面呈矩形,开南、北门,庄内平面布局呈南北主街(地名"正街")结构。

据当地长者回忆,正街南北曾修建庄门,其中南门为土坯修建的简易门,门外为观音殿。北门为条石基础,砖砌门体,木梁架门顶,门顶修梓潼阁(面南)/魁星庙(面北)。庄四周未曾修建庄墙。

庄内民宅以土旧房为主,大部分翻修屋顶,老宅院较少,主要分布于主街两侧。

11 号院,位于街道东侧,一进院,坐北面南,院门开于西南角,广亮门,硬山顶,门外两侧墙壁上贴有民国时期的门牌。

供销社,位于主街东侧,近南口处,一进院,已废弃。

据当地长者回忆,当地居民原住在堡内,随着人口繁衍生息,堡内地势狭窄,无法容纳,故逐渐搬迁到正街居住。村民以陈姓为大户,旧时户户有水井,水源丰富。

2. 寺庙

观音殿　位于庄南口外,庙宇建筑无存,现修建有 1 座影壁,旁边长有一株大柳树。当地传说柳树若有伤口,便会从伤口处流出鲜血,故村民不敢砍伐。

梓潼阁/魁星庙　位于庄北门顶部,由门外西侧砖砌台阶登顶,梓潼面南,魁星面北。现已无存

河神庙　位于村东,现已无存。

五道庙　位于北门外西侧,坐西面东,面阔单间,现已无存。

第二十三节　东辛安皂村

一、自然环境与人文历史

东辛安皂村位于桃花镇西偏北 5.3 公里处,属丘陵区,东、西临沟,村中有南北向小

沟,为黏土质,辟为耕地。1980年前后有544人,耕地2519亩,曾为东辛安皂大队驻地。

相传,明朝初期人们从外地迁来建村,辛辛苦苦安家落户,且曾为屯兵之地,故取村名辛安皂。后因村中被水冲成大沟,遂分东西两村,居东者即为东辛安皂。村名最早见于《(正德)宣府镇志》,作"辛安皂堡",《(嘉靖)宣府镇志》作"辛安",《(崇祯)蔚州志》作"辛安皂堡",《(顺治)云中郡志》作"辛安皂堡",《(顺治)蔚州志》作"辛安皂堡",《(乾隆)蔚县志》作"辛安皂东堡",《(光绪)蔚州志》作"东辛安灶",《(民国)察哈尔省通志》作"东辛安皂"。

二、庄堡、寺庙、民宅

如今,东辛安皂村由1堡2庄组成,即东为庄子村,西为后庄子,南侧隔沟的台地为庄子上(或称寨子上),三村平面呈"品"字形。村正中有1座水塘,水塘四周大树环绕。

（一）城堡

东辛安皂村堡位于村庄西南堡,现称为庄子上、寨子上,城堡四周冲沟环绕,以台地边缘围成堡,平面呈矩形,周长约316米,开西门,现为缺口。堡墙均为黄土夯筑,沿冲沟边缘修建,坍塌严重,现为斜坡状土垅。堡内仅存4座宅院,其余为荒地,旧时格局未知。

（二）庄

庄子、后庄子皆未建庄墙。2座庄子皆保存有老宅院,其中保存较好者有:后庄街43号、后庄街50号,庄子街14号、庄子街27号。

（三）寺庙

据当地长者回忆,东辛安皂村原修建有观音殿、龙神庙与关帝庙,皆已拆毁。

第二十四节　西　辛　安　皂　村

一、自然环境与人文历史

西辛安皂村位于桃花镇西偏北5.5公里处,属丘陵区,东、西临沟,地势较平坦,为黏土质,辟为耕地和杏树林。1980年前后有241人,耕地1125亩,曾为西辛安皂大队驻地。

西辛安皂村得名于东辛安皂村相似,因居西即为西辛安皂。村名最早见于《(正德)宣府镇志》,作"辛安皂堡",《(嘉靖)宣府镇志》作"辛安",《(崇祯)蔚州志》作"辛安皂堡",《(顺治)云中郡志》作"辛安早堡",《(顺治)蔚州志》作"辛安皂堡",《(乾隆)蔚县志》作"辛安皂西堡",《(光绪)蔚州志》作"西辛安灶",《(民国)察哈尔省通志》作"西辛安皂"。

二、寺庙

大庙（龙神庙、佛殿） 又称"释迦殿"，位于村北一株高大古树北侧。大庙原为1座庙院，坐落在高1.8米的土筑庙台上，坐北面南，四周院墙已坍塌，如今尚存3座大殿。分为前后二排建筑，前排东起为山门、禅房、龙神庙。后排释迦殿（佛殿），释迦殿前有西配殿1座。龙神庙前有古桑树一株。如今殿均已改造为民宅。

山门，单檐硬山顶，四架梁出前檐廊，土坯山墙。

禅房，单檐四檩卷棚顶，面阔二间。

龙神庙，单檐硬山顶，面阔三间，进深四架梁出前檐廊。殿前檐下门窗已毁，后墙残塌。殿已被废弃。

释迦殿，坐北面南，单檐硬山顶，面阔三间，进深六架梁出前檐廊。殿内堆放杂物，内壁曾涂抹白灰浆，壁画尚存，从色彩看为清末民初的作品。正壁明间一佛二菩萨，佛祖结迦趺坐于莲花座上；两侧次间与山墙绘释迦应化的故事，连环画形式。释迦殿及西配殿已作为村委会库房，堆放杂物。

第二十五节　鲁家庄村

一、自然环境与人文历史

鲁家庄村位于桃花镇西北4.4公里处，属丘陵区，东、西临沟，北依黄土坡，属黏土质，周围辟为耕地。1980年前后有618人，耕地2 625亩，曾为鲁家庄大队驻地。

相传，清乾隆四十七年(1782)建村时因鲁姓占多数，故取村名鲁家庄。村名最早见于《(光绪)蔚州志》，作"鲁家庄"，《(民国)察哈尔省通志》沿用。

二、城堡

鲁家庄村堡，开设东门，现为缺口。四周堡墙坍塌殆尽，仅存北墙西部一段残墙及西北角，西墙依台地而自然成险。堡内民宅均为新瓦房，仅东南角附近剩几座老宅院。堡中还保存有1座土墩，应为寺庙遗址。

三、寺庙

据当地长者回忆，鲁家庄曾有多座寺庙。如真武庙、泰山庙(北山顶)、观音殿(堡南)、五道庙（堡南）、关帝庙（堡东）、龙神庙（堡东）等，龙神庙对面修有 1 座戏楼。上述寺庙已全部拆毁。

第二十六节　谢家庙村

一、自然环境与人文历史

谢家庙村位于原朱家湾乡（今属桃花镇）西南 3.2 公里处，属丘陵区，东、南、北方均有大小不等的冲沟，地势较平坦，为黏土质，辟为耕地。1980 年前后有 399 人，耕地 1 816 亩，曾为谢家庙大队驻地。如今，村中尚有 200 余人居住，村民以谢姓为主。当地饮水困难，10 多年前井水干涸，村民到西辛安皂村买水，每桶水 1 元钱。

相传，大约三百年前，谢姓人在此建村，并修建龙神庙，故取村名谢家庙。村名最早见于《（乾隆）蔚县志》，作"谢家庙"，《（光绪）蔚州志》《（民国）察哈尔省通志》沿用。

二、寺庙

龙神庙　位于村北，坐北面南，面阔三间，硬山顶。殿主体采用土坯砌筑，坍塌严重，脊顶垮塌，殿内堆放柴草。殿内壁画无存。庙前有一株古桑树。

戏楼　位于龙神庙对面，坐南面北，砖石台明高 1.3 米，前台明铺石条。戏楼面阔三间，单檐六檩卷棚顶，前檐柱 4 根，金柱 2 根，擎檐柱 2 根，柱下石鼓柱础。前檐额枋尚存彩绘。戏楼内脊檩上绘《八卦图》，亚型驼墩无雕饰彩绘。戏楼地面条砖错缝正墁。戏楼三面墙均为土坯垒砌，山墙外部表砖。戏楼后面接 1 座抱厦。

第二十七节　张家梁村

一、自然环境与人文历史

张家梁村位于原朱家湾乡（今属桃花镇）西南 4.5 公里处，四面环沟，属丘陵区，地势东北高，西南低。北部为红黏土质，南部为半粘半壤土质，辟为耕地和杏树林。1980 年前后有 639 人，耕地 3 425 亩，曾为张家梁大队驻地。

相传，大约三百年前，张姓在此山梁上建村，即取名张家梁。村名最早见于《（民国）察哈尔省通志》,作"张家梁"。

如今,村庄仅 300 余人常住。村民以张姓为主,少部分为王姓。张姓从史家湾迁此地,王姓从后湾迁此地。10 多年前,村中井水干涸,村民到西辛安皂村买水,每桶 1 元,每次可运 1~2 桶;到大辛柳买水每桶 2 元。

村南龙神庙西侧台地上为旧村,保存有 1 座老宅院,即西街 58 号,硬山顶门楼,门楼内西侧墙上残存毛主席语录,东侧墙上残存有一张《捷报》,开头为"贵府梁老爷",内容已损毁。

二、寺庙

据当地长者回忆,村南修建有大庙、龙神庙、戏楼,"文革"时期拆毁。

大庙 位于村西土台上,庙内供有佛爷,现已无存。

龙神庙 位于村南路口,坐落于砖砌台明上。坐北面南,对面 20 米为倒座戏楼。正殿为单檐硬山顶,原面阔三间,1966 年重修改为四间,进深五架梁出前檐廊。殿前置月台,高 1.4 米,前置 10 步石砌台阶。殿内已改作磨坊,壁画全部毁损。

戏楼 位于龙神庙对面,坐南面北,面阔三间,单檐六檩卷棚顶,前后台置通天柱,柱下石鼓柱础。砖石台明高 1.3 米,台明铺石条,下为条砖。戏楼内明间原置隔扇,分隔前后台,左右设出将、入相二门。顶部脊檩上彩绘《八卦图》。戏楼西南有一水塘。

第二十八节 白 家 洼 村

一、自然环境与人文历史

白家洼村位于原朱家湾乡(今属桃花镇)西偏南 3.9 公里处,属丘陵区,村庄四面临沟,黏土质,辟为梯田。1980 年前后有 219 人,耕地 1 188 亩,曾为白家洼大队驻地。

相传,该村居于四十亩洼地,大约在清雍正年间由白姓建村,故取村名白家洼。村名最早见于《(民国)察哈尔省通志》,作"白家宨"。

如今,村庄尚有 30 多户居民,村民大部分姓魏。村中亦无水,村民需从东二里的沟中挑水,与马庄子村同用一个水源,这条沟马庄子称为西沟。村东侧尚存 1 座老宅院,门楼高大,硬山顶,其他民宅多为新建的红瓦房。

据村中 63 岁的王姓老人回忆,王家是祖爷爷辈从后湾村迁此地居住的。白家洼旧村在村西侧的大沟下,故称为白家洼,后来全村从沟中洼地迁到了台地上居住,村中还有一批村民是从后湾村迁居此地的。

二、庄

据村中 63 岁的王姓老人回忆,村庄原设有西庄门,土坯砌筑,方形门框,门内正对天主堂。现已无存。

三、寺庙

据村中 63 岁的王姓老人回忆,旧时村庄曾修建有大庙、天主堂。

大庙(龙神庙、关帝庙) 位于村口西南侧进村道边,现村委会对面的空地上,庙院设山门,院内建龙神庙、关帝庙,"文革"时期拆毁。

当地祭龙神行雨仪式如下。每年农历二月初二祭龙王,七月十一至十二与十月初一行雨,收庄稼时要拜雷公。七月十一至十二日的求雨最为隆重,村民们要去石窑水北侧的东黄花山拜龙王求雨,东黄花山是这一带最大的龙神祭祀地。

天主堂 位于大庙北侧的一片空地上,"文革"时期拆毁。村民全部信奉天主教,马庄子村也有部分村民信仰天主教。

第二十九节　扯业辛庄村

一、自然环境与人文历史

扯业辛庄村位于桃花镇南偏东 4.8 公里处,河北屋脊小五台山脚下,属丘陵区,村庄选址在山前冲积扇上,地势南高北低,落差较大,村庄周围地势平坦开阔,多为黏土质,有部分沙土质,辟为耕地。1980 年前后有 683 人,耕地 4 198 亩,曾为扯业辛庄大队驻地。村庄规模较大,一条宽而浅的冲沟将村庄分为东西两部分。民宅以新房为主,居民较多。村中大姓有魏、康与夏姓。

相传,明洪武十五年(1382),有几户居民于此建村,辛辛苦苦拉家扯业,故取扯业辛庄,后一度曾简称辛庄。1982 年 5 月,复称扯业辛庄。村名最早见于《(光绪)蔚州志》,作"扯业新庄",《(民国)察哈尔省通志》作"扯业辛庄"。如今,扯业辛庄已简称为辛庄。

二、城堡

扯业辛庄村堡,位于村庄中北部,平面大致呈矩形,开设东、西、南三门,堡内平面布局为十字街结构。据村中的 63 岁康姓老人回忆，城堡解放前已拆毁，四至未知，如今仅存堡北墙外的墩台。墩台之上坐落 1 座玉皇阁。堡内老宅院损毁殆尽。

三、寺庙

据当地长者回忆，原修建有玉皇阁、龙神庙（或泰山庙）、戏楼、关帝庙、观音殿、和尚庙、五道庙等，如今仅存玉皇阁、龙神庙、戏楼、关帝庙。

玉皇阁　位于堡外北侧墩台上（彩版 18-10）。夯土台高 12.8 米，收分明显，平面呈方形，边长 8 米。夯层厚 0.1 米，内夹木棍。庙台南侧有毛石垒砌台明，长宽为 5×5 米，高 1 米，建筑性质未知。台明北侧筑高大的庙台。庙台南侧留有 7 步台阶梯道，梯道口建有砖砌山门，山门为券形门洞。正殿坐落于台顶，坐北面南，硬山顶，面阔三间，进深四架梁出前檐廊，"文革"时期殿中塑像、壁画遭破坏。1999 年，村民夏天明筹资重修正殿门窗，重新补配、油饰，彩绘重新绘制，但水平粗劣。殿内清代的壁画被现代的涂鸦所覆盖。玉皇阁所在的墩台推测原为明代的烽火台。当地传说玉皇阁建于清康熙年间，因此极有可能为明代的烽火台，为清代建筑所利用。

现为蔚县重点文物保护单位。

龙神庙　位于堡东南侧，原为 1 座庙院，如今院墙仅存西、南墙，东墙坍塌无存（彩版 18-11）。院门尚存，随墙门。正殿坐北面南，面阔三间，硬山顶，进深六架梁出前檐前廊，前檐额枋刷红油漆，彩绘无存。西戗檐砖雕"马上蜂猴"。屋顶正中覆三拢灰、绿、墨三色琉璃瓦。大殿两侧山墙残存有山花，菱形布局的下部为花篮，其他三角各有一朵花。殿内曾改作教室，增设吊顶，内壁刷一层白灰浆，山墙壁上各描出一块黑板。如今白灰浆局部脱落，露出原壁画，为清代中晚期作品。正面绘《龙母龙王坐堂议事图》，隐约可见 7 尊神像，即龙母、五龙王、雨师。龙母两侧各有 6 名乐伎人，持各类乐器，这类题材在蔚县龙神庙中尚属孤例。两侧山墙受损严重，仅黑板上方露出壁画，但模糊不清。顶部脊檩彩绘《八卦图》。龙神庙前原还有两根旗杆，现已不见踪影。龙神庙东耳房面阔单间硬山顶，已焚毁，仅存三面墙体，据说是供奉昆虫的殿堂。

戏楼　位于龙神庙的对面，院门东侧，砖砌台明高 1.3 米（彩版 18-12）。戏楼坐南面北，面阔三间，卷棚顶，进深六架梁，前檐柱四根，擎檐柱两根，柱下置鼓形柱础，前檐额枋彩绘大部分脱落，撑拱为蕉叶、象首。戏楼内地面条砖人字形铺墁，两侧山墙残存有山花。戏楼内尚存民国时期的壁画，表面涂刷白灰浆，内容漫漶。隔扇仅存框架，明间隔扇上部悬挂"勤俭建国"木匾。戏楼内后台题壁有"光绪六年"字样。

关帝庙　位于龙神庙东侧，十字街中心的西南，原有庙院，现已全毁。正殿，坐北面南，硬山顶，面阔三间，进深五架梁。殿顶已残破，摇摇欲坠。殿内壁画全毁。

第三十节　赤崖堡村

一、自然环境与人文历史

赤崖堡村位于桃花镇南偏东 6.3 公里处,属半坡丘陵区,村庄选址修建在河北群山之首小五台山北台山前冲积扇上,地势南高北低,西侧紧邻冲击河道,北、东、南面地势相对平坦开阔,多为黏土质,有部分沙土质,辟为耕地。1980 年前后有 1 063 人,赵姓为主,耕地 5 135 亩。曾为赤崖堡大队驻地。如今,村庄规模较大,民宅以新房为主,居民较多。152 乡道穿村而过(图 18.20)。

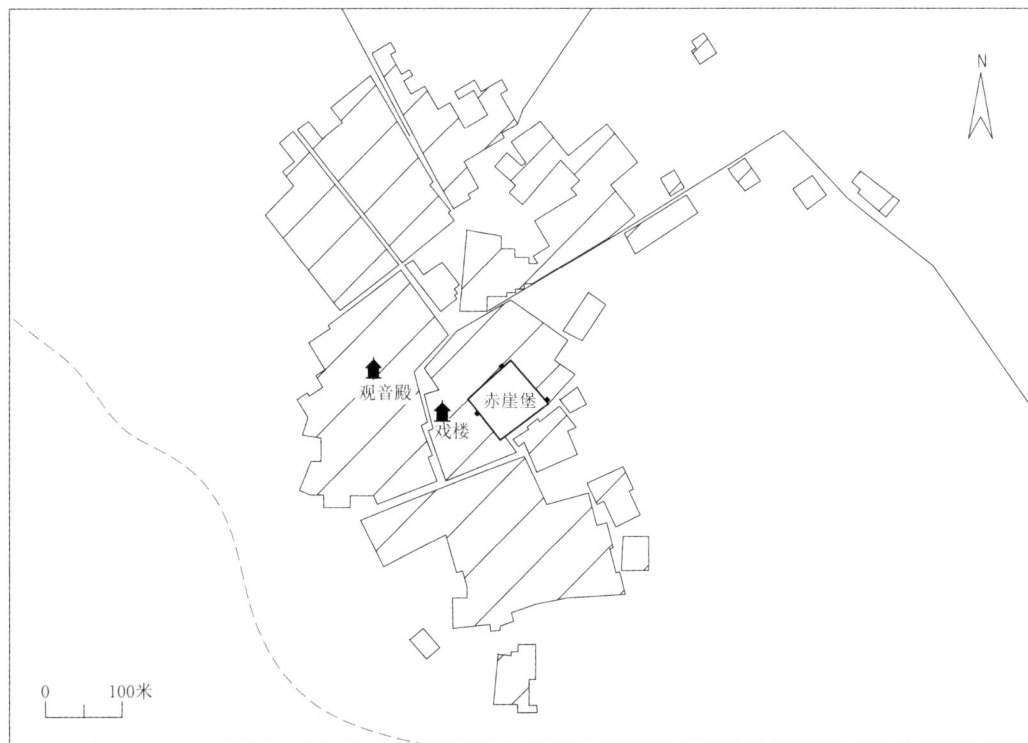

图 18.20　赤崖堡村古建筑分布图

相传,明洪武年间建堡,因该村正南有赤色悬崖,故取村名赤崖堡。村名最早见于《(嘉靖)宣府镇志》,作"赤崖",《(顺治)蔚州志》作"赤崖堡",《(乾隆)蔚县志》《(乾隆)蔚州志补》《(光绪)蔚州志》《(民国)察哈尔省通志》沿用。

二、城堡

赤崖堡村堡,位于村内中东部,即旧村所在地。堡外四周为新村。城堡平面呈矩形,周长285米,规模较小,开南门,堡内平面布局为丁字街结构(图18.21)。

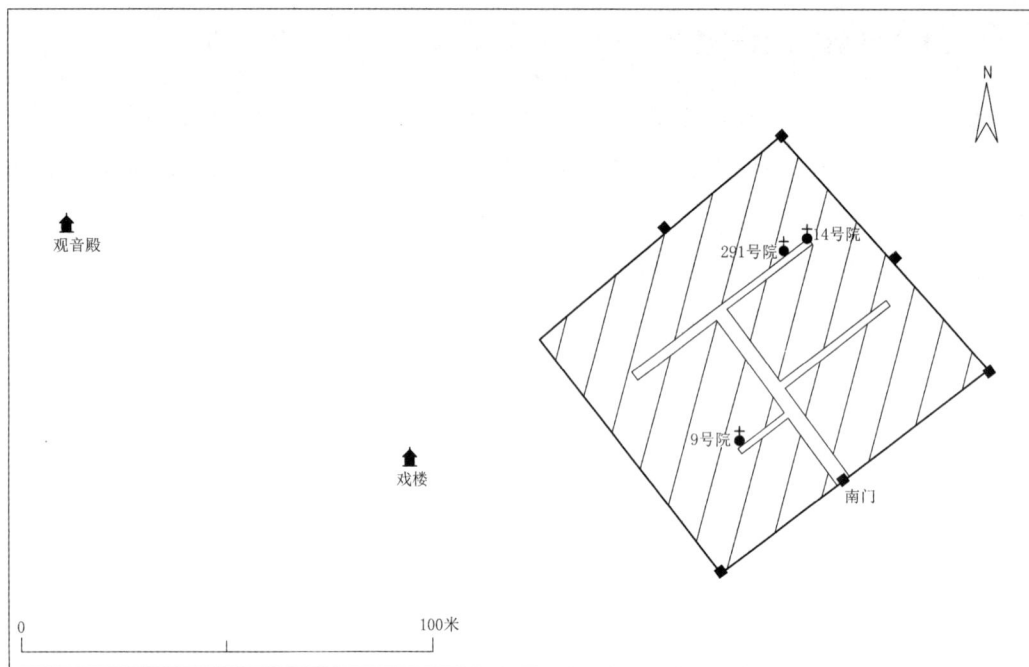

图 18.21　赤崖堡村堡平面图

城堡南门为砖石拱券结构,体量规格较小,基础为毛石砌筑,上部青砖起券(彩版18-13)。外侧门券三伏三券,上出二层伏檐,门券拱顶上方镶嵌三枚砖雕莲花门簪。内侧门券为二伏二券,门顶为木梁架结构,已坍塌。堡门外两侧有一栓马石。门内为南北主街。

堡墙均为毛石垒砌,墙芯土石混筑。东墙长71米,高4~5米,墙体内外均为倚墙修建的民宅。东墙中部尚存1座矩形马面,保存较好,高4~5米(彩版18-14)。东墙外地名"东街"。南墙长76米,墙体断续,墙体高0~4米,墙体内侧为房屋,外侧为道路。西墙长67米,保存较好,墙体高4~5米,墙体内侧为民宅,外侧为道路,地名"西街"(彩版18-15)。北墙长71米,保存一般,墙体高薄、断续,高1~5米,墙体内侧为民宅,外侧为道路。

东南角设90°直出角台,高6~7米,保存一般。西南角台设90°直出角台,高2~3米。西北角无存。东北角设90°直出角台,高4~5米。

旧时堡内住10余户居民,堡内民宅以土旧房为主,老宅院较少。

正街　尚存有老宅院。9号院,位于主街西侧一支巷内,一进院,坐北面南,院门开于东南角,广亮门,硬山顶,院内正房面阔三间,硬山顶,东西厢房面阔三间,单坡顶。

后街 即丁字街东西街。东街尚存有 2 座老宅院。291/11 号院,位于街道北侧,一进院,坐北面南,院门开于西南角,广亮门,硬山顶,门外两侧墙壁上贴有《捷报》,院内废弃。14 号院,位于街道东尽头,堡东北角内,一进院,坐北面南,院门开于西南角,随墙门,正房面阔五间,硬山顶,门厅退金廊,院内废弃。9 号院,位于主街西侧一巷内,一进院,坐北面南,院门开于东南角,广亮门,硬山顶,院内正房面阔五间,硬山顶,东西厢房面阔三间,单坡顶。

三、寺庙

据当地长者回忆,旧时城堡内外寺庙众多。曾修建有龙神庙、戏楼、关帝庙、阎王殿、山神庙、观音殿、河神庙、五道庙、卧龙庵。庙宇建筑多于"文革"时期拆毁。

龙神庙 位于堡西墙外大队部院内,现已拆毁修建幸福院,仅存戏楼。

戏楼 位于原龙神庙院内,砖石台明高 1.1 米,台明包砌青砖,顶部四周铺石条。戏楼坐南面北,面阔三间,卷棚顶,进深六架梁,前檐柱 4 根,擎檐柱 2 根,柱下置鼓形柱础,前檐额枋彩绘大部分脱落,尚存部分木雕装饰,其中撑拱为龙首蕉叶。戏楼内前后台间置通天柱,以隔扇分开,隔扇仅存框架,设出将、入相二门,隔扇两侧装饰垂花柱。隔扇西次间上方悬挂有"推陈出新"木匾。梁架置金瓜柱无驼墩,方形角背无雕饰。脊檩彩绘《八卦图》。戏楼内堆放杂物,墙壁表面涂刷白灰浆,前台东西两侧墙壁尚隐约可见清末民国时期的条屏式壁画,各四幅,画面受白灰浆影响而漫漶。此外内壁尚存许多涂鸦作品。

院内散落 1 通布施功德碑,记载有"东五台山黎元寺卧云庵僧众……"。

关帝庙 位于戏楼西侧,现已无存,近代在原址上修建供销社。

山神庙 位于东南角台外东侧,现已夷为平地。

观音殿 位于城堡西北角外,2019 年新建建筑,现为 1 座庙院,坐南面北,正殿面阔单间,硬山顶。

卧龙庵 位于堡西墙外的沙河西岸,现已无存。

第三十一节 其他村庄

一、杨家庄村

杨家庄村位于桃花镇西北 3.5 公里处,属丘陵区,东临沙河,地势平坦,为黏土质,周围辟为耕地。1980 年前后有 321 人,耕地 1 190 亩,曾为杨家庄大队驻地。

相传,清道光十二年(1832),几户杨姓迁此建庄,故取名杨家庄。村名最早见于《(正德)大同府志》,作"杨家庄堡",《(正德)宣府镇志》作"杨家庄砦",《(嘉靖)宣府镇志》作"杨家",《(崇祯)蔚州志》作"杨家庄堡",《(顺治)云中郡志》《(顺治)蔚州志》沿用,《(乾隆)蔚县志》作"杨家庄",《(民国)察哈尔省通志》沿用。

如今,杨家庄已改造为新村,民宅为一排排整齐的红瓦房,老宅院无存。村东北田野中,残存一间旧房。

二、朱家湾村

朱家湾村位于蔚州古城东北45公里处,地处沙河两岸。东、西为陡崖,属丘陵区。地势西高东低,为黏土质,周围辟为梯田。212乡道穿村而过。1980年前后有312人,耕地2 000亩,曾为朱家湾公社、朱家湾大队驻地。

相传,明隆庆年间朱姓在此一山湾处建村,故取名朱家湾。村名最早见于《(民国)察哈尔省通志》,作"朱家湾"。

如今,朱家湾村分为西湾街与东湾街两部分。村中现有100余人常住,村民以宋姓为主。村中老宅已拆毁,位于村南土台上大庙亦拆毁。村东南方向建有1座剧场,剧场对面为村委会大院。

三、水沟门村

水沟门村位于原朱家湾乡(今属桃花镇)北偏西2.7公里处,西临沙河,属丘陵区,地势东高西低,为黏土质,辟为梯田。1980年前后有135人,耕地959亩,曾为水沟门大队驻地。212乡道从村西经过。

相传,明崇祯年间建村于一道名叫水沟的沟门口,故借沟冠村名为水沟门。村名最早见于《(民国)察哈尔省通志》,作"水沟门"。

如今,水沟门为行政村,北部的几座村庄皆属水沟门管辖。村口有一片平地,平地中间有一片小水塘,水塘边上有水管汩汩流水。村中还残存有几座老宅院,有卷棚顶门楼。村东南侧坡地上长有一株松树,当地长者回忆,松树下原有1座寺庙,推测为龙神庙。

四、南梁村

南梁村位于原朱家湾乡(今属桃花镇)西偏北2公里处一山顶上。南、北临沟,属丘陵区。地势北高南低。为黏土质,辟为梯田。1980年前后有97人。耕地953亩。曾为南梁大队驻地。如今,村庄内仅2座完整房屋,大部分房屋废弃。

相传,清雍正年间,该村址建在一道山梁的南边,故取村名南梁。但蔚县各版方志均失载。

五、西寺沟村

西寺沟村位于原朱家湾乡（今属桃花镇）西北 2.5 公里处，属丘陵区。村庄选址在一片坡地上，南靠沟，地势北高南低。为黏土质，辟为梯田。1980 年前后有 138 人，耕地 997 亩，曾为西寺沟大队驻地。

相传，清乾隆年间在这里同时建两村，因两村之间有一道沟和 1 座寺院，位于西边的村庄取名西寺沟。村名最早见于《（民国）察哈尔省通志》，作"西寺儿沟"。

据资料记载，1941 年 5 月 19 日，发生了西寺沟惨案，75 位村民惨遭日军杀害、毒死。

如今，村庄为自然村，属武家嘴村所辖。村中只有几户居民居住，大部分民宅废弃、坍塌。

六、东寺沟村

东寺沟村位于原朱家湾乡（今属桃花镇）西北 2.4 公里处，属丘陵区。南靠沟，东、西临沙河，地势北高南低，起伏不平，为黏土质，辟为梯田。1980 年前后有 172 人，耕地 997 亩，曾为东寺沟大队驻地。

相传，清乾隆年间在这里同时建两村，因两村之间有一道沟和 1 座寺院，位于东边的村取名东寺沟。村名最早见于《（民国）察哈尔省通志》，作"东寺二沟"。

如今，东寺沟村为自然村，属武家嘴村所辖。村中大多数村民已迁出，只留有几户居民，村中以张、王、吴三姓为主。村口有一台地，其上曾修建有 1 座庙宇，已是一片残墙断垣，推测为龙神庙。

七、后湾村

后湾村位于原朱家湾乡（今属桃花镇）西北 4.4 公里处，选址于山坡坡地上，东临沙河，地势起伏，属丘陵区，多为黏土质，辟为梯田。1980 年前后有 221 人，耕地 1 059 亩，曾为后湾大队驻地。

相传，明成化年间该村建于一道山湾后边，故取村名后湾。村名最早见于《（民国）察哈尔省通志》，作"后湾里"。

抗日战争时期的 1941 年，日军大扫荡时曾烧毁后湾村，如今村中的旧房均是此后陆续重建的。村中只剩 20 多户、30 余人常住，以老年人为主，村民均为王姓。

据当地长者回忆，后湾村曾修建有关帝庙、龙神庙与五道庙，在村西南方向的土台上，均已被拆毁。

八、寺梁村

寺梁村位于原朱家湾乡（今属桃花镇）西北 5.7 公里处，处黑山东坡，东西临沟，属浅山区,地势较平坦,为黏土质,辟为梯田。1980 年前后有 53 人,耕地 365 亩,曾为寺梁大队驻地。

相传,三百年前该村与黑山寺同建在山梁上,故取村名寺梁。该村在蔚县各版方志中均失载。

如今,村庄规模小,原有 10 余户、50 余人居住,村民姓氏为宋、毛等姓。230 乡道从村北经过。村庄饮水困难,无水井,只能去山沟中取水。"文革"时期村民便开始陆续外迁到西合营、桃花镇中居住。现仅剩一户居民,两位老人居住。

据 86 岁的宁姓老人回忆。村中原修建有龙神庙、五道庙、山神庙。庙宇建筑毁于60 多年前。村南山梁上还有 1 座大寺,称黑山寺,此外还有大同寺,2 座寺院组成上、下寺,寺中立有碑,"文革"中皆被砸毁。

九、吴家庄村

又称吴下庄,位于原朱家湾乡(今属桃花镇)东北 2.9 公里处,东、南临沙河,属丘陵区,地势较平坦,为黏土质,周围辟为梯田。1980 年前后有 85 人,耕地 679 亩,隶属吴家庄大队。

相传,清顺治年间涿鹿县下虎盆村姚姓被吴家招婿入赘,并在吴庄村北建庄。因地势较吴庄低,故取名吴下庄。村名最早见于《(民国)察哈尔省通志》,作"吴家庄"。

如今,吴家庄的村民仍习惯称为下庄。周边的 3 座村庄均归其管辖。村内无老宅院,民宅多为新建的瓦房。据当地姚姓老人回忆,吴家庄沟东侧土崖上有洞,这些洞早先用来防土匪,抗战时期用于防日军。

十、田庄村

田庄村位于原朱家湾乡(今属桃花镇)东北 3.4 公里处,村庄处于一条南北向山谷内的西坡上,东临沙河,属丘陵区,为黏土质,辟为耕地。1980 年前后有 39 人,耕地 246 亩,隶属吴家庄大队。

相传,明隆庆年间田姓在此建庄,故取村名田庄。村名最早见于《(民国)察哈尔省通志》,作"田家庄"。

如今,田庄村属吴家庄所辖。当地长者回忆,几年前田庄村村民已完全迁出,村民全部姓田。田庄村内没有庙宇,村北侧大沟的坡顶是一片废墟,旧时曾为 1 座小庙,但庙名无从得知。

十一、冀家嘴村

冀家嘴村位于原朱家湾乡(今属桃花镇)西南 2.4 公里处,村庄选址在一条山谷内,西临沙河,东靠山坡,属丘陵区,地势略北高南低,为黏土质,辟为梯田。1980 年前后有261 人,耕地 1 191 亩,曾为冀家嘴大队驻地。

相传,大约二百年前,冀姓在这里的山嘴处建村,遂取村名冀家嘴。村名最早见于《(民国)察哈尔省通志》,作"冀家沟"。

冀家嘴村现有 30 多户,常住村民有 60 余人,村民多姓白。村南西侧一片柳树荫下有一口水井,水井很深,井水清澈,为村民日常生活取水之处。

据当地长者回忆,村北曾修建有 1 座龙神庙,20 世纪 50 年代拆庙修建学校,如今学校已废弃。尚存的一间教室所用梁架仍是旧庙殿上的材料。

第十九章 常 宁 乡

第一节 概 述

常宁乡位于蔚县东部小五台山脚下,东部与涿鹿县接壤,东北、西北、西南分别与桃花、吉家庄、白乐为邻,面积 69.3 平方公里。1980 年前后有 10 314 人。如今全乡共 17 座村庄(常宁中心区包含 4 座村庄),其中行政村 15 座,自然村 2 座(图 19.1)。

全乡地形分为丘陵、河川、山地三种类型。丘陵区崎岖不平,沙石较多;河川区较平坦,水源较丰富。经济以农业为主,兼有林、工副业。1980 年前后有耕地 42 177 亩,占总面积的 33.6%,其中粮食作物 36 271 亩,占耕地面积的 86.1%;经济作物 5 861 亩,占耕地面积的 13.9%。1948 年粮食总产 520 万斤,平均亩产 101 斤。1980 年粮食总产 740 万斤,平均亩产 204 斤。主要农作物有谷、玉米。

常宁乡现存古建筑丰富。历史上城堡 8 座,现存 4 座;观音殿 12 座,现存 8 座;真武庙 5 座,现存 4 座;关帝庙 6 座,现存 5 座;五道庙 5 座,现存 3 座;戏楼 11 座,现存 8 座;龙神庙 8 座,现存 1 座;财神庙 1 座,现存 1 座;泰山庙 3 座,无存;三官庙 3 座,现存 2 座;佛殿 2 座,无存;山神庙 1 座,无存;其他寺庙 6 座,现存 2 座。

第二节 常宁乡中心区

常宁乡中心区位于蔚州古城东北 37.1 公里处,小五台山脚下,属丘陵区,地势较平坦,多为沙土质。1980 年前后有 2 135 人,耕地 9 586 亩,曾为常宁公社及常宁西堡、司街、东沟、沙河大队驻地。如今,村庄选址修建在山前冲积扇北部,村南分布有许多山洪冲积形成河道。村庄规模大,包括西堡、司街、东沟、沙河 4 个行政村。人口众多,民宅分布不规矩,布局和道路网较乱,152、232 乡道穿村而过。村庄周围地势一马平川,辟为耕地(图 19.2)。

图 19.1 常宁乡全图

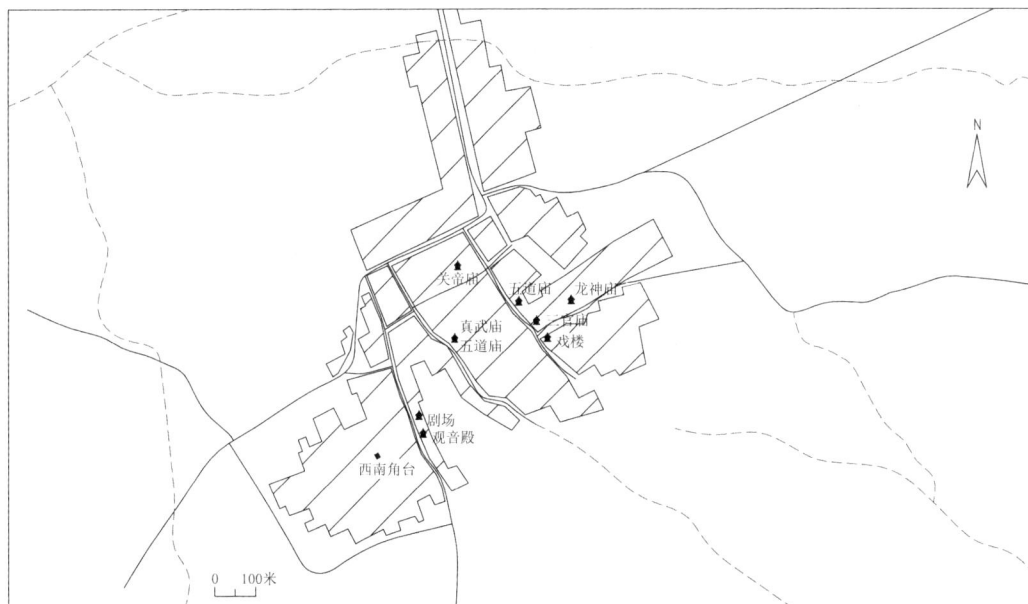

图 19.2 常宁乡中心区古建筑分布图

相传，北魏太和年间由常姓建村，欲祈长久太平、安宁，曾名长宁，后更为常宁。村名最早见于《(正德)大同府志》，作"长宁堡"，《(正德)宣府镇志》作"长宁砦"，《(嘉靖)宣府镇志》作"长宁"，《(崇祯)蔚州志》作"常宁寨堡"，《(顺治)云中郡志》作"长宁寨"，《(顺治)蔚州志》作"常宁堡"，《(乾隆)蔚县志》作"常宁西堡"，《(光绪)蔚州志》作"常宁西堡"，《(民国)察哈尔省通志》作"常宁镇"。

一、常宁西堡村

（一）城堡

常宁西堡村堡位于公路西侧，相对独立，堡外四周辟为耕地。城堡建筑拆毁于 40 多年前，大部分建筑无存，四至未知。城堡开东门，东门外建倒座观音殿。堡墙仅存西南角角台，为 90°直出角台，高 6～7 米，保存较好。角台南、北面为民宅，东侧为南北向的巷子。堡内民宅数量较少，多废弃坍塌。尚存几座老宅院和 20 世纪六七十年代的建筑。

（二）寺庙

观音殿　位于东门外北侧，重建于 2001 年，采用机制红砖砌筑。正殿坐落于砖砌台明上，坐南面北，前有水泥台阶。正殿基础较高，面阔三间，硬山顶。殿内有全新的塑像和壁画。殿前台阶边立 1 通石碑，正面刻有烫金"观音庙"三字，碑阴提到"西堡村观音殿年代久远"云云。观音殿对面还新建 1 座剧场。

二、常宁沙河村

真武庙　位于沙河旧村正北，村西侧路口，庙南正对一条南北走向的主街，庙前分布东西走向的人字形街道。庙院整体坐北面南，山门与正殿为旧构，院墙为机制红砖新砌。山门为三檩中柱硬山顶，广亮大门。正殿坐北面南，面阔三间，硬山顶，进深六架梁出前檐廊。正殿西为三间住房，为后补配。正殿前廊西墙下有面然大士龛，东廊心墙上镶嵌 1 通道光八年(1828)《常宁堡后巷玄帝庙香火地义有另买随香首以辨圣事之地并银粮碑》石碑，石碑长 62 厘米，宽 47 厘米。正殿已修缮。殿内新塑塑像，新绘壁画，两侧山墙壁画为连环画式，每面 4 排 9 列。壁画已由蔚县本地画工重绘，花费约 1.6 万元。东西墙壁每面底部一排壁画中包含 4 幅山水画。顶部脊檩彩绘《八卦图》。

五道庙　位于真武庙东院墙上，坐西面东，正对一条东西向街道。正殿新建建筑，面阔单间，单坡顶，殿内新绘壁画。

三、常宁司街村

司街位于西堡的东北侧，当地长者云司街即为东堡。

（一）城堡

常宁东(司街)堡　已拆毁，四至未知，原开设东、西门，堡内平面布局为东西主街结构，主街两侧有少量的老宅院和近代建筑。

（二）寺庙

关帝庙　位于司街旧堡东门外，现为1座独立的庙院，处于民宅包围之中。庙宇建筑已重建。山门外西侧开凿有水井。正殿坐北面南，面阔五间，硬山顶，前建卷棚顶抱厦。殿前檐柱上有联云"光彩照人仁勇铸楷模；超凡脱俗忠义化全身"。殿内塑像新塑，壁画重绘。两侧壁画为连环画式，每面2排2列。正殿前建有西厢房作为禅房使用。

五道庙　位于司街村内丁口路口，新建建筑，正殿依附于民宅院墙而建。正殿坐北面南，面阔单间，单坡顶。

四、常宁东沟村

据当地长者回忆，旧时村中曾修建有戏楼、三官庙、泰山庙、龙神庙，现仅戏楼尚存。

戏楼　清末民初建筑，保存一般。位于东沟村中心，坐落在南高北低的沙河河道上，坐南面北，对面原为三官庙，已全部拆除，现存为1米高的遗址。戏楼台明为毛石砌筑，高不足1米，顶部四周铺石板和四块墓碑。戏楼单檐六檩卷棚顶，面阔三间，土坯砌筑山墙，前檐柱4根，柱下置鼓形柱础，前檐额枋油饰彩绘脱落。前台口已封砌，后墙开门，改作库房使用。戏楼前面为一片空地。

三官庙　位于戏楼对面，路东，现存遗址。

龙神庙　位于村东，庙宇建筑无存，改建为民宅，但仍供奉龙神画像。

第三节　常宁小庄村

一、自然环境与人文历史

常宁小庄村位于常宁乡西偏北1.5公里处，属丘陵区，选址修建在平川之上，周围地势平坦开阔，辟为耕地，地势南高北低，村北、东、西部河道纵横，水量较大，为沙、壤土质，下湿，呈盐碱性。1980年前后有435人，耕地1 193亩，曾为常宁小庄大队驻地。

如今，分为新、旧两部分，231乡道从中间穿过。新村规划整齐，南北主街结构，房屋整齐划一，居民较多。旧村位于新村西北方，面积较小，据当地长者回忆本村未曾修建城堡，但据《(民国)察哈尔省通志》记载："常宁小庄堡，在县城东七十里，清顺治年间土筑，面积四亩,有门一,现尚完整。"[1]从平面布局上看,旧村平面为矩形,南面有缺口,口内为南北主街,并且有三条横街,与城堡的布局十分相似。村子内多高大的树木,民宅大部分废弃,只剩9户居民居住,大部分为荒地,并有少量耕地,旧村西侧有大队部、供销社旧址,仅存大门,墙壁上有"文革"时期的标语(图19.3)。

相传,村庄原同常宁为一村。清顺治年间,因发大水,把常宁村隔开两村,河西岸的几户居民即取名常宁小庄。村名最早见于《(正德)大同府志》,作"长宁堡",《(正德)宣府镇志》作"长宁砦",《(嘉靖)宣府镇志》作"长宁",《(崇祯)蔚州志》作"常宁寨堡",《(顺治)云中郡志》作"长宁寨",《(顺治)蔚州志》作"常宁堡",《(乾隆)蔚县志》《(光绪)蔚州志》《(民国)察哈尔省通志》均作"常宁小庄"。

二、寺庙

观音殿 位于新村正南村口处。观音殿建于1999年,至2003年悬匾竣工。院中立有石碑,记述了村民观音殿的过程。整座庙院坐南面北,山门为月亮门,院内为土地面。正殿,坐南面北,面阔三间,出前廊,硬山顶。殿前为水泥地,殿内有全新的塑像、彩绘和壁画。

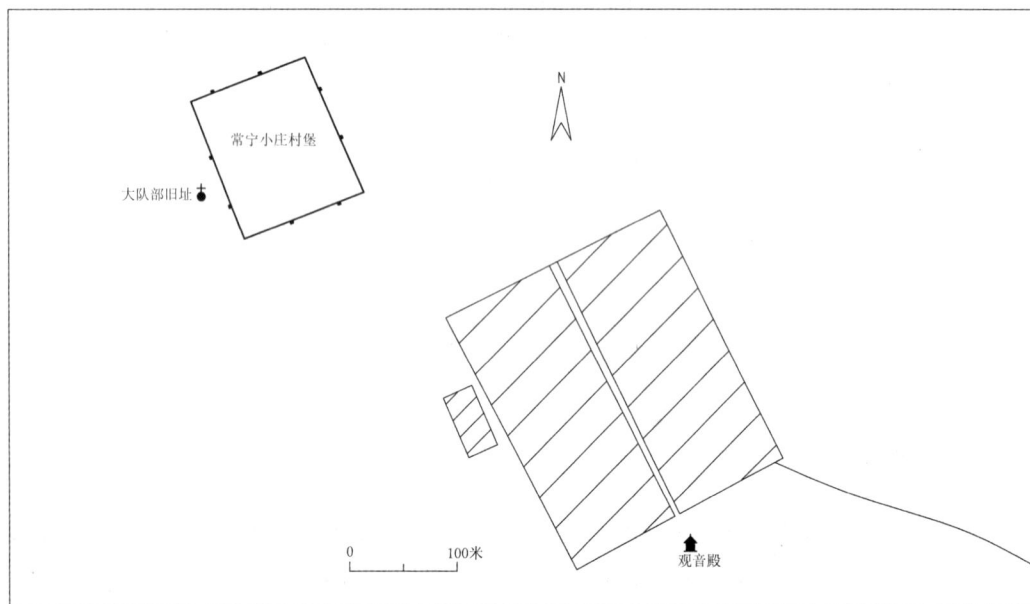

图 19.3 常宁小庄村古建筑分布图

---

[1] 宋哲元:《(民国)察哈尔省通志》,国家图书馆藏1935年铅印本,第9页。

龙神庙 位于旧村中,几年前为当地孩童点火烧毁。

戏楼 位于龙神庙对面,被拆毁。

第四节 常 西 庄 村

一、自然环境与人文历史

常西庄村位于常宁乡西北 1.9 公里处,属丘陵区,地势较平坦,一马平川,为壤土质,辟为耕地。1980 年前后有 232 人,耕地 503 亩,曾为常西庄大队驻地。村北不远处为 G109 国道(S342 省道),南面为河道,231 乡道穿村而过,村庄规模较小,由两条南北主街组成,居民较少(图 19.4)。

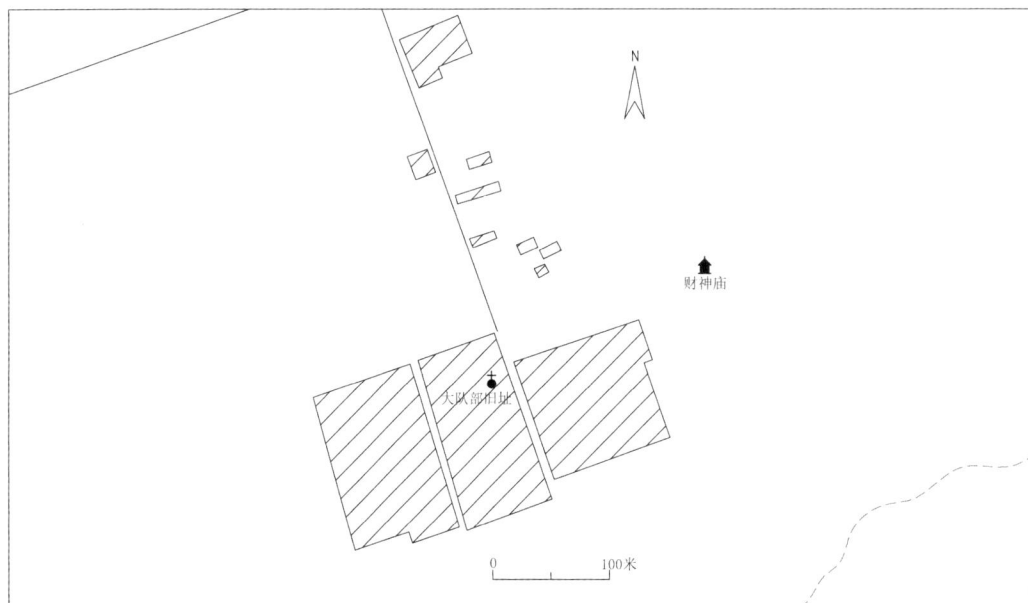

图 19.4 常西庄村古建筑分布图

相传,清光绪年间西店一富户在这里建看地庄子,取名西庄。1982 年 5 月,更名为常西庄。本村在蔚县各版地方志中失载。

二、城堡与寺庙

据当地长者回忆,村庄旧时修建有城堡,堡内有老宅院,如今全部拆毁。目前仅存新建的财神庙。

财神庙　位于旧村东侧耕地中。2002 年,村民在旧财神庙遗址上重修山门、正殿。山门内两侧各有 1 座面阔单间的小殿,分别为钟、鼓亭。正殿坐北面南,台明高 1.3 米,面阔单间,硬山顶,出前檐廊,外墙贴红色瓷砖。殿内为全新的壁画和塑像。

第五节　东宁远店村

一、自然环境与人文历史

东宁远店村位于常宁乡北偏西 1.8 公里处,属河川区,选址修建在平川之上,周围地势平坦,一马平川,辟为耕地,北靠定安河小支流季节性沙河,多为沙土质。1980 年前后有 914 人,耕地 3 004 亩,曾为东宁远店大队驻地。如今,村庄规模较大,位于 G109 国道南侧,北部为旧村,南部为新村,232 乡道穿村而过。村庄平面南北狭长,民宅分布不规则,南侧几乎与常宁乡中心区连接在一起。(图 19.5)

图 19.5　东宁远店村古建筑分布图

相传,此地古时有大同通往北京之大道,设有客栈,名宁远店。明万历年间建村于店东,故村名冠东随店曰东宁远店,后简称东店。村名最早见于《(正德)宣府镇志》,作"明远店堡",《(嘉靖)宣府镇志》作"明远店",《(崇祯)蔚州志》作"明远店堡",《(顺治)云中郡志》作"朋远店堡",《(顺治)蔚州志》作"明远店堡",《(乾隆)蔚县志》《(光绪)蔚州志》《(民国)察哈尔省通志》均作"东宁远店"。

二、城堡

东宁远店村堡位于西北部旧村中,紧邻 G109 国道,城堡平面呈矩形,开南门,堡内平面布局为南北主街结构。

堡门无存,现为缺口,南门外原建有观音殿,现已无存。寺庙遗址附近长有柳树、松树,南门内主街两侧为新建的民宅,主街的尽头为真武庙。堡墙全部拆毁,四至未知,仅存东北角台,保存较好,高 7～8 米,体量较大,保存较好。台顶长有一株大树,台下为民宅,堡内无老宅院遗存。

三、寺庙

真武庙 位于堡内南北主街北端,正对城堡南门。该庙与其他真武庙迥异之处是未修建在高台之上,而为四合院式格局,整体坐北面南,近年由村民李荣珍筹资修缮。庙院现为村委会占用管理。

正南为一间三檩硬山顶广亮大门楼,墙壁上残存有毛笔题写的毛主席语录。庙院院墙为土坯修建。

院内正北为正殿,坐北面南,面阔三间,硬山顶,进深六架梁出前檐廊,廊西墙下设面然大士龛。前檐额枋尚残存彩绘,东、西为正厢房各三间,四檩三挂卷棚式。

正殿殿内新塑塑像,顶部脊檩彩绘《八卦图》。殿内壁画保存较好,为清末民国时期作品。正壁明间前供桌上,供奉三尊塑像,中间为真武帝,右手持剑,两侧分别为周公与桃花女。

正壁明间绘有拱形的几何图案,几何方框内绘有花卉,两侧各有升龙与降龙环绕。正壁两侧次间分别立有 6 位护法,各位护法手中持有宝剑,这 12 位护法,从体态到表情完全没有护法四元帅与护法天君的威武,尤其是西次间的 6 位,从装束与脸部来看,多像是女性的形象。

为什么此堂壁画中没有出现护法四元帅与护法天君,还是这 12 位就代表了护法四元帅与护法天君,还需要进一步研究。在护法的上方,两侧次间还各有 3 幅真武的连环画。内容源自《玄天上帝启圣录》,这 6 幅表现的情景都是《玄天上帝启圣录》中后两卷中的。这也是极为特殊的一种绘画方式。

东次间:相术指迷、签词应验、索钱二万。

西次间:良嗣感祥、朱氏舍利、(榜题毁)。

两侧山墙壁为连环画式,4 排 8 列,每幅壁画皆有榜题,榜题为 4 字,东壁榜题只有 1 幅受损严重,西壁榜题有 7 幅无法辨认。从绘画的风格来看,壁画绘于清晚期,为民间工匠所绘。壁画内容源自《玄天上帝启圣录》。这是蔚县真武庙山墙绘画中保存数量多且完整性较高的一堂壁画。

东壁

琼台受冉	进明显圣	胡清弃业	焦氏一嗣	焦湖报恶	降魔洞阴	玉京较功	白日上升
□雀冠顶	铁杵磨针	白猿献果	姜女献花	剖腹洗心	降服龟蛇	太子脱凡	五龙捧圣
芦芽穿膝	茅山打坐	玉皇赠剑	猛虎引路	跨鹤出宫	文武谏奏	太子辞朝	金星点化
□□□□	□□投胎	托树降生	□盆□□	宫娥报□	大赦天□	太子□文	□□□武

西壁

裴剑驱虎	陆傅招诬	王虎中计	王氏怀鬼	真法浸钱	灵宫咒水	神化红婴	高圣降凡
□箭威龟	舍身求雨	劫院就擒	□□□□	神灵分形	玟落□□	复仁坎宫	□□清都
守乡禳虫	附雨祈晴	二士化光	藩镇通和	□□□□		洞天云□	供圣重时
(榜题毁)	风□□□	□□□□	分判人鬼	地面迎蟠	□□□□	谷岩□□	□□□□

这是堂与众不同的正壁绘画,是蔚县唯一的一幅未出现护法四元帅、护法天君,以及将连环画绘于正壁的真武庙壁画。这说明这堂绘画的粉本与其他蔚县地区所流传的完全不同。

此堂壁画内容源自《玄天上帝启圣录》,但又深受民间的影响。其中,东壁"五龙捧圣"之前所叙述的太子出生、出家、修行、悟道这部分一共有24幅,比《玄天上帝启圣录》多了8幅,而多的是民间演绎故事,尤其是受佛传中悉达多太子成佛前的影响非常明显。自"五龙捧圣"起,真武开始显圣、除魔、救难,这部分虽也是源自《玄天上帝启圣录》,只有个别字有误,但顺序却没有章法,说明民间的工匠对《玄天上帝启圣录》的内容还是不够了解,绘画中如果粉本弄乱,就会造成顺序的混乱。

龙神庙　位于堡东南角外,南北向水泥路东侧,庙宇建筑已无存,仅存遗址。

观音殿　位于堡南门外,面北,正对堡门,现庙宇建筑已无存。

第六节　东宋家庄村

一、自然环境与人文历史

东宋家庄村位于常宁乡东偏南3.4公里处,属丘陵区,选址修建在冲积扇上,地势东南高西北低,村东、北为冲沟,村内中东部也有一条小冲积沟,村庄周围地势平坦,一马平川,为沙土质,辟为耕地。1980年前后有545人,耕地3 026亩,曾为东宋家庄大队驻地。

村南紧邻铁路，212、152乡道穿村而过。

相传，清光绪年间，这里曾为常宁西堡姓宋的看地庄子，建村后取名宋家庄，1982年5月，更名为东宋家庄。村名最早见于《（民国）察哈尔省通志》，作"宋家庄"

二、城堡与寺庙

本村未修建过城堡。旧时修建有龙神庙、泰山庙、观音殿等寺庙，全部拆除。

第七节　西金河口村

一、自然环境与人文历史

西金河口村位于常宁乡南偏西6.4公里处，地处小五台山西麓，金河峪口西侧。东临沙河，地势东南高西北低，为沙土质，辟为梯田。1980年前后有777人，耕地3 296亩，曾为西金河口大队驻地。如今，西金河口村分为新、旧两部分，南面为旧村，北面为新村，212乡道穿村而过。受附近小五台—金河景区的带动，新村内开设有农家院，村内有居民670~680人，以陈、段姓为主。村中主要街道旁有水渠，来自小五台山上的水从中流过，水质较好，清澈见底。村子的西北侧有小五台林管站和村委会（图19.6）。

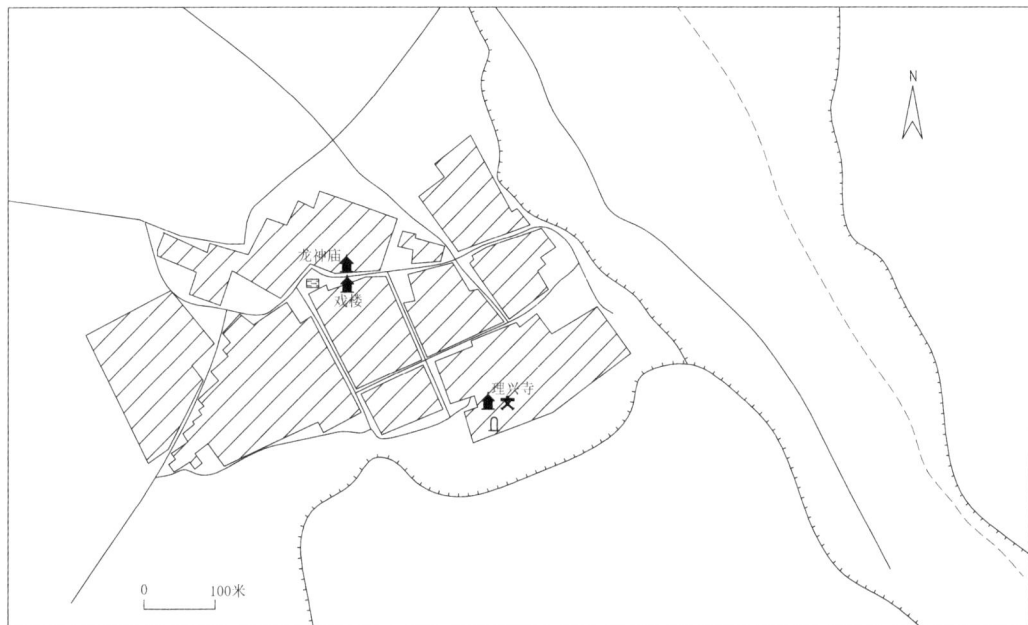

图19.6　西金河口村古建筑分布图

相传,清顺治年间建村于金河口峪口西侧。据传沙河内曾出金沙,故取村名西金河口。村名最早见于《(嘉靖)宣府镇志》,作"金河口",《(顺治)蔚州志》作"金河口堡、东金河口堡",《(乾隆)蔚州志补》《(光绪)蔚州志》《(民国)察哈尔省通志》均作"西金河口"。

二、城堡

据当地长者回忆,本村未曾修建城堡。村中有一条东西向主街,主街两侧老宅院所剩无几,目前仅存 105 号院、109 号院。

三、寺庙

旧村内曾修建有真武庙、观音殿、关帝庙、五道庙、泰山庙、金佛寺、龙神庙、戏楼(3座)、理兴寺、金河寺。村内大部分寺庙于 20 世纪 60 年代拆除。

真武庙 位于村北,现已无存。

观音殿、关帝庙 位于村东,现已无存。

五道庙 位于村西坡,现已无存。

泰山庙 位于村中,现改造为磨坊。

金佛寺 位于村外冲沟边,现已无存。

龙神庙 位于村中水泥路边,整体坐北面南,现为 1 座独立的庙院。山门为随墙门,硬山顶,平顶门洞,檐下砖作仿木构砖雕装饰尚存,柁头砖雕为一只瑞兽。院墙保存较差,仅能看出范围。正殿坐北面南,面阔三间,硬山顶,已坍塌,仅存西山墙。

戏楼 3 座,仅存 1 座。清代建筑,位于龙神庙对面。戏楼坐南面北,砖石台明高1.3 米,外立面包砌青砖,顶部四周铺压阑石。前台口两侧置八字墙。戏楼前檐柱 4 根,后金柱 2 根,柱下古镜柱础。面阔三间,卷棚顶,进深六架梁,前檐额枋彩绘和木雕装饰无存,戏楼内隔扇仅存框架,明间中部有"文革"时期修建的土坯墙分隔前后台,上面悬挂红五角星,戏楼后间西墙上设门供进出戏楼。顶部脊檩上尚存彩绘《八卦图》。戏楼内墙壁上壁画无存,残存"批林批孔"时期的旧报纸及涂鸦作品,难以辨认。

理兴寺 位于村南半山上,该寺院始建于明代,兴盛于清乾隆年间,历史上曾属小五台西台金河寺的 1 座下院(彩版 19-1)。清代高僧若珍大禅师为铁林寺开山始祖觉照之裔孙。当地长者回忆,此寺以前规模很大,天王殿、过殿、大殿分布在南北向中轴线上,东西配殿、禅房分列两侧,东院原有万人堂、禅院。占地面积 2 250 平方米。寺内曾改作学校,如今学校迁走,仅存过殿、正殿及西耳房,原先还有天王殿、阎王殿等建筑。天王殿毁于火灾,配殿禅房于 20 世纪 70 年代拆毁。

过殿,坐南面北,台明基础较为低薄,外立面青砖包砌。殿宇面阔三间,硬山顶,进深五架梁,北檐下出廊,两廊墙挑檐木挑出前檐。南檐下墙体已毁,南侧的梁架上还残存有清末民初时期的彩绘,北檐下采用土坯砌出一堵墙,西山墙开裂,上存有山花砖雕。殿内梁架上未施彩绘,全部刷为红色,顶部脊檩上有彩绘《八卦图》,保存一般。殿内东西墙内壁残存有壁画,全部为黑白线条,保存较差,模糊不清,壁画下半部无存,仅存上半部,山尖画保存较为完整,但由于房顶漏水,部分画面为泥浆所覆盖。东次间北墙上镶嵌有半块乾隆五十九年(1794)的《重修西台暨增下院□□理兴寺序赠》[1]石碑;碑阴为双螭相对的碑首,中间刻"道果流芳"。另外,在北墙的基础位置还有几个方形的石块,中部有圆形的大孔。殿内的东侧后金柱上行楷题记一处,上书:"乾隆四十六年五月廿九日在此立也。"如今,过殿已经被改造为磨坊。

正殿及西耳殿保存较好。正殿位于台明上,殿前设条石台阶,保存较好。正殿坐北面南,面阔三间,硬山顶,进深六架梁,出前檐廊。前檐下明间退金廊,殿已改造,门窗无存。殿内墙壁上涂刷白灰浆,梁架所用木材粗壮,表面全部刷成红色,脊瓜柱两侧置人字叉手。大殿西侧次间的后墙坍塌,殿内堆放杂物。顶部立有航标铁架。西耳殿,坐北面南,面阔三间,硬山顶,进深五架梁。大殿前现在为一个空场,空场的东侧为旧的西金河口小学,现已废弃。

金河寺[2] 位于西金河口峪中,小五台山北麓,背靠高山,西临金河。寺院修建在南北长 200 米,东西宽 80 米的一块船形的三面环水台地上。寺院始于北魏太和年间,辽圣宗、道宗二次游幸金河寺,至金承安、元大德年间有僧人又相继修葺,后毁于元末之乱。明宣德元年(1426)至正统五年(1440)在司礼监王振的资助下,又经英宗敕建大雄宝殿、山门、法堂、毗卢阁、观音罗汉二阁,地藏十王殿、伽蓝殿、祖师堂,成为塞北禅林之冠。清顺治六年(1649)寺焚僧散,刑部尚书魏象枢捐奉舍粟,李云华助资施金又重建金河寺。1943 年侵华日军纵火焚毁寺院。如今,寺院尚存四通石碑,即明正统十□年《敕赐金河禅寺之碑》[3],清康熙二十三年(1684)《重建金河寺碑记》[4],雍正九年(1731)《重建金河寺碑记》[5],道光七年(1827)《重修金河寺碑记》[6]。

2007 年,为配合金河口旅游景区的开发,当地投资 200 余万元,基本按照明代风格恢复金河寺,并按照同期建筑灵严寺、玉泉寺及碑文记载,建成天王殿、大雄宝殿、文殊殿、东西配殿、禅房等。

金河寺塔林,位于金河寺北部山坡上,现存四座灵骨塔。共分为两种建筑形制。1

〔1〕 刘国权:《佛寺与蔚州传统文化》,中国文史出版社,2006 年,第 292～293 页。
〔2〕 雷生霖:《河北蔚县小五台山金河寺调查记》,《文物》1995 年第 1 期。
〔3〕 邓庆平:《蔚县碑铭辑录》,广西师范大学出版社,2009 年,第 606～622 页。
〔4〕 邓庆平:《蔚县碑铭辑录》,广西师范大学出版社,2009 年,第 606～622 页。
〔5〕 邓庆平:《蔚县碑铭辑录》,广西师范大学出版社,2009 年,第 606～622 页。
〔6〕 刘国权:《佛寺与蔚州传统文化》,中国文史出版社,2006 年,第 281～285 页。

号、4 号为六角密檐式塔,2 号、3 号为喇嘛塔。

现为全国重点文物保护单位。

1 号塔为六角密檐式,明代风格。2 号塔为喇嘛塔,建于成化元年八月中秋日,为"临济正宗第二十四代资中政公"塔[1]。塔下地宫被盗掘,现向西倾斜严重。3 号塔为明代喇嘛塔,塔铭"祖禅明公禅师塔"。4 号塔为六角三层密檐式塔,金元时期建筑,通高 11 米,一层檐下置五踩实柏拱,如意头,毯形盲窗,下为仰莲,须弥座,二、三层三踩实柏拱,齐心斗。

无边禅师塔,位于金河寺南端西山坡上,为 1 座明代僧人灵骨塔,六角实心三层密檐砖塔,通高 4 米,塔座多被淤土掩埋,塔身六角做成竹节式,底层密檐置一斗外承三斜拱,正中置齐心斗,阑额与平板枋呈"丁"字形,塔身北部镶砖塔铭,上刻行书大明神咒、准提神咒及梵文六字真言。该塔为明中期风格,保存较好。塔身砌砖残缺严重,第三层密檐塔刹项轮残缺。该塔塔铭记载了准提神咒、大明神咒等,具有重要的史料价值,对研究密宗准提法的传播有重要的意义。

第八节　东金河口村

一、自然环境与人文历史

东金河口村位于常宁乡南偏东 5.5 公里处,地处小五台山西麓,金河口峪口东侧。村庄选址修建在山前冲积扇上,西临沙河,地势南高北低,周围地势相对平坦,为沙土质,辟为梯田耕地。1980 年前后有 353 人,耕地 1 266 亩,曾为东金河口大队驻地。如今,村庄规模小,居民较少,民宅分布比较散乱,依山坡地形修建。村西有新建的烤烟房,村中水渠纵横,引导来自小五台山上流下来的泉水,水量大且清澈见底。

相传,清顺治年间建村于金河口峪口东侧。据传沙河内曾出金沙,故取村名东金河口。村名最早见于《(嘉靖)宣府镇志》作"金河口",《(顺治)蔚州志》作"金河口堡、东金河口堡",《(乾隆)蔚县志》《(光绪)蔚州志》《(民国)察哈尔省通志》均作"东金河口"。

二、城堡与寺庙

据当地长者回忆,村庄未曾修建城堡,寺庙亦全部拆除,旧村主要集中在村东部山坡

---

〔1〕 邓庆平:《蔚县碑铭辑录》,广西师范大学出版社,2009 年,第 610~612 页。

上,依山坡地梯次而建。山村中的村民不富裕,老宅院皆就地取材,院墙基本采用毛石砌筑。无老宅院遗存。

第九节　黄　土　梁　村

一、自然环境与人文历史

黄土梁村,位于常宁乡南偏西 4.2 公里处,属丘陵区。村庄选址修建在山前平地上,东靠沙河,为金河口的冲积扇,村庄周围地势南高北低,地势平坦,一马平川,为沙、黏土质,辟为耕地。1980 年前后有 612 人,耕地 2 931 亩,原为黄土梁大队驻地。如今,村庄分为新、旧两部分,新村位于中西部,旧村位于东北部。居民较多。232、212 乡道穿村而过(图 19.7)。

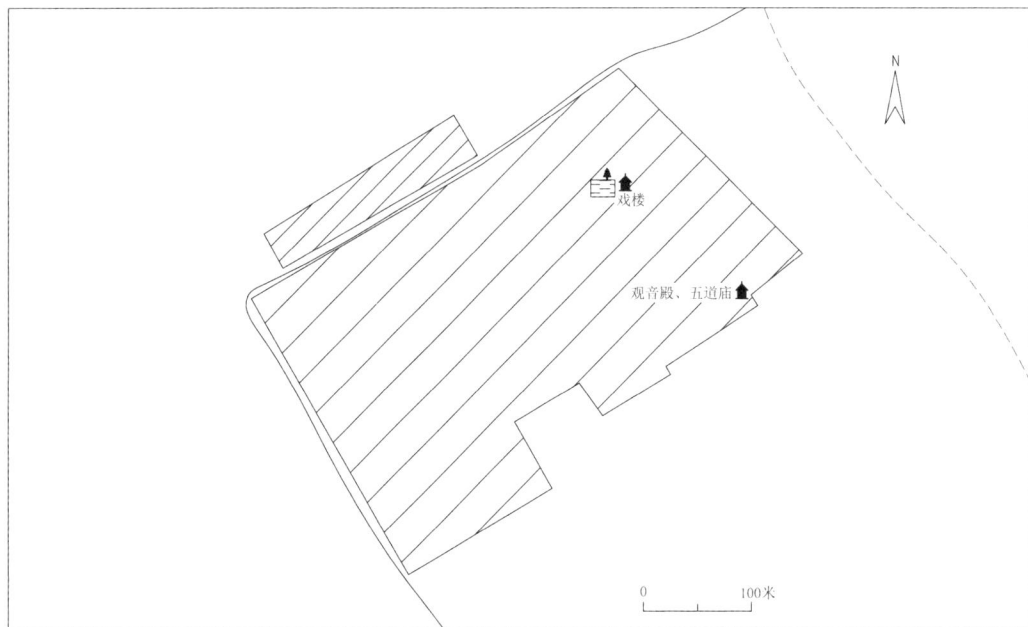

图 19.7　黄土梁村古建筑分布图

相传,本村原为东金河口杨姓的种地房。清嘉庆年间建村时,因村旁有一小庙,庙内钟上有"黄玉"二字,故据此取村名黄玉村。后因村址位于黄土岭上,故更名为黄土梁。村名最早见于《(乾隆)蔚县志》,作"黄土梁",《(光绪)蔚州志》《(民国)察哈尔省通志》沿用。

二、城堡和寺庙

据当地长者回忆,村庄未曾修建城堡。旧村内老宅院较少,南北主街两侧有几座老宅院,均为近代风格大门。

龙神庙 位于戏楼对面,现已无存。

戏楼 清代建筑,位于旧村北部。戏楼坐南面北,台明高约 1.4 米,外立面包砌毛石,正面包砌青砖,顶部铺砖,四周压阑石铺石板。戏楼面阔三间,进深六架梁,卷棚顶。前檐柱 4 根,后金柱 2 根,柱下石鼓柱础。前檐额枋没有复杂的结构和装饰,表面刷红油漆,未施彩绘,顶部脊檩上有彩绘《八卦图》,戏台内墙壁上刷涂白灰浆,无壁画和题壁,前后台以通天柱木隔扇分隔开。隔扇仅存框架,上面的走马板尚存有彩绘,但表面已涂抹白灰浆。戏楼已废弃,作为羊圈使用。戏楼前为空地,亦荒废。旧时戏楼对面原为龙神庙,已拆毁。戏台西侧为麻黄坑,坑内还有积水,周边古树参天。戏楼东侧为民宅,戏楼向南是旧村的一条主道,不远处为村中心十字路口。

观音殿 清代建筑,位于旧村中主道的南端,坐南面北,现为 1 座修建在 1 米高的台明上的独立庙院。庙院平面呈长方形,东西 4 米,南北 20 米。庙院院墙与山门尚存,院墙新修。山门为随墙门,硬山顶,平顶门洞,前檐门额上悬挂有木质匾额,上书"观音祠"。门楼前有条石台阶,两侧有上马石 2 块。院内正殿坐南面北,面阔单间,硬山顶,进深四架梁出前檐廊。最近几年维修,前檐额枋新绘彩绘,门窗翻修,六抹万字隔扇,廊内地面方砖斜墁,廊心墙磨砖墙龟背锦图案,前墀头丝缝砖。殿内地面条砖铺墁,彩绘为 1998 年修缮时重绘。正殿门口贴着一副楹联,上联为"南海观音来下世",下联为"救渡八难苦众生",由此可知内部壁画是《观世音菩萨普门品》中的"救八难"题材。

观音殿院门外对面原有 1 座贞节石牌坊,四柱三间五楼式。1949 年后拆毁,部分石构件(石板、脊顶等)散堆在山门外附近。

五道庙 清代建筑,位于观音殿背后,是从观音殿后墙延伸出的 1 座小殿(彩版 19-2)。坐北面南,基础高近 1 米,面阔单间,半坡顶,无门窗,设有栅栏。该庙于 1998 年重修,殿内壁有壁画,正壁为五道神、土地神与山神,两侧壁无法看清。此壁画的色彩以绿色为主。两侧墀头贴有楹联,上联为"善游此地心无愧",下联为"恶遇五门自胆寒"。

第十节 安 庄 村

一、自然环境与人文历史

安庄村位于常宁乡南偏东 3.3 公里处,属丘陵区,村庄选址修建在山前缓坡冲积扇上,处于两条冲积扇交汇处,地势北低且洼,村庄周围地势相对平缓,为沙土质,辟为梯田耕地。1980年前后有983人,耕地4517亩,原为安庄大队驻地。如今,村庄规模较大,居民较多,由于村中有3条小冲沟,因此村庄分为4部分,每部分之间为冲沟相隔。村内主道路布局为倒Y字形,主街从北面进村后全部硬化。232、212乡道穿村而过,村北有铁路穿过(图19.8)。

图19.8 安庄村古建筑分布图

相传,本村原为东太平安家的看地庄子。明崇祯年间建村,取名安家庄,后简称为安庄。村名最早见于《(顺治)蔚州志》,作"安家庄堡",《(乾隆)蔚县志》作"安家庄",《(光绪)蔚州志》《(民国)察哈尔省通志》沿用。

二、城堡与寺庙

据当地长者回忆,村庄未曾修建过城堡。村中南北主街附近多老宅院,但是破坏较重。老宅院1位于主街东侧。此外教堂附近有1座老宅院。

村中的寺庙主要分布在村西北和村中岔路口的高台上。

村西北侧有关帝庙、真武庙,选址修建在高台之上,高台已维修,高约5米,平面大致为椭圆形,外侧包砌天然石块,顶部为红砖修砌的护栏,东面有台阶登顶。

关帝庙 位于村内西北部的庙台上,与真武庙背对。正殿坐北面南,面阔单间,硬山顶,出前檐廊。新建建筑。

真武庙 位于村内西北部的庙台上,与关帝庙背对。正殿坐南面北,面阔单间,硬山顶,出前檐廊。新建建筑。

村中高台位于岔路口南侧,为1座天然的高台,地势高,外立面用天然石块和水泥修葺。

三官庙 位于村中岔路口高台上,村民健身广场北侧,与观音殿背对,重修于2003年。正殿坐北面南,面阔三间,硬山顶。殿外表贴红瓷砖。三官庙前有1通残碑《安家庄建立观音三官碑记》,无落款时间。碑文:

> 盖世人所谓三官者,俗不知其何□也?夫三官大帝乃是元受真仙之骨……帝君次曰中元地官青灵帝君,幼曰下元水官旸谷帝君……既分阴阳以成形,则天位平上丘□而天道明。天官始不……中□而人道通水官如不为虚之矣。此之谓三官者,位天地……□瘟病解张用清一□之□□□见天下万国九州之地,江河……国镇家济民利物□建施行,其□德之盛有如此哉!是以率土……仲凤、夏仲伦、张果等广舍资财,仅村功德□同慕化善人张……观音三官之庙,以妥三官之神,谨或功完。今□嘉靖四十三年……圆通大士圣号观音,十八罗汉□设关公合堂真□专保本村……殿宇巍峨,绍万国之粹目;金璧辉煌,极天下之宇观。前而青……祭祀有所赖……福根灾有所依,夫以如是之……之北合村乐而……

庙院内还有3通完整石碑叠放在一起,上层1通为同治年间的《安家庄重修乐楼碑记》。

观音殿 位于村中岔路口高台之上,与三官庙背对,为1座坐南面北独立的庙院,庙院前设石台阶。庙院重修于2003年,院墙新建,山门为月亮门。正殿坐南面北,面阔三间,硬山顶,全新建筑。

戏楼 清代建筑,位于三官庙对面,健身广场南侧,南北主街西侧(彩版19-3)。戏楼西侧为村委会大院,戏楼所在大院东门附近墙上贴有行雨活动时的捐款人名单。推测该戏楼为石碑上所载的同治年间重修的戏楼。戏楼保存较好,坐南面北,砖石台明高1.3米,外立面包砌青砖,顶部四周铺条石。戏楼面阔三间,进深六架梁,卷棚顶。前檐柱4根,后金柱2根,柱下鼓形柱础。前檐额枋上木雕佛八宝,制作精致,雀替雕龙、牡丹、花草、年年有鱼等图案。西戗檐砖雕"蜂猴挂印"。戏楼挑檐木挑出足有五分之四的长度,下置擎檐柱支撑。戏楼已经废弃,楼内堆放杂物,梁架上的彩绘斑驳不清,戏楼内明间置六抹隔扇分隔前后台,隔扇尚存,并有稍许修复,隔扇上的彩绘为白灰浆覆盖,戏台内墙壁上为屏风壁画,表面为白灰浆覆盖,东墙上尚存光绪年间的题壁。戏楼内地面条砖铺墁。

天主教堂 位于村中心,戏楼南侧,1990年修建,院内设卫生所。

第十一节　塔　头　村

一、自然环境与人文历史

塔头村，位于常宁乡东南4.3公里处，地处小五台山北台北侧，属丘陵区。村庄选址在山前冲积扇浅坡上，东、西靠沙河，地势南高北低，村庄周围为沙土质，辟为耕地。1980年前后有516人，耕地2 584亩，曾为塔头大队驻地。如今村庄内民宅依地形而建，分布较乱，由两条东西主街组成，村中有山泉水流过，水量大且清澈。

相传，明天顺年间建村于小五台山北麓，村南山脚下寺院内有棵大松树形状像塔，故据此取村名塔头。村名最早见于《(乾隆)蔚县志》，作"塔头村"，《(光绪)蔚州志》《(民国)察哈尔省通志》沿用。

二、寺庙

据当地长者回忆，本村未曾修建城堡，旧村主要分布在观音殿、戏楼南侧，石板街道，老宅院较少，仅存数座，个别门楼内还存有彩绘。其中1座宅院的楣板绘画中绘有一本书，上有"大清同治"字样（彩版19-4）。

观音殿　位于村中偏西北的广场东侧，修建在村口高台之上。庙台外立面包砌的毛石，水泥勾缝。庙院于2004年重建。正殿坐北面南，面阔单间，硬山顶，出前檐廊，是蔚县少有的非倒座的观音殿，推测为今人重建时改变朝向。殿内塑像与壁画皆是重塑、重绘，壁画内容为《观世音菩萨普门品》中的"救八难"题材。院内保存有1通清道光年间的石碑，表面漫漶不清。

龙神庙　位于戏楼对面，现已无存。

戏楼　清代建筑，位于观音殿东侧约30米处，处于村委会院内。院内长有两株松树。戏楼坐西面东，对面原为龙神庙，20世纪六七十年代拆毁改建为学校，后又作为村委会办公室。现已全毁。戏楼基础高约1.2米，台明外立面包砖，顶部四周铺条石板，其余铺砖。面阔三间，卷棚顶，进深六架梁。前檐柱4根，后金柱2根，柱下古镜柱础。前檐额枋未油饰彩绘。戏台内明间原置隔扇分隔前后台，隔扇仅存框架。戏楼内墙壁表面涂抹黄泥，未见壁画，后墙有裂缝。戏楼现为村委会占用，内堆放6口寿材以及杂物。

永安寺　据当地长者回忆，位于村南山坡上，现已无存。

第十二节　上　寺　村

一、自然环境与人文历史

上寺村位于常宁乡东南 4.2 公里处,地处小五台山脚下,属丘陵区。村庄选址修建在冲积扇上,地势南高北低,西靠沙河,东侧紧临一条湍湍而下的清泉,自然环境优美。村南辟为梯田,村北为平地,为沙土质,辟为耕地。1980 年前后有 378 人,耕地 1 885 亩,曾为上寺大队驻地。如今,村庄规模小,东西狭长,212 乡道从村西北角穿过西南去塔头村,152 乡道穿村而过。村内民宅多已翻修。村中尚有居民约 360 人。因洪水曾冲毁村庄,村民逐渐减少(图 19.9)。

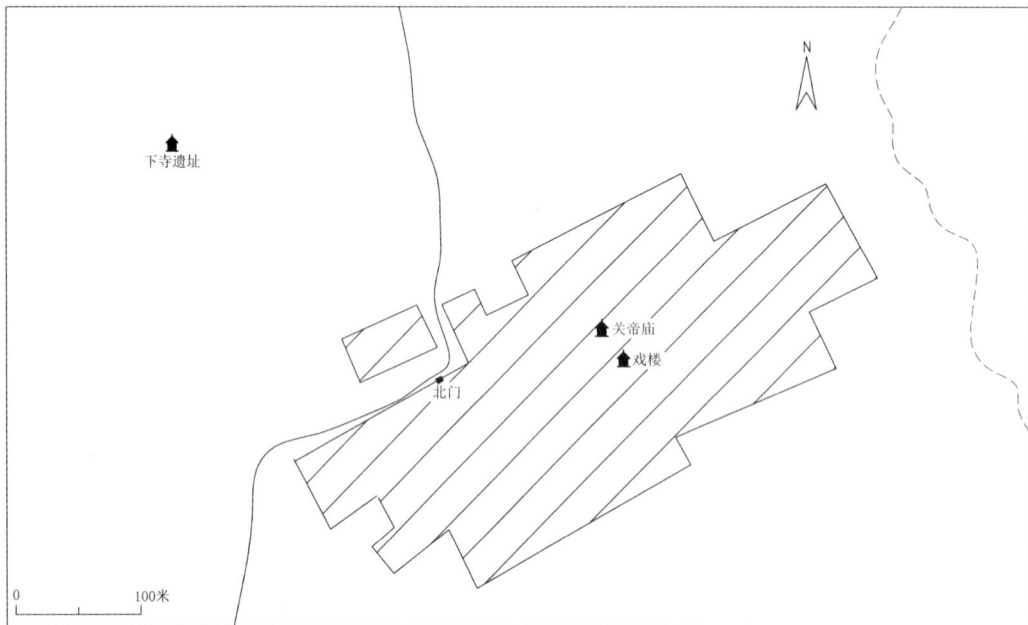

图 19.9　上寺村古建筑分布图

相传,明万历年间建村,村北有 1 座寺院名上峰寺,现存遗址,为小五台山的 1 座下院,村以寺取名。村名最早见于《(嘉靖)宣府镇志》,作"上寺",《(顺治)蔚州志》作"上寺里堡",《(乾隆)蔚县志》作"上寺村",《(光绪)蔚州志》《(民国)察哈尔省通志》沿用。

二、城堡

上寺村堡　位于村庄西部,212 乡道南侧。城堡平面呈矩形,开北门,堡内平面布局为南北主街结构。堡墙无存,四至范围未知,由于南北主街较短,推测城堡规模较小。

堡门为砖石混合修建,门券为砖石混合修砌,其余均为石块修建(彩版19-5)。拱券门,两伏两券式,门顶、内侧为木梁架结构,已坍塌无存。门券拱顶上方镶嵌有石质匾额,表面风化、脱落严重,字迹漫漶不清,仅可见"门"字。

三、寺庙

当地长者回忆,旧时村内修建有观音殿、龙神庙、山神庙、五道庙、上方寺、关帝庙(上寺)、戏楼、下寺、佛堂(2座)。

上方寺　位于村南后山坡,现已无存。

关帝庙　即上寺,清代建筑,位于村内中东部,保存较好,其西侧多大树。该庙为1座坐南面北的独立庙院,现存一进院落,前为村广场。山门、正殿尚存,分布在一条南北向中轴线上,此外院内还有东厢房三间,为单坡顶。山门为殿堂式,保存较好,面阔三间,硬山顶,鼓形柱础,木板门二扇,前檐额枋上还有残存的彩绘。庙院内已经荒芜。正殿保存较好,坐北面南,面阔三间,硬山顶,进深六架梁出前檐廊。正殿在20世纪70年代曾作为大队部,门窗已经改造,墙壁上存有标语。如今殿内堆满杂物,中间砌出一堵墙分隔。殿内正壁被白灰浆覆盖,壁画全毁。两侧山墙墙壁上还残存有清代中晚期的壁画,连环画形式,破坏较重,多为泥土和白灰浆覆盖,内容为《三国演义》中关羽的故事。山尖壁画保存较好。

戏楼　清代建筑,位于关帝庙对面,保存较好,坐南面北,台明高1.3米,正面包砌青砖,其余三面为块石包砌,顶部砖铺地面,四周压阑石为石板。戏楼面阔三间,卷棚顶。前檐额枋无彩绘和木雕装饰遗存,山墙镶嵌有圆形山花,可惜中间花骨朵部分损毁。台内前后台以通天柱及木隔扇分隔,隔扇已毁,仅存框架,走马板尚存,表面尚存清末民初的彩绘,为戏中人物题材。戏台内墙壁表面刷涂白灰浆,未见壁画。戏台后墙偏西开有门。

下寺　位于村庄外西北方的耕地之中,1960年前拆毁,60年代时又将院内大树砍伐,现在为玉米地,遗址中尚可见柱础。

第十三节　范 家 堡 村

一、自然环境与人文历史

范家堡村位于常宁乡西北偏北3.4公里处,属丘陵区与平川区交接地带,村庄选址修建在定安河川北侧台地顶部,地势北高南低。东临冲沟,西有坑塘,南为定安河河川,周围地势平坦，一马平川，为黏土质，辟为耕地，1980年前后有659人，耕地2 829亩，曾为范家堡大队驻地。如今，村庄分为新、旧两部分，且不连接。新村偏西，规模较大，居民较多，村内由两条南北主街组成。旧村即为城堡所在地，在新村的东北角外（图19.10）。

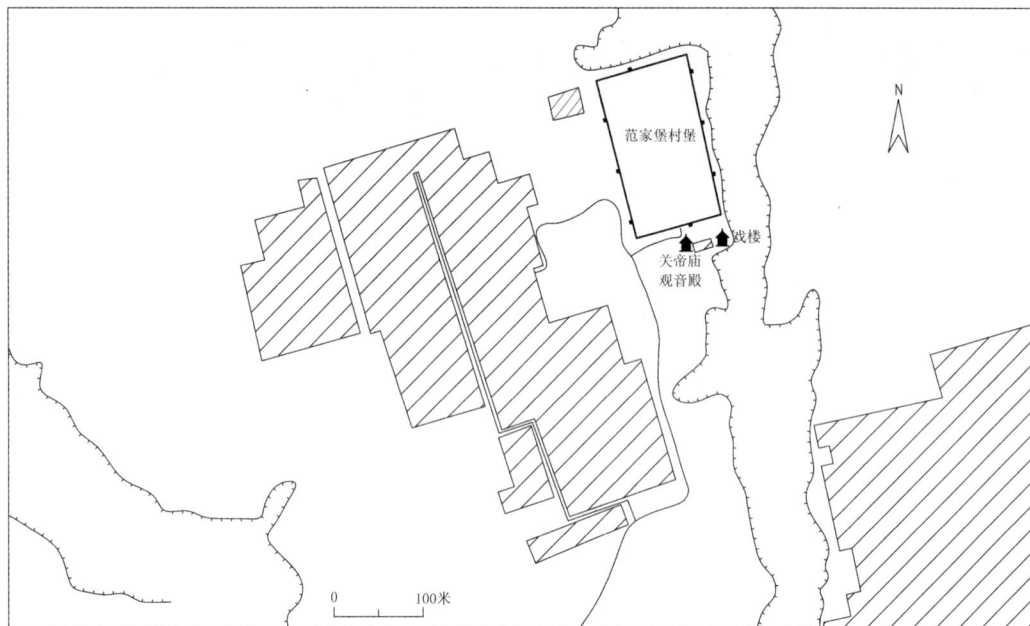

图 19.10　范家堡村古建筑分布图

相传，明隆庆年间建堡，因范姓主居，故取村名范家堡。村名最早见于《（民国）察哈尔省通志》，作"范家堡"。

二、城堡

（一）城防设施

据《（民国）察哈尔省通志》记载："范家堡，在县城东七十五里，明代土筑，高一丈八尺，底厚五尺，面积二亩二分，有门一，现尚完整。"[1]范家堡村堡今位于东部旧村中，规模较小。城堡东、北、南三面临冲沟，西面为平地。城堡平面呈矩形，南北狭长，周长约557米，开南门，堡内平面布局为南北主街结构，并有4条东西向巷子（图19.11）。

堡门建筑无存，现为缺口。门道自然石铺墁。门内为宽阔的中心街，门外对面修建有观音殿。门外东侧为范家堡学校，校门是20世纪六七十年代的建筑，现已搬迁。

---

〔1〕 宋哲元：《（民国）察哈尔省通志》，国家图书馆藏1935年铅印本，第9页。

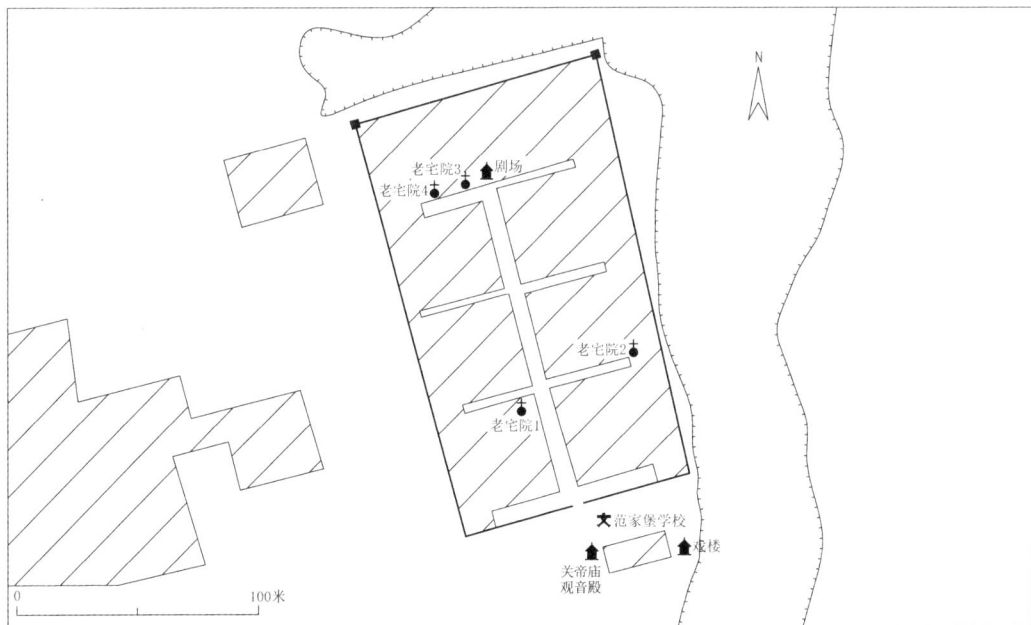

图 19.11　范家堡村堡平面图

堡墙均为黄土夯筑。东墙长约 179 米,紧邻冲沟边缘修建,墙体低薄,高 3 米,墙体多为冲沟所破坏。南墙长约 97 米,南墙西段墙体内侧高 1～5 米,墙内侧为顺城道路;南墙东段内侧高 2～6 米,保存较差。南墙外侧有两次夯筑的遗迹。西墙长约 175 米,保存较好,墙体高薄,利用台地修建,外侧高 6～7 米,墙体自身高 3 米,墙体内侧为民宅,外侧为荒地和顺城道路。北墙长约 106 米,外高 1～6 米,墙外为冲沟,现为荒地。

堡东南角紧邻冲沟,已坍塌,仅存基础。西南角仅存转角。西北角设 90°直出角台,由于修建在台地上,外侧总高 10 米以上,角台自身高 4～5 米。东北角设 90°直出角台,高 3～4 米。

(二)街巷与古宅院

堡内的民宅多废弃坍塌,老宅院较少,居民较少,少量尚有人居住的房屋翻修了屋顶。老宅院 1,位于主街西侧,仅存正房,面阔五间。老宅院 2,位于南十字口东街,虽已荒芜,保存较好,正房的门厅退金廊,上面保存有大量木雕装饰,雕作精美,内容主题为小案桌上置花瓶,正面有琴、棋、书、画共四幅,还有蝙蝠、花草等。此外,南北主街尽头西侧保存有老宅院 3、4,及 20 世纪六七十年代修建的戏楼。

三、寺庙

关帝庙/观音殿　位于堡南门外对面。近年维修,现为 1 座独立的庙院。选址修建在高台之上,四周院墙尚存。正殿坐南面北,面阔单间,硬山顶,进深五架梁,中墙前后分心式。面南为关帝庙,面北为观音殿。殿前有 1 块自然镇物石。殿内壁画、塑像为新绘、新塑。关帝庙壁画为连环画式,内容选自《三国演义》。观音殿壁画为《观世音菩萨普门品》中的"救八难"题材,与其他观音殿不相同的是,每幅壁画的榜题留白。

戏楼 清代建筑,位于城堡南门外东侧(南墙东段外侧冲沟边缘)原范家堡学校内。戏楼坐南面北,台明高约 1.3 米,外侧包砌青砖,顶部压阑石铺条石板,戏楼内地面砖墁。戏楼面阔三间,进深六架梁,卷棚顶,明间撑拱为龙首,次间为象首,顶部脊檩上彩绘《八卦图》,屋檐多坍塌,前檐额枋上的彩绘均脱落。前檐下挑檐木挑出足有五分之四的长度。前撩檐檩上绘二龙。前台两壁有壁画残存,所绘内容为亭台楼阁。山尖绘画清晰,保存较好。隔扇仅存框架。后台两壁与后墙残存有绘画,皆是戏中人物形象(彩版 24-18~20)。此外还有题壁多处,纪年有"光绪二年十月""光绪十九年""民国十八年六月初七"等。后墙正中有壁画,两侧绘楹联,难以释读。

第十四节　庄窠堡村

一、自然环境与人文历史

庄窠堡村位于常宁乡北偏西 3 公里处,村庄选址在定安河川北岸台地上,属河川区向丘陵区过渡地带,东、西临沟,南为定安河支流,由东向西流,现已干涸成季节性河流。地势北高南低,周围地势相对平坦,为黏土质,辟为耕地。X457 县道从村南穿过,231 乡道穿村而过。1980 年前后有 1 002 人,耕地 3 858 亩,曾为庄窠堡大队驻地。如今村庄分为东、西两部分,新村规模较大,居民较多。新村东面隔一条冲沟为旧村。旧村东、西、南三面均为大小不等的冲沟,地势险要,旧村面积较小,居民少(图 19.12)。

相传,明成化年间,该村由大河堡、小河堡、金家堡三个自然村合并而成。因地势中间低,四周高,取名庄窠堡,后简称庄窠。1982 年复称庄窠堡。村名最早见于《(嘉靖)宣府镇志》,作"庄窠",《(顺治)蔚州志》作"庄窠堡",《(乾隆)蔚县志》《(光绪)蔚州志》《(民国)察哈尔省通志》沿用。

二、城堡

(一)城防设施

庄窠村堡,位于旧村中,城堡东、南、西三面临冲沟,平面呈矩形,开南门,堡门建筑无存,现为缺口,门外修建有戏楼。门内为南北主街,街道较窄,街道的尽头为关帝庙。堡墙无存,据当地长者回忆,堡墙拆毁于抗战期间,当地抗日武装大南山抗日游击队为防止日军利用堡墙作为防御阵地,将堡墙全部拆毁。如今城堡的平面形制、范围布局无从得知。

图 19.12　庄窠堡村古建筑分布图

1. 三官庙/观音殿　2. 戏楼　3. 老宅院 1　4. 老宅院 2　5. 老宅院 3　6. 老宅院 4　7. 老宅院 5
8. 老宅院 6　9. 老宅院 7　10. 老宅院 8　11. 老宅院 9　12. 老宅院 10　13. 关帝庙

（二）街巷与古宅院

堡内尚存有多座老宅院。老宅院 1，位于南门内西侧，保存较好，尚存有雀替装饰。
老宅院 2，即 188 和 189 号院，位于主街东侧，保存较好，雀替尚存。老宅院 3、4、5，位于
关帝庙前东侧的街道南、北侧，保存较好。老宅院 6、7、8，位于关帝庙西侧的一条南北巷
子内，保存较好。老宅院 6，门前设有条石台阶，门的梁架上有木雕装饰。老宅院 7，正房
面阔五间，门厅退金廊，门窗上尚存有精美的木雕装饰，内容包括鹿、莲枝鸟、梅枝鸟、菊枝
鸟等，还有龙、花草等。老宅院 8，墙壁上尚存有普法告示。

三、寺庙

三官庙/观音殿　清代建筑，位于旧堡南门外戏楼南侧最南端的台地上，正南临崖无
道路(彩版 19-6)。现存为 1 座庙院，土坯修建院墙，山门东开。山门是 1 座红砖新砌的随
墙门。院内正殿所在基础高约 0.5 米，外立面包砌水泥。正殿面阔三间，硬山顶，进深五
架梁，前后各出檐廊，中墙分心前后鸳鸯式格局。南侧为三官庙，北侧为倒座观音殿。前
院有一株枯柏树。大殿山墙上砖雕牡丹山花。殿内残存壁画。

关帝庙　清代建筑，位于堡中心街尽头，前为丁字形路口。现存为 1 座独立的庙院，
整体坐北面南，山门位于院东南角，随墙门，院内布局紧凑。正殿坐北面南，面阔三间，硬

山顶,进深五架梁出前檐廊。前檐额枋上有清末民初的彩绘,大部分脱落,透雕木牙子尚存。前檐下垫木木雕残存,两侧山墙山花残存。殿内曾改作学校教室,门窗全部改造,殿内亦改造,墙壁刷涂白灰浆,未见壁画。殿东侧为一间耳房。

观音殿正殿内壁画皆为新绘。正面绘有《观音坐堂说法图》,明间正中绘观音像,背后为龙女与善财童子,外侧分别为武财神与周仓、文财神与武将,以及伽蓝、韦驮两位护法。两侧次间上部各绘九尊罗汉。两侧山墙为连环画式,5 排 5 列,题材为"善财童子五十三参"。顶部尚存天花板,彩绘依稀可见,脊檩上也有彩绘《八卦图》。观音殿前廊下立有 1 通嘉庆十一年(1806)的《重修碑记》石碑,碑文中写有"堡外三官庙观音殿九年动工十年竣工十一年勒碑"字样。

戏楼 清代建筑,位于南门外对面,其南 5 米处为三官庙、观音殿。基础台明较高,约 1.5 米,外面包砌青砖,顶部四周铺条石。戏楼坐南面北,对面为广场及村堡南北主街。戏楼面阔三间,卷棚顶,两侧山墙残存有圆形山花砖雕。前檐额枋上彩绘无存,后墙为新修的红砖墙,中间开门,顶部置村委会广播喇叭。戏楼内墙壁上无壁画遗存,隔扇上还有残存的彩绘。戏楼已经废弃,前台口置木挡板封堵,改造成仓库。由于戏楼位于倒座观音殿前,隔断了观音殿与村堡的视线。推测戏楼的修建年代晚于观音殿,为后代增设的建筑。

第十五节　西　店　村

一、自然环境与人文历史

西店村位于常宁乡西北偏北 1.8 公里处,属河川区。村庄选址修建在平川之上,地势较平坦,为壤土质,周围辟为耕地,下湿,呈盐碱性。1980 年前后有 562 人,耕地 1 669 亩,曾为西店大队驻地。如今,西店村分为新、旧两部分。新村位于 G109 国道(S342 省道)北侧,新村北面不远处为宽而浅的河道,新村规模不大,由 3 条南北主街组成,民宅分布比较散乱。旧村位于 G109 国道南侧,旧村南侧不远处为小河道,居民少,旧村东部几乎无人居住,民宅多废弃、坍塌,西部还有 10 余户居民居住,少部分翻修屋顶。旧村内大树较多(图 19.13)。

相传,此地古时为大同通往北京之大道,设有客栈,名宁远店。明万历年间,建村于店西,故村名随店曰西宁远店,后简为西店。村名最早见于《(正德)宣府镇志》,作"明远店堡",《(嘉靖)宣府镇志》作"明远店",《(崇祯)蔚州志》作"明远店堡",《(顺治)云中郡志》作"朋远店堡",《(顺治)蔚州志》作"明远店堡",《(乾隆)蔚县志》作"西宁远店",《(光绪)蔚州志》《(民国)察哈尔省通志》沿用。

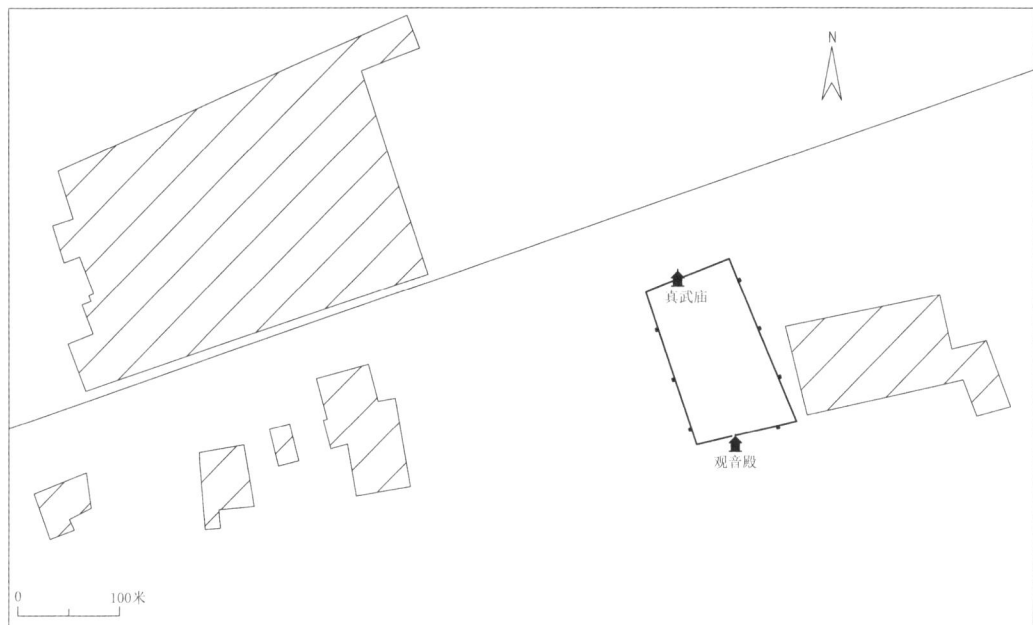

图 19.13　西店村古建筑分布图

二、城堡

西宁远店村堡，位于旧村内，城堡平面呈矩形，开南门。堡门建筑无存，现为缺口。门外建观音殿。门内为南北主街，主街尽头为真武庙。堡墙无存，根据街巷布局大致可复原出城堡周长约 482 米，规模较小。堡内居民较少，无老宅院遗存。

三、寺庙

观音殿　位于村西南，旧堡南门外对面，现为 1 座庙院，规模较小。新建建筑。整体坐南面北，正殿采用机制红砖重建，面阔单间，硬山顶，出前檐廊。殿内为全新的壁画和塑像。

真武庙　位于堡内中心街尽头，位置较高，前有新修的砖砌台阶。该庙为 1 座坐北面南的庙院，全新建筑，庙前有一株枯树。正殿面阔三间（坐二破三式），硬山顶，出前檐廊。墙体采用红色瓷砖外包墙，非常不协调。庙山门贴有一联"七星宝剑镇乾坤，一柄皂旗遮日月"。